JN171827

伊藤洋司

映画時評集成 2004–2016

読書人

映画時評（2004―2016年）……4

2004……6
2005……32
2006……58
2007……84
2008……110
2009……136
2010……162
2011……186
2012……212
2013……238
2014……264
2015……290
2016……316

五人の映画作家との七つの対話……342
（青山真治／黒沢清／パスカル・フェラン／ギヨーム・ブラック／ペドロ・コスタ）

青山真治監督との対話……344
黒沢清監督との対話 1……354
パスカル・フェラン監督との対話……364
黒沢清監督との対話 2……368
ギヨーム・ブラック監督との対話 1……380
ギヨーム・ブラック監督との対話 2……387
ペドロ・コスタ監督との対話……395

2004―2016年の映画本回顧……404

映画ベスト三〇〇（青山真治監督との対話）……424

伊藤洋司選　映画ベスト三〇〇……472
青山真治選　映画ベスト三〇〇……481

あとがき……490
索引（人名による／映画題名による）……493

目次

第1部

第2部

第3部

第4部

第1部

映画時評
2004—2016年

2004

1 | 二部構成の物語　ホン・サンス監督『気まぐれな唇』

2 | 特異な時空間　ガス・ヴァン・サント監督『エレファント』

3 | 大衆的な見かけの裏で　クァク・ジェヨン監督『ラブストーリー』

4 | 純粋に映画的なアクション　ジョン・ウー監督『ペイチェック　消された記憶』

5 | 会話劇と視線劇　マノエル・ド・オリヴェイラ監督『永遠《とわ》の語らい』

6 | 新しいゾンビ映画　ザック・スナイダー監督『ドーン・オブ・ザ・デッド』

7 | 陽気なペシミスト　オタール・イオセリアーニ特集
──『素敵な歌と舟はゆく』『歌うつぐみがおりました』『月の寵児たち』

8 | 美しい切り返しショット　サム・ライミ監督『スパイダーマン2』

9 | 映画の幸福に包まれて　パリ映画日記その一
──ベルナルド・ベルトリッチ監督『ドリーマーズ』

10 | アンゲロプロスとアサイヤス　パリ映画日記その二
──テオ・アンゲロプロス監督『ウィーピング・メドウ』

11 | ラスト三〇分の演出　トビー・フーパー監督『ツールボックス・マーダー』

12 | 映画的な運動と空間　森崎東監督『ニワトリはハダシだ』

『ニワトリはハダシだ』
DVD発売中　¥4,700＋税

販売元：オールイン
エンタテインメント
©2003 シマフィルム
ビーワイルド
衛星劇場

二部構成の物語

ホン・サンス監督『気まぐれな唇』

九〇年代中頃からの韓国映画の躍進には、本当に目を見張るものがある。キム・テヨン&ミン・ギュドンの驚きに満ちた秀作『少女たちの遺言』とクァク・ジェヨンの快作『猟奇的な彼女』が特に印象的で、『女校怪談』『ディナーの後に』『八月のクリスマス』『カル』『シュリ』『ペパーミント・キャンディー』『魚と寝る女』『友へ　チング』など、どれも素晴らしい映画である。

だがこうした作品もいわば序の口に過ぎない。いま韓国映画を真に驚異的なものにしているのは、ある天才的な映画作家の存在である。最新作『気まぐれな唇』がまもなく日本で公開されるホン・サンスのことだ。彼は長篇第一作『豚が井戸に落ちた日』で売れない作家をめぐる悲喜劇を描いて世界的な注目を浴び、続いて傑作『江原道の力』を撮った。この第二作は、かつて愛人関係にあった男女が同じ時に別々に江原道という観光地を旅する様子を二部構成で描いている。前半は女の旅を、後半は男の旅を語るのだが、交わることのないこの二つの旅の背景に同じ挿話が現れるあたりの巧みさは絶品である。

第三作『オー!スジョン』でホン・サンスはさらに大胆な実験に取り組んだ。この白黒映画も二部構成で、ある男女の恋愛物語をまず男が、次に女が語る。つまり、ひとつの物語が二度語られるのだが、語り手によって微妙に内容が異なっており、観客はこの差異を楽しむことになる。

最新作『気まぐれな唇』は、ホン・サンスのさらなる洗練を示す実に素晴らしい作品だ。映画は、役者の男が旅先で二人の女と出会う物語をまたもや二部構成で語っている。前半では女性ダンサーが男に夢中になり、後半では男が別の女を追い掛け回す。二つの街での対照的な二つの情事を描いているのだ。映画は前の二本と同じ構造を持っているが、知的な仕掛けがあからさまに見えたりせずあくまで普通の物語映画として成立しており、監督の円熟が感じられる。最低限のショットで最大限の事柄を語り、日常的な細部から無限に豊かな表情をすくい取る彼の演出は見事としか言いようがない。

韓国映画では、『ペパーミント・キャンディー』で有名なイ・チャンドンの新作『オアシス』と、チョン・ジウの長篇第一作『ハッピーエンド』もまもなく日本で公開されるが、どちらも興味深い作品だ。『オアシス』は刑務所を出たばかりの前科三犯の男と脳性小児麻痺の女の恋愛物語で、かなりきつい調子で始まりながら次第に描写に親密さが増してくるのがいい感じである。

『ハッピーエンド』はある夫婦と妻の愛人の三角関係というシンプルな物語を品よく描いており、題材の特異さではなく演出の力量で勝負しようとする姿勢に好感が持てる。かつて韓国映画と言えば俗っぽい表現が持ち味だったが、近年はこの映画のような洗練されたスタイルが主流になってきている。最近の公開作では他にも、『ファインディング・ニモ』『ヴァンダの部屋』『息子のまなざし』『イン・マイ・スキン』『パリ・ルーヴル美術館の秘密』『ブラウン・バニー』など面白い作品が目白押しだ。だが今回は、必見の『気まぐれな唇』が公開されるホン・サンスを中心に最近の韓国映画に注目してみた。

❖時評の左ページ下にあるデータは、製作年、製作国、画面サイズ、上映時間、脚本、撮影、主演を記載。

2002年、韓国、1.85:1、115分〈脚〉ホン・サンス［撮影］チェ・ヨンテク〈主〉キム・サンギョン、チュ・サンミ、イェ・ジウォン

2004.2

特異な時空間

ガス・ヴァン・サント監督『エレファント』

二一世紀のアメリカ映画は、ジョン・カーペンターの『ゴースト・オブ・マーズ』とデヴィッド・リンチの『マルホランド・ドライブ』によって幕を開けた。他にも、『ジェリー』『ブラッド・ワーク』『スパイダーマン』『マイノリティ・リポート』『ボーン・アイデンティティー』『アザーズ』『エデンより彼方に』『パニック・ルーム』『ターミネーター3』など、わずか三年の間に秀作が目白押しである。

そして、また一本の傑作がまもなく日本で公開される。カンヌ映画祭でパルムドールと監督賞を受賞し、フランスの『カイエ・デュ・シネマ』誌の星取表で、十人の評論家全員が満点をつけたガス・ヴァン・サントの『エレファント』だ。

『サイコ』でヒッチコックの映画をショットごとにリメイクして物議をかもしたガス・ヴァン・サントは、タル・ベーラから深い影響を受けた『ジェリー』で作風を大きく変える。それに続く新作『エレファント』は、間違いなく彼の最高作である。

『ボウリング・フォー・コロンバイン』と同じく、コロンバイン高校の銃乱射事件を素材にしたこの映画は、殺戮の悲劇に終わるある高校の一日を描いている。映画は事件の原因を分析しようとはしない。高校生たちの日常に寡黙に寄り添っていくばかりだ。

高校生たちを描きながら、映画は時間と空間に関して奇妙な処理を行なう。学校の廊下を歩く高校生の背中をカメラが延々と追い続け、迷路をさまようようなこの移動ショットとともに学校が独特な映画的空間に変質する。さらに、時間的秩序が意図的に乱されている。例えば、銃器を持った二人の少年が校舎に乗り込もうとする様子は、映画の早い段階で描かれるが、時間が逆戻りし、実際に殺戮を見るのは映画のラストまで待たねばならない。また、廊下での日常的な出来事が三人の人物の視点から三度描かれたりもする。このようにして、今までのアメリカ映画にない特異な時空間を、この映画は作り出したのだ。

こうした『エレファント』の時空間は、現実世界の知覚の仕方を揺るがし、変える力を持っている。観客は映画館を出た後、まるで世界が変わってしまったかのように、もはや同じ眼差しを風景に向けることができないだろう。このような経験の後で、コロンバイン高校の事件について紋切り型の意見を述べて安心することなど、決してできはしない。

『ブラッド・ワーク』に続くクリント・イーストウッドの新作『ミスティック・リバー』も、とても素晴らしい映画である。少年時代に起こった事件がトラウマとなり、三人の男の人生を変えてしまうという重厚な悲劇だ。被害者の少年デイブも、事件を防げなかった友達のジミーとショーンも、十字架を背負った「許されざる者」となる（実際、ジミーは背中に十字架の刺青を彫る）。心に傷を持った人間の癒しの物語といった安易な図式はここにはありえず、犯罪はさらに新たな犯罪を生み出すばかり。その取り返しのつかない重みを、この映画は力強く描いている。

アメリカ映画では、『コール』『25時』『バッドボーイズ2バッド』も見逃せない。他の国の映画では、『10ミニッツ・オールダー　人生のメビウス』のビクトル・エリセ篇や『幸せになるためのイタリア語講座』『かげろう』などが面白かった。

2003年、米、1.33:1、81分　〈脚〉ガス・ヴァン・サント　［撮影］ハリス・サヴィデス　〈主〉ジョン・ロビンソン、アレックス・フロスト、エリック・デューレン、イライアス・マッコネル、ジョーダン・テイラー、キャリー・フィンクリー

2004.3

大衆的な見かけの裏で

クァク・ジェヨン監督『ラブストーリー』

クァク・ジェヨンの韓国映画『ラブストーリー』におおいに泣かされた。後ろの列の女性客たちもラストで泣いているようだったから、私一人がはまったわけではない。映画が終わり、目を赤くしてレジでプログラムとサントラCDを買うのが少し恥しかった。

クァク・ジェヨンの前作『猟奇的な彼女』と同様、この新作もラブ・コメディの王道を行く作品である。ギャグ自体はそれほど高レベルではないが、シーンのなかに挟みこむリズムが良く、最後に転調して泣かせに入るあたりの手際もかなりのものだ。ジョニー・トー&ワイ・カーファイの香港映画『Needing You』を見た時も思ったのだが、現在世界で最も良質のラブ・コメディは、東アジアで作られているのではないだろうか。

撮影を担当したイ・ジュンギュにも注目しておきたい。登場人物の心の動きに呼応するかのように繊細に動くカメラが非常に良く、戸外の風景も美しく撮られていて、映画をいっそう優れたものにしている。

映画は過去と現在の二つの物語、母と娘それぞれの恋愛を描いている。どちらも手紙の代筆を鍵とする三角関係だ。二つの恋愛を比較して語るという点で、映画は同じ韓国のホン・サンスの作品『気まぐれな唇』に似ている。ただし、『ラブストーリー』は状況のよく似た二つの恋愛を並行して語り、『気まぐれな唇』は対照的な二つの恋愛を前半と後半に分けて語っている。『ラブストーリー』では、母と娘の恋愛が時を超えて呼応し、この二つの愛の密かな連関がラストのカタルシスを生み出すことになる。大衆的作風の裏で、知的な計算が行なわれているのだ。

『Needing You』を撮ったジョニー・トー&ワイ・カーファイのコンビの新作『フルタイム・キラー』も、見かけの俗っぽさの裏で大胆な知的実験を行なう映画である。ジョニー・トーは『ザ・ミッション 非情の掟』で世界中の注目を浴びた香港を代表する監督の一人。二人の優秀な殺し屋がナンバー・ワンの座を賭けて対決するという『フルタイム・キラー』の物語には、『ザ・ミッション 非情の掟』と同様、鈴木清順的な香りが纏わりついている。『フルタイム・キラー』では、主要登場人物四人のナレーション(語り)が交錯することに注意したい。最初、これらはただ単に併置されているだけのようだが、徐々に、ナレーター(語り手)の一人が他の三人より上位のレベルに位置するように見えてくる。しかし映画がさらに進むと、この語りの構造は再び揺らぐことになる。この作品は映画における語りの問題を問うているのである。

高尚な顔つきの映画が必ずしも優れているわけではない。『ラブストーリー』と『フルタイム・キラー』の大衆的な見かけに拒否反応を示す観客もいるかもしれない。しかし、どちらも知的な秀作である。

今月は他にも『天上の剣』『この世の外へ クラブ進駐軍』『殺人の追憶』など東アジアの映画に収穫が多かった。他の地域の映画では、『ニューオーリンズ・トライアル』が大変面白く、『ドッグヴィル』も興味深い。最後に去年の映画ではあるが、堀禎一の『SEX配達人 おんな届けます』が、興味本位の性描写を排して大人の男女の関係を細やかに描いており、魅力的だった。


2003年、韓、2.35:1、127分 〈脚〉クァク・ジョエン [撮影]イ・ジュンギュ 〈主〉ソン・イェジン、チョ・スンウ、チョ・インソン

純粋に映画的なアクション

ジョン・ウー監督『ペイチェック　消された記憶』

アメリカに渡ってからのジョン・ウーの作品はしばしば不当に評価されてきた。最高作『狼たちの絆』や世界中に衝撃を与えた『狼　男たちの挽歌・最終章』といった香港時代の映画と違って、アメリカでの作品は『フェイス／オフ』を除けば精彩に欠けるというのだ。しかしこのような判断は、『ブロークン・アロー』『M:I-2』といった渡米後の作品における彼の試みへの無理解に基づいている。

この試みを捉え損ねた者は、フィリップ・K・ディックの短篇を映画化したジョン・ウーの最新作『ペイチェック　消された記憶』に関しても、誤った評価を下すだろう。例えば、俳優陣の演技に厚みがないという批判がでるかもしれない。だが、ユマ・サーマン扮する女が、恋人が罠にかけられている喫茶店にタイミングよく駆けつけたり、マシンを直す彼の顔を盗み見たりする時に見せる動きや表情はさわやかで、本当に素晴らしい。確かに、ベン・アフレックのどこか屈託のない存在感は、ディックの小説の主人公にはふさわしくないように見える。だが実は、ジョン・ウーはディックの小説世界の忠実な再現にはまるで興味を持っていない。実存の重みから解放された表層世界の住人というジョン・ウー的な人物像を、ユマ・サーマン同様、ベン・アフレックは見事に演じきっている。

三年間の記憶を消去したエンジニアが未来に待ち受ける死の宿命と戦うという物語は、時間（過去と未来）とアイデンティティー（記憶と宿命）の主題をめぐって展開している。しかし、ジョン・ウーは物語に生々しさや陰影を与えたり、主題に哲学的な奥深さを与えたりするのを拒否する。彼は全てを単純明快なものにしながら、純粋に映画的なアクションを抽出しようとしているのだ。この試みが最も成功しているのが、喫茶店のやり取りとそれに続くオートバイのチェイスだろう。映画の白眉と言えるこの二つのシーンに溢れているのは、まさしく画面の快楽である。

ジョン・ウーのような有能な人材が数多く流出したにもかかわらず、香港映画は驚くべきレベルを維持し続けている。例えば、アイドル・ユニットTwinsが主演したダンテ・ラム&ドニー・イエンの『ツインズ・エフェクト』は文句なしに素晴らしい作品だ。ヴァンパイアと人間の対決を語るこの映画は、切れ味のいい演出と役者陣の的確な演技が気持ちよく、必見である。教会に住むヴァンパイア一族の王子が、血は飲むが吸わないと言って庶民のヴァンパイアとの違いを強調したり、人間の娘に首をかまれて痛がったりするのが、なかなか楽しい。二人の娘が熊のぬいぐるみをめぐって格闘するシーンもとても面白い。このシーンは二人の間に当初存在したライバル関係を示すという物語上の機能を持ってはいるが、長々とした格闘の展開はこの機能を大きく逸脱しており、純粋な画面の快楽へと至ることになる。ここでは、物語さえも映画的なアクションを導き出すための口実となっているのだ。

今月はこの二本の他に、『ロスト・イン・トランスレーション』『テキサス・チェーンソー』『地球で最後のふたり』『イノセンス』『スパニッシュ・アパートメント』『ゴシカ』『きょうのできごと　a day on the planet』なども面白かった。

2003年、米、2.35:1、119分　〈脚〉ディーン・ジョーガリス　[撮影]ジェフリー・L・キンボール　〈主〉ベン・アフレック／アーロン・エッカート／ユマ・サーマン

会話劇と視線劇

マノエル・ド・オリヴェイラ監督『永遠《とわ》の語らい』

『世界のようにもろく』のリタ・アゼヴェド・ゴメスや『ヴァンダの部屋』のペドロ・コスタなど、若手の活躍が目覚しいポルトガル映画界だが、長老マノエル・ド・オリヴェイラも負けていない。一九〇八年生まれのオリヴェイラは、『言葉とユートピア』『家路』『わが幼少時代のポルト』『家宝』と近年も次々と注目作を発表しているが、新作『永遠《とわ》の語らい』も、映画の快楽に満ちた本当に楽しい作品である。

この新作に関しては、まだ観ていない者に全てを語るわけにはいかない。従って、ここでは事前に語ってもいいことにのみ触れて、作品の全面的な解釈は行なわないことにする。

『永遠の語らい』は七歳の少女とその母親の船旅を描いている。前半と後半に大きく分かれ、まずこの親子が地中海沿岸の様々な都市を訪れる様子が描かれるが、後半はむしろ、豪華客船のレストランで船長と三人の女性が一緒に夕食をとる場面が中心となる。

この映画の最大の魅力はなんと言っても会話劇にある。まず前半では、「教える／学ぶ」という非対称的な関係に基づく教育的な対話が続く。大学教師の母親が娘にそれぞれの都市の歴史や文化を教え、また通りすがりの人々がこの親子に歴史や文化を教えるのだ。次に後半では、対等な関係の会話、すなわち夕食の席における四人の男女の語らいが描かれる。この会話はなんとも奇妙なもので、四人とも異なる言語を話しているのに、みんな他人の言葉を自然に理解しているのだ。

『永遠の語らい』には視線劇の魅力もまた豊かな形で存在している。映画の前半では、「見る／見られる」という非対称的な視線の関係が重要である。つまり見る人物と見られる風景の関係であるが、これをオリヴェイラは切り返しショットに安易に頼ることなく巧みに描いている。次に後半では、対等な視線の関係が中心となる。夕食の席で四つの眼差しが対等に行きかうのだ。丸テーブルを囲んで座った人々の行動を、一人一人の顔を示しながら描こうとすれば、画面の左右の関係は必ずどこかで逆になる筈であり、注意深く撮らないとすぐに混乱をきたすことになる。しかし、オリヴェイラは見事なカット割りによって、複雑な視線の交錯を完璧に描ききっている。

会話劇と視線劇。前半と後半で質を大きく変えながら展開するこの二つの劇が、『永遠の語らい』の大きな魅力となっている。

つげ義春の漫画を映画化した『リアリズムの宿』は、山下敦弘が若手らしからぬ洗練された演出を見せるコメディだ。引きのショットを中心に淡々と語るスタイルが見事である。またジョー・ダンテの『ルーニー・テューンズ：バック・イン・アクション』も楽しいコメディで、特にパリの場面の出鱈目さが面白い。『インナースペース』を撮ったジョー・ダンテに私は強い執着を持っているが、日本では彼はいまだに正当な評価を受けていない。

今月は、『ディボース・ショウ』『キル・ビル　Vol.2』『ブラッド・フィースト　血の祝祭日2』『イザベル・アジャーニの惑い』などもとても面白かった。最後に去年の公開作ではあるが、ティエン・チュアンチュアンの中国映画『春の惑い』を挙げておきたい。まぎれもない傑作である。

2003年、ポルトガル＝仏＝伊、1.66:1、96分 〈脚〉マノエル・ド・オリヴェイラ [撮影]エマニュエル・マシュエル 〈主〉レオノール・シルヴェイラ、フィリッパ・ド・アルメイダ、ジョン・マルコヴィッチ、カトリーヌ・ドヌーヴ

2004.6

新しいゾンビ映画

ザック・スナイダー監督『ドーン・オブ・ザ・デッド』

映画の登場人物はどこか亡霊に似ている。確かに目に見えるのに生身の人間ではなく、たとえ演じた俳優が死んでも、映写機を廻せば直ちに蘇ってくるからだ。映画が亡霊を繰り返し描いてきたのはそのためである。これは恐怖映画に限ったことではない。ルイ・フィヤードの『ファントマ』五部作から、両親が死んだ息子の記憶に苦しむナンニ・モレッティの『息子の部屋』まで、映画史は無数の亡霊で溢れ返っているのだ。

死者たちが彷徨うゾンビ映画の氾濫も、だから全く当然なことである。ヴィクター・ハルペリンの見事な『ホワイト・ゾンビ』に始まるこのジャンルは、ジョージ・A・ロメロの『ナイト・オブ・ザ・リビング・デッド　ゾンビの誕生』と『ゾンビ』をきっかけに大流行した。日本の怪談の幽霊とは大きく異なり、怨念どころか思考も心理も全く持たないゾンビは、本能に従ってひたすら機械的に行動し、人間に襲い掛かってくる。その異様な姿は、ゾンビの感染症的な増殖の恐怖と相まって、多くの人々に強烈な印象を植え付けることになった。

今また一本のゾンビ映画がヒットしている。ザック・スナイダーの『ドーン・オブ・ザ・デッド』だ。ジョージ・A・ロメロのあまりに有名な『ゾンビ』のリメイクであるが、そつなくまとまった成功作となっている。

オリジナルの『ゾンビ』はとても奇妙な映画で、一見下手な演出が数多く存在し、そのためだらだらした感じがしさえする。しかし、実はこの非効率的に見える語り口こそが、通常の映画にはない異様な何かを生み出しているのだ。このような特異な作品をリメイクするのは、非常に困難な試みである。

ザック・スナイダーの聡明さは、『ゾンビ』のこうした特異な性質を切り捨てて、多少平凡であっても確実に面白い作品を撮ることに徹した点にある。彼は的確な演出によって物語をスピーディーに語りきった。オリジナルに色濃く存在した政治的な暗喩もあえて後退させて、純粋な娯楽作品に仕立てあげた。こうしてスナイダーは、今の時代にふさわしい新しいゾンビ映画を撮ることに成功したのである。主演のサラ・ポーリーの魅力もあって、仕上がりはかなり魅力的だと言ってよい。

ティム・バートンの新作『ビッグ・フィッシュ』は父子の和解の物語を語っているが、ほら話の好きなこの父親もまた一種のゾンビだと言える。彼は戦争中に一度死んだことにされたからだ。死んだ筈の彼が洗濯された白いシーツ越しに現れるシーンのなんと素晴らしいことか。ところで、ティム・バートンはこの映画でフラッシュ・バックを駆使しながら物語の語りに工夫を凝らしており、その結果、映画は複雑な語りの構造を持つ作品となっている。物語はやがて父親のほら話に存在するいくらかの真実を明らかにするのだが、話のどこまでが本当でどこからが嘘であるかは、最終的には全く重要でないことに注意したい。真実か虚偽かではなく、話それ自体の持つ強度が重要なのである。そもそも、ゾンビの語る話に本当も嘘もないではないか。

今月は他に、『スクール・オブ・ロック』『レディ・キラーズ』『犬と歩けば　チロリとタムラ』『いつか、きっと』が面白く、『スイミング・プール』も興味深かった。

2004年、米、2.35:1、101分　〈脚〉ジェームズ・ガン　[撮影]マシュー・F・レオネッティ　〈主〉サラ・ポーリー、ヴィング・レイムス、ジェイク・ウェバー

2004.7

陽気なペシミスト

オタール・イオセリアーニ特集――『素敵な歌と舟はゆく』『歌うつぐみがおりました』『月の寵児たち』

フランスの高名な映画研究者ベルナール・エイゼンシッツは、あるアンケートでオタール・イオセリアーニの後継者について尋ねられ、「昨日観た山中貞雄の日本映画」を挙げた。勿論、「その映画が一九三五年の作品でないならば」と断ったうえでのことだ。イオセリアーニの映画と山中の『丹下左膳餘話・百萬兩の壺』を結びつけたのはエイゼンシッツの卓見であるが、現在イオセリアーニ特集が行なわれている日本において、これは、グルジア出身でフランスに渡ったこの映画監督の最良の紹介となるのではないだろうか。

オタール・イオセリアーニの映画を観るのはいつだって至福の体験である。最高傑作『素敵な歌と舟はゆく』をまだ観ていない人は、すぐに映画館に駆けつけよう。グルジア時代の『歌うつぐみがおりました』をまだ見ていない人も、すぐに駆けつけよう。この二本はほとんど映画の奇跡である。

イオセリアーニの映画については、いずれもっと長く別の場所で語りたいと考えているので、ここでは具体的な分析は特に行なわないことにする。その最大の魅力は、なんと言っても異質なものの共存と自由の感覚にあるだろう。例えば、彼の映画では階級や肌の色の違う者たちが絶えず交流し、必要とあらばすぐに連帯する。また、彼らは社会の制度的な束縛をすり抜け、飲んだり歌ったりしながら人生を謳歌する。これこそがまさに豊かさというものではないか。

ただし、イオセリアーニの映画に溢れる自由を単なる勝手気ままと取り違えてはならない。例えば『歌うつぐみがおりました』で、交響楽団の打楽器奏者である主人公が、出番ぎりぎりの最後の瞬間に必ず現れて演奏を行なうその身振りは、極端ないい加減さと機械的なまでの正確さが表裏一体の関係にあって感動的だ。つまり、気ままな自由の背後にはある種の厳密さが常に存在するのである。

また、エイゼンシッツも出演している『月の寵児たち』がテロを真正面から扱っていることに注意したい。イオセリアーニの映画には、重い社会の現実が色濃く反映しているのだ。二〇〇二年にパリのシネマテーク・フランセーズでイオセリアーニ特集が行なわれた際に、この監督について「陽気なペシミスト」という言葉が繰り返し用いられたのは、このことと深く関係している。陽気なコメディ感覚溢れる彼の映画世界は、実は本質的にペシミスティックである。この二重性を捉えずに、彼の映画を理解することはできない。そう言えば、山中貞雄もコメディ『丹下左膳餘話・百萬兩の壺』を撮る一方で、暗い悲劇『人情紙風船』を撮っているではないか。

新作では、ホウ・シャオシェンの『珈琲時光』が魅力的な佳作である。東京で撮られたこの映画は、『ナイルの娘』『憂鬱な楽園』『ミレニアム・マンボ』と同じく現代を舞台にしているが、調子はかなり異なる。小津安二郎へのオマージュとして製作されたせいか、まるで現在と過去の二重の時間が流れているかのような不思議な印象があるのだ。この映画もある種の二重性によって活気づけられていると言える。

今月は他に、『浮気な家族』『深呼吸の必要』が面白く、『メダリオン』『ベジャール、バレエ、リュミエール』も興味深かった。

素敵な歌と舟はゆく…1999年、仏＝スイス＝伊、1.66:1、118分 〈脚〉オタール・イオセリアーニ ［撮影］ウィリアム・リュプチャンスキー 〈主〉ニコ・タリエラシュヴィリ、リリ・ラヴィーナ、フィリップ・バス

歌うつぐみがおりました…1970年、グルジア、1.33:1、85分、〈脚〉オタール・イオセリアーニ他 ［撮影］アベサロム・マイスラーゼ 〈主〉ゲラ・カンデラキ、ジャンスグ・カヒーゼ、マリーナ・カルツィヴァーゼ、ゴギ・チヘイゼ

月の寵児たち…1984年、仏＝伊＝ソ連、1.66:1、105分、〈脚〉オタール・イオセリアーニ、ジェラール・ブラッシュ ［撮影］フィリップ・トディエール 〈主〉アリックス・ド・モンテギュ、カーチャ・ルーペ、フランソワ・ミシェル

2004.8

美しい切り返しショット

サム・ライミ監督『スパイダーマン2』

サム・ライミの新作『スパイダーマン2』は本当に素晴らしく、まぎれもなく必見だ。ライミは『スパイダーマン』の連作を撮るべくして撮ったと言える。というのも、彼は『ダークマン』を以前に撮っているからだ。ロープ一本で空中を飛び回る主人公ダークマンの姿や正義と悪をめぐる考察が、この連作を予告しているのである。『スパイダーマン』の物語で重要なのは、主人公ピーターは正義の味方になるために超人的能力を授かったのではないということだ。能力自体は中立であり、彼は悪者になることもできたのだが、この能力を正義のために用いようと自ら決意したのである。しかし第一作では、この決意にもかかわらず、スパイダーマンは警察に手配され、身の回りの人々も不幸を体験するばかりだ。正義の遂行が幸福ではなく不幸を招き、ピーターを苦しませることになる。

『スパイダーマン2』では、正義をめぐるこの不条理の結果、ピーターの苦悩と疲労はますます深まり、ついに彼はスパイダーマンのスーツを捨ててしまう。物語はこうして、彼がいかにして苦悩から救われ、正義への意志を取り戻すかに、焦点を絞っていく。ラストは、一青年の苦悩と救済の物語として大いに盛り上がることになる。

サム・ライミの演出は常に的確で見事だが、その最大の特徴は、物語の語り口と画面の視覚的効果の絶妙なバランス、連携にある。ライミはデビュー以来一貫して新しい映像表現の追求に興味を示してきたが、その一方で、物語を巧みに語ることも決して忘れなかった。アメリカ映画の大作が近年、CGを駆使するなど映像表現に凝るばかりで、物語の工夫を怠る傾向にあるなかで、これは貴重な姿勢だ。巧みに語り、巧みに見せる。この二つが別々のことではなく、緊密に連携していることこそが、彼の重要な才能なのである。物語上の情感の高まりとスパイダーマンのめくるめく空中移動の描写が重なる時、この才能ははっきりと感じられる。ラストの悪者との対決シーンで、スパイダーマンになったピーターとメリー・ジェーンが視線を交わす瞬間の素晴らしさも、この点を踏まえたうえで理解されねばならない。それにしても、これほど美しい切返しショットを、私は最近の映画で他に見たことがない。

日本のコメディ映画、石井克人の『茶の味』と筒井武文の『オーバードライヴ』も素晴らしい。『茶の味』は全篇に溢れる奇異な感覚が目を惹く作品だが、それが、的確なカット割りなど、石井克人のしっかりした演出に裏打ちされていることを見逃してはならない。『オーバードライヴ』における筒井武文の演出も見事である。観ていて、フランスのリュック・ムーレのコメディを思い出してしまったのは私だけだろうか。

チョン・ジェウンの韓国映画『子猫をお願い』とロウ・イエの中国映画『危情少女　嵐嵐《ランラン》』も見逃せない。前者で深夜の地下街を娘たちが駆け抜け、後者で枕が振り回され羽毛が飛び散る時、私たちは真に映画的な何かに確実に触れるだろう。

今月は優れた映画がとても多く、他にも『箪笥《たんす》』『丹下左膳　百万両の壺』『アメリカン・スプレンダー』などが面白かった。

2004年、米、2.35:1、127分　〈脚〉アルヴィン・サージェント　[撮影]ビル・ポープ　〈主〉トビー・マグワイア、キルステン・ダンスト、ジェームズ・フランコ

2004.9

映画の幸福に包まれて

パリ映画日記その一――ベルナルド・ベルトリッチ監督『ドリーマーズ』

ベルナルド・ベルトルッチの『ドリーマーズ』を強い感情移入とともに観た。主人公のアメリカ人青年が他人とは思えなかったからである。私も彼と同じように、かつてパリで生活し、外国人シネフィルとしてシネマテーク・フランセーズに日参して、そこで様々なフランス人に出会ったのだ。主人公とは生きた時代も人間関係も大きく異なるが、それでも自分自身を見ているような気がした。

そして今、私はこの原稿をパリで書いている。一ヶ月強の滞在だ。レティシア・カスタとすれ違ったりもしながらパリの通りを散歩し、私はかつて生きた六年半の時間をあらためて思い出している。

パリに着き私が最初に観たのは、ケン・ローチの魅力的な新作『ア・フォンド・キス』である。その後、エリック・ロメールの『三重スパイ』、ジャン＝リュック・ゴダールの『我らの音楽』と新作を続けて観て、おおいに楽しんだ。こうして、私は久方振りのパリのシネフィル生活を順調に開始したのだ。

これまでパリで観た新作のなかで特に優れた映画を三本取り上げてみたい。まず何より素晴らしいのが、ホン・サンスの韓国映画『女は男の未来である』だ。かつて同じ女を愛した二人の男、美術教師とアメリカから帰ってきた映画作家が、その女を捜しに旅に出るという物語。ホン・サンスの映画に登場する男たちは、いつも旅に出て女に出会ったり、酒を飲んで酔っ払ったりしているが、今回もまた然り。同じモチーフを繰り返しながら豊かなヴァリエーションを生み出すこの監督の手つきは本当に見事だ。無駄のない洗練された演出は、彼が世界でもトップ・レベルの映画監督であることを証明している。

ツァイ・ミンリァンの台湾映画『さらば、龍門客桟』にも驚かされた。この新作は、キン・フーの映画を上映中の閉館直前の映画館における人間模様を描いている。ツァイ・ミンリァンの形式主義的探求が極まって、まるで前衛映画のような趣きさえある。非常にゆっくりした進行で、ほとんど何も起こらないような画面が続き、登場人物たちが言葉を交わすのも二回だけだ。しかし、いわゆる難解さはなく、腹を抱えてしまう面白さにまるで飽きない。映画館と同性愛が鍵になるという点で、ジャック・ノロの『二つ頭の牝猫』が思い出され比較したくなるが、どちらも強烈な個性に彩られた必見の作品である。

最後に、ノエミ・ルヴォフスキーの『感情』も見事な映画である。ルヴォフスキーは『人生は怖くない』という本当に素晴らしい作品を撮った大好きな監督なのだが、この新作も期待に違わぬ出来映えである。新居に引っ越してきた若い人妻が隣家の中年の夫と不倫関係に陥るという物語は、どこかフランソワ・トリュフォーの『隣の女』を連想させるが、調子は大分異なる。独特の明るさとユーモアが観る者を元気にする映画だ。

今月観た新作では、ジャック・リヴェットの『Mの物語』ブリュノ・ポダリデスの『黄色い部屋の謎』レイモン・ドゥパルドンの『第十法廷』ヌリ・ビルゲ・ジェイランの『ウザク』ジュリー・ベルトゥチェリの『やさしい嘘』なども素晴らしかった。面白い映画を次々と観られて調子がいい。私は今パリで、映画の幸福に包まれている。


2003年、英＝仏＝伊、1.85:1、115分〈脚〉ギルバート・アデア［撮影］ファビオ・チャンケッティ〈主〉マイケル・ピット、エヴァ・グリーン、ルイ・ガレル

アンゲロプロスとアサイヤス

パリ映画日記その二――テオ・アンゲロプロス監督『ウィーピング・メドウ』

一ヶ月強のパリ滞在を終えて、日本に帰ってきた。今回はこの滞在の後半に観た新作のなかで、特に優れたものを取り上げてみたい。

まず、テオ・アンゲロプロスの新作『ウィーピング・メドウ』が素晴らしい（編集部注：後に『エレニの旅』の題で公開）。三部作の第一作だというこの映画は、赤軍を恐れてギリシャ人移民がオデッサを去る一九一九年から、ギリシャの内戦が終わる一九四九年までを時代背景として、一人のギリシャ人女性の物語を描いている。彼女の辿る人生は、二〇世紀前半の歴史と強く結びつく一方で、エウリピデスの『ヒッポリュトス』やソポクレスの『オイディプス王』といったギリシャ悲劇を想起させるものでもあり、壮大なスケールの物語である。

アンゲロプロスがこの十年間に撮った映画のなかで、この新作は最高の出来映えであり、もっと若い頃の作風に戻ったように見える。勿論、シーンを割るべき時は大胆に割るという新作の文体は彼の近年の文体であり、『旅芸人の記録』や『狩人』の厳密なワンシーン・ワンショットとは異なる。だが、人物の運動とカメラの運動の関係や人物と背景の関係などが、彼の以前の映画を思い出させるのだ。カメラの運動が人物の運動に対して決して過剰にならず、緊密な連携を保ち続けるこの新作の文体には、目を見張るものがある。

『ウィーピング・メドウ』は、一度見たら忘れられないような強烈な視覚的イメージに溢れている。例えば、筏に棺と人々をのせた葬式の場面が印象的だ。ただし、こうしたイメージの多くは、いかにもアンゲロプロス的なものである。水辺にカメラが置かれる時、この傾向は特に顕著だ。こうしたイメージを見て、「ああ、この監督らしい」と感心しているだけでは問題がある。果たして、この新作は過去の作品の集大成に過ぎないのだろうか。

そうではない。葬式の後、大量の家畜の死骸が木に吊るされ、続いて、家の外から中に石が数多く投げ込まれるシーンを見てみよう。ここで私たちが目にするのは、まさしく西部劇の空間ではないだろうか。この新作は監督の自己模倣の産物では決してない。ギリシャのアンゲロプロスの新作に西部劇が色濃く影響を与えていること。これを見ずして、この映画の価値を理解することはできない。

オリヴィエ・アサイヤスの『クリーン』も、文句なしに素晴らしい。わざとらしくなりがちな母と子供の再会のシーンを、的確なカット割りでさらりと描くアサイヤスの演出力は実に見事である。ところで、映画の物語はこの再会を目指して進んでいるように見えるが、最終的に辿り着くのは実は母親の歌である。彼女は最後に音楽と再会するのだ。この物語はいわば仮の目的と真の目的の二つに向かって進んでいるのであり、これを見逃すと監督の演出が本当には理解できない。だから、『カイエ・デュ・シネマ』のジャン＝ミシェル・フロドンは、子供との再会とそこに至る過程を分析する時よりもむしろ、物語が最終的にこの目的を越えて別の地点に達していると指摘する時、映画の本質に近づいているのだ。人間（または映像）と音楽の出会いは、この映画の重要な主題である。

新作では他にも、ユーセフ・シャヒーンの『アレキサンドリア…ニューヨーク』アブデラティフ・ケシッシュの『レスキヴ』ジム・ジャームッシュの『コーヒー＆シガレッツ』ペドロ・アルモドバルの『悪い教育』ロバート・デュヴァルの『暗殺のタンゴ』などが面白かった。

2004年、ギリシャ＝仏＝伊＝独、1.66:1、170分　〈脚〉テオ・アンゲロプロス　［撮影］アンドレアス・シナノス　〈主〉アレクサンドラ・アイディニ、ニコス・プルサニディス、ヨルゴス・アルメニス

2004.11

ラスト三〇分の演出

トビー・フーパー監督『ツールボックス・マーダー』

残念ながら日本では劇場未公開のままDVD発売されてしまったが、トビー・フーパーの『ツールボックス・マーダー』は今最も面白い新作である。映画史上に輝くホラー映画『悪魔のいけにえ』で七〇年代にデビューしたフーパーは、八〇年代には、卓越した『ファンハウス　惨劇の館』の後、『ポルターガイスト』や『スペースバンパイア』(素晴らしい!)といったヒット作を手掛けることになる。九〇年代以降彼は一転して地味な活動を強いられることになり、テレビ作品も多くなるが、彼の手腕は衰えるどころか洗練を増すばかりである。例えば、巨大洗濯用プレス機が人々を襲う擬古典的ホラー『マングラー』は間違いなく必見だ。未見の方は、この物語がどんな画面を用いて語られるか想像をめぐらせてから観ると、フーパーの並々ならぬ才能がよく分かるだろう。

若い夫婦が古いアパートに引っ越してくるが、そこには殺人鬼がいて住人たちが次々と殺されていくという『ツールボックス・マーダー』の物語は、ホラー映画の王道を行くものである。様々な大工道具を用いて惨殺を繰り返す殺人鬼は、否応なしに『悪魔のいけにえ』のチェーンソーを振り回す殺人鬼を思い出させる。オカルト的要素や家族の影の有無に関して重大な違いがあるとはいえ、この両者の類似は明らかだ。『ツールボックス・マーダー』は、事件が起こる空間をひとつの建物に限定した『悪魔のいけにえ』の新ヴァージョンであると言ってよい。

フーパーのこの新作は、イタリアのダリオ・アルジェントの新作『スリープレス』と同じ種類の野心を持って撮られたように見える。アルジェントはこの映画で、自らのキャリアの出発点であるジャーロという七〇年代的なジャンルに立ち戻った。この二人の巨匠の七〇年代回帰はいくつかの共通点を持っている。ジャンルの原点に帰るかのようなオーソドックスな物語展開や、確かな映画史的知識に裏打ちされた職人的とも言える演出などである。題材の新奇さによってではなく、あくまで演出によって勝負しようとするこの二本の映画の存在は、一体何を意味しているのだろうか。ともかく、『ツールボックス・マーダー』のラスト三〇分におけるフーパーの演出は本当に圧倒的である。先に職人的と述べたが、ここでの画面の強度や編集、音響設計の巧みさはむしろ超人的と呼ぶべきかもしれない。

劇場公開作では、井口奈己の『犬猫』が素晴らしい。井口監督が、以前に撮った同題名の八ミリ作品を自分の手でリメイクした三五ミリ作品である。榎本加奈子と藤田陽子扮する二人の娘の共同生活が描かれているが、その繊細ですがすがしい描写には、フランスのヌーヴェル・ヴァーグを思い出させるものがある。二人の女性それぞれに戸外を一人で走る場面が用意されているが、どちらもとても魅力的な場面になっており見逃せない。

今月は他に、『マッスルモンク』『ツイステッド』『誰も知らない』や、特集上映で観たドキュメンタリー『S21 クメール・ルージュの虐殺者たち』『スティーヴィ』『イン・パブリック』『真昼の不思議な物体』などが面白かった。カンボジアのジェノサイドを扱った『S21』は傑作である。

2004年、米、1.85:1、95分 〈脚〉ジェイス・アンダーソン、アダム・ギーラッシュ[撮影]スティーヴ・イェドリン 〈主〉アンジェラ・ベティス、ジュリエット・ランドー、ブレント・ローム、クリス・ドイル、ランス・ハワード、マルコ・ロドリゲス

映画的な運動と空間

森崎東監督『ニワトリはハダシだ』

知的障害を持つ少年とその父親が朝食を取り終わる。ガラス戸を開けると外は川で、親子はボートに乗り込む。橋の下をくぐる時、二人の姿は一瞬影に覆われる。ボートが湾に出ると、少年は排泄を済まして、汽船に乗る妹に両手を振って挨拶をする。

映画『ニワトリはハダシだ』のこの場面はなんと魅力的なのだろう。この場面を見ただけで、私は始まったばかりのこの森崎東の新作が成功作であると確信した。多くの観客はそこに登場する食事と排泄の主題に目を惹かれるだろう。そしてこの場面を、同じ監督の『喜劇・女は男のふるさとョ』に登場する糞尿の挿話の延長線上に位置づけるかもしれない。しかしそれ以上に重要なのは、この場面における映画的な空間と運動の驚くほどの充実ぶりである。室内から突如川に移動してやがて湾に至り、最後に距離を介した視線と身振りのやり取りが行なわれる。これらの全てがリズムよく一気に語られるのだ。

知的障害児や在日朝鮮人が登場し、彼らが機密費がらみの検察庁の汚職事件に巻き込まれてしまうのだから、『ニワトリはハダシだ』の政治的射程ははっきりしている。事実、映画の物語は中央の権力に対する社会の周辺者の抵抗という図式を示している。これは、森崎東の名作『生きてるうちが花なのよ死んだらそれまでよ党宣言』にも見られた図式だ。そもそも森崎東の映画は一貫してマイノリティと反権力の問題を扱っていると言ってよい。

養護学校の女性教師が刑事を何度も殴り蹴ることに注目しよう。これは、『喜劇・女は男のふるさとヨ』で刑事に怒鳴り凶器を向けさえする中村メイコ扮する竜子の行動を発展させたものと言える。しかし、女性教師のこの痛快な行為は、ただ単に反権力の姿勢の象徴と解釈すればそれでよいというものではない。彼女は他の場面でもスクール・バスを追いかけて転んだり、酔っ払って椅子からずり落ちたりして、映画を生き生きとしたものにしている。刑事への行為もこうした彼女のユーモラスな身体運動に連なるものなのだ。

実際、『ニワトリはハダシだ』には様々な身体運動が現れ、それが映画的な運動となっている。女性教師が転び、知的障害児が豊かな身振りを示し、その父親は海に飛び込み、人々は踊る。こうした一連の動きがラストで造船所跡でのブルドーザーの運動に発展し、この跡地は躍動感溢れる空間に変貌するのだ。この映画は、他のあらゆる優れた芸術作品と同様、ひとつの社会的主張といったものには収まり得ない豊かな作品世界を提示している。森崎東は映画的な運動と空間を見事に創出した。だからこそこの映画は必見なのである。

日本映画のベテランが奮闘しているが、土本典昭の新作『みなまた日記　甦える魂を訪ねて』(撮影は九〇年代)も素晴らしい。土本典昭はこの劇場未公開のドキュメンタリーで、水俣の日常を詩情豊かに描きながら、平成の日本における水俣病患者のアイデンティティーを優しく静かに見つめている。この映画も、単なる社会的メッセージの伝達をこえた地点で豊穣な作品世界を紡ぎ出しているのだ。

今月は他に、『ターンレフト　ターンライト』『ジョヴァンニ』『コラテラル』『ハウルの動く城』『2046』『血と骨』、高橋洋の『ソドムの市』などが良かった。

2003年、日、1.85:1、114分〈脚〉近藤昭二、森崎東［撮影］浜田毅〈主〉肘井美佳、石橋蓮司、余貴美子、加瀬亮

2005

1 | 衣装劇の魅力と亡霊の語り　クァク・ジェヨン監督『僕の彼女を紹介します』
2 | 水辺の死体　青山真治監督『レイクサイドマーダーケース』
3 | 身体性とアイデンティティー　ポール・グリーングラス監督『ボーン・スプレマシー』
4 | 香港の大衆映画　ジョニー・トー監督『PTU』
5 | 形式主義者の大胆な語り口　鈴木清順監督『オペレッタ狸御殿』
6 | 意味なんか考えていないでまず肯定すること　山下敦弘監督『リンダリンダリンダ』
7 | 見せることと見せないこと、話すことと話さないこと　豊田利晃監督『空中庭園』
8 | クリスタルのひびを通って　ジャ・ジャンクー監督『世界』
9 | 反復と差異の遊戯　ホン・サンス監督『女は男の未来だ』
10 | イメージの力によって　ジョニー・トー監督『イエスタデイ、ワンスモア』
11 | 二人の焦点人物　ジャン＝ピエール＆リュック・ダルデンヌ監督『ある子供』
12 | 自分自身のなかに潜む他者性　柳町光男監督『カミュなんて知らない』

『リンダリンダリンダ』
DVD発売中　¥4,800＋税

発売元：バップ
©「リンダリンダリンダ」パートナーズ

衣装劇の魅力と亡霊の語り

クァク・ジェヨン監督『僕の彼女を紹介します』

『猟奇的な彼女』『ラブストーリー』に次ぐクァク・ジェヨンの待望の新作『僕の彼女を紹介します』は、韓国映画のレベルの高さを証明する必見の作品だ。

この映画は衣装劇の魅力に溢れている。チョン・ジヒョン扮する美しきヒロインは婦人警官であり、彼女は映画のなかで私服から制服へ、制服から私服へと絶えず着替え続ける。単に勤務中に制服を着るだけでなく、制服姿で学校の教室に入ったりと、衣装と行動のずれが映画を活気づけたりもしている。

衣装劇は単なるヒロインのファッションの水準にとどまらない。例えば、彼女には双子の姉がいて、服を交換して相手に成り済ましたという挿話が語られる。この死んだ双子の姉は映画の他の場面では一切言及されることがなく、まるで衣装の交換による変装のために設定された登場人物であるかのようだ。また、婦人警官と高校教師が手錠で手をつないだまま互いの服を着合うというとても面白い場面がある。この衣装の交換は、これから二人が恋人同士になろうとしている重要な時に、つまり人間関係が大きく変化しつつある時に行なわれているのだ。

しかしながら、こうした衣装劇も物語を最後まで推し進める原動力であるとは言えない。監督の本当の野心は別のところにあり、それを捉えずしてこの映画の重要性を理解することはできないだろう。

映画は、ヒロインが高いビルの屋上から飛び降りる場面で始まる。こう書くと映画を観慣れた者ならば、物語が彼女の回想形式で語られ、この最初の場面が映画の終わり近くで再び登場することを予想するかもしれない。しかし、実際はそうならない。飛び降りが再び描かれるのはラストよりかなり前のことだし、そもそも物語の語り手は彼女ではなく高校教師なのである。

とはいえ、この程度のねじれはたいしたことではない。問題なのは、映画が後半に入ろうとする時に直面する事態である。語り手であるはずの高校教師が突如死んでしまうのだ。これはどういうことなのか。高校教師が死んだあと、物語を語っているのは一体誰なのか。より高い次元に属する目に見えない存在の語りに移ったのか。それとも、最初の場面が暗示していたような婦人警官の語りに、何らかの理由で移ったのだろうか。しかし、語り手の移行を示すいかなる符牒も観客は目にしなかったはずだ。

こうした深刻な事態にもかかわらず、語り手は自分の素性をなかなか明らかにしないのだが、実は語り手は最後まで高校教師のままなのである。彼は亡霊として物語を語っているのだ。クァク・ジェヨンは亡霊を語り手に設定して生者と死者の交感の物語を描いた。亡霊の語りとそれをめぐる様々な仕掛けこそが監督の最大の野心なのである。この語りの問題を考えずに、『僕の彼女を紹介します』の素晴らしさを捉えることはできないだろう。

今月は、新海誠の『雲のむこう、約束の場所』や遅ればせながら観た山下敦弘の『くりいむレモン』の新鮮な魅力にも心を惹かれた。他には、『ふたりにクギづけ』『マイ・ボディガード』『五線譜のラブレター　DE-LOVELY』『たまもの』『酔画仙』『ターミナル』などが面白かった。

2004年、韓＝香港、2.35:1、123分〈脚〉クァク・ジョエン［撮影］チョン・ハンチョル〈主〉チョン・ジヒョン、チャン・ヒョク、キム・テウク

2005.2

水辺の死体

青山真治監督『レイクサイドマーダーケース』

映画ではよく水辺で人殺しが起きる。まず思い出されるのは、フリッツ・ラングが一九五〇年に監督した『ハウス・バイ・ザ・リバー』だ。この映画で主人公の作家は、川のほとりの屋敷で女性を殺し、死体を川に沈めてしまう。

青山真治の新作『レイクサイドマーダーケース』も水辺の殺人を描いており、ラングのこの映画に良く似ている。舞台が湖畔に移っているとはいえ、青山真治の映画でも、殺された女性の死体を主人公の男は水中に沈めることになる。水面を覆う深い闇も同じだ。

しかし、この二本の映画では死体の果たす機能が異なっている。ラングの映画では、死体は沈んだり浮かび上がったりしながら、サスペンスを盛り上げ、物語をダイナミックに展開させている。ところが青山真治の作品では、死体はもっと静かに、だが確実に登場人物たちを変えていくのだ。水辺の死体がひとつの集団を本質的に変容させてしまうという点では、この作品はむしろティム・ハンターの『リバース・エッジ』を連想させる。また、青山真治の旧作『EM　エンバーミング』にも見られた即物的な死体の扱い方は、アルノー・デプレシャンの『魂を救え！』を連想させるだろう。

『レイクサイドマーダーケース』で青山真治は、ひとつの死体が人々を変えていき、その存立基盤を崩すに至るという物語を、光と闇の主題を巧みに展開させながら描ききった。女性写真家がカメラのフラッシュを焚き、彼女と肉体関係を持つ主人公はその光に目を覆う。夜の闇のなか死体を湖に沈める時に彼がライターを落とすというミスを犯すのも、懐中電灯の光が彼の目に入ったからである。未来を時折幻視してしまう主人公の妻の目が怪しく赤く光るのも、意味のないことではない。役所広司が演じる主人公は、光を発する二人の女に追い詰められていくのだ。

青山真治の演出は会話と視線の劇を巧妙かつ挑発的に描いており、指摘すべきことは多い。だが、ここではむしろ役者の演技に注目したい。曲者ぞろいの俳優陣のなかで薬師丸ひろ子の存在感が明らかに突出している。主人公の妻に扮する彼女はその最良の時において、ジョン・カサヴェテスの映画におけるジーナ・ローランズを思い出させる。この数年の日本映画で、これほど見事な演技をした女優は他にいないだろう。主人公が死体を発見したあと、妻と二人きりで会話する場面の彼女は特に素晴らしい。寄りのカメラが背景を簡略化して薬師丸ひろ子の顔を的確に際立たせていることを、見逃してはならない。彼女の卓越した演技力と青山真治の巧みな演出が的確に連携しているのだ。

快作『少林サッカー』で世界中を熱狂させたチャウ・シンチーの新作『カンフーハッスル』も大変素晴らしい。冒頭などで見られるセルジオ・レオーネ調の演出などなかなかいい感じで、この映画は六〇年代以降の大衆映画の集大成であると同時に、クンフー映画の新たな可能性を示してもいる。

今月は他に、『パッチギ!』『巴里《パリ》の恋愛協奏曲《コンチェルト》』『もし、あなたなら〜6つの視線』『Mr.インクレディブル』や、劇場未公開だが『行ったり来たり』『高みにのぼる猫』『ルーヴル美術館への訪問』などが面白かった。

2004年、日、1.85:1、118分 〈脚〉青山真治、深沢正樹 [撮影]たむらまさき、池内義浩 〈主〉役所広司、薬師丸ひろ子、柄本明、鶴見辰吾、杉田かおる

2005.3

身体性とアイデンティティー

ポール・グリーングラス監督『ボーン・スプレマシー』

記憶喪失に陥った人物がわずかな手がかりをもとに自分が誰なのかを調べるうちに、何か異様な状況に自分が置かれていることに気づく。このような、デヴィッド・リンチの『マルホランド・ドライブ』と全く同じ始まりを持つ映画、ダグ・リーマンの『ボーン・アイデンティティー』は、近年のアメリカのアクション映画のなかでも突出した出来映えを示す快作だった。秀逸な脚本と演出は観客を一瞬たりとも退屈させず、特に雪原でのライフル銃による対決やパリの通りでのカー・チェイスには目を見張るものがあった。

監督にポール・グリーングラスを迎えた続篇『ボーン・スプレマシー』も、期待に違わぬ面白い映画である。続篇の縛りなど色々困難はあっただろうが、きっちりまとまった成功作に仕上がっている。

近年のアメリカのアクション映画は、『マトリックス』三部作のようにCGを駆使して現実にはありえない身体性、運動性を追及する傾向が目立っている。リアリティをあからさまに無視した地点で成立する画面の快楽と言ってもいい。しかし、『ボーン・スプレマシー』では、このリアリティの感覚が一貫して重視され、生身の身体性が追求されているのだ。アクション・シーンで手持ちカメラによる短いショットが次々に重ねられていき、観客はそのスピードとリズムにおおいに興奮するだろう。注目すべきなのは、いかに激しいアクションにおいても、主人公に扮するマット・デイモンの身体と顔が常にしっかりと刻み込まれていることだ。この身体性こそがこの映画の魅力なのである。CG全盛時代において、七〇年代的なアクションがここに着実に継続されていると言ってもいい。

主人公ジェイソン・ボーンは、物語の始まりでいきなり恋人を失い、一人きりになる。何人かの女性がそのあとも物語を彩るが、彼女たちが彼から性的に眺められることは一切ない。マット・デイモンは、女性との親密なかかわりよりも、男と男の絆にとらわれる人物像を数多く演じてきた(『グッド・ウィル・ハンティング 旅立ち』の師弟、『ふたりにクギづけ』のシャム双生児、同性愛的な『ジェリー』の二人)。だがここで彼は女性とも男性とも縁を持たない徹底して孤独な単独者を演じている。過去の記憶を失った孤独な男ジェイソン・ボーンにとって、唯一信じられるのはやはり自分の身体なのだろう。

自らのアイデンティティーを見失ったこのスパイが直面する逆説に注意したい。彼がいくら見事に身に降りかかる危険を逃れ活躍しても、その行動様式それ自体が、極秘プロジェクトのもとに訓練され他者に押しつけられたものにすぎないのだ。そこで映画の物語は次第に横に滑っていくことになる。つまり、物語は最初、陰謀から逃れそれを仕組んだ者を倒すことを目的として進んでいくように見えるが、最終的にはこの仮の目的からそれて、真の目的、過去の行為に対する償いに到達するのだ。こうしてはじめて主人公は、過去の記憶を見出し、自分のアイデンティティーを取り戻すための出発点に立てるからである。

今月は『セルラー』もたいへん素晴らしく、他には『生命《いのち》―希望の贈り物』『THE JUON/呪怨』『オペラ座の怪人』『アレキサンダー』『マシニスト』などが面白かった。

2004年、米=独、2.35:1、108分 〈脚〉トニー・ギルロイ、ブライアン・ヘルゲランド [撮影]オリヴァー・ウッド 〈主〉マット・デイモン、フランカ・ポテンテ、ブライアン・コックス

香港の大衆映画

ジョニー・トー監督『PTU』

サイレント期に撮られたルイ・フィヤードの連続活劇やバスター・キートンのバーレスク・コメディ、一九五〇年代のハリウッドB級を低級とみなす人は今では誰もいない。五〇年代以前に関しては、芸術派志向の硬い映画よりもこうした大衆的なジャンル映画のほうが歴史をこえて今も残っているのだ。しかし、六〇年代以降は事情が異なる。まずヌーヴェル・ヴァーグがあり、そのあともヴィム・ヴェンダースのような、B級映画で育ちながらもインテリ化した映画監督が重視されてきた。

ところが、最近の世界の映画批評が明らかにしているのは別の歴史観だ。イタリアのマカロニウエスタンやジャーロ、ホラー、香港のクンフー映画や剣劇映画、日本の日活ロマンポルノ、アメリカのロジャー・コーマン製作作品など、六〇年代以降も映画史を支えてきたのは大衆的なジャンル映画なのだという視点である。日本では数多くの有能な監督がピンク映画からデビューしており、この傾向は、驚くべき才能の持主である堀禎一がピンク映画界に現れるなど今も変わっていない。アメリカでも、才能のある若者が映画監督になろうとすれば、ホラー映画を撮るかロジャー・コーマン門下生になるのが確実だった時期が確かにあったのだ。

このような映画史観の形成において、香港の大衆映画の世界的な人気が果たした役割は極めて重要である。実際、ツイ・ハークをはじめとする香港の巨匠の作品群は世界中のシネフィルに多大な熱狂をもたらしてきた。そして近年世界的に人気が急上昇している注目の監督がジョニー・トーだ。傑作『ザ・ミッション　非情の掟』のあとも、ワイ・カーファイとの共同監督により『Needing You』『フルタイム・キラー』『マッスルモンク』『ターンレフト　ターンライト』など野心作を次々と撮り続けるジョニー・トーだが、彼が単独で監督した新作『PTU』は必見である。

真夜中の香港を舞台に、組織犯罪課の刑事と機動隊PTU、特捜課CIDの三者が、紛失した拳銃をめぐって黒社会ともかかわりながら右往左往し、やがて全ての要素が午前四時の広東道へと向かっていく。この警察ものに、ジョン・ウーの映画のような激しいアクション・シーンを期待してはならない。『PTU』で描かれるのは、警察の三つの組織に属する様々な人物が織り成す複雑で微妙な人間関係と距離の物語である。大量の火薬を爆発させなくても、夜の闇のなか人影を交錯させるだけで映画的なアクションが成立するのだ、とでも言いたげなジョニー・トーの演出は、娯楽映画の体裁をとりながら大胆な実験に溢れている。ゲームセンターで行なわれる刺青の男への異様に執拗な尋問シーンを見よ。裸の男が閉じ込められたいくつもの籠を見よ。そしてラストの広東道での銃撃戦を見よ。『ザ・ミッション　非情の掟』の有名なシーンと同様、この最大の見せ場においても激しく動く者など誰一人おらず、皆ただ立ち尽くして銃を撃つだけで息をのむ活劇が成立しているのだ。ジョニー・トー・タッチの素晴らしさ。現代映画の最前線がここにある。

今月は他に、『不倫団地　かなしいイロやねん』『バンジージャンプする』『DEMONLOVER』『サマリア』『香港国際警察　NEW POLICE STORY』などが素晴らしかった。

2003年、香港、2.35:1、88分〈脚〉ヤウ・ナイホイ、オー・キンイー［撮影］チェン・チュウキョン〈主〉サイモン・ヤム、マギー・シュー、ラム・シュー

形式主義者の大胆な語り口

鈴木清順監督『オペレッタ狸御殿』

殺し屋ナンバー・スリーが殺し屋ナンバー・ワンと対決してその地位を奪おうとするという物語に、「くだらない、内容がない」と感じて反発する者たちは、鈴木清順の映画の面白さを決して理解できないだろう。当の鈴木清順はそんな者たちの存在など気にとめる様子もなく、代表作『殺しの烙印』のこの物語を、三〇年以上後の作品『ピストルオペラ』でも繰り返している。この徹底した形式主義者にとって、本当に重要なこと、真に映画的なものは何を語るかではなく、いかに語るかという水準にしか存在しないのだ。

『ピストルオペラ』に続く鈴木清順の見事な新作『オペレッタ狸御殿』は、城主の息子と唐の国からやって来た狸姫の恋物語を描いているが、この物語も言わば口実のようなものに過ぎない。子供向けのファンタジーのようなこの物語を他の誰にも真似できないような大胆な語り口で語ることによって、鈴木清順は独特の美学に基づく華麗な映画世界を創り上げたのだ。注目すべきは、八〇歳をこえたこの監督の作品が示す驚くべき若さである。年をとって落ち着いてくるといったこととは無縁の飄々とした奔放さ。最初の歌の場面で由紀さおり扮する老婆の顔のクローズアップが挿入されるそのやり方などに、成熟を拒むかのような不敵な若々しさがはっきりと感じられる。

城主の息子と狸姫が出会う場面は、鈴木清順らしさが最も良く出ている箇所のひとつである。『ピストルオペラ』の大胆な編集がここでも繰り返されていて、まるで前衛映画のようでさえある。本来繋がらない筈のショットを切り返しの文法を逆手にとって繋げてしまい、奇妙にねじれた時空間を構築するこの編集によって、鈴木清順の美学は映像表現の根本的な問題に触れている。ただし、『オペレッタ狸御殿』の魅力はこれだけではない。ラスト近くでカメラが狸御殿のなかを横や前に動き、この移動撮影が画面に思いもかけぬ艶を与えている。また、歌の場面における固定ショットの持続は、カメラが対象を捉えるという事実に由来する映像の始原的な魅力をあらためて開示する。こうした多様な画面の快楽によって、『オペレッタ狸御殿』のアンチ・リアリズムの美学、セットを丸出しにした作り物の美学は一層豊かなものになっているのだ。

もう一本、ワン・チャオの『安陽の赤ちゃん』も取り上げたい。売春婦が捨てた赤ん坊を失業した中年男が拾って育てるというこの中国映画はまぎれもない傑作だ。髪の薄い小柄な中年男が主人公であることから分かるように、この映画は大衆受けから程遠い地味な作品である。だが、その斬新な文体は本当に驚異的だ。様々な出来事を最小限のショット数で簡潔に語る洗練された語り口が素晴らしく、小さな仕掛けのひとつひとつが見事なまでに映画的である。ラーメンを食べる画面がただ続くだけでこんなにも面白いというのは、何か奇跡を目にしているとしか思えない。とにかく凄い映画だ。

今月は他に、『愛の神、エロス』『甘い人生』『アビエイター』『コックリさん』や、劇場未公開の『選ばれた瞬間』などが面白かった。以前に別題で取り上げたテオ・アンゲロプロスの新作『エレニの旅』が公開されるが、これも勿論必見である。

2004年、日、1.78:1、111分 〈脚〉浦沢義雄 ［撮影］前田米造 〈主〉チャン・ツィイー、オダギリジョー、薬師丸ひろ子

2005.6

意味なんか考えていないでまず肯定すること

山下敦弘監督『リンダリンダリンダ』

女子高校生三人が、高校生活最後の文化祭のライブでブルーハーツの「リンダリンダ」を演奏したいと思い、かつての仲間にボーカルをやってくれと頼む。「やって意味あんのかな」という返事に「意味なんてないよ」と反発した一人が、たまたま通りかかった韓国からの女子留学生、ソンをその場の勢いで誘う。ソンは何も考えずにただちに「はい」と答える。こうして、即席のバンドを組んだ少女たちの青春の四日間が始まる。意味なんか考えていたら、決してありえなかった四日間だ。

この四人の少女を主人公とする山下敦弘の『リンダリンダリンダ』という映画自体も、意味を考えていたら成立しなかったかもしれない作品だ。なんでコピーバンド？　なんでブルーハーツ？　なんで今さら女子高校生の文化祭の物語？　こうした疑問を考えすぎることなく、ソンのようにまずとにかく肯定してみること。そして現場に出かけ、少女たちの身振りにじっと視線を注ぐこと。そうすることによってはじめて映画は、抽象的な思考によっては決して辿り着けない何かに触れることができたのだ。思考しないというのではない。カメラとともに、カメラから一番近いところで具体的に思考するのである。

それ故、この映画の物語に過剰に意味を求めることは避けねばならない。例えば、日本人と韓国人の交流という主題はこの映画に確かに存在している。だが、映画に登場するビラに書かれた「日韓交流」という言葉を出発点として重々しい言説を組み立てたとしても、それは映画とすれ違ってしまうだけだろう。洗面所で二人の少女がそれぞれ日本語と韓国語を喋りながら何故か完全に通じ合ってしまうという不思議な場面があるが、この映画における「日韓交流」とはこのように軽やかなものなのだ。四人の少女のコミュニケーションはいつもしなやかで、文化の違いを意識させることもない。日本人でも韓国人でもなく、まるで少女であるということが彼女たちの唯一の国籍であるかのようだ。

ソンに扮するペ・ドゥナの演技が生き生きとしていて素晴らしく、ライブの前日にソンがステージに一人で立つ場面は特に忘れられない。前田亜季、香椎由宇、関根史織という三人の日本人女優もとてもいい。女優陣が皆こんなにも魅力的なのは、山下敦弘の繊細な演出が彼女たちの表情や身振りをしっかりと捉えているからだ。常に的確な位置に置かれて決して自己主張することのないカメラがそれらを逃さない。まだ二〇代だというこの映画監督の演出に備わっている控え目という美徳にも注目しよう。ソンがはじめて「リンダリンダ」を聞いて涙する場面で、彼女を背後から引き気味に撮るというセンス。これは技術の問題ではない。映像と現実に対する姿勢の問題なのだ。大げさな表現ばかりが目立つ近年の世界の映画のなかで、山下敦弘のこうした演出には胸を打つものがある。

山下敦弘を天才と呼び『リンダリンダリンダ』を傑作と呼ぶのはあえてやめておこう。そうした安易な言葉では捉えきれない貴重な何かを、この映画は持っているからだ。

今月は他に、『美しい夜、残酷な朝』の一篇「dumplings」や、『せかいのおわり』『ザ・インタープリター』『バタフライ・エフェクト』などが面白かった。

2005年、日、1.85:1、114分 〈脚〉向井康介、宮下和雅子、山下敦弘 ［撮影］池内義浩 〈主〉ペ・ドゥナ、前田亜季、香椎由宇、関根史織

2005.7

見せることと見せないこと、話すことと話さないこと

豊田利晃監督『空中庭園』

豊田利晃の魅力的な新作『空中庭園』では、長回し撮影のカメラがしばしば空中を自由自在に動き回る。この動きは、巨大マンションの上層部に住む崩壊しかけた四人家族、京橋家の、言わば地に足のつかない生活に対応しているようだが、それ自体快楽的でもある。このようなカメラ・ワークを実現したスタッフ陣の技術力はかなりのものだ。

しかし、こうした過剰な視覚的効果に酔いしれているだけでは、豊田利晃の演出の本質を見逃してしまうだろう。画面に直接見えているものの華やかさに惑わされてはならない。例えば、小泉今日子演じる母親や黄色い自動車などが、一旦画面の外に出たあと同じひとつのショットのなかで再び画面に入ってくることに注意しよう。人物やセットの様子がフレーム・アウトの間に変わっていることもある。こうしたショットにおいては、画面外の空間(オフ・スペース)で起こっている目には見えない事柄も非常に重要なのだ。

『空中庭園』では、過剰な視覚的効果は全てを見せることを意味してはおらず、見えるものと同様に見えないものも重要な価値を持っている。そもそも、全てを見せるということは不可能であり、見せることと見せないことは安易に対立させるべきものでもない。何故なら、何かを見せるためにはそれをフレーミングしなければならず、その時必然的にフレーム外の目に見えない空間が生じるからだ。つまり、何かを見せる時、

画面は必ず別の何かを見せていないのである。豊田利晃はオフ・スペースの演出を行ないながら、見えるものと見えないもの両方に対して映画的感性を研ぎ澄ましているのだ。

同様のことが物語のレベルにおいても、話すことと話さないことの主題をめぐって存在している。京橋家の四人は何事も包み隠さないというルールを作って、普通は口にしないようなことまで話し合いながら生活している。しかし現実には、このルールにもかかわらず、四人全員が口にできない秘密を持っており、家庭は崩壊の危機にある。全てを話すことは不可能であり、何かを話すことは別の何かを話さないことだ。家族の四人が話をすればするほど、決して話されない別の何か、重要な秘密の存在が際立ってくるのである。目に見えるものの派手さや口にされることの大胆さに惑わされてはならない。『空中庭園』で豊田利晃は、崩壊しつつある家族の物語を通じて、見せることと見せないこと、話すことと話さないことの関係を問うているのである。

クリント・イーストウッドの『ミリオンダラー・ベイビー』も素晴らしい。女性ボクサーと老トレーナーの関係を描くこの新作でも、年老いた世代から若い世代への伝達や、過去に起こした過ちを背負った人間といったイーストウッド的な主題が追求されている。前半のボクシングにおける「動」から後半の病室の「静」へと大きく物語の性格が変わるが、監督はその両方を堂々たる演出によって見事に描ききっている。

今月は他に、『ザ・リング2』『宇宙戦争』『阿賀の記憶』『帰郷』などがとても面白かった。また劇場未公開だが、ジョアン・セーザル・モンテイロの『白雪姫』を初めて観て衝撃を受けた。

2005年、日、1.78:1、114分 〈脚〉豊田利晃 [撮影]藤澤順一 〈主〉小泉今日子、板尾創路、鈴木杏、広田雅裕

2005.8

クリスタルのひびを通って

ジャ・ジャンクー監督『世界』

北京郊外にある「世界公園」では、そこから一歩も外に出ることなく世界一周旅行を楽しむことができる。そこは、エッフェル塔やピサの斜塔、ピラミッドといった世界各地の名所を縮小して再現したテーマパークなのだ。夢のような幸福な場所。しかし、そこで働く人々の生活は、こうした華やかな外観とは大きく異なっている。世界に向かって開かれているようでいて、彼らは実はつくりもののなかに閉じ込められている。地方から大都市北京に出てきた若者たちの夢と希望をかなえるような生活では、とうていない。

中国のジャ・ジャンクーの新作『世界』は、ヒロインのタオを中心に、そんな人々が織り成す人間ドラマをじっくりと描いている。タオはきらびやかな衣装をまとってステージに立つ世界公園のダンサーだが、女子寮での暮らしはごく慎ましいものであり、テーマパークの守衛主任である恋人のタイシェンとの関係も安定してはいない。世界の名所に囲まれながら、彼女は飛行機にも乗ったことがない。

そんなタオを見ていると、マックス・オフュルスの『歴史は女で作られる』に代表されるある一連の映画に、この作品も属するように思えてくる。オフュルスのこの名作では、マルティーヌ・キャロル扮するローラ・モンテスはサーカスの見世物で自分の半生を演じなければならなかった。彼女も世界公園のタオも、つくりものの世界のなかに閉じ込められ、そこで演技を繰り返すしかないのだ。

哲学者のジル・ドゥルーズが『シネマ』のなかで、「クリスタル＝イマージュ」という概念を用いていたのを思い出そう。登場人物が顕在的なイマージュと潜在的なイマージュに二重化されている時、彼はそこにクリスタル＝イマージュを見出した。例えば、タオが踊る時、彼女はショーのなかのひとつの役(潜在的)であると同時にそれを演じるダンサー(顕在的)でもある。ダンサーだけではない。タイシェンのイマージュも守衛主任の役割を演じることによって二重化されている。このような顕在性と潜在性が結晶化したイマージュが、クリスタル＝イマージュなのだ。

ローラ・モンテスもタオも、このクリスタルに閉じ込められている。しかし、オフュルスの映画と違い、『世界』のクリスタルには言わばひびが入っている。そこを通って人は、クリスタルという顕在性と潜在性の回路から逃れ去り、新たな現実、生へと向かうことができる。例えば、ロシア人ダンサーのアンナやタオの元恋人のリャンズーは、ウランバートルへと旅立っていく。タイシェンが心を惹かれるチュンも、夫の住むパリに行くためビザの取得に成功するのだ。

こうしたなかで、タオとタイシェンはつくりものの世界に残って役割を演じるゲームを続け、外の世界を知ることがない。果たして二人はクリスタルから抜け出して、新たな現実に向かうことができるのだろうか。映画のラストで二人の身に何かが起こるのだが、果たして彼らは、人生の新たな段階に踏み出せるのだろうか。いずれにせよ、この悲痛な人間ドラマは、人生について何か非常に重要なことを観る者に語っているのである。

今月は他に、『アイランド』『ある朝スウプは』『バットマン　ビギンズ』『メリンダとメリンダ』などが良かった。

2004年、中＝日＝仏、2.35:1、143分
〈脚〉ジャ・ジャンクー　［撮影］ユー・リクウァイ　〈主〉チャオ・タオ、チェン・タイシェン、ジン・ジュエ、チャン・チョンウェイ

2005.9

反復と差異の遊戯

ホン・サンス監督『女は男の未来だ』

韓国の映画監督ホン・サンスがどんな物語に心を惹かれているのかは明白である。よその街に行き、そこで女と会い、酒を飲んで騒ぐ。『気まぐれな唇』に続いて、新作『女は男の未来だ』でも、彼はこの物語を語っている。この新作で旅するのは、アメリカ留学から帰ってきたばかりの映画監督ホンジュンと大学の美術講師ムノだ。この二人の男はプチョンに行き、かつて二人が付き合っていた女ソナと再会するのである。

ホン・サンスは二枚折りの絵の形式にも強い執着を抱いている。哲学者ジル・ドゥルーズは大著『シネマ』のなかで、ジャン・ユスターシュの映画における二枚折りの絵の形式を指摘しているが、ホン・サンスの諸作品もこの形式を採用している。ユスターシュの映画(『ぼくの小さな恋人たち』や『不愉快な話』)同様、二部構成の物語となっているのだ。

『女は男の未来だ』の前半はソウル市内が舞台となり、後半はプチョンで物語が展開する。前半では、二人の男がソナとのかつての関係を回想し(この時点では、「女は男の過去」のようにも見える)、後半では、彼らは、今はホテルでバーを開いている彼女と再会する。言ってみれば、映画の前半と後半で、彼らは一人の女と二度出会っているのだ。さらに前半の回想も二段階になっており、まずホンジュンの、次にムノの回想によってかつてのソナの人生が語られている。後半の再会は二段階には分かれないが、同時に進行する二つの再会が、客観的な語りによってたえず比較されながら語られている。このように映画は、二人の男の、同じ一人の女との四つの出会いと別れを描きながら、反復と差異の遊戯を行なうのである。

繰り返される出会いと別れを通じて男二人と女一人の三角関係を描くこの映画は、ジャンルとしてはラブ・コメディに属すると、とりあえず言えるだろう。しかし、ホン・サンスの野心はジャンルの規則の忠実な遵守にはない。確かに、三人の間の微妙な距離の変化を、この映画は繊細に描き出している。だが、彼らの心理状態は、ロマンスにふさわしい情感の高まりやうねりには決してならないのだ。学生にセクハラを平気で行なう既婚者のムノは、恋愛関係を生きるというより、まるでその場限りの性欲に従って行動するだけかのようだ。ホンジュンは、ムノよりは複雑な思いを抱えてソナと再会するように見える。一晩飲み明かした翌日、ホンジュンとソナが二人きりになった時、二人の間に何かそれなりに重い感情的なやりとりがあったのかもしれない。しかし、映画はこの場面を省略してしまい、何も示さない。

三人の間に恋愛関係が成立したのは過去のことだ。恋愛を描くのではなく、それが終わったあとの物語を語るこの映画には、本当の意味でのロマンスは存在しない。この映画はラブ・コメディというよりむしろ、ラブ・コメディに対するシニカルな挑発なのである。

今世界中で注目されている監督ホン・サンスの『女は男の未来だ』は、間違いなく今秋公開される最も重要な映画の一本である。

今月は他に、『霊─リョン─』『ランド・オブ・ザ・デッド』『ハッカビーズ』『プライマー』『ターネーション』などが素晴らしかった。


2004年、韓＝仏、1.85:1、88分〈脚〉ホン・サンス［撮影］キム・ヒョング〈主〉ユ・ジテ、キム・テウ、ソン・ヒョナ

2005.10

イメージの力によって

ジョニー・トー監督『イエスタデイ、ワンスモア』

今、香港のジョニー・トーが面白い。日本では昨年、『フルタイム・キラー』『マッスルモンク』『ターンレフトターンライト』と、ワイ・カーファイとの共同監督作品が三本も公開され、今年は『PTU』、そして今回取り上げる『イエスタデイ、ワンスモア』と単独作品がすでに二本公開されている。さらには、日本未公開の『ブレイキング・ニュース』や『黒社会』が世界的な賞賛の的になっており、後者は今年カンヌ映画祭のコンペ部門に出品されもした。ジョニー・トーのこの目を見張る活動に対して、一体どのような言葉を投げかければいいのだろうか。

矢継ぎ早に送り出される彼の映画はどれもレベルの高い作品ばかりで、宝石泥棒の元夫婦を主人公とするラブ・コメディ、『イエスタデイ、ワンスモア』も、期待通りの魅力的な秀作である。物語の鍵となるネックレス強奪の場面は特に見事で、ジョニー・トーの比類のない才能がはっきりと感じられる。彼は街頭でのこの強奪を、完成度の高いショットを惜しげもなく次々と重ねながら、テンポ良くまた華麗に描ききっている。映画的な運動と視線のやりとりをふんだんに詰め込んで、眩暈のような快楽へと観る者を導くそのタッチは、他の誰にも真似のできないものだ。

女が資産家の一人息子と結婚しようとすると、元夫がその妨害に入ってくる。これは明らかに、黄金期ハリウッドのスクリューボール・コメディ、あるいはいわゆる再婚コメディを彷彿させる物語の始まりだ。だが、映画は最終的にこのジャンルをこえて独自の地平に達する。泥棒行為と恋愛が転移関係にあるというのだから、ヒッチコックのいくつかの映画が思い出されるかもしれないが、『イエスタデイ、ワンスモア』が描き出すのは、ジョニー・トーならではの独創的な世界である。

恋と泥棒のゲームを行ないながら元夫婦の二人はその絆を再確認していくのだが、注意すべきは、相手の真意を見極めるといったことがこのゲームの目的ではないことだ。確かにヒロインも観客も、元夫が何故こんなにも手の込んだことをするのか、その真意を探ろうとし、やがては真実を知ることになる。しかし大事なのはこの真実ではなく、迂回に満ちた奇妙なゲームの過程においてすでに強固なものとなっている二人の関係性である。

ここから先は、結末を明かさないために、わざと抽象的な書き方をしたい。元夫は深刻な状況を生きながらも内面の苦悩を一切明かさず、陽気な顔で軽やかにゲームを続ける。そして彼は最終的に自分自身の生身の身体を捨てて、純粋なイメージとなる。映画の登場人物は本来ひとつのイメージに過ぎないのだから、この結末は映画の本性にかかわっているのかもしれない。いずれにせよ、この「ゲーム＝映画」において真に重要なものとは、身体でも内面でも真実でもなく、イメージそれ自体なのだ。二人の絆が永遠のものとなり、愛が至高の輝きを帯びるのは、まさにイメージの力によってなのである。

今月は他に、『ある子供』『チャーリーとチョコレート工場』『シャーリー・テンプル・ジャポン・パートII』『シンデレラマン』などが素晴らしかった。また劇場未公開だが、サンジャイ・リーラー・バンサーリーの『デーヴダース』にも感嘆した。

2004年、香港、2.35:1、98分　〈脚〉ザ・ハーミット、オー・キンイー　[撮影]チェン・チュウキョン　〈主〉アンディ・ラウ、サミー・チェン、ジェニー・フー、カール・ン

二人の焦点人物

ジャン=ピエール&リュック・ダルデンヌ監督『ある子供』

カンヌ映画祭でパルムドールを受賞したジャン=ピエール&リュック・ダルデンヌの『ある子供』は、二人の近年の作品のなかでも一番の出来映えである。映画におけるリアリズムのひとつの極致を示すものとして、現在の世界の映画のなかで占める位置にも重いものがあるだろう。

ベルギーのダルデンヌ兄弟は、一九九二年に日本未公開の名作『あなたを想う』を撮っている。主演のファビエンヌ・バーブの魅力が忘れがたいこの映画は、この一本だけでも、二人を映画史に名を残すに値するものである。画面の視覚的効果と語りの経済性の、またリアリズムとロマンチシズムの絶妙なバランスが心地良く、その最良の場面はまるで映画の奇跡を目にするかのようだ。

ところが、その後二人は作風を変え、『イゴールの約束』を経て『ロゼッタ』で、新たな文体的完成に至る。手持ちカメラで主人公をひたすら追い続け、音楽は実際にその場で流れているもののみという、その虚飾を排したリアリズムの文体は、過剰な表現の目立つ現代映画のなかでひときわ異彩を放っている。

同じ文体を用いながら、二人は『息子のまなざし』を経て新作『ある子供』で洗練の極みとでも言うべきものに到達する。一般的に言って、文体の徹底した形式化は作品を妙に人工的なものにしたり、一本調子にしたりする危険性を持っている。しかし、『ある子供』が示すしなやかさは、こうした危険を見事に回避し、作品をより自然なものにしている。

物語展開の巧みさがこうした洗練に大きく貢献しているのは間違いない。だが、ここでは焦点化の技法に注目しよう。『ロゼッタ』では固定焦点化、すなわちヒロインのロゼッタへの一貫した焦点化が行なわれていた。しかし、『ある子供』では焦点人物が二人いる。二十歳のブリュノと十八歳のソニアという赤ん坊が生まれたばかりのカップルだ。映画は最初ソニアを焦点人物として始まるが、その後カメラが追うのはむしろ、盗みを繰り返しその日暮らしをするブリュノのほうである。二人の人物を追うことにより、カメラと被写体の間に微妙な距離の変化が生じ、それが映画によりいっそう自然な表情をまとわせるのだ。

ブリュノに扮するジェレミー・レニエの演技が素晴らしいし、カメラの存在が希薄になり、どこにそれが置かれどのようなショットが連なっていたのかも忘れてしまいそうな撮影と編集は感嘆に値する。その深い感動は、まるである時期のケン・ローチの映画を観ているかのようだ。

ダルデンヌ兄弟の新作とは対極的な位置にあるが、香港のツイ・ハークの新作『セブンソード』も必見である。『ブレード／刀』と『ドリフト』という二本の傑作を撮った彼は、間違いなく現代映画の最も重要な監督の一人だ。『セブンソード』を観ながら私たち観客は、説明的描写を排したテンポのよい語り口や、強度の高い画面を次々と畳み掛けるアクション・シーンの圧倒的な迫力に、またしても酔いしれることだろう。

今月は他に、『カミュなんて知らない』『ティム・バートンのコープスブライド』『ドミノ』などが良かった。また劇場未公開だが、マルコ・ベロッキオの『グッドモーニング、ナイト』も素晴らしかった。

2005年、ベルギー＝仏、1.66:1、95分 〈脚〉ジャン=ピエール＆リュック・ダルデンヌ ［撮影］アラン・マルコァン 〈主〉ジェレミー・レニエ、デボラ・フランソワ、ジェレミー・スガール

2005.12

自分自身のなかに潜む他者性

柳町光男監督『カミュなんて知らない』

柳町光男は寡作ながら充実した活動を行なってきた。魅力的な前作『旅するパオジャンフー』はドキュメンタリーだったため、新作『カミュなんて知らない』は、『愛について、東京』以来十数年ぶりの彼の長篇劇映画となる。『愛について、東京』は彼の最高作と言えるものだったが、この新作も期待に違わぬレベルの高い作品である。

『カミュなんて知らない』は、他者を理解しようと努力して、自分自身のなかに潜む他者性を発見してしまう人々の物語を語っている。立教大学でロケされたこの映画では、「映像ワークショップ」を受講する大学生たちが、実際に起きた高校生の老婆殺人事件を映画化しようとする。未成年の殺人犯という他者は当初自分たちから縁遠い存在のように見えるのだが、登場人物たちは次第に奇妙な混乱の渦のなかに巻き込まれていく。映画監督を執拗に追い回し事件を起こすユカリだけでなく、「ためしてみたかった」と殺人犯と同じことを口にする助監督の久田喜代子も、女子学生に思いを寄せる指導教授もみな、最後には自分自身のなかにある決して理解し得ない何かを曝け出すことになるのだ。

この集団に奇妙な混乱をもたらすことになる重要な存在として、映画内映画の主演俳優である池田に注目したい。当初予定されていた男が降板したために抜擢される彼は、最初に登場する時女装しており、自分では「ゲイではない」と言いながらあからさまに両性具有的な存在である。彼は男女を問わず誘惑の眼差しを送っては、この集団に少しずつ動揺を与えていくのだ。彼に扮する中泉英雄が特筆に価する見事な演技を見せている。

メタ映画の枠組みや未成年者の殺人という社会的事件の導入、さらには、外部の者がある集団のなかに入って来て撹乱するという筋立ては、知的ではあるが基本的な図式のなかに映画を安住させる危険性を持っている。この危険を乗り越えるものが、この作品自体が持つ他者性であるのだろう。それはこうした図式の内部には存在しない。それは図式を越える細部に、例えば、助監督が高所にいる主演俳優と交わす視線のやりとりが示す何か普通でない魅力に潜んでいるのだ。

北野武の新作『TAKESHIS'』も極めて重要な映画である。監督自身の演じる男が、自分とそっくりの男についての夢を見るという話で、『3—4X10月』における夢の物語という枠組みが再び用いられている。最初の二〇分ほどが現実で、残りが夢なのだが、この夢のなかで主人公そっくりの男がさらに何度か夢を見ることになる。最初の二〇分で起こった様々な出来事が、この二重の夢のなかで何度も繰り返し現れて変奏されていく。北野武はこの大胆な新作で反復と差異の遊戯を自由自在に展開しているのだ。この夢において最も執拗に強調されるのが死の主題であることに注意しよう。この映画は、男がドッペルゲンガーに出会って死を夢想するという物語を語っているのである。

今月は他に、『パープル・バタフライ』『花井さちこの華麗な生涯』などが良かったが、それにもまして私の心を揺さぶったのは、劇場未公開のセルジュ・ボゾンの『モッズ』とアピチャッポン・ウィーラセタクンの『トロピカル・マラディ』だった。

2005年、日、1.85:1、115分〈脚〉柳町光男［撮影］藤澤順一〈主〉柏原収史、吉川ひなの、前田愛、中泉英雄、黒木メイサ、田口トモロヲ、玉山鉄二

2006

1 | 死者の弔い　青山真治監督『エリ・エリ・レマ・サバクタニ』

2 | 内部と外部の境界　ガス・ヴァン・サント監督『ラストデイズ』

3 | あるべきところから外れ　佐藤真監督『エドワード・サイード　OUT OF PLACE』

4 | 視線の濃厚なドラマ　マルコ・ベロッキオ監督『夜よ、こんにちは』

5 | 西部劇の記憶　船橋淳監督『ビッグ・リバー』

6 | 蘇る過去　アルノー・デプレシャン監督『キングス＆クイーン』

7 | 映画的身体の身振り　アレクサンドル・ソクーロフ監督『太陽』

8 | ヒッチコックの導入　黒沢清監督『LOFT　ロフト』

9 | 人間同士の新たな結びつき　ツァイ・ミンリァン監督『西瓜』

10 | 表情の魅力
エルマンノ・オルミ、アッバス・キアロスタミ、
ケン・ローチ監督『明日へのチケット』

11 | 文字を読むこと　ホウ・シャオシェン監督『百年恋歌』

12 | 老人の顔　フィリップ・ガレル監督『恋人たちの失われた革命』

『明日へのチケット』
DVD発売中　¥3,800+税

発売元:
NBCユニバーサル・エンターテイメント

©Fandango Srl,
Sixteen Films(Trains) Ltd,
UK Film Council MMV

2006.1

死者の弔い

青山真治監督『エリ・エリ・レマ・サバクタニ』

青山真治の新作『エリ・エリ・レマ・サバクタニ』の魅力は、その単純さにあるように見える。豊穣な単純さと言うべきか。ともかくこの映画を一言で要約するならば、これは音楽についての映画だと言えるだろう。繊細で上品なメロディを聴かせるのではなく、爆音を響かせて、観客をその音の洪水のなかに呑みこんでしまおう。まるで、この意志だけで一本の映画が成立しているかのようだ。

青空の下、広大な草原に浅野忠信扮する主人公が立ち、ギターを弾く。映画の原点となっているのはこの場面だ。ただし、映画には物語が必要であり、物語がこの場面に文脈を与えている。人を自殺させるウィルスが世界中に蔓延し、それに感染した少女が主人公の演奏を聴こうとする。視覚映像によって感染するこのウィルスは、彼の演奏を聴くことによってのみ発病が抑制されるからだ。彼の音楽は救いの手段なのである。この物語には明らかに現代文明論的な色合いがある。「エリ・エリ・レマ・サバクタニ」(神よ、何ゆえに我を見捨てたもうや)という聖書の言葉が、この物語にさらに微妙な陰影を与えている。ここで注目すべきは、患者が映像によってウィルスに感染し、音楽によって救われるという点だ。まるで、映像の病に犯された映画を音楽によって甦らせようとする試みを、暗示しているかのようなのだ。

しかしこれだけでは、作品を的確に把握したとは言えない。この映画は、単純さを美徳としそこから出発しながらも、繊細にほどこされた仕掛けによって、限りなく豊かな拡がりを示している。別の角度から見てみよう。

『エリ・エリ・レマ・サバクタニ』では、冒頭に死体が登場し、その後、別の死者たちの記憶が繰り返し甦ってくる。青山真治の少なからぬ数の映画が、死者や死体にこだわっているが、この新作もそうなのだ。これは例えば、北野武の死への執着とは異なっている。北野武は行為としての死にこだわるが、青山真治にとっての死は、過去の記憶(死者)や純粋な現存(死体)である。この死者は過ぎ去ってもう戻らないものではない。それは現在とともにある過去の記憶である。

ところで、先に述べた草原の演奏の場面は、確かに映画の中心であるが、物語が最終的に辿り着く地点であるとは厳密には言えない。演奏の後、映画はもう少し続く。ラスト・ショットは雨の日の主人公を捉えているが、草原の演奏とこのラストの間に、墓参りの場面があることに注意しよう。この場面である死者の生前の姿が甦る。ここで観客は、この映画が実は音楽をめぐる映画であると同時に、死者の弔いの映画でもあることに気づくのだ。

ジョニー・トーの『ブレイキング・ニュース』と女池充の『ビタースイート』も素晴らしく、細かく語る余裕がないのが残念だ。前者は、活劇の演出が常に的確で観る者の目を離さず、メディア論の作品への取り込み方も面白い。後者は大人の男女の恋愛を繊細かつ簡潔に描いて秀逸であり、夜に走行する自転車やバルコニーを吹く風の描写も忘れがたい。

今月は他に、『キング・コング』『ロード・オブ・ドッグタウン』『ロード・オブ・ウォー』『ダウン・イン・ザ・バレー』などが面白かった。また劇場未公開だが、ベルトラン・ボネロの『ティレジア』にも感動した。

2005年、日、2.35:1、107分〈脚〉青山真治 [撮影]たむらまさき〈主〉浅野忠信、宮﨑あおい、岡田茉莉子

内部と外部の境界

ガス・ヴァン・サント監督『ラストデイズ』

森のなかを彷徨う男がやがて一軒の家に辿り着く。男は屋敷のなかにすぐには入らず、その脇にある小さな物置小屋に入る。小屋に向かう男を背後から捉えるショットに、扉を開けてそこに入る男を正面から捉えるショットが続き、内部での男の行動も同じショットで示される。だが、ここでカメラは小屋の内部ではなく外に置かれており、男が入る扉とは反対側のもうひとつの扉越しに男を撮っている。二つの大きな扉はどちらもガラスが一面に張られているので、画面の一番奥には二つの扉越しに外の景色が見える。

ガス・ヴァン・サントの『ラストデイズ』を観る観客は、ジャンプ・カットで一八〇度近くカメラが回り込んで、この扉越しのショットが示される時、何か重要なものを目にしたと思うだろう。この新作がロック・バンド、ニルヴァーナのヴォーカルであるカート・コバーンの自殺に想を得ていることは、すでに知られている。主人公が最後に自殺するならば、それはまさにこの小屋でのことだろうと、映画を見慣れた者ならすぐに直感するに違いない。実際、その通りになる。映画は自殺そのものを映しはしない。だが、主人公の死体が小屋で発見される時、それはまたも同じ扉の窓越しに示されることになるのだ。

この小屋の果たす重要な役割を明らかにするために、物語空間の構造を見てみよう。『ジェリー』、『エレファント』とともに三部作をなすという『ラストデイズ』は男が森を彷徨う場面から始まる。これは『ジェリー』の戸外の放浪を連想させるだろう。しかし、主人公が家に辿り着くと、物語はむしろこの家を中心に展開する。『エレファント』がある学校の物語を語っていたように、『ラストデイズ』では家が重要な舞台となるのだ。『ジェリー』では主人公の二人が砂漠を彷徨い、『エレファント』では高校生たちが学校を彷徨っていた。それでは『ラストデイズ』は、屋外と屋内のこの二つの彷徨を接合して出来上がった作品なのだろうか。

そうではない。まさにこの小屋の存在が、この新作を単なる前二作の組み合わせを越えた新しい地平に導いているのである。屋根の大きな窓とガラス張りの二つの扉によって日光がふんだんに入る小屋の内部は、屋外の空間と密に通じ合い、視線が絶えず境界を越える。屋敷の外にありながら森の自然でもないこの小屋は、二種類の空間の狭間にあって二項対立を無効化する役割を担っている。主人公が二度目に小屋に入る時、それはほぼ固定されたカメラのワン・ショットで正面から捉えられる。実際、この驚異的なショットにおいて、まさしく内部と外部の境界が揺らぎ、両者はあっさりと通底してしまうのだ。

神代辰巳を始めとして何人もの重要な映画監督が、屋内と屋外、内部と外部の境界で真に映画的な場面を撮ってきた。『ラストデイズ』のガス・ヴァン・サントもそうである。小屋は主人公が自殺する場所だから重要なのではない。映画の構造上重要な役割を果たしているから、彼はそこで自殺するのである。

今月は他に、『輪廻』『かえるのうた』『好きだ、』『WARU』などが面白かった。また劇場未公開だが、ジャン=シャルル・フィトゥッシの『私の存在しない日々』もとても良かった。

2005年、米、1.37:1、97分 〈脚〉ガス・ヴァン・サント ［撮影］ハリス・サヴィデス 〈主〉マイケル・ピット、ルーカス・ハース、アーシア・アルジェント

2006.3

あるべきところから外れ

佐藤真監督『エドワード・サイード OUT OF PLACE』

「今では、『ふさわしく』あること、しかるべきところに収まっている(…)ことは重要ではなく、望ましくないとさえ思えるようになってきた。あるべきところから外れ、さ迷い続けるのがよい」。これは、エドワード・W・サイードの自伝『遠い場所の記憶』(Out of Place)の有名な一節である。一九三五年にエルサレムに生まれ、カイロで育ち一五歳で渡米したサイードは、故郷を失ったパレスチナ人だ。彼の墓さえ、これらの土地ではなく妻の故郷、レバノンのブルンマーナに作られた。『オリエンタリズム』を書いたこの知識人をめぐるドキュメンタリー映画、佐藤真の『エドワード・サイード OUT OF PLACE』は、このブルンマーナの映像から始まっている。

「あるべきところから外れ(out of place)、さ迷い続ける」のはサイードだけではない。彼のような祖国喪失者では勿論ないが、監督の佐藤真もそうである。熊本県水俣を撮影した香取直孝の『無辜なる海』に参加した後、佐藤真は新潟水俣病が発生した阿賀野川流域に興味を持ち、代表作『阿賀に生きる』を撮る。三年間スタッフと共同生活をして村人たちと類稀な信頼関係を築いても、結局のところ彼はその土地の人間ではない。ロンドン生活を経て、『OUT OF PLACE』の撮影のために今度はパレスチナ、イスラエル、エジプト、アメリカなどを旅する。他者に出会うために様々な場所を通過していくこのドキュメンタリー映画監督にとって、本当の故郷は日本ではなく映画という共和国なのかもしれない。

『OUT OF PLACE』という映画自体もまた、「あるべきところから外れ」ている。この作品はサイードについての映画でありながら、彼から常に外れている。サイードは白血病で他界し、どの国を訪れても彼にはもう出会えないからだ。一五年以上前に亡くなった写真家牛腸茂雄をめぐる佐藤真の『SELF AND OTHERS』と同じである。実は、サイードの存命中に映画の企画は開始され彼の姿も撮影されていたが、彼の死後、佐藤真はそのフィルムを使わないことにした。こうして、「サイードの遺志と記憶をめぐる旅」がいわば人為的に作り出されたのである。記憶は佐藤真の作品を貫く重要な主題であるから、これはなるべくしてなったことだ。佐藤真はサイード不在の風景を映しながら、そこに彼の痕跡を探した。その結果見えてきたのは単なる過去の痕跡ではなく、中東の生々しい現在である。

「わたしはときおり自分は流れつづける一まとまりの潮流ではないかと感じることがある」とサイードは自伝に記した。異なる流れが自分のなかを通り抜けていて、それらはずれを含み、「しかるべきところに収まってい」ないという感覚。このような感覚に基づいて、彼は多様な人々の共生を模索する。問題なのは、パレスチナ人やユダヤ人といったアイデンティティよりむしろ、両者の共存、異なる者たちの共生なのだ。佐藤真も日本人としてではなく、多様な異なる者たちの一人として、中東を旅し人々と交流した。この映画は、「out of place」という思想の実践なのである。

今月は他に、『ミュンヘン』『忘れえぬ想い』『クラッシュ』などが面白かった。また劇場未公開だが、パトリック・マリオ・ベルナールなど三人の監督作『ダンスホール』も興味深かった。

2005年、日、1.37:1、138分［撮影］大津幸四郎、栗原朗、佐藤真〈主〉ダニエル・バレンボイム、ノーム・チョムスキー

2006.4

視線の濃厚なドラマ

マルコ・ベロッキオ監督『夜よ、こんにちは』

マルコ・ベロッキオの新作『夜よ、こんにちは』がついに日本で公開される。ベロッキオは、ダリオ・アルジェント、マリオ・マルトーネとともに、現在イタリアで最も重要な映画監督の一人である。彼の作品はどれも質が高いが、特に『ポケットの中の握り拳』『虚空への跳躍』『母の微笑』の三本は傑作と呼ぶべきものであり、『第一ページの怪物を叩け』『肉体の悪魔』なども見逃せない。

『夜よ、こんにちは』は、一九七八年にローマで実際に起こった有名な事件をもとに撮られている。極左武装集団「赤い旅団」が、イタリアの元首相でキリスト教民主党党首のアルド・モロを誘拐、監禁の末殺害したという事件だ。政治的な主題を繰り返し取り上げてきたベロッキオらしい作品である。

映画は、監禁に用いるアパートの下見の場面から始まる。窓のシャッターをひとつずつ上げていくと、真っ暗なアパートの内部が鮮やかな光で徐々に満たされていく。この闇と光の演出が、映画の冒頭からいきなり観客の心を摑んでしまう。このアパートが映画の主要な舞台となり、ここで視線の濃厚なドラマが繰り広げられることになる。

「赤い旅団」のメンバーは、本棚の奥に隠し部屋を作り、そこにアルド・モロを監禁する。小さな穴からメンバーはこの老政治家を覗き見ることができて、ここに不均衡な視線の関係が成立する。しかし、狭い空間に閉じ込められているのはアルド・モロだけではない。アパートを隠れ家とする「赤い旅団」のメンバーも、ある意味でこのアパートに閉じ込められていると言える。複数の大きな窓は、アパートの外と内の境界を越える視線のやりとりを容易にし、近隣の女性が煙草を吸いながら部屋の内部をじっくり見つめていたりする。だが、グループの活動は見られてはならない。外からは、若い夫婦の平凡な生活が窺えるだけでなければならない。それ故、特に夫婦役の男女以外のメンバーは、狭い空間に籠りながら行動にかなり気を遣うことになる。この二重の檻の特殊な視線の関係が、このアパートを濃密な映画的空間としているのだ。

「赤い旅団」のメンバーは狭い空間に物理的に籠るだけでなく、自分たちの思想の檻のなかにも閉じ籠っている。左翼的理想を追い求めているはずが、いつのまにか教条主義的な思想の牢獄に閉じ込められてしまったのだ。だが、メンバーの一人、キアラという女性は、アパートの外に出て図書館員として普通の市民生活を行なう。アパートに籠らず、その外と内で二つの生を生きる彼女だけが、自分たちの行為を支える信念とこの行為は間違いではないかという疑念の間で苦悩し、精神的にも分裂する。映画のラストも、あたかもこれに対応するかのように、現実と夢に分裂するだろう。このように、メンバーの物理的状況と心理的状況が見事に対応しているのである。

パルチザンの歌の場面など、この映画は素晴らしい場面がとても多い。映画館に駆けつけて、是非その魅力に酔ってほしい。

今月はいい作品が多く、他には、シンプルな力強さが忘れがたいデヴィッド・クローネンバーグの『ヒストリー・オブ・バイオレンス』や、『送還日記』『ウォーク・ザ・ライン　君につづく道』『ウェス・クレイヴン's カースド』『うつせみ』などが面白かった。

2003年、伊、1.85:1、106分　〈脚〉マルコ・ベロッキオ、ダニエーラ・チェゼッリ　[撮影]パスクァーレ・マリ　〈主〉マヤ・サンサ、ルイジ・ロ・カーショ、ロベルト・ヘルリッカ

2006.5

西部劇の記憶

船橋淳監督『ビッグ・リバー』

アメリカで活動する船橋淳の新作『ビッグ・リバー』は、風景と人間の関係について考えさせる映画である。四方どこを見渡しても視線を遮るもののない一面の砂漠。アメリカ合衆国アリゾナ州のこの砂漠で三人の人物の物語が展開する。広大な自然のなかにちっぽけな人間が佇むロング・ショットが繰り返され、とても印象的だ。ただし、こうしたショットが示す風景と人間の関係はあくまで絵画的なものである。だが、ロング・ショットからカメラが寄って人物のショットに繋げられる時、風景と人間が別のやり方で結び付けられ、真に映画的な何かが生じる。このカメラの寄り方はかなり個性的で簡単に真似できるようなものではなく、冒頭の音楽の使い方と同様、それだけでこの映画は素晴らしいと確信できるものだ。

『ビッグ・リバー』の砂漠の風景は西部劇の馴染みの風景であり、登場人物たちはモニュメント・バレーに向かいさえする。もっとも、空間の機能の仕方は西部劇と同じではない。遠くの岩陰から敵が姿を現す気配はなく、戸外に立つ人物が周囲の無数の視線に晒されることもない。しかし、自動車で登場人物が移動するにもかかわらず、この映画は絶えず観客に西部劇を意識させ、いつか画面に馬と銃が登場するに違いないと思わせる。この予感はゴーストタウンの場面で現実のものとなる。船橋淳の才能が全面的に開花したこの見事な場面に、馬と銃が亡霊のように現れて西部劇を刻印するのだ。

ジム・ジャームッシュの『デッドマン』やジョン・カーペンターの『ヴァンパイア　最期の聖戦』、黒沢清の『ニンゲン合格』と同様、船橋淳の新作もまた、全く新しい姿で西部劇を甦らせようと試みた作品である。単なる現代版西部劇ではない。西部劇という亡霊の気配を絶えず感じ、それに敬意を払いながら、船橋淳は二一世紀初頭の西部を舞台とする新たな映画を撮ろうとしたのだ。

ところで、西部劇の風景のなかで人物はどのような物語を生きるのだろうか。見知らぬ三人が出会い、来たるべき別れの時へと向かっていく。日本人の男とパキスタン人の男、アメリカ人の女の三人だ。一人は家族の影を持たずに孤独に彷徨い、一人は自分のもとを去った伴侶を探しに異国の地を訪れ、最後の一人は家族のもとを去って自由に生きたいと夢見る。彼らのやりとりは、日本を離れ海外に生きる人間ならではの描写で溢れている。三人の出会いやモーテルの場面の繊細な描写。それらは、異文化を生きたことのない者には描けないような細部に満ちているのだ。西部劇が異文化の衝突の物語を絶えず語ってきたことを思い出そう。『ビッグ・リバー』では、広大な風景のなかで登場人物はふと一人きりになり、異文化に肌で触れ、自分で進む道を決断しなければならない。文化や社会、慣習に守られず、人物は風景のなかで自分の生の姿を晒す。これはまさに西部劇ではないか。船橋淳の新作は、現代の海外生活者の実感と西部劇の記憶が交差する地点に生まれたのだ。

今月は他に、『ブロークン・フラワーズ』『ぼくを葬《おく》る』『ククーシュカ　ラップランドの妖精』『Touch the Sound』などが素晴らしかった。また劇場未公開だが、アモス・ギタイの『約束の地』もとても良かった。

2005年、米＝日、2.35:1、104分〈脚〉船橋淳、エリック・ヴァン・デン・ブルール［撮影］エリック・ヴァン・デン・ブルール〈主〉オダギリジョー、カヴィ・ラズ、クロエ・スナイダー

2006.6

蘇る過去

アルノー・デプレシャン監督『キングス&クイーン』

ジム・ジャームッシュの『ブロークン・フラワーズ』とミヒャエル・ハネケの『隠された記憶』という見事な二本の映画は、味わいはまるで異なるが、実は同じ物語を語っている。差出人不明の届け物が主人公の過去を蘇らせるという物語だ。

アルノー・デプレシャンの挑発的な新作『キングス&クイーン』もまた、過去が蘇り主人公に大きくのしかかるという物語を語っている。だが、先の二本と違って、何か郵便物がヒロインのノラの過去を蘇らせるわけではない。しかも、イスマエルという男の話も同時進行で語られて、物語が複雑化している。とはいえ、蘇る過去という主題に注目してこの映画を考察することは、決して奇をてらった行為ではない筈だ。カメラが撮影するのは、今、現に目の前にあるものだけであるが、フラッシュ・バックという形式が過去を描くことを可能にし、映画はしばしば過去と現在という二つの時間の関係を問うことになる。

ノラは再婚を間近に控えているが、物語はこの婚約者との関係よりも、彼女の瀕死の父親及び今は亡きピエールとの間に生まれた息子との関係を重視している。病院の廊下でノラはピエールの夢を見て、その夢のなかで過去を回想する。しかし、このピエールは、彼女の無意識によって都合よく歪められた偽の亡霊である。彼女の回想も、嘘とは言わないとしても真実の一面しか伝えていない。ノラが自分の過去に本当に直面するのは、もっと先、映画が後半に入ってからのことである。

瀕死の父を見舞うノラの胸のうちに過去の記憶が蘇り、彼女に重くのしかかる。ピエールの死の真実だ。デプレシャンは、この過去の回想を、黒バックによる演劇的空間のショットとアパートの実景のショットを交錯させながら技巧的に描き、観客に強く印象付けることに成功している。さらに父の死後、残された原稿がノラに生前の父との関係の真実を暴露する。画面に父の亡霊が現れて過去の真実を語り、彼女を激しく動揺させる。こうして過去が二度蘇り、彼女は地獄下りを経験するのだ。

しかし、映画はこのように過去を向いたまま後ろ向きに終わるのでは決してない。映画の物語は息子の養子問題に収束していき、ノラは最後には未来へと向かう前向きな姿勢を見出すことになる。ここで重要なのは、地獄下りの苦しみを経たからこそ、彼女はラストでこうした姿勢をとることができたということだ。過去に直面することが、より良き未来へ向かう前提となっているのである。

それにしても、親しい異性が二人も死に至るノラは、まるで成瀬巳喜男の『浮雲』で森雅之が演じた富岡の女性版のようだ。孤独な王女、ノラは死の天使なのである。

ジョニー・トーの大胆不敵な『柔道龍虎房』も滅法面白い。柔道をやめた過去を背負う主人公の物語が語られるのだが、香港の夜の通りを、女が札束を散らしながら走り、男が柔道の技の動作をしながら進むだけで、画面が生き生きとし、観る者を唸らせるだろう。

今月は他に、『ファザー、サン』『デイジー』『インプリント ぼっけえ、きょうてえ』などが良かった。また特集上映で観たアピチャッポン・ウィーラセタクンの短篇『ワールドリー・デザイアーズ』も素晴らしかった。

2004年、仏、2.35:1、150分 〈脚〉ロジェ・ボーボ、アルノー・デプレシャン ［撮影］エリック・ゴーティエ 〈主〉エマニュエル・ドゥヴォス、マチュー・アマルリック、カトリーヌ・ドヌーヴ、ジェフリー・キャリー、ティエリー・ボスク、オリヴィエ・ラブルダン

映画的身体の身振り

アレクサンドル・ソクーロフ監督『太陽』

特異な作風で知られるロシア人映画監督アレクサンドル・ソクーロフは、最高作『日陽はしづかに発酵し…』や『救い、守りたまえ』『ロシアン・エレジー』『精神の声《こころ》』『告白』など注目すべき作品を数多く撮っている。数ヶ月前にも美しい『ファザー、サン』が公開されたばかりだ。そして、日本を舞台とする彼の新作『太陽』がこのたび早くも公開されることとなった。昭和天皇ヒロヒトを主人公として、一九四五年八月からの数ヶ月間を描く刺激的な作品で、日本人ならずとも強く興味をそそられることだろう。

ソクーロフが『太陽』で行なった試みを一言で要約するならば、それは、二〇世紀の歴史において重要な役割を果たした人物、昭和天皇にひとつの映画的身体を与えることだろう。だが、これはどういうことなのだろうか。それは、実在した人物にまとわりついたあまりに多くのイメージをそぎ落とし、その実体を取り戻すことではない。映画的身体もまたひとつのイメージだからである。

この問いに答えるために、『太陽』における天皇の映画的身体がどのようなものであるか、見てみたい。イッセー尾形によって演じられる天皇の身体は、何よりその身振りを強調している。身体全体の大きく激しい運動は控えられ、独特な小さい身振りが映画全篇に渡って繰り返される。これは単なる視覚的興味の対象ではない。同じような身振りの反復がひとつの時間の流れを形成するのである。そしてまさにこの流れのなかでイメージの様相が変化していく。物語のはじめ、天皇のイメージは二重である。天皇自身が持つイメージと周囲の人間が抱くイメージ、つまり人間と現人神の間で天皇の身体は揺れている。そしてラストで天皇は、見逃しがたい身振りとともに後者のイメージの拒絶をはっきりと決断する。こうして身振りは、決断という思考の動きを表出するのである。終戦の決断から、人間宣言の決断へ。『太陽』は、重要な決断をする男の物語を語っているのだ。

このように身振りは単なる身体の小さな動きではなく、時間や精神の次元にかかわるものである。独特な身振りを繰り返す天皇の映画的身体を通じて、私たちはこれらの次元に導かれる。身振りを通して時間や思考の流れを描くことによって、ひとつの世界に、ひとつの歴史に迫ろうとしているようだ。

『モレク神』のヒトラーなど、ソクーロフは二〇世紀の重要人物を繰り返し描いている。自らの立場の崩壊に直面する権力者たちであるが、監督は彼らのイデオロギーではなく、身体の身振りに注目する。彼らに与えられる映画的身体は、ジル・ドゥルーズの『シネマ』を引用するならば、「思考のなかの非思考のように私たちが頭の後ろに持っている〈未知の身体〉」である。実在した身体が問題なのではない。映画的身体という〈未知の身体〉から出発して、ソクーロフは二〇世紀の歴史を捉え直そうとしているのだ。ジャン゠リュック・ゴダールは『映画史』において二〇世紀の歴史を問い直したが、ソクーロフもまた別のやり方で同じ歴史に迫っているのである。

今月は他に、『パビリオン山椒魚』『チーズとうじ虫』『母たちの村』『バッシング』などが面白かった。また、ホウ・シャオシェンの『百年恋歌』を観て深く感動した。

2005年、露＝伊＝スイス＝仏、1.85:1、110分　〈脚〉ユーリー・アラボフ、ジェレミー・ノーブル　[撮影]アレクサンドル・ソクーロフ　〈主〉イッセー尾形、ロバート・ドーソン、桃井かおり、佐野史郎

2006.8

ヒッチコックの導入

黒沢清監督『LOFT　ロフト』

黒沢清の『LOFT　ロフト』は傑作である。ツァイ・ミンリァンの『楽日』とともに、今年絶対に見逃してはならない新作だ。スランプに陥った女性作家が引越しをすると、ある夜向かいの建物に大学教授がミイラをこっそり運び込むのを目撃する。この視線を出発点とする『LOFT　ロフト』の物語はあからさまに出鱈目だ。人生観や世界観の生真面目な表明にこだわってこの出鱈目さを疎ましく思うならば、その人は映画の快楽を履き違えている。現実世界の単純な反映としてのリアリズムを拒否し、一見出鱈目にも見える映画固有の論理を一貫させたことが、この映画の成功の一因である。

しかし、もう一点決定的なことを見落としてはならない。それはこの映画がヒッチコック的だということだ。エリック・ロメールの『グレースと公爵』など、今もなお世界の多くの映画監督がアルフレッド・ヒッチコックを参照することによって、見事な作品を撮り続けている。黒沢清もまた、ヒッチコックを導入することによって、自分の作品世界に思いもよらぬ豊かな拡がりを与えることに成功したのである。

『地獄の警備員』や『CURE　キュア』と同様、『LOFT　ロフト』もホラーとサスペンスの境界に位置する物語を語っている。ミイラは実は物語の真の原動力ではないが、幽霊という超常現象と人間の手による犯罪事件がヒロインを危機的な状況に追い込んでいく。

しかしここで注目すべきは、こうしたホラーとサスペンスのせめぎあいの裏で、宿命的なラブ・ストーリーが語られていることである。この作品は恋愛映画でもあるのだ。犯罪者や心を病んだ者たちの異常な愛の物語。これぞまさしくヒッチコックではないか。男同士の絆を描くことを得意としてきた黒沢清は、ヒッチコックを参照しつつ、本格的な愛の物語を語ることについに成功した。これが、『LOFT　ロフト』によって到達した黒沢清の新たな地平なのだ。

恋愛とはアクションであるというのが、黒沢清の演出の基本である。恋愛とは頭のなかにしか存在しない想念ではなく、男女間の具体的な目に見えるやりとりであるということだ。黒沢清は人物の行動、身振り、視線のやりとりなどを通して、男女関係の変化を描いていく。まるで『マーニー』のように美しい愛の物語は、このような演出の上に成り立っているのである。

だが、それだけではない。凄まじい突風が吹くなか男女が接吻するという一度見たら忘れられない傑出したシーンが、『LOFT　ロフト』にある。ここで動いているのは男女の身体だけではない。突風で荒れるまわりの空間もまた運動しているのだ。黒沢清は恋愛を動きによって捉えるが、この運動性は男女の身体のレベルにとどまらず、世界全体に波及しているのである。黒沢清の演出が優れたものである真の理由はここにある。

男女間の複雑な絆を目くるめく運動性によって描ききるこのヒッチコック的な傑作を観に、映画館に駆けつけよう。

今月は他に、『2番目のキス』『M:i:Ⅲ』『カーズ』『迷子』などが面白かった。また劇場未公開だが、フィリップ・ガレルの『レ・ザマン・レギュリエ』も素晴らしかった。

2005年、日、1.85:1、115分　〈脚〉黒沢清　[撮影]芦澤明子　〈主〉中谷美紀、豊川悦司、西島秀俊、安達祐実、鈴木砂羽

2006.9

人間同士の新たな結びつき

ツァイ・ミンリァン監督『西瓜』

人間と人間が新たな形で結びつこうとすること。台湾のツァイ・ミンリァンの映画が語る物語はこのようなものだと言えるだろう。彼の映画の登場人物は皆、他者とごく普通にコミュニケーションを行なうことができない。だが、彼らは一人の世界にこもっているわけではない。他者を強く欲望しながらも、自分の世界に慣れた彼らは、奇妙な仕方でしか他者と接触できないのだ。ツァイ・ミンリァンは彼らを決して断罪したりはしない。こうした状況がいびつなものであるとはっきり認めたうえで、それでもそこに人間同士の新たな結びつきの可能性を見出そうとし、彼らを肯定しようとしているのである。

ツァイ・ミンリァンの二本の新作、『楽日』と『西瓜』も例外ではない。『楽日』は以前に別題で触れているので（編集部注：二〇〇四年九月）、あまり多くは語らないことにしたい。同性愛者の溜まり場と化した映画館を舞台とするこの映画は、異様な人間模様を提示するが、決して絶望的なものではない。受付係の女と映写技師の男の間には何も特別なことは起こらないが、それでも桃饅頭を介した奇妙なコミュニケーションが成立している。日本人の同性愛者も、孤独に見えて自分なりの人間関係を楽しんでいる。ジャック・ノロの『二つ頭の牝猫』と同じく、監督は社会からはみ出した者たちを優しく見つめているのだ。

『西瓜』はツァイ・ミンリァンの特色がよく出た作品である。彼の旧作『Hole』に似ているが、これは、二本とも唐突なミュージカル・シーンが繰り返し登場するからだけではない。『Hole』の舞台は、連日雨が降り謎の奇病が蔓延する街で、『西瓜』の舞台は、連日の晴天で水不足に陥り、人々が西瓜ジュースに殺到する街である。どちらも水が重要な主題となっている。またどちらも、あるひとつのアパートのなかで別々の小さな世界を生きる男女のコミュニケーションの可能性を語っている。『ふたつの時、ふたりの時間』の男女の後日談のようにも見える『西瓜』は、『Hole』のヴァリエーションなのである。

『河』の曲がった首や『楽日』のひきずる足など、ツァイ・ミンリァンが身体の歪みという主題を繰り返し描いてきたことを思い出そう。『西瓜』でも、煙草を足ではさんだり、廊下の壁に張りついたりと、身体は常に歪んだ状態に置かれている。『西瓜』の独自性は、この主題にAV男優という男の設定を絡ませた点にある。男は精神においてはヒロインと繋がっているが、肉体は日本人のAV女優と繋がっており、心と体が分裂している。身体の歪みの主題が、この分裂した状態と結びついて、特異な拡がりを示しているのだ。

さて映画のラストで、男は意識を失ったAV女優と性交を行ない、この撮影現場をヒロインが図らずも見つめる。性愛の地獄のようなこの場面において、心身の分裂は極限に達している。ヒロインは撮影中の映画の観客であるわけだが、彼女と男の間に最後に何が起こるかはここには書けない。二人の孤独な人間が極めて奇妙な形で結びつくとだけ記しておこう。ツァイ・ミンリァンはこの歪んだ状況のなかにも希望を見出そうとしているのだ。

今月は他に、『時をかける少女』『ゆれる』『パニック・フライト』などが面白かった。また劇場未公開だが、クロード・シャブロルの『悪の華』も良かった。

2005年、仏＝台湾、1.85:1、114分
〈脚〉ツァイ・ミンリァン　[撮影]リャオ・ペンロン　〈主〉リー・カンション、チェン・シャンチー、ルー・イーチン、ヤン・クイメイ

2006.10

表情の魅力

エルマンノ・オルミ、アッバス・キアロスタミ、ケン・ローチ監督『明日へのチケット』

イタリアのエルマンノ・オルミ、イランのアッバス・キアロスタミ、イギリスのケン・ローチが『明日へのチケット』を共同で監督した。なんて贅沢な顔ぶれだろう。オーストリアのインスブルックからイタリアのローマへと向かう列車のなかで展開する三つの挿話を三人が演出しているのだが、この上なく豊かな人間模様を提示する見事な作品である。

三つの挿話は異なる人物の物語を語っているが、互いに共鳴しあい、魅力的な小宇宙を形成している。『就職』『婚約者』『木靴の樹』といった作品で有名なオルミが演出した最初の挿話は、初老の大学教授が美しい女性に魅了され若き日の純真を思い出す様子を、過去と現在を交錯させながら描いている。若き日の自分との再会とでも言うべき主題がここに見出され、これは、同郷の少女と話しながら青年が過去を思い出す第二の挿話の一場面と共鳴する。しかし、この主題は映画全体から見れば副次的な位置にとどまるものである。

三つの挿話が共通して語っているのは、社会的現実に直面した者たちの善行と悪行をめぐる物語だ。異なる階級や民族が入り混じる列車は、フォードの映画の駅馬車のように、社会の縮図である。オルミの挿話では、列車内はテロ対策のために過剰な警備が行なわれている。警備の軍人が移民の家族に対して横暴に振舞うと、大学教授は被害者の家族をそっと助ける。キアロスタミによる第二の挿話には、将軍の未亡人と兵役義務の一環として彼女に付き添う青年が登場する。未亡人は青年やまわりの乗客に対して自分勝手な振舞いを続け、青年は最後には未亡人を見捨てて姿を消す。最後のケン・ローチの挿話では、スコットランドの青年たちの一人がアルバニア人の少年に列車の切符を盗まれる。しかし、少年の家族の悲惨な状況を知った青年たちは、少年の罪を許し家族を救う。社会的現実に直面して主人公の倫理観が問われるという同じ物語。これが、要素を組み替えながら豊かに変奏されていくのである。

しかし、このような物語の枠組みだけで、映画作品を理解することなど決してできはしない。物語にとらわれずに画面をただ見つめてみよう。例えば、オルミの挿話に登場する初老の大学教授が若き日を思い返しながら示す感傷的な表情はどうか。キアロスタミの挿話に登場する同郷の少女の魅力的な眼差しはどうか。『そして人生はつづく』や傑作『10話』などで、好んで自動車内の会話を撮影したキアロスタミが、この挿話では登場人物に列車内を自由に歩かせているが、最も魅力的なのはここでもやはり見つめあう人物の顔と視線である。そして何より、ローチの挿話の青年たちの表情はどうか。『ケス』や『SWEET SIXTEEN』の少年のように、ローチの映画の青少年はみな素晴らしい眼差しと微笑みをカメラの前で見せるが、この挿話の青年たちも本当にみずみずしい表情をしている。このように、『明日へのチケット』の全篇に素晴らしい表情が溢れており、その魅力は物語を超えて私たちに迫ってくるのである。

今月は他に、ケン・ローチの最新作『麦の穂をゆらす風』や『ダーウィンの悪夢』『弓』『カポーティ』などが面白かった。また劇場未公開だが、ジャック・ドワイヨンの『ラジャ』も良かった。

2005年、伊＝英、1.85:1、109分 〈脚〉アッバス・キアロスタミ、ポール・ラヴァーティ、エルマンノ・オルミ ［撮影］マームード・カラリ、クリス・メンゲス、ファビオ・オルミ 〈主〉カルロ・デッレ・ピアーネ、ヴァレリア・ブルーニ・テデスキ、シルヴァーナ・ドゥ・サンティス、フィリッポ・トロジャーノ、マーティン・コムストン、ガリー・メイトランド、ウィリアム・ルアン

文字を読むこと

ホウ・シャオシェン監督『百年恋歌』

同じ俳優が演じる三つの時代の三つの恋物語。ホウ・シャオシェンの新作『百年恋歌』は、スタイルを変えながらこれらの物語を情感豊かに語っている。『カイエ・デュ・シネマ』誌でエマニュエル・ビュルドーは、書かれた言葉が各挿話で果たす役割を分析しながら、この映画を巧みに論じている。ここではこの鋭い論考をもとに、新たな指摘を加えつつ、『百年恋歌』の特質に迫りなおしてみたい。

最初の挿話、一九六六年の物語には何通もの手紙が登場する。兵役を控えた青年が別の女に宛てた恋文を、ビリヤード場で働くシウメイが盗み読み、ここから二人のロマンスが始まる。青年は兵営から今度はシウメイに恋文を書くが、彼女はやがて引っ越してしまう。手紙によっては埋まらない距離を埋めようと、休暇を得た青年は街を転々として彼女を探す。こうして手紙が生み出す二人のロマンスは、ホウ・シャオシェンが繰り返し語ってきた距離と移動の物語となるのだ。新たな手紙が女の現住所を青年に教え、二人は再会する。青年の移動シーンに注目しよう。移動手段のバスは画面に映されず、その代わりに様々な街の名前を示す標識の文字が連なる。まるで、現実の移動の行為が、文字を読む行為に取って代わられるかのようなのだ。

第二の挿話、一九一一年の物語は、芸妓と外交官のロマンスを描いている。芸妓に頼まれて外交官はある文書に署名し、別の若い芸妓が遊郭から解放されるのを手伝う。だがこれは、それを頼んだ芸妓自身は解放から遠ざかるということでもある。やがて男は革命運動のために旅立ち、残された女は彼から手紙を受け取る。こうして文字に導かれる二人のロマンスはまたも距離と移動の物語を呈する。しかし別の見方をすれば、この挿話は遊郭を舞台にした密室の物語である。二人は遊郭にこもっても視線をほとんど交わさない。ここで描かれるのは物理的な距離ではなく、同じ場所にいながらすれ違う二人の溝なのだ。また、この挿話で二人の台詞が全て字幕で示されることに注意しよう。この字幕の文字は物語の要素ではなく、語りの機能を担っている。

最後の挿話、二〇〇五年の物語は、写真家と女性歌手ジンの関係を描いている。ここで通信手段となるEメールは、どんな遠い距離でも一瞬で宛先に届く。しかし、ジンと同棲する同性愛者の女はほんの小さな距離も耐えることができず、パソコンで遺書を書く。また写真家はジンと関係を持ちながら、会話によってではなく、インターネット上のプロフィールや置き忘れられたカードの言葉によって、彼女に関する重要な事実を知る。このように最後の挿話では、直接性と間接性の関係や距離感に関して混乱が生じているのだ。さらに、ヘルメットの文字や看板など他にもたくさんの文字が画面に溢れているが、これらは言語的機能と視覚的装飾性の間で揺らぎながら、不気味な存在感で観客に迫ってくる。

このように、『百年恋歌』では文字が決定的な役割を果たしている。それはまるで、視覚芸術の映画において、見ることに劣らず読むことも重要であると示しているかのようだ。

今月は他に、『父親たちの星条旗』『ありがとう』『ブラック・ダリア』などが面白かった。また映画祭で観たホン・サンスの『浜辺の女』も素晴らしかった。

2005年、仏＝台湾、1.85:1、139分〈脚〉チュー・ティエンウェン、ホウ・シャオシェン ［撮影］リー・ピンビン 〈主〉スー・チー、チャン・チェン、メイ・ファン、リャオ・シュウチェン、ディ・メイ

2006.12

老人の顔

フィリップ・ガレル監督『恋人たちの失われた革命』

映画を観て人物の顔に胸を打たれることがある。フィリップ・ガレルの『恋人たちの失われた革命』も、観る者をそんな体験へ導く一本だ。この映画では全ての人物の顔が美しいが、特に素晴らしいのは主人公フランソワの祖父の顔である。これは、古典的ハリウッド映画で示されるスターの顔とは違う。ロベルト・ロッセリーニの映画に登場する女の顔とも異なる。この祖父の顔に刻まれた深い皺は、まるで最も魅力的な光と影を捕えて奥に閉じ込めようとしているかのようだ。

監督の実の父親モーリス・ガレル扮するこの老人は、主人公とその母親とともに食事をする場面に登場する。まず老人が部屋に入って来てテーブルに座るのだが、白黒撮影のカメラは彼の顔をアップで追い続ける。ただならぬショットだ。そのあともカメラは基本的に祖父の顔を撮り続け、そこに他の二人の顔のショットが切り返しで挟まってくる。この場面のほとんどが顔のアップ・ショットで構成されており、料理さえまともに映されるのはほんの一瞬である。食事の場面をこのように撮ってしまう監督の大胆さは、本当に驚異的だ。この場面の最後で、老人が手にナイフを持ち手品の仕草をすると、画面の中心はようやく顔から手先に移る。この仕草がまた魅力的である。こうした演出により監督が示そうとしているのは、まさに顔と身振りであり、それ以外の何物でもない。

このような顔が映し出される『恋人たちの失われた革命』を観るのは、なんて贅沢な体験なのだろう。状況や出来事を理解すればそれですむというような場面など、この映画にはひとつもない。見るべきもっと豊かなものがいつも画面に溢れているのだ。『記憶すべきマリー』や『現像液』という傑作を撮ったフィリップ・ガレルにとって、映画とは、ただ単に物語を追って楽しむだけのものでは決してない。物語だけを見れば、『恋人たちの失われた革命』はベルナルド・ベルトルッチの『ドリーマーズ』とほぼ同じ作品である。どちらも、一九六八年の五月革命を背景とした芸術を愛する青年の愛と青春の物語で、青年は挫折感や絶望に苦しみ最後には死に至る。おまけに、ガレルの映画の主人公はベルトルッチの『革命前夜』について語り、死ぬ前に夢を見て、自分もまさに「ドリーマー」であることを示すのだ。しかしながら、この二本では物語の語り方が大きく違っており、そのことが両者をまるで異なる作品にしている。これは勿論、優劣の問題ではない。

フィリップ・ガレルは、物語を効率的に語ることには興味がない。『恋人たちの失われた革命』全体を通じて彼が試みているのは、いかに顔と身体を、その表面に漂う光や影、煙を示すかということに他ならない。夜のパリの街灯や燃える炎に照らし出されたり、阿片の煙や催涙ガスのなかに浮かび上がったりする人々の顔と身体。下着とシャツだけの姿で、陽光の差し込むアパートのなかを縦横に駆け巡る青年の身体。こうした顔や身体の魅力に触れることなしに、この映画の素晴らしさを語ることは不可能である。

今月は他に、『スネーク・フライト』『ワサップ!』『ソウ3』などが良かった。また劇場未公開だが、クロード・シャブロルの『花嫁の付き添いの少女』も素晴らしかった。

2005年、仏、1.37:1、183分 〈脚〉フィリップ・ガレル、アルレット・ラングマン、マルク・ショロデンコ [撮影]ウィリアム・リュプチャンスキー 〈主〉ルイ・ガレル、クロティルド・エスム、モーリス・ガレル

2007

1 | 物語との距離　山下敦弘監督『松ヶ根乱射事件』

2 | 陽光と影と闇　ジョニー・トー監督『エレクション』

3 | 観念的な思考では辿り着けない具体的な何か
ツァイ・ミンリァン監督『黒い眼のオペラ』

4 | 撮る者と撮られる者の関係性
アレクサンドル・ソクーロフ監督『ロストロポーヴィチ　人生の祭典』

5 | 人間でなくなること　クロード・シャブロル監督『石の微笑』

6 | 部屋の空間的な演出　諏訪敦彦監督『不完全なふたり』

7 | 欲望と孤独の物語　ガス・ヴァン・サント監督『マラノーチェ』

8 | 互いに影響し合う風景と人物　ジャ・ジャンクー監督『長江哀歌《エレジー》』

9 | 二人の人間の会話　青山真治監督『サッドヴァケイション』

10 | 樹の下の男と女　パスカル・フェラン監督『レディ・チャタレー』

11 | 馬が駆ける　オタール・イオセリアーニ監督『ここに幸あり』

12 | 想像力の勝利　堀禎一監督『妄想少女オタク系』

『妄想少女オタク系』
DVD発売中　¥3,800+税

発売:販売元:
ポニーキャニオン
©2007衛星劇場

物語との距離

山下敦弘監督『松ヶ根乱射事件』

山下敦弘は、物語を信じそれを巧みに語る映画監督では決してない。女子高生のコピーバンドを描いた彼の『リンダリンダリンダ』は、物語の力を信じて撮られた映画のように見えるかもしれない。しかし彼はこの作品について、「物語とキャラクターが自分の中に馴染むことができなかった」と語っている。文化祭最終日に女子高生たちが演奏し盛り上がるラストについても、「頭で分かっていても体のどっかでラストを否定している自分があった」と彼は言い、「ラストは4人の女の子と、エキストラの人たちに決めてもらおうと思った」と告白している。この映画を傑作にしているのは、まさにこの物語への違和感である。山下敦弘は、物語を巧みに語ろうと思えばいくらでもそれができる監督だ。しかし、彼はそうしたことに自身の創作活動の意義を見出したりはしない。彼の作品の根本にあるのは物語との距離である。

それにしても、『リアリズムの宿』『くりいむレモン』『リンダリンダリンダ』と見事な映画を撮り続ける山下敦弘の才能には驚いてしまう。新しい時代の日本映画を支える才能と言っていいだろう。そして、『リンダリンダリンダ』に続く彼の長篇『松ヶ根乱射事件』も、三〇歳前に撮られたとは思えないほど完成度の高い作品である。この新作もまた物語との距離を前提として撮られており、その距離感の表出は前作以上にあからさまだ。九〇年代初頭のある田舎町を舞台とする双子の兄弟の物語は、ひき逃げ事件を出発点として、そこから徐々に人間関係がおかしくなっていき、最後に題名が示す乱射事件が起こるというものである。これは、例えば柳町光男の『さらば愛しき大地』が示すようなある種の物語の繰り返しなのだろうか。全くそうではない。山下敦弘は、物語のパターンを繰り返すと見せかけて、絶えざるずれの導入によってそれを言わば解体しているのだ。映画の冒頭におけるひき逃げされた女性の身体の奇妙な扱われ方に注意しよう。このようなずれが至る所に仕掛けられているのである。こうした語り口をアイロニーやオフビートと呼んでも一向に構わない。いずれにせよ重要なのは、それが物語との距離の意識から生まれていることだ。特に、定められたラストへ向かう物語の予定調和的な進行が拒絶されていることを、見逃してはならない。山下敦弘の絶妙な作劇術は、このような物語の進行を装いながらも、それを巧みにはぐらかしてしまう。これこそが、『松ヶ根乱射事件』の醍醐味なのだ。

日本人キャストによるクリント・イーストウッドの『硫黄島からの手紙』も、文句なしに素晴らしい。生き残ることにこだわったサミュエル・フラーの『最前線物語』とは対照的に、この新作は、いかに死ぬかという問題に直面した男たちの悲劇を力強く描いている。組織内の人間関係の面白さや、相次ぐ激しい戦闘場面の迫力、そして何より死を自覚した男たちの行動の壮絶さにただただ圧倒される。太平洋戦争時の日本軍を描く最良の映画が、アメリカ人によって撮られたのだ。

今月は他に、『イカとクジラ』『パプリカ』『007／カジノ・ロワイヤル』『おじさん天国』などが面白かった。また映画祭で観たアピチャッポン・ウィーラセタクンの『世紀の光』に心の底から感動した。

2006年、日、1.85:1、112分 〈脚〉山下敦弘、向井康介、佐藤久美子 ［撮影］蔦井孝洋 〈主〉新井浩文、山中崇、川越美和、木村祐一、三浦友和

2007.2

陽光と影と闇

ジョニー・トー監督『エレクション』

レストランの客たちを警察が組織犯罪の容疑で逮捕する。窓の外から陽光が差し込むが、裏組織の者たちの顔は、アップ・ショットでも陰に隠れて良く見えない。昼間でも影が重要な役割を果たす映像世界に、観客はこの最初の場面から一気に引き込まれる。映画の題は『エレクション』。ジョニー・トーの新作だ。香港ノワールと言えば激しい銃撃戦が特徴的だが、この映画に銃器は一切登場せず、男たちは木の棒や石で相手を殴る。香港ノワールの美学を一新する作品だ。

香港最大の裏組織で行なわれた会長選挙の結果を巡って混乱が起こるという群像劇。その脚本の大胆さは何より、組織の幹部が全員逮捕され留置場に入れられてしまう点にある。こうして物語空間が二つに分かれる。まず、留置場から指令を受けた手下たちが、本土の広州まで行って、権力の象徴である竜頭棍の争奪戦を行なう。一方、狭い留置場のなかでは、警察の目前で裏組織の権力闘争が静かに燃え上がる。激しいアクション・シーンばかりが見所なのではない。めまぐるしく変わる組織のなかの人間関係、その複雑な網の目こそが、この映画の醍醐味なのだ。

日本映画で優れた作品がいくつか目につくが、萩生田宏治の『神童』もそのひとつである。天才的なピアノの才能を持って生まれた中学生の少女の物語だ。天賦の才を与えられた者の苦悩と傲慢が痛々しいほど繊細に描かれ、世界と向き合い、音楽の真の喜びを手に入れ、自分の才能を本当に開花させるに至るまでの少女の長い彷徨が豊かに語られている。主演の成海璃子と松山ケンイチがすがすがしい存在感を示し、とても魅力的だ。特に、繊細な光に照らされる二人の表情はいつも素晴らしい。二人の演じる若い男女が安易に性的関係に入らずに、同じ目標に向かって進む同士として描かれているのも、いい感じだ。

映画は池の場面から始まる。ボートから池のなかに少女が倒れ落ちるのだが、映画を観慣れた者なら、終盤の重要な瞬間に彼女が再び倒れるに違いないとすぐに思うだろう。風の吹く音と鳥のさえずりが聞こえ、池の水面に陽光が煌めく。この映画の主題はまさに音と光なのだ。別の場面では、倉庫の扉が開き、光が差し込む。そしてピアノが演奏される。そう、この映画では音と光が真に通じ合い、観客をこの上ない映画体験へと導くのだ。

堀禎一の新作『ダブル失神』がほとんど宣伝もなしにひっそりと公開されたが、これもまた驚くべき作品である。日本の若手映画監督のなかでも最も才能のある彼が、前作『草叢』と同様、団地住まいの夫婦の倦怠と不倫を取り上げて大人の物語を語っている。

暗がりのなかの格闘技シーン。主演の葉月螢の楽しいダンス。クローズアップで顔の向きを変える彼女。自動車内での思いもよらぬアップ・ショットの連続。夜の通りの不思議な女。闇のなかに燃え上がる自動車。これこそが映画だ。日本映画は、堀禎一とともに新しい時代に入ろうとしているのかもしれない。

今月は他に、『言い出しかねて』『ふ・た・ま・た』『マリー・アントワネット』『それでもボクはやってない』『ユメ十夜』『サンクチュアリ』などが面白かった。また劇場未公開だが、諏訪敦彦の『パーフェクト・カップル』もとても良かった。


2005年、香港、2.35:1、101分〈脚〉ヤウ・ナイホイ、イップ・ティンシン［撮影］トー・フンモ〈主〉サイモン・ヤム、レオン・カーフェイ、ルイス・クー、ニック・チョン、チョン・シウファイ、ラム・シュー、ラム・カートン、ウォン・ティンラム

観念的な思考では辿り着けない具体的な何か

ツァイ・ミンリァン監督『黒い眼のオペラ』

男が重傷を負った見知らぬ男を看護する。別の場所では女がもう一人の寝たきりの男を看病する。そこから生じるのは、異性愛と同性愛が絡み合う愛と孤独、肉体と欲望についての物語だ。台湾のツァイ・ミンリァンの新作『黒い眼のオペラ』は、ペドロ・アルモドバルの『トーク・トゥ・ハー』と物語の枠組みが類似している。後者は、二人の女をそれぞれ看病する二人の男の物語を語っており、異性愛の物語の裏側に同性愛的な筋立てが透けて見えるのだ。しかし、こうした共通点にもかかわらず、映画全体の味わいは全く異なっている。前者の物語のミニマルな語り口とは対照的に、後者の物語は極めてドラマティックな展開を示すし、映像の調子もまるで違うものである。

『黒い眼のオペラ』というセリフのほとんどない映画では、長回しのカメラが登場人物の行動をじっくり捉える。この作品を観ることとは、一体どのような体験なのだろうか。それは、考えることでも理解することでもなく、まさに見るという行為が本質的な役割を果たす体験である。例えば、男が見知らぬ怪我人を看護する場面を思い出そう。小さな白い下着一枚で横たわる怪我人の体をタオルで拭いていると、男はふとそのタオルで自分の首の汗を拭く。この何気ない一瞬の行為を目にする時、私たちははっとする。観念的、図式的な枠組みを滑りぬける何か重要なものに出会うからだ。ミニマルな物語を語るツァイ・ミンリァンの映画は、実はこのような細部が織り成す多様で豊かな作品である。観念的な思考によっては決して辿り着けない具体的な何かを、観客はそこでまさに目にするのだ。

　怪我人の頭を冷やそうとして男が何度も失敗したり、階段を降りる食堂の女主人が突然水溜りのなかに落ちてしまったりする滑稽な場面。オペラハウスのようなビルの廃墟とその奥にたまる深い水。そこに釣り糸をたらす男とまわりを飛ぶ大きな蛾。抱えられて小便をする男の裸の尻。女の憂鬱な表情と短パンで横たわる彼女の脚。夜の路地裏での愛撫と廃墟のほこりのなかでの性行為。不法労働者たちが運ぶ大きなマットレス。マスクをつける街の人々。これらのひとつひとつを、しっかりと目にとめよう。映画的体験とはまさにこうした画面に興奮することだからだ。

　ジョン・カーペンターの『世界の終り』はテレビ用に撮影された作品で、日本ではＤＶＤが発売された。時評としては時機を逸した感もあるが、突出した出来映えなので一言触れておきたい。赤字映画館の館主が、観る者は正気を失うという幻の恐怖映画『世界の終り』のプリントを手に入れるように依頼され、次第に異様な世界に入り込んでいく。映画にとりつかれた者たちばかりが登場するカーペンターのこの新作は、映画狂の姿を鏡のように映し出した映画論でもある。傑作『マウス・オブ・マッドネス』の延長線上に位置する一度観たら二度と忘れられない作品だ。

　今月は他に、『ディパーテッド』『バブルへＧＯ‼　タイムマシンはドラム式』『魂萌《たまも》え！』『ピクシーズ／ラウド・クァイエット・ラウド』『ゾンビの帰郷』『ダンス・オブ・ザ・デッド』『愛しのジェニファー』などが面白かった。また劇場未公開だが、ホン・サンスの『映画物語』もとても良かった。


2006年、台湾＝仏＝オーストリア、1.85:1、115分　〈脚〉ツァイ・ミンリァン　［撮影］リャオ・ペンロン　〈主〉リー・カンション、チェン・シャンチー、ノーマン・アトン

2007.4

撮る者と撮られる者の関係性

アレクサンドル・ソクーロフ監督『ロストロポーヴィチ　人生の祭典』

アレクサンドル・ソクーロフが映画監督のキャリアにおいて一貫してドキュメンタリーを撮り続けていることは重要だ。その多くがいわゆる「エレジー・シリーズ」に属しているが、この連作の素晴らしさは格別である。『マリア』で提示される農婦の魅力的な肖像に胸を打たれ、『ロシアン・エレジー』では、冒頭で長々と続く真っ暗な画面に度肝を抜かれながら、その映像と音に魔法のように魅せられた。ロシアからロッテルダムの美術館までの旅を撮影した『旅のエレジー』で、旅の風景が最後に絵の平面の風景に取って代わられる時に覚えた名状しがたい感動は、今も忘れられない。物語を語る行為よりもむしろ、目の前の対象を撮影する行為にこそ、ソクーロフの映画の原点があることを、この「エレジー・シリーズ」は示している。

『ロストロポーヴィチ　人生の祭典』はこのシリーズの新作だ。ロシアの偉大なチェリスト、ムスティスラフ・ロストロポーヴィチとその妻でソプラノ歌手のガリーナ・ヴィシネフスカヤに捧げられたこの作品は、二人へのインタビューや結婚五〇周年記念祝賀会の様子、ロストロポーヴィチのウィーン・フィルとの演奏風景などで構成されている。インタビューでチェリストは作家のソルジェニーツィンや作曲家のショスタコーヴィチについて詳しく語る。この時、ソクーロフはこの映画を撮るべくして撮ったのだと、観る者は自然に納得するだろう。彼はソルジェニーツィンに関する短篇を撮っているし、セミョーン・アラノヴィッチと共同で『ヴィオラソナタ・ショスタコヴィッチ』も監督しているからだ。ロストロポーヴィチはソルジェニーツィンを自分の別荘に匿ったことがあるという。

『ロストロポーヴィチ　人生の祭典』は、ワイプの仕方などに奇妙な映像処理が見られるとはいえ、全体的にはオーソドックスなつくりとなっている。撮影対象に溢れる魅力は言うまでもない。だが、多くの優れたドキュメンタリーと同様、撮る者と撮られる者の関係性がこの作品を強く活気づけていることを見逃してはならない。撮影者と撮影対象の自然な距離感が特に素晴らしい。撮影対象は画面に映っているが、それを撮るカメラは基本的に不可視のものである。つまり、目に見えるものと見えないものの関係が映画をより豊かなものにしていると言えるだろう。

黒沢清の『叫《さけび》』も興味深い。サスペンス仕立ての物語展開はフェイクであり、この新作は実質的には、幽霊が登場する完全なホラーである。物語のそもそもの発端に視線の関係が存在することに注意しよう。ただし、この関係は身体的関係に取って代わられる。幽霊は普通視線の関係が問題になるが、黒沢清の映画では人は時に幽霊と身体的関係を持つのだ。視線の関係から出発し、身体的関係に移行するというのは、彼の映画にしばしば現れる物語の型である。映画が視線に基づく表現形式であることを考えるならば、このことはいっそう興味深くなるだろう。

今月は他に、『秒速5センチメートル』『今宵、フィッツジェラルド劇場で』『蒼き狼　地果て海尽きるまで』『パリ、ジュテーム』『デジャヴ』『ブラックブック』などがとても良かった。また劇場未公開だが、ナンニ・モレッティの『カイマン』も面白かった。

2006年、露、1.33:1、101分　〈脚〉アレクサンドル・ソクーロフ　[撮影]ミハイル・ゴルブコフ、キリール・モショヴィッチ、イゴール・ジェルジン　〈主〉ムスティスラフ・ロストロポーヴィチ、ガリーナ・ヴィシネフスカヤ、クシシュトフ・ペンデレツキ、小澤征爾

人間でなくなること

クロード・シャブロル監督『石の微笑』

人はしばしば、人間でなくなるために小説を書き、映画を撮るのではないだろうか。人は「私」と書く時、現実の人間とは異なるひとつの虚構を立ち上げている。何か文章を書く時、人はすでに少し人間でなくなりつつあるのだ。小説や物語における非人間化の操作は、語り手の「私」だけでなく、様々な登場人物を通じて行なわれ、時に複雑である。

クロード・シャブロルの『石の微笑』に登場するセンタは人間ではない。勿論、人間の女として設定されているのだが、その行動はとても現実の人間のものとは思えない。そもそも映画の登場人物はどれも人間の影にすぎないわけだが、ここで言っているのはそれとは少しレベルの違うことである。センタは人間というより、非人間化した存在、人間を超えた存在としての怪物である。カフカなら、それを幽霊と呼ぶかもしれない。

結婚式のパーティーの後、雨でずぶ濡れになったセンタはフィリップの家を訪れ、濡れたドレスを脱ぎ、全裸になって彼を誘惑する。この場面ですでに、彼女が人間ではないことの最初の徴候が現れている。しかしまだ、単なる魔性の女のようにも見えるだろう。いずれにせよ、このような女の誘惑に屈することが身の破滅を意味することは、火を見るより明らかだ。だが、フィリップはこれが男の性なのだとでもいうように、女と肉体関係を結び、狂気の愛に堕ちていく。

この後、女の言動はますます常軌を逸したものになっていき、人間とは称し難い存在であることが明白になる。表面上はあくまで人間なのだが、その行動原理はまさに怪物のものなのだ。シャブロルの映画のヒロインがしばしばそうであるように、センタは自覚なき犯罪者となった末に破滅する。これが人間のふりをした怪物の末路である。

ただし、『石の微笑』における非人間化の操作の中心がセンタにはないことに、注意しなければならない。それは主人公のフィリップにある。女の石像に異様に執着し、それに接吻さえする彼は、人間ならざる女に惹かれる男だ。そして彼は、センタとの狂気の愛に溺れながら、人間と人間ならざるものの境界を彷徨う。事態の異常な推移に人間的な動揺を示しながらも、欲望に捕われて次第に社会性を見失い、人間であることをやめていくのだ。

フィリップは人間と非人間の間を揺れ動く存在として表象されている。このような存在を非人間化の操作の中心に置くことによって、この操作はより効果的に、また意識的に行なわれることになる。非人間化という変容の体験をするのは主人公だけではない。彼を介して作り手もまた変容するのだ。そして映画の観客も、もし人間と非人間の境界に敏感であるならば、きっとこの変容を体験するだろう。

映画を撮ることは、少し人間でなくなることである。その時撮る者は、人間の限界を超えた地点に広がる未知の世界に触れるだろう。映画が完成し再び人間に戻ったとしても、彼はもう以前と同じ存在ではあり得ない筈だ。

今月は他に、『映画は生きものの記録である　土本典昭の仕事』『ラブソングができるまで』『サンシャイン2057』『パッチギ！　LOVE & PEACE』『ボルベール〈帰郷〉』『インビジブル・ウェーブ』などが良かった。また劇場未公開だが、エリック・クーの『ビー・ウィズ・ミー』も素晴らしかった。

2004年、仏＝独＝伊、1.66:1、111分
〈脚〉クロード・シャブロル、ピエール・レシア　[撮影]エドゥアルド・セラ　〈主〉ブノワ・マジメル、ローラ・スメット、オーロール・クレマン

2007.6

部屋の空間的な演出

諏訪敦彦監督『不完全なふたり』

二人であることの困難。諏訪敦彦が監督したフランス映画『不完全なふたり』は、まさにこの困難をめぐる物語を語っている。諏訪敦彦の映画の原点に立ち返るような物語。彼の第一作『2／デュオ』も、まさにこの困難についての映画だった。

『不完全なふたり』の夫婦、マリーとニコラはすでに離婚を決めているようだ。彼らは、友人の結婚式のためリスボンからパリにやって来た。ホテルに向かう冒頭の車から、列車が出発しようとするラストの駅のホームまで、二つの移動手段に挟まれた二人の一時滞在先での精神的な彷徨を、映画は描いている。カロリーヌ・シャンプティエの撮影は、時にフェルメールさえも思い出させるような繊細な光と影のなかに、夫婦の仕草のひとつひとつを、しばしば固定ショットの長回しでじっくりと捉える。対象を見つめる眼差しは安易な感情移入を許さない客観的なものであるが、ロベール・ブレッソンの突き放すような冷酷な視線とは異なり、人間的な暖かみを持っている。

『不完全なふたり』における最も映画的な演出は、ホテルの部屋の空間的な演出である。夫婦はパリのホテルに到着するとすぐに従業員に簡易ベッドを用意させ、隣接する二つの部屋に別々に寝る。この二つの部屋は、開いた扉の奥の空間と手前の空間として繰り返しひとつの画面のなかに示され、男女間の距離を強調しながら映画的空間を活性化するのだ。友人とレストランで夕食を取った後、ホテルに帰った二人が口論する場面を思い出そう。マリーは扉の奥に見える部屋に座って、手前の部屋にいるニコラを責める。男はやがてフレームの外に出て、オフの声と化す。女もついに扉を閉じ、声だけが扉越しに響く。人物は姿を消し、最後に女の悲痛な声だけが残る。この上なく孤独な叫びだ。

友人の結婚式とパーティーは無事に終わるが、夫婦の溝は深まるばかりだ。ある時、ついにマリーは部屋を出て、同じホテル内の別の部屋に移ってしまう。だが実は、この危機的な行動が冷めきった二人の関係の突破口を開くことになる。ニコラは妻の部屋を訪れ、ベッドに寝る彼女の隣に身を横たえる。夫婦でありながら別々のベッドに寝ていた男女が、ここで初めて同じベッドに横たわるのだ。女はいったん洗面所に行き、戻ってきた彼女を男が背中から抱き締め、二人は再びベッドへと向かう。確かに、ここで肉体関係が成立するわけではなく、行為を途中でやめる二人の雰囲気もけだるいままだ。しかし、彼らの関係性は微妙ではあるが確実に変わっている。隣接する二つの部屋ではなく、ひとつの部屋のなかに夫婦が集い、同じベッドに横たわる時、彼らの間に何かが蘇るのだ。

諏訪敦彦は二人の行動の心理的因果関係を説明しない。二人の不和の根本的原因を探求することもない。ただじっとこの夫婦に寄り添いながら、空間の演出によって、多大な困難のなかにわずかに見える希望へと彼らを導いていくのだ。

今月は他に、『バベル』『フランドル』『スパイダーマン3』『14歳』『リンガー！ 替え玉★選手権』『コマンダンテ』『リーピング』などが面白かった。また、特集上映で観たマルコ・ベロッキオの『結婚演出家』には本気で感動した。

2005年、日＝仏、1.85:1、104分 〈脚〉諏訪敦彦 ［撮影］カロリーヌ・シャンプティエ 〈主〉ヴァレリア・ブルーニ・テデスキ、ブリュノ・トデスキーニ、ナタリー・ブトゥフ、ルイ=ド・ドゥ・ランクザン、ジョアンナ・プレイス、ジャック・ドワイヨン

欲望と孤独の物語

ガス・ヴァン・サント監督『マラノーチェ』

メキシコから国境を越えて、少年たちがオレゴン州のポートランドにやって来る。彼らが密かに乗り込んだ貨車の内部は暗く、わずかな光が差し込んでその顔を照らしていた。彼らの一人、ジョニーがポートランドの食料品店に入ると、その狭い内部も暗がりに覆われている。店で働くウォルトの心臓が高鳴る。英語が話せないこの不法移民に一目惚れしたのだ。ジョニーの首にキスマークらしきものを認め、ウォルトが触れる。年老いた常連客が言う。「奴は男が好きなんだ」。不可能な愛の物語、欲望と孤独の物語がここに始まる。

素晴らしい場面だ。窮屈な空間感覚。白黒撮影のカメラが的確に捉える暗がりの影とランプの光。社会の底辺を生きる男たちの生々しい存在感。そして何より、巧みな編集によって、他者との出会いと欲望の生成がこの上なく見事に描き出されている。タイトルは『マラノーチェ』。幻の映画、ガス・ヴァン・サントの長篇デビュー作だ。『ドラッグストア・カウボーイ』と『マイ・プライベート・アイダホ』の二本が、この監督の名前を世界に知らしめた。だがそれよりも前に、彼はこの低予算のインディペンデント映画を撮っていたのだ。ポートランドの詩人、ウォルト・カーティスの自伝的小説の映画化である。若き日の試作といったものではない。偉大な監督の出発点を飾るにふさわしい突出した作品である。

マラノーチェ（悪い夜）。これが僕らの新しい合言葉だ。意味を考えるよりもむしろ、何度も唱えながら、言葉の持つ神秘的な響きを噛みしめよう。外国語を話すジョニーの声に、ウォルトがじっくりと聞き入るように。

この映画はアメリカのインディペンデント映画の流れを正当に受け継ぐもので、アンダーグラウンドの香りも色濃く漂っている。だが、そうしたジャンルのクリシェには全く寄り掛かっていない。低予算映画の荒削りな外観に惑わされて、ガス・ヴァン・サントの描写と話術の独創的な才能を見逃してはならない。

この映画がウォルトとジョニーという二人の男の物語ではないことに注意しよう。メキシコから来たもう一人の不法移民、ロベルトを含めた三人の男の物語なのだ。三人がドライブに行く場面を思い出そう。ウォルトの思いをジョニーがかわし続けるという欲望のゲームを二人はここで行なっており、語り手のウォルトも二人の関係ばかり語っている。このゲームを見るだけでも、この場面は相当面白い。しかし、ここでロベルトはこの二人の単なる緩衝材ではない筈だ。ジョニーへの欲望が彼に転移し、ウォルトと彼はすでに肉体関係を結んでいるのだから。語り手は一切触れないが、この場面でロベルトは何を考え、同乗の二人とどのような関係を結んでいるのだろう。それを考える時、このドライブの場面は、言葉にし難い複雑で微妙な様相を呈することになる。ここに、従来の三角関係とも、トリュフォー的な三角関係とも異なる新しい関係が、ナレーションとすれ違いを生じながら浮上するのだ。このような場面を演出した監督の才能は、本当に凄い。

今月は他に、『監督・ばんざい!』『殯《もがり》の森』『ゾディアック』『ザ・シューター　極大射程』や、『それでも生きる子供たちへ』のジョン・ウー篇などが良かった。また劇場未公開だが、エリック・カラヴァカの『パサジェ』も素晴らしかった。

1986年、米、1.33:1、78分　〈脚〉ウォルト・カーティス、ガス・ヴァン・サント　[撮影]ジョン・キャンベル　〈主〉ティム・ストリーター、ダグ・クーヤティ、レイ・モンジュ

互いに影響し合う風景と人物

ジャ・ジャンクー監督『長江哀歌《エレジー》』

中国を代表する映画監督、ジャ・ジャンクーは前作『世界』で作風を変えた。傑作『青の稲妻』に溢れていた画面の過剰な視覚的効果は、『世界』にはもう存在しない。数多くの独創的な画面は、常に物語の経済的な語りとのバランスを保っているのだ。新作『長江哀歌《エレジー》』も同じである。シェン・ホンが扇風機の風を浴び続けるショットでさえ、このバランスを崩してはいない。これが崩れ、画面の視覚的効果が明らかに過剰になるのはただ一箇所、ハン・サンミンが船で暮らす義兄を訪ねる驚くべきショットだけである。

この変化は、天安門事件を境とするチェン・カイコーの作風の変化を想起させるかもしれない。しかし、『世界』の監督は、この中国映画第五世代の監督が経験した困難とは少し異なる道を歩んでいるようだ。ジャ・ジャンクーはもう『青の稲妻』のような映画を撮らないかもしれないが、別の種類の豊かさを『世界』と『長江哀歌』で手に入れている。彼の作品世界は変容し続けているのだ。

『長江哀歌』は、長江の三峡ダム建設を背景に二人の男女、それぞれ、離れ離れになった自分の伴侶を探し求めるハン・サンミンとシェン・ホンの物語を描いている。この巨大ダムは一九九四年に公式に着工され、二〇〇六年に本体が完成し、〇九年に完全な完成が予定されている。百万人以上の住民の立ち退きと多くの歴史的遺跡の水没を伴うため、この一大事業は大きな論争を引き起こした。映画の舞台は第三期工事中の古都、奉節《フォンジエ》で、すでに大半が水没しており、まだ沈んでいない地区の建物も取り壊しが進んでいる。

世界の名所のミニチュアが並ぶテーマパーク、「世界公園」を舞台にした『世界』同様、『長江哀歌』も、卓越した舞台の選択が決定的な作品である。しかし、長江の美しい風景に見とれるだけではいけないように、滅びゆく街の姿に社会的現実を読み取るだけでも、映画の真の魅力を理解することはできない。重要なのは、風景を異化する監督の才能である。ちょっとした想像力や視点の取り方が風景を一変させてしまうのだ。建物がロケットのように飛び立ってしまう幻想的なショットは、あまりに分かりやすい例である。むしろ、労働者たちの何気ない作業風景が何故か突然他の惑星の光景のように見え始める瞬間に注意しよう。見慣れた箸の風景が、ビルとビルの間を綱渡りする男の出現により異質なものに変容してしまうラストでもいい。これぞ映画的な瞬間である。

『長江哀歌』の風景は、登場人物の行動の単なる背景ではない。風景と人物は互いに影響し合っている。主人公の男女の孤独はある意味で、季節の風景が象徴するような現代中国の社会的現実が生み出したものだ。だが、彼らの生は絶望のなかでさえ力強く輝いている。絶望に満ちた社会のなかでも、人生は輝くのだ。そしてその眩い輝きとともに、現実の風景も変容し、想像力の世界へと移行する。映画の風景は、厳しい社会的現実と生の輝きの両方に関わっているのだ。

今月は他に、『天然コケッコー』『レミーのおいしいレストラン』『インランド・エンパイア』『街のあかり』などが素晴らしかった。また劇場未公開だが、ジャン=クロード・ブリソーの『皆殺しの天使』も面白かった。

2006年、中＝香港、1.85:1、111分
〈脚〉ジャ・ジャンクー　［撮影］ユー・リクウァイ　〈主〉チャオ・タオ、ハン・サンミン、ワン・ホンウェイ、リー・チュウビン、マー・リーチェン、チョウ・リン

2007.9

二人の人間の会話

青山真治監督『サッドヴァケイション』

ただ映像だけが映画の物語を推進するのだとでも宣言するかのような『Helpless』で、青山真治は衝撃的なデビューを飾った。その後矢継ぎ早に秀作を発表した後、『EUREKA　ユリイカ』で彼は世界的に有名になる。しかしこの監督は、この誰もが絶賛する二本だけでは満足せずに、さらに大胆な映画的探求を進める。それは、かなりの映画通でもすぐには理解しにくい先鋭的な実験の数々であった。そして、『EUREKA』以降のこの探求の集大成として登場するのが、新作『サッドヴァケイション』、青山真治の第三の代表作である。彼にとって、二〇世紀の映画美学は『EUREKA』で終わっている。この新作は二一世紀の映画美学の高らかな宣言なのだ。

この映画では、『Helpless』の主人公、健次の人生が、『EUREKA』の梢の人生と交錯する。物語の舞台も、この二本と同じ北九州だ。そう聞くだけで、何かただならぬ予感に襲われるではないか。人間喜劇のような広大な物語世界を、青山真治は生み出そうとしているのだ。語られるのは、いつもと同じ物語である。死の影に苛まれる男の果てしなき彷徨。欠落感を胸に抱え込んだ人間たちの共生の試み。家族の絆を断たれ孤独な個人として世界に投げ出された人間が、いかにして他人と関係を結び、家族と呼べる関係を取り戻すかという物語だ。今回、健次は幼少期に自分を捨てた母親と再会する。今では間宮運送の社長の妻であるこの女の登場が、物語世界に新しい重要な主題を導入する。母性、あるいは女性性の主題だ。暴力や復讐心に支配された男たちの世界を乗り越えていくしなやかで力強い母性である。しかし、このように物語や主題を考えるだけでは、青山真治の探求の本質を捉えることはできない。

分かりやすい例を挙げよう。映画の中頃に、再会した母と息子がテーブルで会話をする場面がある。劇的な状況なのだから、感動的なのは当然だ。だが、注目すべきはその撮り方である。二人は真正面には座らず、横にずれて座り、カメラは二人をそれぞれ正面から撮る。典型的な小津安二郎の映画のカメラ位置だ。しかし、これは単なる模倣ではない。視線をそらす健次の姿勢と身振りは全く小津的ではなく、この差異の導入が、安易な引用やオマージュを超えた独創的な表現を生み出している。さらに素晴らしいのは、同じテーブルで二人が再び会話をする後半の場面だ。二人の位置関係は同じだが、青山真治はここでカメラを全く違う位置に置き、大胆なカット割りを行なっている。また、間宮運送で働く梢が健次と車に乗って会話をする場面の見事な切り返しも忘れ難い。二人の人間の会話という基本的な状況を、この映画は驚くほど多様な撮り方を用いて豊かに提示しているのだ。

会話の場面だけではない。青山真治は映画の全篇にわたって技巧の限りをつくしている。『サッドヴァケイション』のこの挑発的な文体は、アルノー・デプレシャンの『キングス&クイーン』のバロック的な文体と比較できるだろう。どちらも単なる技巧を超えて、映像表現の新たな地平に到達している。

今月は他に、『恋するマドリ』『呪怨　パンデミック』『怪談』『トランスフォーマー』などがとても良かった。また劇場未公開だが、エマニュエル・ベルコの『バックステージ』も面白かった。

2007年、日、1.85:1、136分〈脚〉青山真治［撮影］たむらまさき〈主〉浅野忠信、石田えり、宮﨑あおい、板谷由夏、オダギリジョー

樹の下の男と女

パスカル・フェラン監督『レディ・チャタレー』

ジャン=ピエール・リモザンやアルノー・デプレシャンの映画の脚本に参加した後、パスカル・フェランは一九九〇年代半ばに、『死者との小さな取引』という魅力的な作品で監督デビューした。当時、彼女はフランス映画界の期待の新星だった。その彼女が約十年振りに撮った長篇第三作が、『レディ・チャタレー』である。D・H・ロレンスによる『チャタレー夫人の恋人』の第二稿の映画化だ。原作は三回書かれており、それぞれ、人物の設定等様々な点が異なっている。

男性が書いた小説を女性が映画化することによって、このよく知られた物語は、驚くべき新鮮な表情を見せつつ蘇ることになった。例えば、チャタレー夫人が森の猟番、パーキンと小屋で初めて肉体関係を結ぶ場面の見事さはどうだろう。女の不安と期待、怯えと喜びがこの上なく繊細に描き出され、観る者の胸を締めつける。現代社会には性描写が氾濫しているが、そのほとんどが男性の欲望の反映に過ぎない。しかしここには、女性の視点から写実的に描かれた女性の性がある。この描写はそれ自体感動的であるが、原作とは異なる社会的意義も持っているだろう。

肌の上気や震え、季節とともに変化する日光を的確に映し出すジュリアン・ハーシュの撮影も注目に値する。この撮影は、単なる物語の美的装飾や写実性の補強では決してない。社会の軛を抜け出して身体と自然を、それらの照応を発見する物語が、この映画で語られているからだ。

何より素晴らしいのは、映画の最後の場面である。ここでの男女の会話は、一連の出来事が単なる欲望と充足の繰り返しではなく、真の変化の体験であったことを示している。樹の下の男と女というのはいつも映画的だが、この場面で男が樹の前に座り、横に並んだ女が樹からずれて座っていることに注意しよう。この細やかな配置の工夫が、映画的空間をどれほど活気づけていることか。白い服の男女をひとつのフレームに収めながらカメラが切り返していくと、やがて男一人のショットとなる。背景の右半分を樹の太い幹が占めている。「愛しています」と男は語り出し、一旦離れかけた二人の心が再び強く結びつく。草の緑を背景とする女一人のショットに変わると、彼女の目は嬉し涙で赤く腫れているのだ。何という見事な切り返しだろう。

さらにこのラストの会話で、男が自分のなかにある女性性を語っていることにも注意しよう。『チャタレー夫人の恋人』の最終稿には、このような告白は存在しない。猟番のこの思いがけない言葉を聞いて、観客の多くは、忘れかけていたいくつかの場面を思い出すことだろう。映画の大筋から外れた何気ない細部が突然蘇ってこの告白と結びつき、映画は新たな様相を呈するのだ。何という豊かさ。これぞ映画的な体験である。

この最後の場面では、ごく小さな細部、ほんの一言のセリフが決定的な役割を果たしている。ここに、パスカル・フェランの卓越した演出力が極まっているのだ。

今月は他に、『デス・プルーフ』&『プラネット・テラー in グラインドハウス』や、『スキヤキ・ウエスタン　ジャンゴ』『ブラック・スネーク・モーン』などが素晴らしかった。また劇場未公開だが、クロード・シャブロルの『権力の陶酔』も面白かった。

2006年、ベルギー＝仏、1.66:1、168分　〈脚〉ロジェ・ボーボ、パスカル・フェラン　[撮影]ジュリアン・ハーシュ　〈主〉マリナ・ハンズ、ジャン＝ルイ・クロック、イポリット・ジラルド、エレーヌ・アレクサンドリディス、エレーヌ・フィリエール

2007.11

馬が駆ける

オタール・イオセリアーニ監督『ここに幸あり』

夜中に酔ってピアノを弾く主人公ヴァンサンのショットに続くのは、朝の光景だ。家の戸口に立つ主人公の母親の前を、突然一頭の馬が画面の左から右へと駆けていき、ローアングルのカメラも馬を追って右にパンする。馬は両前足を上げて白い柵を飛び越える。柵の向こうに何頭か馬が見え、画面上部に広がる朝の青空と白い雲が印象的だ。ショットが変わり、また母親が映し出されると、彼女は小走りに馬の後を追い、カメラも再度右にパンする。柵を何とか跨いでいく母親の様子が、とてもおかしい。彼女を演じているのは、何と女装した名優ミシェル・ピコリだ。

オタール・イオセリアーニの『ここに幸あり』の中頃に位置するこの二つのショットは、観る者をはっとさせる。ピコリの演技が見事なのは言うまでもないが、ここで特に注目したいのは馬の登場だ。その走りは、たとえ母親によってすぐさま反復されなくても、強い印象を残しただろう。それは何故だろうか。物語のレベルで、これらのショットが何の役割も果たしていないことは明白だ。仮に無くても、物語には何の支障もきたさないだろう。一方、主題のレベルで、この馬がある役割を果たしていることは間違いない。『ここに幸あり』には全篇を通じて様々な動物が現れるし、公園で子供たちが馬に乗る様子が、繰り返し示されたりもするからだ。イオセリアーニの他の映画にも、馬は度々登場している。しかしながら、こうした主題上の機能もここでは本質的な問題ではない。直前のいくつかのショットで、あらかじめ馬の出現を準備する演出が一切なされていないことに注意しよう。それどころか、一夜が明け、新しい場面が始まるその最初のショットで、唐突に馬が画面を駆け抜けるのだ。どのように馬の出現を受け止めるべきか、事前の演出によって方向づけられることもなく、観客はただその走りを目にする。馬の走りを言わばあるがままに目にするのだ。だからこそ、このショットは印象的で、観る者をはっとさせるのである。

その後に続くショットも魅力的だ。主人公の実家に一晩泊まった、監督自身が演じるアルノーが、朝の庭で一家の女性たちに挨拶している。画面の奥に何頭か馬がいるが、先ほどの馬がどれかは分からない。柵の前を鶏が歩き、カメラがパンすると水鳥たちもいる。朝の陽光が美しく、女性たちの髪を時折輝かせる。大木の葉が風に揺れ、手前の日陰に置かれたテーブルを覆う布も揺れている。木の葉の奇麗な影も勿論揺れている。一家で客をもてなす朝ののどかな光景が、たった一つのショットで描かれている。素晴らしい。こうした場面がもたらす無償の快楽にただじっと身を委ねていたい。

イオセリアーニの作品世界については以前に語ったことがあるので、今回はあえて一つの細部だけを取り上げてみた。大臣の職を失ったヴァンサンが、階級社会を下降しながら人生の幸せを見つけるこの映画は、こうした魅力的な細部に満ちている。細部の快楽は、この監督の映画において本質的なものなのだ。

今月は他に、『インベージョン』『レター　僕を忘れないで』『ラズベリー・ライヒ』『ブレイブワン』などが面白かった。また劇場未公開だが、キム・ロッシ・スチュアートの『気ままに生きて』も良かった。

2006年、伊＝仏＝露、1.85:1、115分
〈脚〉オタール・イオセリアーニ［撮影］ウィリアム・リュプチャンスキー　〈主〉セヴラン・ブランシェ、ジャサント・ジャケ、オタール・イオセリアーニ、リリ・ラヴィーナ、ドゥニ・ランベール、ミシェル・ピコリ、ジャン・ドゥーシェ

2007.12

想像力の勝利

堀禎一監督『妄想少女オタク系』

堀禎一という名前とともに映画の新しい世紀が始まろうとしている。堀禎一って誰なんて言わないでほしい。彼はまぎれもなく今、日本で最も重要な映画監督なのだ。彼のこれまでの作品は、決して十分とは言えない製作条件のもとで撮られたものばかりである。しかし、この監督の突出した才能は誰の目にも明らかだ。彼に十分な予算を与えて自由に撮らせるべきだろう。そうすれば、世界中を驚かせる凄い映画が出来上がるに違いない。

そんな堀禎一監督の長篇第四作『妄想少女オタク系』が公開される。男性同性愛を扱うボーイズラブが好きないわゆる腐女子をヒロインとする学園ものだ。彼が本当に撮りたかった題材かどうかは、よく分からない。この題名、この物語を聞いて顔をしかめる人も多いだろう。しかし、見かけの軽薄さは罠である。この映画に映されているもの、語られていることに真剣に集中すれば、それがこの上なく真面目な作品だということは、すぐに分かるだろう。

この新作は、堀禎一の前三作とは随分調子が異なっている。これまではどれも、監督に近い年齢の人物をめぐる性愛の物語が語られていた。今回は、高校生たちの淡い恋模様が描かれている。これまで描写はリアリズムを基調としていたが、今回はリアリティに対する態度が異なっており、これは現実と空想の関係という映画の主題に関係している。また、脇役の少女が教室で千葉俊祐に告白する場面のカット割りを見れば分かるように、映画の文体も変化している。堀禎一はこの新作によって、新たな一歩を踏み出したようだ。

男子二人と女子二人の四人の関係が物語の中心だが、恋模様と言っても、厳密に言えば『妄想少女オタク系』は恋愛映画ではない。物語を通じて人間関係は大きく変化するが、本当の意味では恋愛関係の進展はまるでないからだ。様々な人物が同じ高校の誰かに恋心を抱くが、その欲望はどれも、現実と空想、異性愛と同性愛の交錯のなかですぐに行き場を失ってしまう。学校という空間は、あらゆる欲望が成就せずに迷子と化す奇妙な迷宮なのだ。高校生たちは、大人へ成長する過程のなかにではなく、この迷宮での果てしない漂流のなかに、自分たちの存在の積極的な意義を見出すだろう。

空想に耽る少女たちにとって、想像力こそが全てだ。放課後の美術部の部室で、二人の少女が意気投合し戯れる場面を思い出そう。この場面は、『セリーヌとジュリーは舟でゆく』のように素晴らしい。ジャック・リヴェットのこの傑作でも、二人の娘が想像力を力強く肯定していた。堀禎一の作品では、少女たちの空想は、男たちの欲望から彼女たちの身を守る機能を果たしている。男性同性愛を夢想する少女たちを前にして、少年たちは去勢され、ただ立ち尽くすほかない。少女たちは想像力によって男たちの欲望と戦い、世界を変容しようとするのだ。想像力の勝利を高らかに宣言する『妄想少女オタク系』は、少女たちの力強さに捧げられた映画である。

今月は他に、『ランジェ公爵夫人』『ボーン・アルティメイタム』『呉清源　極みの棋譜』『コンナオトナノオンナノコ』『ユゴ　大統領有故』『クローズZERO』などが面白かった。また劇場未公開だが、リチュパルノ・ゴーシュの『チョーカー・バリ』もとても良かった。

2007年、日、1.78:1、113分　〈脚〉尾上史高、多胡由章　[撮影]佐久間栄一　〈主〉甲斐麻美、中山麻聖、馬場徹、木口亜矢、滝川英治、森下悠里

2008

1 | 身体の映画　井口奈己監督『人のセックスを笑うな』

2 | 映画的興奮の連続　生誕百年　映画監督マキノ雅広──『続丹下左膳』

3 | 音の演出　ジャック・リヴェット監督『ランジェ公爵夫人』

4 | スケートボード的な往復運動　ガス・ヴァン・サント監督『パラノイドパーク』

5 | 裏社会の男たちと同性愛
デヴィッド・クローネンバーグ監督『イースタン・プロミス』

6 | 闇と移動の映画　堀禎一監督『憐　Ren』

7 | 現実のなかにある映画と映画によって変容した現実
ホウ・シャオシェン監督『ホウ・シャオシェンのレッド・バルーン』

8 | 表象不可能な事柄　ショーン・ペン監督『イントゥ・ザ・ワイルド』

9 | ホームドラマを超えたある特別な場所　黒沢清監督『トウキョウソナタ』

10 | 収穫の多い滞在　フランス映画日記─ジェームズ・グレイ監督『アンダーカヴァー』

11 | 時代の変化と新しい映画美学
ブライアン・デ・パルマ監督『リダクテッド　真実の価値』

12 | 動のなかの静と静のなかの動　ジョニー・トー監督『エグザイル／絆』

『リダクテッド 真実の価値』
DVD発売中 ¥3,800+税

発売元:
NBCユニバーサル・エンターテイメント
©2007 HDNet Films LLC

身体の映画

井口奈己監督『人のセックスを笑うな』

『犬猫』に続く井口奈己の待望の新作『人のセックスを笑うな』は、身体の映画だ。それは様々な既成のイメージから身体を解放し、二一世紀の初頭を生きる人々の身体をあるがままに描こうとしている。

美術学校の男子学生みるめが新任の女性非常勤講師ユリに誘惑され、肉体関係を結ぶという物語だ。ユリを演じる永作博美はいつもと少し感じの異なるメイクで登場し、新鮮な表情を示す。カジュアルなファッションのユリは、洋服を着ていても、下着姿になっても、若い男を虜にする魅力的な人妻のイメージからは遠い。教師なのに講義風景は一切登場せず、その振舞いはまるで教師らしくない。

ユリの性格や行動はしばしば男性的で、そのイメージは男らしさと女らしさの間で絶えず揺れている。一方、松山ケンイチ扮するみるめは男なのに女性的である。ユリによって服を脱がされる時、この学生がさらすのは間違いなく男の肉体なのに、その仕草はこの上なく女性的なのだ。ユリは年上なのに子供っぽいところがあり、そのイメージは大人らしさと子供らしさの間でも揺れ動いている。一方、ダッフルコートが高校生っぽいと言われて気にしたりもするみるめが、ユリの代わりにストーブに灯油を入れる時、彼のほうが年上で大人らしいイメージを提示するのだ。

身体は単なる内面の表現装置ではなく、身体の運動やコミュニケーションそれ自体が、この映画では重要となる。実際、不倫をするユリの本心は謎めいており、それを読み解くことは観客に全く求められない。言葉さえ内面を率直に表現せず、彼女が繰り返す「オー、イエス」は、本心を隠す機能を担ってさえいるようだ。みるめの親友たちにおいて、身体と内面はより自然な関係を結んでいる。だが、それなりの感情を内に秘めながらも、彼らは常に身体的関係に基づいて行動している。堂本はえんちゃんにキスをするために適当に言葉を繋ぎ、えんちゃんは酔いつぶれたみるめを引きずって、ベッドの上で飛び跳ねるのだ。ただみるめ一人が、過剰な自意識に溺れて苦しむ。ユリへの想いが強くなればなるほど、彼は引きこもり周囲から孤立していくのだ。だが、彼を救えるのは、精神的模索ではなく、他者との身体的関係だけだろう。

『人のセックスを笑うな』は、身体をその内面との関係において捉えようとはしない。むしろ、アップをほとんど使わず引きの画面で語りながら、身体を他の身体との関係や周囲に拡がる空間、世界との関係において捉えているのだ。こうして映画は、人間の身体から出発して社会性を提示するに至る。ただし、教師と学生の肉体関係の物語において、職業的倫理感やセクハラといった問題体系が、作品世界に全く浮上しないことに注意しよう。そのような問題意識に頼って出来事を一般化することだけが、社会的視野を持つ方法ではない。身体が他の身体や周囲との関係のなかに置かれる時、日常的な空間のなかにふと現れるミニマルな社会性というものがあるのだ。

今月は他に、『夜顔』『わが幼少時代のポルトー』『アイ・アム・レジェンド』『カンナさん大成功です!』『スリザー』『かつて、ノルマンディーで』『ハーフェズ　ペルシャの詩』などが面白かった。また劇場未公開だが、グザヴィエ・ボーヴォワの『若き警官』もとても良かった。

2007年、日、1.85:1、137分　〈脚〉本調有香、井口奈己　[撮影]鈴木昭彦〈主〉永作博美、松山ケンイチ、蒼井優

2008.2

映画的興奮の連続

生誕百年　映画監督マキノ雅広――『続丹下左膳』

夜、修行場の近くの古びた小屋。乾雲という妖刀の魔力にとりつかれて、人斬りの誘惑に身を震わせる丹下左膳。「その刀が血を見たいとお前をいじめるなら、あたいをお斬りよ」と言う、左膳に惚れた女、お藤。マキノ雅広監督の『続丹下左膳』の一場面だ。大河内傳次郎の迫力ある演技が強烈だが、ここで見事なのは、それを受けるお藤役の水戸光子である。ただし、激情に駆られた彼女の表情と身のこなしが素晴らしいのは勿論のこと、女優の魅力を最大限に引き出すスタッフの力も忘れてはならない。蝋燭に照らし出される古びた小屋からお藤は一旦夜の戸外に出て、また室内に戻るのだが、刻々と変化する照明が女優の魅力を大いに高めている。開いた戸口からお藤が室内を窺う時、その顔を照らす簾越しの蝋燭の光が、とりわけ素晴らしい。

同じマキノ雅広の『侠骨一代』にも、お藤という女が登場する。藤純子扮するこの芸者が高倉健演じる主人公、伊吹龍馬と出会う場面は忘れ難い。酒を飲んでいた龍馬が店を出ようとすると、自分の客を送ろうと二階から降りてくるお藤とすれ違う。一目で惚れた龍馬を女は最初相手にしないが、やがて一緒に二階に上がる。「物好きね。あたしゃ、だるまだよ」「だるま?」「知らないの。寝たり起きたり」。味わい深い台詞が藤純子の見事な演技を引き立てている。彼女が登場する時の、酔ってふらついた身のこなしも、何とも言えず魅力的だ。「またどうぞ」とお藤が自分の客を見送る時、カメラが女の顔に僅かにぐらつきながら寄っていく。するとその顔がよろめき、女は少しふらつきながら歩き出す。カメラの動きと人物の動きが連携しており、その効果は絶大だ。ここでもまた、スタッフの技術が俳優の演技を支え、引き立てているのである。

もっとも、『続丹下左膳』も『侠骨一代』も完璧な映画とは言えず、日本映画の父、牧野省三の長男であるマキノ雅広の代表作でもない。しかしこの二本は、多少の欠点にもかかわらず、観る者に映画的興奮の連続をもたらす痛快な作品なのだ。実際、黒澤明のような監督と違って、マキノ雅広は完成度とは異なる尺度を持って映画に接していた。だからこそ、生涯に二六〇本以上の映画を撮れたのだ。片岡千恵蔵の急病により急遽撮られたという時代劇オペレッタの快作、『鴛鴦歌合戦』を観れば、このことは良く分かるだろう。

とはいえ、完璧と言えるマキノ雅広の映画をあえて一本挙げるとするならば、ここでは、高倉健と藤純子が『侠骨一代』の男女の設定を繰り返した『昭和残侠伝・死んで貰います』を挙げておきたい。この映画では、全てが奇跡のように素晴らしい。雨の日、銀杏の木の下で男女が出会う冒頭の場面。男の刑務所暮しを経て、二人が再会する時にもまた、雨が降っている。そして、ラストの斬り込み。今回は女優の魅力を多く語ったが、このラストで画面に漲る男のエロスは只事ではない。

フィルムセンターで開催中の『生誕百年　映画監督マキノ雅広』は、彼の映画の魅力を存分に味わうまたとない機会だ。一刻も早く駆けつけて、その快楽に酔いしれてほしい。

今月は他に、『スウィーニー・トッド　フリート街の悪魔の理髪師』『パルス』『フローズン・タイム』『シスターズ』などが面白かった。また劇場未公開だが、ユスリー・ナスラッラーの『太陽の門』もとても良かった。

1953年、日、1.37:1、89分〈脚〉伊藤大輔、柳川眞一［撮影］竹村康和〈主〉大河内傳次郎、水戸光子、山本富士子

音の演出

ジャック・リヴェット監督『ランジェ公爵夫人』

バルザックの小説を映画化したジャック・リヴェットの『ランジェ公爵夫人』に溢れる魅力的な画面は、観客の視線を惹きつけその心に訴える。地中海のマヨルカ島に降り注ぐ眩いばかりの陽光。パリの室内に差し込むカーテン越しの柔らかい昼の光と、夜に灯される蝋燭やランプの明かり。効果的に用いられる赤や青の鮮やかで印象的な色合い。ランジェ公爵夫人の肌の色の微妙な変化。名手ウィリアム・リュプチャンスキーのカメラが、それらを厳格な構図で捉えている。

しかしながら、こうした画面の視覚的な豊かさを味わうだけでは、十分ではない。一九三〇年以来、映画は映像と音による表現形式として成立している。そしてこの作品では、まさに音の演出がこの上ない重要性を持っているのだ。この映画はランジェ公爵夫人とモンリヴォー将軍の宿命的な愛を語っているが、この二人にはそれぞれ重要な音が割り当てられている。ジャンヌ・バリバール演じる女にとって、それは音声、すなわち歌曲「タホ川の流れ」を歌う彼女の歌声だ。彼女を探しにマヨルカ島のカルメル会修道院までやって来た将軍は、礼拝堂でその姿なき歌声を聞く。かつてパリで聞いたのと同じ曲、同じ声。男は愛する女をその声によって見つけるのだ。ギヨーム・ドパルデュー演じるモンリヴォー将軍は、義足と杖の音を響かせながら歌声のほうに近づき、「アントワネット」と女の名前を繰り返し叫ぶ。そう、この男の重要な音とは、彼の義足と杖が発する音響なのだ。男が最初に登場する場面から、すでに義足の音は強調されていた。礼拝堂でのミサの最中、杖が倒れる大きな音とともに将軍は立ち上がり、義足の音を響かせながら退場する。そして戸外に出る時、彼は踏み段で義足を滑らせ、鈍い音を立てるのだ。男と女が発する二種類の音は、物語において興味深い役割を果たしている。例えば、中盤の舞踏会の場面を思い出そう。将軍は会場にいても、その義足の音によって舞踏から排除される存在でしかない。一方、ジャンヌ・バリバールの独特な台詞回しはそれ自体ひとつのメロディのようで、公爵夫人はその音楽性によってたやすく舞踏会の音楽に同調する。二人の立場の違いが、彼らの発する音によってあらかじめ定められているのだ。

ギヨーム・ドパルデューは片足を切断してますます演技に凄みが出てきたようだが、将軍の義足が直接画面には示されないことに注意しよう。ブーツを履いた義足の音も修道院の歌声も、フレームの内と外の違いがあるとはいえ、音の発生源が画面に示されていないことに変わりはない。目に見えないものが、物語において無視できない役割を果たしているのだ。目に見えないと言っても、内面や意味といったものではなく、隠されたもうひとつの表層に過ぎない。しかしそれこそが、ジャック・リヴェットの映画の鍵ではないだろうか。彼の映画が常に語っているのは、表層の僅かな手掛かりをもとに、登場人物が隠された何かを探し求め、その結果もうひとつの現実に辿り着くという物語なのだから。

今月は他に、『牡牛座　レーニンの肖像』『たそがれ』『28週後…』『ジェリーフィッシュ』『愛おしき隣人』などが面白かった。また劇場未公開だが、グレッグ・アラキの『ミステリアス・スキン』も素晴らしかった。

2007年、仏＝伊、1.85:1、137分　〈脚〉パスカル・ボニゼール、クリスティーヌ・ローラン、ジャック・リヴェット　[撮影]ウィリアム・リュプチャンスキー　〈主〉ジャンヌ・バリバール、ギヨーム・ドパルデュー、ビュル・オジエ、ミシェル・ピコリ

スケートボード的な往復運動

ガス・ヴァン・サント監督『パラノイドパーク』

「上達してから行く奴なんていない」。一六歳のアレックスに、年上のジャレッドは言う。スケートボーダーたちの憧れの場所、パラノイドパークのことだ。スケートボードを始めたばかりのアレックスは、そう言われてパークへ行く決心をする。だが、そこで出会った不良と行動を共にするうちに、誤って人を死なせてしまうことになるなど、その時彼は夢にも思っていなかった。

ガス・ヴァン・サントの『パラノイドパーク』を観に行くのにも、映画の道に上達している必要など全くない。とにかく映画館に出かけ、映像と音の波に身を委ねることだ。心配ない。アレックスのような目に遭うなんてことは、あり得ないのだから。

しかし、私たちはこの映画で一体何を見るのだろう。常にリズムの変化する映像と、そこに巧みな編集で被さってくる音。その演出の原則は、『ル・モンド』紙でイザベル・レニエが指摘するように、スケートボードの原則である。「ジャンプの空中での完璧さと現実回帰の騒々しい落下の間で、運動の弁証法は衝撃の様態と繋がっている」。イザベル・レニエは物語を大きく捉えつつ、アレックスの事件後の現実感喪失と時間が経ってからの現実回帰をジャンプと落下に譬えている。だが、より仔細に見るならば、映像の細部においても、ジャンプと落下の往復運動に類するものが繰り返し現れることに気づくだろう。アレックスが高校の廊下を歩くショットで、最初それは単なる現実の表象であるように見えるが、すぐにスローモーションになり現実感覚が歪んでいく。しかも、音楽が映像の性格を一変させ、現実から一層高く飛翔させる。この映画では、音は映像を補強するだけのものではないのだ。このように、映像は現実の再現であるように見えて、そこから絶えず飛翔しては戻ってくるようなスケートボード的往復運動を行なっている。より正確に言うならば、現実と現実ならざるものが常にせめぎ合い、その境界が無効になるような地点で、映像が成立しているのだ。

語りの構造を考えるならば、現実とそこからの飛翔を、外界と内面の往復運動になぞらえることも可能である。語り手は主人公のアレックスであり、彼は自分の物語を回想して手紙に書いている。外界という現実の再現は全て、彼の主観を通して行なわれるのだ。それ故、映像は外界の再現と内面の反映の間を絶えず揺れ続けるだろう。「僕らのちっぽけな問題とは別の次元のもっと大きな何かが世の中にはたくさんある」と、ある時アレックスは言う。もっとも、これは自己の内的世界との決別を意味しているのではない。こうした発言にも、彼の内面ははっきりと反映しているからだ。彼は手紙を書きながら、外界と内面のバランスをとろうとする。そのようなバランスは幻想かもしれないのだが。

カメラは現実を記録するといった視点を、ガス・ヴァン・サントはもはや信じていない。現実と非現実、外界と内面がせめぎ合い、それらの境界が揺らぐ地点こそが、『パラノイドパーク』の美学的出発点なのだ。

今月は他に、『接吻』『ノーカントリー』『俺たちの明日』『マイ・ブルーベリー・ナイツ』などが面白かった。また劇場未公開だが、ウジェーヌ・グリーンの『ポン・デ・ザール』も素晴らしかった。

2007年、仏＝米、1.37:1、85分 〈脚〉ガス・ヴァン・サント ［撮影］クリストファー・ドイル、レイン・キャシー・リー 〈主〉ゲイブ・ネヴァンス、ダン・リウ、ジェイク・ミラー、テイラー・モンセン、ローレン・マッキニー

2008.5

裏社会の男たちと同性愛

デヴィッド・クローネンバーグ監督『イースタン・プロミス』

デヴィッド・クローネンバーグの『イースタン・プロミス』では、ナオミ・ワッツ扮する助産師のアンナが、ロンドンの裏社会へと観客を導く案内役になる。ごく普通の庶民である彼女は、身元不明の少女が病院に運び込まれるのをきっかけに、ロシア人マフィアの危険な世界と関わりを持つようになる。観客は彼女とともに裏社会に通じるドアを開くのだ。しかし、アンナは本当の意味で裏社会に入り込むわけではない。たとえマフィアの男たちに出会い、交渉を試みても、彼女は決してまともな扱いを受けず、ただ彼らを見続けるだけである。彼女もまた、マフィア映画の観客なのだ。

アンナが裏社会の男たちから排除されるのは、彼女が一般市民であるからだけではない。彼女が女だからでもある。裏社会の男たちは、どこか同性愛を思わせる異様な絆で結ばれていて、そこに女が入り込む余地はない。アンナは二重の理由で排除されるのだ。

映画批評家の柳下毅一郎は、「不毛な肛門性交」がクローネンバーグの性の基本であると断言したが、実際、この監督の映画には同性愛の暗示が頻出している。複数の作品で、身体は非現実的な変容の結果、両性具有的な性格を示すことになる。また、男女の性交はしばしば、絶頂に達することのない不能の刻印を押されている。勿論、クローネンバーグの映画につきまとう性的な強迫観念を、全て同性愛に結びつけて解釈することはあまりに乱暴であり、間違ってもいるだろう。しかし、『エム・バタフライ』で真正面から扱われる同性愛は、この監督の性的な主題体系のなかで、確かに重要な位置を占めているのだ。

とはいえ、『イースタン・プロミス』の物語は、表面的には異性愛的関係を基本としている。病院で死亡する身元不明の少女は、レイプされ妊娠していた。マフィアは人身売買によって東欧の女たちに売春をさせている。しかも、映画を通じて裏社会の男たちは同性愛を執拗に否定し続ける。マフィアのボスの息子、キリルは運転手を務めるニコライに、同性愛者でないことを証明するために、目の前で娼婦と性交するように命じさえするのだ。しかしながら、クローネンバーグの映画における同性愛の主題の特徴は、まさにその強い否定や嫌悪を伴うことにあるのではないか。マフィアの男たちは娼婦を金儲けの道具として扱い、ニコライと娼婦の性交でも性的快楽は希薄である。美しい容姿のアンナも、男たちから欲望の視線で見られることは決してない。それに引きかえ、公衆浴場で、血まみれの男の上に全裸のニコライが被さる時に漂う奇妙な感覚は何だろうか。ニコライとキリルを結びつける異様な絆は、一体何だろうか。

隠された同性愛の主題は、ラストの直前に置かれたニコライとキリルとアンナの場面で頂点に達する。画面を覆い尽くす倒錯的な官能。ただし、ここで問題になるのはこの三人の関係ではなく、ニコライとキリルとこの場にいないキリルの父親の関係である。アンナは、この微妙な三角関係の物語をただ目撃することしかできないのだ。

今月は他に、『ゼア・ウィル・ビー・ブラッド』『妻の愛人に会う』『少林少女』『クローバーフィールド／HAKAISHA』などが良かった。また劇場未公開だが、リチュパルノ・ゴーシュの『レインコート』も面白かった。

2007年、米＝英＝加、1.85:1、100分
〈脚〉スティーヴン・ナイト ［撮影］ピーター・サシツキー 〈主〉ヴィゴ・モーテンセン、ナオミ・ワッツ、ヴァンサン・カッセル、アーミン・ミューラー＝スタール、ジョセフ・アルティン、ミナ・E・ミナ、サラ＝ジャンヌ・ラブロッセ

2008.6

闇と移動の映画

堀禎一監督『憐　Ren』

二人の男子高校生が、将来の進路などについて語りながら店で夕食をとった後、自転車に乗り、夜の道を並んで走る。後退するカメラが二人を正面から捉え続ける。その時、観る者は映画的感性を揺さぶられながら、堀禎一がこの新作『憐　Ren』を、闇と移動の映画として撮ったことに気づく。夜の深い闇と自転車の走行こそが映画だと言うかのようなこのショットが、日本映画の新たなる傑作の誕生を観る者に告げているのだ。気をつけよ。この作品を観ずに、今年の日本映画を語ることはできない。

『ダブル失神』を観た者なら、堀禎一が闇に魅入られた映画監督であることを良く知っているだろう。闇のなかに自動車が燃え上がり、格闘技さえ暗がりのなかで行なわれる。だから、『憐　Ren』が学園ものであるにもかかわらず、授業のない夜に重要な出来事が次々と起こっても、何の不思議もないのだ。夜の闇のなかに沈んで、人物の表情も背後の風景も良く分からない。河の向こう岸に大きな建物が立つという魅力的なロケーションがあっても、それがどんな建物なのかまるで分からない。だが、対象を明瞭に示すことではなく、光と影への繊細な感性こそが映画なのだ。クライマックスの長回し撮影は、勿論夜の川べりが舞台となる。夜の闇と暗い川の水に対立する焚火の炎。ここに映画がある。

高校生たちはいつも、長い一本道を二人一組で並んで進んでいく。昼も夜も。ある時は歩き、ある時は自転車に乗って。特に川沿いの道を自転車が走る時、画面は最も生き生きとしている。向こう岸から撮るなんてことはない。移動撮影で自転車を正面から捉えることに、カメラは執着する。将来の進路についてある男子学生が、自転車の「転ぶ」を「動く」に変えて、自動車関係の仕事をしたいと言う。しかし、この言葉とは逆に、自転車は絶えず安定した走りを示し、自動車は事故を起こして夜の車道に転がっている。バイクさえも、校庭をよろめくように走るだけだ。自動車は大人の世界に属し、高校生たちは自転車を特権的な移動手段としている。

移動と運動に対する堀禎一の映画的感性が、二台の自転車の走行に集約されている。そして、高校生たちは自転車に乗りながら世界を思考し、人間関係を確かめ合う。堀禎一の映画において、運動は本質的なものだ。例えば、放課後の公園で、高校生たちがいつもバスケット・ボールをしていることを思い出そう。そこで彼らは走行とは異なる運動に身を投じながら、人間関係を築こうとしている。ここでも、運動と思考が並行する。動きながら考えているのだ。

前作『妄想少女オタク系』にちなんで「妄想少女SF系」とも呼べるこの新作『憐　Ren』において、堀禎一は地方都市の高校生たちの日常的風景を、闇と移動への鋭い感性によって映画的風景に見事に変容させている。しかも、未来から来たヒロインというSF的設定が、こうした光景をさらに異化していることに注意しよう。このようにして『憐　Ren』は、日常的風景とSF的想像力の間で不安定に揺らぐことになるのだ。現実とリアリティ、フィクションをめぐる問題体系に触れながら。

今月は他に、『僕の彼女はサイボーグ』『コロッサル・ユース』『靖国　YASUKUNI』などが良かった。また劇場未公開だが、ラウール・ルイスの『その日』も面白かった。

2008年、日、1.78:1、101分〈脚〉尾上史高［撮影］橋本彩子〈主〉岡本玲、馬場徹、中山麻聖、鈴木かすみ、齊藤夢愛

2008.7

現実のなかにある映画と映画によって変容した現実

ホウ・シャオシェン監督『ホウ・シャオシェンのレッド・バルーン』

『ホウ・シャオシェンのレッド・バルーン』は小さな映画だ。高額予算による大規模な撮影ではない。映画監督が長年のキャリアの集大成として構想した作品でもなければ、新たな地平に踏み出そうとして実験を行なった大胆な野心作でもない。しかし、パリのオルセー美術館の要請に応じて、ホウ・シャオシェンが軽やかなフットワークで撮りあげたこの作品は、映画を観ることの喜びに満ち溢れている。楽しいことばかり描いているのではなく、むしろ現代人の孤独が重要な主題のひとつとなる。だが、観る者をこれほど幸せな気持ちにさせる映画は他にないだろう。これは至福の映画である。

何より、登場人物たちの表情や仕草が素晴らしく、パリの日常生活を生き生きと伝えている。少年シモンの可愛らしい表情は勿論、ジュリエット・ビノシュ扮する母親スザンヌの表情も、ちょっと迷惑な間借り人マルクや彼らを静かに見守る中国人ベビーシッターのソンの振舞いもとても魅力的だ。なかでも、情緒不安定なスザンヌが、弁護士との約束に遅刻した後、妙にはしゃいだり、マルクと口論した後、ピアノの調律の音色とともに次第に落ち着きを取り戻したりする様子には、観ていて胸に沁みるものがある。

この作品は映画についての映画だ。作品全体が、アルベール・ラモリスの『赤い風船』へのオマージュとなっている。ソンは映画を学ぶ留学生で、劇中で撮影を行なったり、古い八ミリフィルムをＤＶＤに変換して観たりする。人形劇や絵画も、映画の変形として登場している。さらにカメラが、ピンボールをするシモンを店のガラス越しに捉えたり、絵画を保護するガラスに反射する子供たちを捉えたりする時、ガラスは明らかにカメラのレンズを意識化させる機能を担っているのだ。

しかし、こうした映画の自己言及的性格は、映画の内部に閉じこもった遊戯や観念的操作によるものでは決してない。ホウ・シャオシェンにおいて、映画について思考することと現実世界に関わることは、自然な形で繋がっている。彼にとって、映画は現実の忠実な再現でもなければ、現実と無縁な固有の創造でもない。彼にとって、現実とはすでに映画によって侵食され変容させられているものなのだ。だから、日常生活のなかに存在する映画を発見することが重要であり、八ミリフィルムが家族生活を支え、ガラスが映画的な光景を出現させることが大事なのである。それ故、少年のまわりを漂い続ける赤い風船が現実であるか虚構であるかといった問いは、意味がない。赤い風船は、言わば映画化した現実に対応しているのだ。この監督にとって、映画を思考することは現実のなかにある映画を考えることであり、映画によって変容した現実を考えることなのである。

列車や自動車の移動を映して画面を活性化しながら、また、不在の人物を目の前に存在する人物に関係づけて物語を活性化しながら、ホウ・シャオシェンは、映画に彩られた現代のパリの日常生活を生き生きと描いている。小さなダイヤのようなこの映画を祝福しよう。

今月は他に、『シークレット・サンシャイン』『神様のパズル』『ぐるりのこと。』『インディ・ジョーンズ／クリスタル・スカルの王国』などが面白かった。また劇場未公開だが、アラン・レネの『心』も良かった。

2007年、仏＝台湾、1.85:1、115分
〈脚〉ホウ・シャオシェン、フランソワ・マルゴラン　[撮影]リー・ピンビン　〈主〉ジュリエット・ビノシュ、イポリット・ジラルド、シモン・イテアニュ

2008.8

表象不可能な事柄

ショーン・ペン監督『イントゥ・ザ・ワイルド』

クリストファー・マッカンドレスは実在した人物である。裕福な家庭に育ち、優秀な成績で大学を卒業した彼は、ある日突然、家族も学歴も貯金も全て捨てて旅に出た。目的地は荒野だ。彼の死体がアラスカの荒野で発見されたのは、二年後である。

ショーン・ペンが『イントゥ・ザ・ワイルド』でこの放浪を描く時、彼はクリスを神秘化せざるを得ない。アメリカ社会に対してどれほど反抗的な姿勢を示そうと、アメリカ映画を撮る監督は、この社会の一員である。しかし、クリスは社会の外に出た。映画監督がどんなに感情移入しようとも、クリスは理解不能な他者なのだ。この青年が現代文明を拒絶して旅立ち、荒野の完全な自然に辿り着いて体験したことは、テクノロジーの産物である映画というメディアにとって、定義上、表象不可能な事柄である。現代文明の外にいる者を、映画は描くことができない。こうしてクリスは、とりわけ荒野での彼の体験は神秘化されるのだ。逆に言えば、神秘化されることによって初めて、彼の旅は意味を持ち始めたのだろう。いずれにせよ、ショーン・ペンは『イントゥ・ザ・ワイルド』の撮影において、矛盾する使命を引き受けている。表象不可能なものを表象するという使命だ。この監督は敗北をあらかじめ引き受けているのである。しかし、この敗北は映画という制度の限界を明らかにし、この制度を揺さぶるだろう。クリスは画面に示されている限り、まだ現代文明が届く範囲にいる。表象されるものと表象され得ないものの境界で、映画はその無力を曝け出す。ショーン・ペンは映画という制度の内部から、それが崩壊する一点に迫ろうとしているのだ。

おそらく多くの観客が居心地良く感じるのは、アラスカに到着する前のクリスの放浪のくだりだろう。彼は様々な場所でアメリカ社会の周辺的な人々に出会う。そこで示されるのは、『断絶』『地獄の逃避行』『ボウイ&キーチ』といった映画が描いてきた「もうひとつのアメリカ」の肖像だ。クリスははっきりと現代文明の拒絶を口にし、そうした彼の言葉を観念的だと忠告する男性も登場する。しかし、クリスの旅の目的はこうした周辺的人物との交流では決してなく、現代文明の外に出て自然に帰ることである。従って、クリスは彼らといつもすぐに別れなければならない。彼は言わば、別れるために出会うのだ。

テンポよく描かれるこうした出会いと別れの末に、彼はいよいよアラスカの荒野に辿り着く。登場人物は主人公一人だけになり、語りのテンポが緩やかになる。絶対的な孤独のなかで、クリスが夢想してきた観念としての自然と生の自然が衝突する。現代文明の内部で形成された文明批判の思想を超えるものとして、自然は登場するのだ。ここでクリスが体験するのは壮絶な出来事であるが、それを決して適切には描けないことを、ショーン・ペンは強く自覚している。ここに映画の限界が露呈する。観念と現実の衝突は、ショーン・ペンが繰り返し描いてきた主題であるが、それが映画の表象不可能性の問題にまで触れるのは、この作品が初めてである。

今月は他に、『ハプニング』『崖の上のポニョ』『この自由な世界で』などが面白かった。また劇場未公開だが、ヌリ・ビルゲ・ジェイランの『うつろいの季節《とき》』も良かった。

2007年、米、2.35:1、148分〈脚〉ショーン・ペン［撮影］エリック・ゴーティエ〈主〉エミール・ハーシュ、マーシャ・ゲイ・ハーデン、ウィリアム・ハート、ジェナ・マローン

ホームドラマを超えたある特別な場所

黒沢清監督『トウキョウソナタ』

部屋のなかを風が吹き、新聞紙が宙を舞う。ショットが変わると、窓を閉める女の姿が逆光でシルエットと化して浮かび上がる。小泉今日子扮する主婦の恵だ。このように映画の冒頭で、一人で一軒家を嵐から守っていた彼女は、クライマックスでは、見知らぬ犯罪者の男とともに青い自動車に乗り、夜の海岸に辿り着く。ジャン=リュック・ゴダールの『カルメンという名の女』を思い出させるような海岸だ。闇のなかを静かに打ち寄せる波と、そのそばの小屋がスクリーンに映し出されると、何故か理由も分からぬまま胸がつまってしまう。家から外に飛び出すのは恵だけではない。四人家族の全員が一旦は家を捨てる。長男の貴は、映画の中盤ですでに志願兵として米軍に入隊している。リストラされたのを隠す父親の竜平も、給食費を使ってピアノ教室に通うのを隠す次男の健二も、恵が自動車に乗るのと同じ日に家を出て、逃げるように走り出す。父親は血まみれで道路に倒れ、小学生の次男は警察に捕まる。

それにしても、この映画、黒沢清の『トウキョウソナタ』は一体何なのだろうと、考え込まずにはいられない。ある家族が崩壊し、最後には再生の兆しに至る物語。とりあえず、このように要約することができる。家族の崩壊の過程というより、崩壊という現実が露呈していく過程であり、その決定的な露呈がむしろ再生への契機となるのだと、注釈することもできるだろう。この点で、この映画は『空中庭園』に似ている。豊田利晃のこの作品も、家族の崩壊と再生の兆しを描いたホームドラマであり、どちらも一家の主婦を小泉今日子が演じている点が、二作の類似を強調している。しかし、『トウキョウソナタ』は本当にホームドラマなのだろうか。『空中庭園』では、多数の奇妙な細部も、一応このジャンルの枠内に収まろうとしている。だが、『トウキョウソナタ』のあの海岸は、本来ホームドラマに登場してはいけないものではないだろうか。

夜の海岸だけではない。例えば、平日の昼間の公園をスーツ姿でうろつくリストラされた男たち。彼らはまるで都会の幽霊のようだ。また、あの一軒家の階段。確かに、ホームドラマの家屋に階段が登場するのは自然なことだ。だが、あの階段はまるで、一階と二階を繋ぐためではなく、ただ子供を転落させるために存在しているかのようなのだ。これらに比べれば、米軍の中東派兵やリストラ、学級崩壊、未払いの給食費といった時事的な要素など、二次的な問題にすぎない。

『トウキョウソナタ』は、同じ黒沢の『ニンゲン合格』の別ヴァージョンだというのが、おそらく一番適切な位置付けなのだろう。どちらも、家庭から決定的に遠ざかりながら亡霊のように回帰する人物が登場することを、見逃さないようにしたい。西部劇の影響を密かに受けた『ニンゲン合格』が単なる家族再生の物語でないように、『トウキョウソナタ』も単なる家族崩壊の物語ではない。「最後のホームドラマ」として撮られながら、黒沢清の新作は、あの夜の海岸のような、ホームドラマを超えたある特別な場所に辿り着いたのだ。

今月は他に、ホン・サンスの『ナイト・アンド・デイ』エリック・ロメールの『アストレとセラドンの恋』ジャック・ドワイヨンの『誰でもかまわない』アルノー・デプレシャンの『クリスマスの物語』などが素晴らしかった。どれもパリで観た新作である。

2008年、日＝オランダ＝香港、1.85:1、120分　〈脚〉マックス・マニックス、黒沢清、田中幸子　[撮影]芦澤明子　〈主〉香川照之、小泉今日子、小柳友、井之脇海、井川遥

2008.10

収穫の多い滞在

フランス映画日記——ジェームズ・グレイ監督『アンダーカヴァー』

パリから南仏プロヴァンスへと移りながら、六週間ほどフランスに滞在していた。そこで今回は、この滞在中に観た様々な新作映画について語りたい。『アンダーカヴァー』は、ジェームズ・グレイが衝撃的な『裏切り者』に続いて、再びホアキン・フェニックスとマーク・ウォールバーグを起用して撮った力作だ。八〇年代末のニューヨークを舞台に、ロシア系マフィアと警官たちの対決を描く警察ものである。犯罪と血と欲望の渦巻く夜の街を覆う闇。主人公のボビーに扮するホアキン・フェニックスの忘れ難い表情。もうそれだけで、私たちはこの映画の虜になっている。おそらく多くの観客が目を見張るのが、物語上の重要なポイントで展開される激しいカー・アクションだろう。自動車の窓ガラスと路面を濡らす激しい雨が場面の情感を決定し、ハンドルを握るボビーの顔から切り返される彼の主観ショットの多用が、場面の臨場感を著しく高めている。しかし、こうした派手な場面ばかりが見所なのでは決してない。何気ない室内の場面で、ある瞬間、天井から吊されたランプが揺れて照明が変わり、ありふれた部屋の内部が映画的空間に一変するのを、見逃さないようにしよう。こうした演出にこそ、ジェームズ・グレイの並々ならぬ映画的感性がはっきりと刻印されている。

夜の闇への鋭敏な感性は、『アンダーカヴァー』とジョニー・トーの『エレクション2』の重要な共通点である。香港ノワールを代表する作品の続篇にあたるジョニー・トーのこの映画は、新作とは言い難いのだが、間違いなく必見なのでここで取り上げておきたい。香港の裏組織の権力闘争を描くのに、ジョニー・トーは派手なアクションの描写を全く必要としない。ジェットがジミーを殺そうとする素晴らしい場面に注目しよう。力強く相手を見つめ、ことさらゆっくりと振舞う二人の男を、カメラは暗がりのなかに捉え続け、画面にただならぬ緊張感が張りつめる。これぞ、ジョニー・トーの演出の神髄である。

フランス映画では、セルジュ・ボゾンの『フランス』が群を抜いていた。『モッズ』で一躍フランス映画界の最前線に出たボゾンは、人間主義的で写実を重視するフランスの多くの若手監督たちと一線を画している。『フランス』が語るのは、第一次大戦中にある女が男装して、前線の夫に会いに行こうとする物語だ。だが彼女が直面するのは、戦争の現実といったものからはかなり遠い兵士たちの世界である。まるで、フランスという国家のアイデンティティーとは何の関係もない「不思議の国」を、彼女は彷徨っているかのようなのだ。戦争と性の変装という主題は、ハワード・ホークスの『僕は戦争花嫁』を想起させるだろう。もっとも、『フランス』はホークスのこのコメディとはかなり調子の違う映画だ。しかし、ホークスなど黄金期ハリウッドのコメディを、ボゾンは理解し、どこかで正当に受け継いでいると確信させるものが、『フランス』にはある。それが、この映画の、そしてボゾンの何よりの強みなのだろう。

今回の旅行では、素晴らしい新作を他にもたくさん観ることができた。前回の時評で題名を記したホン・サンス、ロメール、ドワイヨン、デプレシャンの新作に加えて、ジャ・ジャンクーのドキュメンタリー、『東』では充実したショットの連続に興奮し、アレクサンドル・ソクーロフの『アレクサンドラ』のラスト・シーンには強い感銘を受けた。ローラン・カンテの『壁の間で』に登場する子供たちの生き生きとした表情も忘れられない。ジャン=ピエール・リモザンのドキュメンタリー、『ヤング・ヤクザ』やアブデラティフ・ケシシュの『粒とボラ』、ノエミ・ルヴォフスキーの『踊らなくては！』にも、人物の魅力的な表情や身振りがあった。本当に収穫の多いフランス滞在だった。

2007年、米、1.85:1、117分　〈脚〉ジェームズ・グレイ　［撮影］ホアキン・バカ=アセイ　〈主〉ホアキン・フェニックス、マーク・ウォールバーグ、エヴァ・メンデス、ロバート・デュバル、ダニー・ホック、アレックス・ヴィードフ

時代の変化と新しい映画美学

ブライアン・デ・パルマ監督『リダクテッド　真実の価値』

一八九五年に、リュミエール兄弟が世界で初めて映画の有料上映会を開いた時、人々にとって動く映像はほぼ未知の体験だった。それから一二〇年ほど過ぎた二一世紀の初頭、状況はすっかり変わっている。各家庭にテレビがあるという程度のことではない。人々はインターネットで様々な動画を楽しみ、携帯電話に付いたカメラで気軽に動画を撮影し、知らぬ間に無数の監視カメラの被写体になっている。もはや映像は生活の一部であり、カメラの遍在が人々の行動様式そのものに影響を与えている。こうした状況の変化が映画美学を変容させない筈がない。二〇世紀の美学へのこだわりを捨てられずに、変化を否定する者は、現実を見失うだけだろう。

ブライアン・デ・パルマの『リダクテッド　真実の価値』は、このような時代の変化に対応する新しい映画美学を探求する試みである。この映画とともに何かが始まるのかもしれない。『リダクテッド』は、イラク戦争下の米兵たちの物語を、兵士が撮影したビデオ、テレビ局の映像、インターネット上の動画、監視カメラの映像などを用いて語るフィクションである。都市生活に限らず、戦争もカメラの遍在を前提に進行するのだ。ここで問題になっているのは、イラク戦争の現実ではなく、私たちを取り巻く映像の現実である。実際、観客が目にするのは、戦争の隠された真実といったものではない。テレビ局の映像も、テロリストが撮影した映像も、どこかですでに見たようなものばかりだ。イラク戦争ではなくその映像を考察しながら、デ・パルマは、一見映画的でないこうした映像を用いても映画的な表現が可能なことを証明するのである。

デ・パルマというと映像の華麗なスペクタクルを思い浮かべる人も多いだろう。そんな監督がこのような映画を撮ったことに驚く人も、少なくない筈だ。しかし、彼は出来事ではなくそれを捉える視覚を常に問題にし、視点の複数性を前提として映画を撮ってきたのだから、『リダクテッド』もまさにデ・パルマ的な作品だと言える。注目すべきは、華麗なスペクタクルを禁ずることによって、かえってこの監督の確かな演出力がはっきりと目につく結果になったことだ。例えば、簡潔でリズムの良い語り口が、作品の質を大いに高めていることを見逃さないようにしよう。カメラの視点を全て物語世界の内部で正当化するという企ては、語り口を冗長にしがちで、これまで多くの場合失敗に終わってきた。視点を正当化された長回しのカメラが、ほぼ必然的に無駄な細部を生み出してしまうからだ。それにもかかわらず、この新作でスピーディーな語り口を維持したデ・パルマの才能は見事なものである。また、ドキュメンタリー・タッチがもたらすアクション・シーンの臨場感あふれる描写も素晴らしい。サマラの検問所で、妊婦を乗せた自動車を米軍兵士が銃撃してしまう場面を思い出そう。カメラが激しくパンしながら自動車と兵士を交互に捉え続け、最後には横に倒れてしまうショットの生々しさ。このようなショットを演出できた監督の才能に、心から敬意を表したい。デ・パルマは映画美学の新たな地平を切り開こうとしているのだ。

今月は他に、『アキレスと亀』『TOKYO!』『コッポラの胡蝶の夢』『闇の子供たち』『僕は君のために蝶になる』などが面白かった。また劇場未公開だが、ダリオ・アルジェントの『涙の母』も素晴らしかった。

2007年、米＝加、1.85:1、90分 〈脚〉ブライアン・デ・パルマ ［撮影］ジョナサン・クリフ 〈主〉パトリック・キャロル、ロブ・デヴァニー、イジー・ディアス、マイク・フィゲロア、タイ・ジョーンズ

2008.12

動のなかの静と静のなかの動

ジョニー・トー監督『エグザイル／絆』

『エレクション』二部作の撮影があまりに大変で疲れ切ったジョニー・トーは、自分は何をやりたいのか悩んだ挙句、次の作品ではリラックスして気軽な撮影をしたいと感じる。そうしないと、映画が愛せなくなるかもしれないとさえ思ったそうだ。こうして、ジョニー・トーは『エグザイル／絆』を楽しみながら撮りあげた。これは、彼が映画を撮り続けるために必要な作品だったのだろう。だが、監督だけでなく、私たち観客も、そして映画もこのような作品を必要としていたのだ。

とはいえ、『エグザイル／絆』は映画史に残る傑作ではなく、ジョニー・トーの最高作でもない。トーの代表作なら、『ザ・ミッション　非情の掟』と『エレクション』二部作を挙げるべきで、この選択が普通すぎるというなら、『柔道龍虎房』という異形の映画を加えてもいい。『エグザイル／絆』はこうした作品とは違う。大胆な映画的実験とは無関係で、映画史の地平を揺るがすことも決してない。けれども、世界が何やら重苦しく、多くの不純な要素を背負いこんで映画も妙に重くなったこの時代には、映画への愛だけで成り立っているようなこの純粋で単純な作品が必要なのだ。

舞台は中国への返還直前のマカオ。『ザ・ミッション　非情の掟』と同様、主役は五人の男たちで、俳優も四人が一緒だが、人物の行動様式に違いがある。『エグザイル／絆』の男たちは、与えられた任務を全うすることよりも自分の生き方を貫くことを選びながら、あてどもなく彷徨い続けるのだ。とはいえ、脚本なしに撮影されたこの新作では、物語はさほど重要ではなく、まるで画面の快楽に酔うための口実のようである。

映画には五回激しい銃撃戦がある。冒頭の狭いアパートでの死者を出さない銃撃戦では、アクションの前のゆったりとした待機の時間、そして激しい銃撃、さらにその後に不意に戻る日常の時間というリズムの変化が心地良い。ジョニー・トーは状況を一切説明せず、ただ出来事を観客に目撃させて、映画に引き込む。闇医者のアパートで勃発する第三の銃撃戦で、監督の演出は最高潮に達する。冒頭の銃撃戦と同じく狭い空間が舞台となり、そこにかなりの数の男たちが集まって一斉に撃ち合う。激しい銃撃とともに無数のカーテンが次々と舞う様子は、まるで群舞を見ているようだ。ラストのホテルでの銃撃戦では、もう少し広い空間のなかで、蹴り上げられた空き缶が宙に落ちるまでの一瞬の間に、夥しい数の死者が生み出される。この一瞬が長く引き伸ばされて描写されるのだが、人体から飛び散る血しぶきさえも、群舞のように撮られている。

ジョニー・トーにおいて、映画的な運動とは単なる激しいアクションではない。一見カオスのような雰囲気のなかに、運動と静止が巧みに組み合わされている。例えば、銃を撃つ男たちはしばしば、まるでジョン・ウェインのように立ち尽くして動かないのだ。アクション・シーンだけではない。トーは絶えず動のなかに静を、静のなかに動を見出そうとする。『エグザイル／絆』は、このような映画的な運動をひたすら追求する作品なのだ。この運動がもたらす画面の快楽に身を委ねて、映画の原点を見定めようではないか。

今月は他に、『したがるかあさん』『ラブファイト』『ダイアリー・オブ・ザ・デッド』『櫻の園』『七夜待』などが面白かった。また劇場未公開だが、ジャック・ノロの『忘れてしまう前に』も素晴らしかった。

2006年、香港、2.35:1、110分〈脚〉セット・カムイェン、イップ・ティンシン［撮影］チェン・チュウキョン〈主〉アンソニー・ウォン、フランシス・ン、サイモン・ヤム、ニック・チョン、リッチー・レン、ロイ・チョン、ラム・シュー

2009

1｜変装の主題　エリック・ロメール監督『我が至上の愛　アストレとセラドン』

2｜フェティシズムではなく　ジャン=ピエール＆リュック・ダルデンヌ監督『ロルナの祈り』

3｜目に見えないもの　ジャ・ジャンクー監督『四川のうた』

4｜死に至る愛と視線の主題　ガス・ヴァン・サント監督『ミルク』

5｜視覚の問題　ダリオ・アルジェント監督『サスペリア・テルザ　最後の魔女』

6｜運動と時間　オリヴィエ・アサイヤス監督『夏時間の庭』

7｜目に見える表層　エルマンノ・オルミ監督『ポー川のひかり』

8｜的確な演出が場面を感動的にする　オリヴィエ・アサイヤス監督『クリーン』

9｜単純な物語と豊かな表層の快楽
ジム・ジャームッシュ監督『リミッツ・オブ・コントロール』

10｜出会いによる変容と反復の欲望　ホン・サンス監督『アバンチュールはパリで』

11｜見ることによる変容　タル・ベーラ＆フラニツキー・アーグネシュ監督『倫敦《ロンドン》から来た男』

12｜娘たちはバカンスに行く　ジャック・ロジエ特集――『オルエットの方へ』

『ミルク』
DVD発売中　¥3,800+税

発売・販売元:ポニーキャニオン
©2008 FOCUS FEATURES LLC.
ALL RIGHTS RESERVED.

2009.1

変装の主題

エリック・ロメール監督『我が至上の愛　アストレとセラドン』

人は二種類に分かれる。『我が至上の愛　アストレとセラドン』のラストに登場するセラドンの女装を見て、そのおかしさを楽しむ人と馬鹿らしいと言って憤慨する人である。映画的感性を持つ者と持たぬ者の分かれ目かもしれない。エリック・ロメールのこの新作では、ラストの二〇分間、愛する娘アストレに会うためにセラドンが女装をする。だがこの変装が不自然で、誰が見ても男なのは一目瞭然だ。しかし、アストレもその友人たちも誰一人女の正体に気付かないのだ。

この女装に描写のリアリティの欠如を見出して怒る者は、エリック・ロメールの映画世界を全く理解していない。ラストで唐突にミュージカル・シーンになる『木と市長と文化会館』を観た者は、ロメールの映画においては出鱈目さこそが至福のしるしであることを知っている筈だ。そもそも、愛する人への過度の忠実をめぐって展開する『我が至上の愛』の物語自体がかなり滑稽であり、ラストの女装を見て初めて怒り出す者は、この物語の本質を捉え損なっているとしか言いようがない。女装の奇妙な描写は、まるでこの物語の本質的な非合理性をあらわにする機能を担っているかのようだ。

ところで、変装は映画の最も基本的な主題のひとつである。そもそも、ルイ・フィヤードの『ファントマ』五部作の怪盗は、ジゴマ同様、変装の達人だった。ジョージ・キューカーの『男装』やセルジュ・ボゾンの『フランス』では女性が男装し、ビリー・ワイルダーの『お熱いのがお好き』では男性が女装していた。アルフレッド・ヒッチコックの『海外特派員』ではアメリカの新聞記者が偽名を使って欧州に渡り、サミュエル・フラーの『ショック集団』でも新聞記者が、名前は変えないが病人を装って精神病院に入院した。セラドンの場合は取材が目的ではなく犯罪の影もないが、身分を偽っての潜入という点ではヒッチコックやフラーの新聞記者と全く同じ行動をしているのだ。こうした変装の主題の頻出は、それが物語映画における本質的な要素のひとつであることと密接に関係している。物語映画では俳優は演技をする、つまり登場人物に変装する。それ故、セラドンは女装する時、映画俳優になるのだと言えよう。観客はというと、俳優の変装に騙されたふりをして映画を楽しむ、すなわちスクリーンの人影に映画スターと登場人物を同時に見出すのだ。

『我が至上の愛』のラストには、女装がいつばれるかというサスペンスが存在し、ハリウッドの犯罪映画的な、あるいはヒッチコック的なサスペンスとの接点となっている。しかし、女装のあからさまな出鱈目さは、むしろ作品を異なる風土へと導いているようだ。それはジャン・ルノワール的な風土と言ってもいいだろう。映画の全篇を通じて自然が生き生きと描写され、陽光が降り注ぎ、風が木の葉を揺らし、鳥が囀るなかで、おおらかに官能性が謳歌されている。まるで『草の上の昼食』のようではないか。乳房を露出させるためにデザインされたかのような衣服をまとったニンフや娘たち。彼女たちが発するエロティシズムの魅力は、セラドンの女装が示す出鱈目さの魅力と明らかに通じ合っている。

今月は他に、『ファニーゲームU.S.A.』『殺しのはらわた』『ウォーリー』『岡山の娘』などが面白かった。また特集上映で観たストローブ＝ユイレの『ジャン・ブリカールの道程』も素晴らしかった。

2007年、仏＝伊＝スペイン、1.37:1、109分 〈脚〉エリック・ロメール ［撮影］ディアーヌ・バラティエ 〈主〉アンディ・ジレ、ステファニー・クレイヤンクール、セシル・カッセル

フェティシズムではなく

ジャン＝ピエール＆リュック・ダルデンヌ監督『ロルナの祈り』

ジャン＝ピエール＆リュック・ダルデンヌのストイシズムには頭が下がる。彼らの新作『ロルナの祈り』はまたしても装飾のない映画だ。ヒロインのロルナが唯一の焦点人物であり、全篇を通じてカメラはひたすら彼女を追い続ける。前作『ある子供』では焦点人物が二人いたが、『ロルナの祈り』はこの点で『ロゼッタ』の文体に戻っている。確かに細部を考えれば、カメラが一時的にロルナを離れ、画面上に彼女が存在しないことは何度もある。だが、その場合でも彼女は必ずカメラのすぐそばにいる。彼女のいない場所で起こる出来事をカメラが示すことは決してないのだ。しかも、室内であれ戸外であれ、彼女のいる場所は決してそれ自体魅力的な空間とは言えない。ありふれたアパートにありふれた通り。唯一の例外が、古びた小屋のあるラストの森だろう。しかし、この風景の魅力を特に強調するような撮り方はなされていない。黒澤明の『羅生門』に登場する森のように、カメラが木漏れ日を華麗に捉えるといったことは決してないのだ。

とはいえ、ダルデンヌ兄弟は最初からこのような作風だった訳ではない。忘れられた傑作『あなたを想う』では、魅力的な風景や空間、魅力的な人物のアクションが全篇に溢れていた。人がものを投げ、別の人が受け取る。そんな些細な動作が、何故かたまらなく感動的だった。しかし、ダルデンヌ兄弟は『イゴールの約束』と『ロゼッタ』で、シネフィルのフェティシズムを刺激するようなこうした要素を完全に切り捨ててしまう。ただひたすら人物を追い続け、人物の行動、その身振りと表情を何の誇張もなく冷静に画面に捉える。シネフィルが安易に映画的と呼びがちな要素を捨て去って、本当に映画的なものとは何かという問い掛けを行なっているのだ。

アルバニアからベルギーにやって来たロルナは、偽装結婚を踏み台にして幸福を手に入れようとする。だが、偽装結婚の相手となった麻薬中毒の男に好感を抱くようになって、彼女は考えを変えていく。社会的な題材であるが、社会についての観念的な問題意識が映画のなかで露呈することはない。悲劇のヒロインとしてロルナが持ち上げられて、物語がドラマチックに盛り上がることさえない。ただ彼女の行動が淡々と冷静に描かれていくだけだ。しかし、映画は決して単調さに陥ることなく、豊かな拡がりを示し続けている。ダルデンヌ兄弟が興味を抱くのは、何より一人の女性の具体的な行動であるが、画面に見えているものが全てという訳ではない。彼女の行動は社会の状況と常に繋がっている。すなわち、不法移民をめぐる闇のビジネスの目に見えないシステムが背後にあり、女の行動はそれに縛られ、その影響を絶えず受けているのだ。また特に映画の後半では、ロルナは不在の人物たちと常に密接な関係を結んでいる。つまり、彼女は不在の男や子供についての考えに縛られて生きているのだ。個人と社会、存在と不在のこうした関係こそが、『ロルナの祈り』を豊かにしているのである。ただし、ここで問われているのは目に見えないものの称揚ではない。フェティシズムとは異なる方法での、目に見えるものの肯定である。

今月は他に、『感染列島』『チェ 28歳の革命』『サーチャーズ2・0』『天使の眼、野獣の街』などが面白かった。また劇場未公開だが、ブリランテ・メンドーサの『フォスター・チャイルド』も良かった。

2008年、ベルギー＝仏＝伊＝独、1.85:1、105分 〈脚〉ジャン＝ピエール＆リュック・ダルデンヌ ［撮影］アラン・マルコァン 〈主〉アルタ・ドブロシ、ジェレミー・レニエ、ファブリツィオ・ロンジョーネ、アウバン・ウカイ、モルガン・マリンヌ

2009.3

目に見えないもの

ジャ・ジャンクー監督『四川のうた』

ジャ・ジャンクーの『四川のうた』は、画面には直接示されていない目に見えないものを観客に絶えず喚起する。まず、画面外の空間にあるものが生々しく感知される。その最良の例が、まわりからシャオホァと呼ばれる女性へのインタビューの場面だろう。開かれた窓を通して、自動車などの騒音が常に聞こえてくる。普通ならインタビュー中は窓を閉める筈であり、この大きすぎる騒音は明らかに意図的な演出の産物だ。戸外の騒音は女性の気品のある服装や振舞いと全く同調しておらず、彼女の語りを邪魔してさえいる。騒音が想像させる目に見えない戸外の情景と目に見える屋内の様子が対立して、独特の効果を生み出しているのだ。廃墟と化した工場の内部を見せる別の場面でも、窓が観客にオフスペースを意識させる役割を果たしている。巨大な壁一面に並ぶ窓がどのようにして映画的に輝くかについては、映画館に行って自分の目で確かめてほしい。

次に、420工場の労働者たちが語るそれぞれの人生の物語も、不可視の領域にとどまっている。ジャ・ジャンクーは再現ドラマという手法に一切頼らない。労働者たちの人生の物語は、映画では彼らの発する言葉としてのみ存在している。ある者は旅の途中で自分の子供を見失うという悲劇を体験し、またある者は一九九〇年代の大量解雇の際に職を失った。ある者は家族の反対により、またある者は横恋慕した仕事仲間の策略により、交際相手と別れねばならなかった。映画は彼らの現在の姿を見せ、こうした過去の出来事の場景は全て観客の想像に委ねられているのだ。

さらに、420工場の労働者たち一人一人の物語を通じて、この工場の歴史が浮かび上がってくることにも注意したい。一九五〇年代末に軍事工場として中国四川省の成都に設立された420工場は、約五〇年後にその歴史的使命を終え、跡地は二十四城という名の新興住宅地となった。確かに、工場の物語は労働者たちの物語の諸要素を取り出して並べ変えたものだと言える。だが、映画全体を通じて間接的に浮かび上がる工場の物語は、直接語られる労働者たちの物語とは異なるレベルに属しているのだ。ところで、こうした工場の物語は中国現代史と密接に結び付いており、セミドキュメンタリーという映画の形式も、現実世界の歴史の参照へと観客を導いている。ただし、ここで言う工場の物語はあくまでテクストの産物であり、テクスト外の現実と混同してはならない。しかも、『四川のうた』はドキュメンタリーとフィクションが混ざり合った映画であり、いくつかのインタビューは俳優によって演じられたものである。この作品は、現実というテクストの外部と複雑な関係を結んでいるのだ。

このように、『四川のうた』を観ながら、観客は様々なレベルの目に見えないものに思いを馳せることになる。そこでは想像力が重要な役割を果たすだろう。しかし、この映画では目に見えるものより見えないもののほうが重要な訳では決してない。不可視のものにとらわれ可視的なものを抑圧してはならない。映画で本当に豊かなのは、目に見えないものではなく、それを力強く喚起する目に見える画面なのだ。自分の人生を語る登場人物たちの表情や語り口の素晴らしさに酔いしれよう。無名の人々の実直で生き生きとした眼差し。ジョアン・チェン扮するシャオホァの見事な存在感。「この映画では、私は人々が語る『言葉』に回帰したいと思いました。ここでは、『語り』はカメラによってとらえられる『動き』の一つとしてとらえています」と、ジャ・ジャンクーは言う。映画で抑圧されがちなこの語りの行為の魅力に、彼はこだわった。まとめよう。『四川のうた』の目に見える画面はそれ自体魅力的であり、また見えないものを幾重にも喚起することでさらにいっそう魅力的なのだ。

2008年、中＝香港＝日、1.85:1、112分 〈脚〉ジャ・ジャンクー、ツァイ・ヨンミン ［撮影］ワン・ユー、ユー・リクウァイ 〈主〉チェン・ジェンビン、ジョアン・チェン、リュイ・リービン、チャオ・タオ

死に至る愛と視線の主題

ガス・ヴァン・サント監督『ミルク』

ガス・ヴァン・サントの『ミルク』は、死に至る愛に支配されている。二人の人間が愛し合っても、新たな生命は決して誕生しない。自殺や他殺といった暴力的な死にしか行き着かないのだ。クリント・イーストウッドが、『ミスティック・リバー』に続いて『チェンジリング』でもゲイの小児性愛《ペドフィリア》を描いたことを思い出そう。ここでも愛は死に至るしかないのだが、描き方は対照的だ。イーストウッドにおいて、こうした愛は社会の病理である。一方、小児性愛とは無縁のガス・ヴァン・サントにとって、それは個人の宿命であり、主人公の絶望が問題になるのだ。

初期からすでに、ガス・ヴァン・サントの映画は死の匂いに満ち溢れていた。『ドラッグストア・カウボーイ』の麻薬中毒の若者たちは死に行き着くしかなかった。『マイ・プライベート・アイダホ』ではある人物が自殺し、『誘う女』では殺人が繰り返された。近年、死の主題はますます重要になっている。『ジェリー』こそは、死に至る愛の典型的な物語ではないか。『エレファント』では主人公の少年たちが銃を乱射し、『ラストデイズ』の主人公は自殺した。この三本と『ミルク』はどれも、同性愛と暴力的な死についての映画である。

『ミルク』の主人公、ハーヴィー・ミルクはゲイを公言してサンフランシスコの市政執行委員に当選するが、まさに彼は、自分の愛が死しかもたらさないことの絶望を生きている。ミルクの恋人となった男たちのほとんどが自殺してしまったのだ。『ミルク』は、彼が死を予感して遺言をテープに吹き込む場面から始まり、恋人の自殺を経て、ラストの彼の殺害へと至る。保守派の市政執行委員、ダン・ホワイトがモスコーニ市長とミルクを射殺するのだ。確かに、恋人たちの自殺と違って、この殺害はミルクの同性愛の直接的な結果ではない。しかし、ホワイトが異性愛者で同性愛を嫌っているにもかかわらず、彼とミルクと市長の間に、単なる職業上の関係を超えた三角関係を見出すことは困難ではない。ラストの殺人にも、同性愛的な要素が抑圧された形で存在しているのだ。

ガス・ヴァン・サントの卓越した演出は、こうした死の主題を視線の主題と結びつけ、そこに映画的な要素を見出した点にある。この映画では、愛とは相手を見つめ、その肉体に触れることであるが、死は純粋に視線の問題として提示されている。帰宅すると、ミルクは恋人が奥の部屋で首を吊っているのを目撃する。さらに、ラストでミルクは肉体的接触なしに射殺され、死ぬ間際に、窓越しにオペラの看板を目にするのだ。ミルクが政治家になる前にカメラ店を経営していたことを思い出そう。このカメラが映画を想起させる装置として機能していたように、ラストの窓もスクリーンの類似物として登場するのだ。恋人の首吊り自殺には、こうした映画的装置は登場しない。しかし、ミルクと死体の関係が観客と登場人物の関係に類似していることに注意しよう。ミルクと死んだ恋人の二つの顔が切り返されても、視線は一方的なものである。同様に、映画館で観客が俳優と向き合っても、生身の観客が俳優の亡霊を見つめるばかりなのだ。こうして、『ミルク』の死と視線の主題は映画的な問題に触れるのである。

今月は他に、『ヤッターマン』『長江にいきる 秉愛《ビンアイ》の物語』『オーストラリア』『ハリウッド監督学入門』などが面白かった。また劇場未公開だが、クリストフ・オノレの『パリのなかで』も良かった。

2008年、米、1.85:1、128分 〈脚〉ダスティン・ランス・ブラック [撮影]ハリス・サヴィデス 〈主〉ショーン・ペン、エミール・ハーシュ、ジョシュ・ブローリン、ジェームズ・フランコ、ディエゴ・ルナ

2009.5

視覚の問題

ダリオ・アルジェント監督『サスペリア・テルザ　最後の魔女』

ダリオ・アルジェントは恐怖映画を撮りながら視覚の問題を追求し続けてきた。処女作『歓びの毒牙』と『サスペリアPART2』は、視覚の不確実性を出発点とする同じ物語を語っている。どちらも、主人公が殺人事件を目撃し、確かに犯人を目にした筈なのに認識できなかったという状況から、物語が始まっているのだ。『わたしは目撃者』では盲人が主人公となり、『4匹の蝿』では殺された女の最後の視線が物語の鍵になる。さらに、『オペラ座／血の喝采』と『スタンダールシンドローム』では視覚の暴力性が問題になる。『オペラ座／血の喝采』のヒロインは、恋人が殺されるのを瞬きもせずに見つめ続けるよう強いられる。『スタンダールシンドローム』のヒロインは、美しい絵画を見て失神し、その結果世にも恐ろしい経験をすることになる。殺人を見ることと名画を見ることとは、まるで異なる行為だと思うかもしれない。しかしアルジェントの映画では、究極の悪が崇高な美に通じる特異な瞬間が常に問われている。そのような瞬間において、二人のヒロインの視覚的体験は同じ種類のものとなりうるのだ。

ダリオ・アルジェントの新作『サスペリア・テルザ　最後の魔女』は一言で言えば偉大な映画であり、彼が今なお世界で最も重要な映画監督の一人であることを証明している。『サスペリア』と『インフェルノ』に続く魔女三部作の完結篇であり、邪悪な魔女、「涙の母」の復活が巻き起こす恐怖を語っている。アルジェントにとって最も重要なジャンルはジャーロであり、彼の作品の多くが異常犯罪を描いているが、この三部作は超常現象を描くオカルト・ホラーだ。

『サスペリア・テルザ　最後の魔女』が感動的なのは、まさにこの映画が視覚の問題を全面的に追求しているからである。ヒロインのサラは聞こえない筈の声を聞き、見えない筈の姿を見てしまう存在であり、その声と姿に導かれていく。映画は耳の主題を先に提示するが、物語が進行するにつれて目の主題が格段の重要性を示すようになる。

この点でまず注目すべきは駅の本屋の場面だ。サラは霊の声を聞くと、超自然的な能力を発揮して姿を消す。彼女を追う警官は、目の前にいる彼女の姿を見ることができない。ここでサラは相手から見られることなく相手を見ており、これはまさに映画館における観客と登場人物の視線の関係と同じなのだ。やがてサラは霊の声だけでなく、姿も目にするようになる。手掛りを求めて、彼女は錬金術師の屋敷を訪れる。このくだりもまた注目すべき場面だ。年老いた錬金術師は彼女に会うと、その正体を知るために目を調べる。拡大鏡を通した彼女の目が、スクリーン上に大きく映し出される。次に錬金術師はサラに本を差し出し、彼女はこの映画の鍵となる言葉を読む。「目に見えるものは存在しない。目に見えないものが真実である」。ただし、目に見えないものこそが重要なのだと、この言葉をそのまま信じてはならない。これは魔女の文言であり、視覚の欲望にとりつかれたアルジェントがこの映画で語っているのは、目に見えない筈のものを見てしまった女が経験する地獄下りの物語なのである。

今月は他に、『グラン・トリノ』『バーン・アフター・リーディング』『レイチェルの結婚』『クローズZERO II』などが面白かった。また、東京国立近代美術館で開催中の『ヴィデオを待ちながら』展も素晴らしかった。

2007年、伊＝米、2.35:1、102分　〈脚〉ジェイス・アンダーソン、ダリオ・アルジェント、ウォルター・ファサーノ、アダム・ギーラッシュ、シモーナ・シモネッティ　［撮影］フレデリック・ファサーノ　〈主〉アーシア・アルジェント、クリスチャン・ソリメノ、アダム・ジェームズ、モラン・アティアス

2009.6

運動と時間

オリヴィエ・アサイヤス監督『夏時間の庭』

陽光が煌めき小鳥が囀る夏の自然のなかを、子供たちが楽しそうに駆け巡る。青々とした草の上を走り、太い樹に登る。幼い子供たちと一人だけ年上のシルヴィーを捉えるカメラも、緩やかに動き続ける。オリヴィエ・アサイヤスの『夏時間の庭』は、このような印象的な場面とともに始まるのだ。そこには運動の喜びがはっきりと刻印されている。

子供たちは祖母の家に戻り、映画は屋敷の庭の場面に移る。祖母エレーヌの誕生日を祝うために、普段は別々に暮らす家族の全員が集まり、庭で食事をするのだ。この場面もまた、運動の喜びに満ちている。勿論、祖母の長男と次男も、彼らの嫁たちも、長女も、子供たちのように走り回ったりはしない。しかし彼らは絶えず、庭に置かれたテーブルのまわりを歩いたり、椅子に座って表情豊かな身振りを示したりしており、それらをカメラが構図を常に変えながら生き生きと捉えている。

この素晴らしい場面は映画のラストと呼応する。祖母が亡くなり、屋敷はもうすぐ家族のものではなくなる。そこでシルヴィーは大勢の若者たちを集めてこの屋敷でパーティーを開くのだ。屋敷のなかや庭で若者たちが思い思いに楽しむこの場面もまた、運動の喜びに溢れている。手持ちカメラが長々と移動しながら、若者たちの身体の動きとリズムを画面に刻み込む。屋敷と庭を行ったり来たりするシルヴィーは、流れる曲を変えて、友人の娘たちとともに踊り出す。その様子をすがすがしく捉える長回しのショットには、ただただ感嘆するしかない。

だが、ここで運動の主題とともに、時間の主題がはっきりと立ち現れることに注意しなければならない。運動自体が時間の経過とともに生起する事象なのだが、反復は人に時間をはっきりと意識させる契機となる。誕生日を祝う食事会から若者たちのパーティーへと、同じ庭での人々の集いが繰り返される。実際、ラストで流行りの曲が祖母の屋敷の庭に鳴り響き、娘たちが体を揺らして踊る時、観客は時の流れを強く感じずにはいられない。そしてこの時間こそが、『夏時間の庭』の真の主題なのである。

食事会の後、祖母が家政婦と二人きりで話をする素晴らしい場面を思い出そう。繊細な光と影のなかに身を落ちつけて、祖母は言う。「私とともに消えていくの。思い出や秘密」。死期を悟った彼女は、時の流れがもたらす変化を受け入れている。一方、この変化を最も受け入れられずにいるのは、長男のフレデリックだ。ラジオ番組に出演して、彼は自分の著書についてこう語る。「経済操作を目的としたいかなる理論も現実との乖離に直面する」。家族をめぐる自身の現実から、この経済学者はどうしたら乖離せずにいられるのだろうか。

彼の娘シルヴィーはもっとしなやかな態度を示す。ラストのパーティーで、ボーイフレンドに祖母の思い出を語りながら、彼女は思わず涙を流す。時が流れ世の中が変わっても、受け継がれていく何かがあるのだ。時間の主題のあらゆる展開が、このいかにも現代的な娘の涙に結実する。二人は駆け出し、壁を乗り越える。その身体の軽やかな運動とともに、彼女は未来へと進んでいくだろう。

今月は他に、『レッドクリフ』二部作や『おっぱいバレー』『バンコック・デンジャラス』『テラートレイン』などが面白かった。また劇場未公開だが、カルメン・カスティロの『サンタフェ街』も良かった。


2008年、仏、1.85:1、103分〈脚〉オリヴィエ・アサイヤス［撮影］エリック・ゴーティエ〈主〉ジュリエット・ビノシュ、シャルル・ベルリング、ジェレミー・レニエ、エディット・スコブ

2009.7

目に見える表層

エルマンノ・オルミ監督『ポー川のひかり』

映画において大切なのは、目に見えるものをあるがままに見ることである。現実の人間と同じことだ。思わせぶりなことを言う人がいるが、そんなものに騙されて裏の意味を探ったりしてはならない。目に見え、耳に聞こえる確かなものそれ自体が重要なのだ。

エルマンノ・オルミの新作『ポー川のひかり』には、観客を深読みへと誘う思わせぶりな細部がない訳ではないが、騙されてはならない。そもそも、オルミの『就職』や『婚約者』、『木靴の樹』はまさに私たちに、あるがままにものを見ることを教えてくれたのではなかったか。『時は止まった』の、降り積もった雪につけられた人体の跡に、私たちは画面の無償の快楽を感じたのではなかったか。『ポー川のひかり』で重要なのは、裏側の隠された意味ではなく、目に見える表層なのだ。

従って、『ポー川のひかり』の主人公がまわりの人々からキリストと呼ばれるからといって、何も慌てる必要はない。主人公はそう呼ばれてどう感じたか、恥しいと感じたのか、自分はキリストだと信じてそれに相応しい振舞いを続けていたのか、そうしたことを問うのは重要なことではない。この大学教授は罪を犯して逃亡した。そしてポー川のほとりに身を隠し、そこで出会った人々を助けた。大事なのは、彼が確実にしたこうした行為である。彼は大学の図書館にある大量の古文書を釘で打ち抜き、地位も財産も捨てて逃亡し、老人たちに聖書の話をし、彼らが立ち退きを命じられて困っているのを助けた。書かれた言葉を否定して、人々に直接話したのだ。葡萄酒の奇跡や放蕩息子の帰還が語られる場面を、目と耳であるがままに受けとめよう。その素晴らしさに誰もが感動する筈だ。

老人たちが彼をどう思おうと、『ポー川のひかり』が犯罪者の逃亡の物語を語っていることに変わりはない。従って、この映画は犯罪者逃亡ものと呼ぶべきアメリカ映画のある系譜に近付く。『暗黒街の弾痕』に始まり、『夜の人々』や『拳銃魔』を経て、『ボウイ&キーチ』や『地獄の逃避行』に至る系譜だ。しかし、『ポー川のひかり』はこうした作品のいくつかの特徴を無視している。まず、犯罪の影に女が存在せず、男女が一緒に逃亡する愛の物語にならない。次に、ロード・ムービー的な性格が希薄であり、また、逃亡の果てに主人公は死に至らない。最後に、この映画には暗さがなく、全てはイタリアの眩しい太陽のもとで進行する。ロッセリーニ的リアリズムの正当な継承者が撮った『ポー川のひかり』は、このようにアメリカ製B級犯罪映画に近付きながらも、最終的にすれ違っているのだ。

まさしくこのすれ違いが、正体不明の物体のような奇妙な魅力をこの映画にもたらしている。主人公の行動はB級犯罪映画の型から離れて、どこか無責任な滑稽さを示し、表層の快楽を誘発する。その背後に深い精神性を探るべきだろうか。主人公が現代のキリストであろうとなかろうと、彼の姿や行為は地上に居場所を持たない異星人を連想させる。映画自体も主人公と同じく、映画史のなかで居場所を失っているかのようだ。未確認飛行物体のような映画。それが、『ポー川のひかり』の風変わりな魅力なのである。

今月は他に、『ウルトラミラクルラブストーリー』『それでも恋するバルセロナ』『ターミネーター4』などが面白かった。また劇場未公開だが、クロード・シャブロルの『二つに切断された娘』も良かった。

2007年、伊、1.85:1、92分〈脚〉エルマンノ・オルミ［撮影］ファビオ・オルミ〈主〉ラズ・デガン、ルーナ・ベンダンディ、アンドレア・ランフレーディ、アミナ・シエド

的確な演出が場面を感動的にする

オリヴィエ・アサイヤス監督『クリーン』

現代社会において清純さを取り戻そうとする試みとは、どのようなものだろうか。オリヴィエ・アサイヤスの『クリーン』が語る物語は、そんな問いに答えようとしているのかもしれない。エミリーはロックスターの夫をドラッグの過剰摂取で失い、幼い息子のジェイとも離れ離れの日々を送っている。失ったものは大きく、心の傷は癒されぬままだ。それでも彼女は国境を越えて彷徨いながら、必死に立ち直ろうとする。ドラッグを断ち、息子を取り戻し、歌手としてレコーディングをするまでの長い道のり。胸をうつ物語だ。

だがここで注意すべきは、物語が感動的だからこの映画が素晴らしいわけでは、必ずしもないことだ。何より、物語の語り口が巧みだから、画面の連鎖が見事で演出が卓越しているから、『クリーン』は素晴らしいのであり、オリヴィエ・アサイヤスの最高作なのである。

例えば、映画のラスト近く、パリのホテルでエミリーが息子と再会する場面を思い出そう。これほど心を震わせる場面を、近年他に観たことがあるだろうか。感動的な出来事を語っているから、この場面が感動的なのではない。実際、離れ離れの親子の再会など、私たちは映画やテレビでこれまで何度も目にしてきたではないか。何が違うのだろう。それは語り口であり、画面の演出である。

物語のうえで重要なこの場面を、アサイヤスは決して派手な演出で盛り上げない。母と息子のショットを交互に、最低限の数の切り返しで示すだけだ。母親を演じるマギー・チャンも、再会の喜びを大袈裟な仕草で表現しない。亡き夫の父親に連れられてエレベーターから降りてくる息子を見つけ、母親はソファーから立ち上がる。息子に近寄りしゃがみこむと、ごく自然な笑みを浮かべながら息子を抱きしめる。視線の高さの変化が、簡潔なショットの連鎖に繊細で豊かな味わいを与えている。二人の体が離れ、イマジナリー・ラインを越えて、息子の顔にショットが切り返される。息子の抱える思いは母親の思い以上に複雑な筈だが、彼の表情は寡黙なままだ。

二人が駅で再会する筈だったことを思い出そう。義理の父親だけが現れ、エミリーは息子が会いたがっていないことを知らされる。彼女は動揺し、駅のなかを走り出す。手持ちカメラがその姿を追い、生々しい運動が画面に刻印される。この描写が、後に続く再会の場面での簡潔な切り返しの効果を一層高めていることを、見逃してはならない。こうしたアサイヤスの的確な演出こそが、ホテルでの再会の場面を感動的なものにしているのだ。

再会の後、二人ともヘルメットを被ってスクーターに乗り、動物園に着くとニット帽を被る。こうした視覚上の共通性が二人の絆をさりげなく示している。しかしながら、この再会は幸福に満ちたものではない。親子の断絶の厳しい現実がすぐにあらわになるからだ。映画は二人の再会を経て、母親のレコーディングで終わる。彼女が本当に自分らしい人生を手に入れるには、まだ長い道のりが必要だろう。だが、どんなに困難でも彼女の人生は希望に向かって開かれており、ラストの彼女の涙と樹の向こうに広がる風景は、澄んで清らかだとは言えないだろうか。

今月は他に、同じアサイヤスの『NOISE』や『ディア・ドクター』『精神』『私は猫ストーカー』『マーターズ』などが面白かった。また劇場未公開だが、ジョニー・トーの『雀』が素晴らしくて圧倒された。

2004年、仏=カナダ=英、2.35:1、111分
〈脚〉オリヴィエ・アサイヤス　[撮影]エリック・ゴーティエ　〈主〉マギー・チャン、ニック・ノルティ、ベアトリス・ダル、ジャンヌ・バリバール、ドン・マッケラー、ジェームズ・デニス

単純な物語と豊かな表層の快楽

ジム・ジャームッシュ監督『リミッツ・オブ・コントロール』

ジム・ジャームッシュの新作『リミッツ・オブ・コントロール』は、彼の最高作『ゴースト・ドッグ』と同じく、殺し屋が主人公の映画である。どちらも肌が黒く、プロ意識の高いストイックな殺し屋だ。新作のほうは、必ずエスプレッソを二つ注文し、携帯も銃も仕事中のセックスもなしというスタイルを貫く。『ゴースト・ドッグ』の殺し屋は武士道に心酔し、『葉隠』を座右の書としていた。

『ゴースト・ドッグ』は、任務の遂行が引き起こすトラブルを語っていた。新作が語るのは任務の遂行、ただそれだけである。「自分こそ偉大だと思う男を墓場に送れ」。殺し屋は冒頭でこう言われて、任務を果たそうとする。その過程も波瀾万丈では全くない。スペインを街から街へと彷徨いながら、彼は仕事仲間に一人ずつ会っていくだけだ。この点で物語は、ジャームッシュの前作『ブロークン・フラワーズ』に似ている。この前作の主人公も、ピンクの手紙の差出人を探す旅に出て、昔の女と一人ずつ再会していく。ただし、彼は目的を果たさない。一方、『リミッツ・オブ・コントロール』の殺し屋は確実に標的を殺す。冒頭で目標が与えられ、ラストでそれを達成するという単純な物語。映画に複雑な物語は必要ない。ジャームッシュのミニマリズムは、テレビゲームのように単純な物語からこの上ない豊かさを引き出すことに成功した。

殺しの任務の背後には壮大な陰謀の世界が拡がっている。しかし、この映画の豊かさはそうした背後に拡がる世界の奥深さでは決してない。映画は陰謀の内実を最後の最後まで明らかにせず、プロの殺し屋もただ任務の遂行にのみ集中し、その背後を全く探ろうとしない。私たち観客も彼に見習ったらどうだろう。語られもしない陰謀を探るのではなく、映画が語ることを最後まで集中して見届けようではないか。殺し屋が何度も受け取る暗号の意味さえ、映画は観客に教えない。観客にとって重要なのは暗号の意味ではなく、暗号を記した紙を殺し屋が飲み込むという滑稽な処理の仕方なのだ。この映画の豊かさは何より表層の快楽に属するものなのである。暗号の処理の仕方など、映画は同じ振舞いや台詞を執拗に繰り返す。この反復と差異の遊戯から生ずる無限に豊かな表情を味わうべきなのだ。

こうした表層の快楽を一層豊かにし、従来のジャームッシュの作品にない新しい味わいを与えているのが、クリストファー・ドイルの撮影だ。冒頭やラスト近くで、殺し屋を乗せた自動車が走る場面を思い出そう。カメラがノイズに溢れた動きを示して、かつてない走行のイメージを生み出している。また、仕事仲間たちが新たに登場するたびに繰り返される街路の歩行の場面を思い出そう。『ストレンジャー・ザン・パラダイス』が典型的だが、ジャームッシュのショットは基本的に機能的で無駄のないものである。だが、これらの歩行の描写は明らかに装飾過多であり、現実の表層を快楽的に歪めるものだ。対象と生々しい関係を結びながらそれを変容させるドイルのカメラは、ジャームッシュの形式主義と奇妙な融合を果たし、その結果、『リミッツ・オブ・コントロール』は観客に現実の表層を斬新な形で提示する作品となったのである。

今月は他に、『サマーウォーズ』『パンドラの匣』『山形スクリーム』『母なる証明』などが面白かった。また劇場未公開だが、マノエル・ド・オリヴェイラの『クリストファー・コロンブス／謎』も素晴らしかった。

2009年、米＝日、1.85:1、116分 〈脚〉ジム・ジャームッシュ ［撮影］クリストファー・ドイル 〈主〉イザック・ド・バンコレ、アレックス・デスカス、ジャン=フランソワ・ステヴナン

出会いによる変容と反復の欲望

ホン・サンス監督『アバンチュールはパリで』

ホン・サンスは二〇世紀末に登場した映画監督のなかで最も重要な人物の一人である。特に、『江原道の力』は二〇世紀の韓国映画史のみならず、世界の映画史に残る傑作だ。そんな彼の長篇第八作『アバンチュールはパリで』も、期待に違わぬ貴重な映画である。

ホン・サンスはあるひとつの物語にとりつかれている。男がよその街へ行き、そこで女に出会うという物語だ。『江原道の力』や『気まぐれな唇』、『女は男の未来だ』、『浜辺の女』と同じく、『アバンチュールはパリで』もこの物語を語っている。男は結婚していて、旅先は外国で、旅の理由は警察を逃れるためなのだが、同じことだ。ところで、男は旅をして単に新たな異性に出会うだけではない。風景の変化と新たな出会いのなかで、移動する男は普段見せない側面を見せて、別人になっていく。ホン・サンスはこうした男の変容を丹念に描写している。

ホン・サンスにおいては、悪酔いも人物が別の人格を示すための契機となっている。しかし、『アバンチュールはパリで』の主人公ソンナムは女の部屋で酒を飲んで軽く取り乱す程度で、他の映画の男たちのようなひどい酔いかたはしない。そのため、彼の行動は他の主人公たちよりも少しばかり理性的に見える。少なくとも、『女は男の未来だ』の既婚者ムノと違って、ソンナムは自身の性的欲望と絶えず闘っている。結局は妻がいながら、若く美しい娘の魅力に屈してしまうのだけれども。男が外国で徐々に変化していき、やがて帰国してもとの自分に戻るまでの長い物語を、『アバンチュールはパリで』は語っているのだ。

ホン・サンスは反復への形式主義的な欲望にもとりつかれている。『江原道の力』や『秘花〜スジョンの愛〜』、『映画館の恋』など多くの作品が二部構成をとり、差異と反復の遊戯を行なっている。『アバンチュールはパリで』は二部構成ではないが、数多くの反復が物語を活気づける。まず、女との出会いが何度も繰り返される。特に重要なのは、別れた恋人ミンソンとの再会と魅力的な娘ユジョンとの出会いだ。ソンナムはこの二人に対して対照的な態度を示し、先に描かれるミンソンとの再会が、ユジョンとの関係の物語を一層面白いものにしている。次に、場所を移動して女と親しくなるという図式も繰り返される。ソンナムはソウルからパリに渡り、さらにドーヴィルに行く。パリで何人もの女性と出会い、ドーヴィルでユジョンと肉体関係を結ぶのだ。しかもドーヴィルの観光も二度行なわれ、その二回は対照的な結果に終わっている。

ホン・サンスの映画の最大の魅力は、こうした形式主義的なこだわりと日常的な細部の的確で豊かな描写が調和して併存することにある。一四区のアレジアやペルヌティなど、パリの街路の自然な描写が魅力的だ。美術を志す女たちが皆どこかで繋がっているといった、パリの韓国人コミュニティの描写もリアリティに溢れている。だが何と言っても見事なのは、中年男性の性的欲望に関する的確な描写だろう。洗練されているのに、妙に生々しいのだ。こうした描写の数々が形式主義的な探求と融合して、他の映画にはない独自の味わいを生み出しているのである。

今月は他に、『サブウェイ123　激突』『カムイ外伝』『ブラック・ウォーター』などが面白かった。また劇場未公開だが、ジャン=マルク・ヴァレの『クレイジー』も良かった。

2008年、韓、1.85:1、144分　〈脚〉ホン・サンス　[撮影]キム・フングァン　〈主〉キム・ヨンホ、パク・ウネ、ファン・スジョン、イ・ソンギュン、キ・ジュボン、サビーヌ・クロッセン、ジェレミー・エルカイム、ボリス・ボーン

2009.11

見ることによる変容

タル・ベーラ&フラニツキー・アーグネシュ監督『倫敦《ロンドン》から来た男』

ハンガリーの映画監督タル・ベーラを讃えよう。冒頭に映し出される窓の外のロープウェーや髭を剃る男の顔の肌を見るだけで、濃厚な画面のフェティシズムに息が詰まる最高傑作『地獄堕ち』。彼の名を世界中に知らしめた上映時間七時間半の『サタンタンゴ』。ワンショットで撮られた衝撃的な病院の暴動シーンを含む『ヴェルクマイスター・ハーモニー』。ジョン・カサヴェテス的な味わいを持つ初期の『プレハブの人々』。こうした代表作だけでなく、『ラスト・ボート』のような短篇も含め、彼の全作品が必見であり、現代人の孤独と現代世界の暗黒についての証言となっている。

フラニツキー・アーグネシュを共同監督とするタル・ベーラの新作『倫敦《ロンドン》から来た男』も、この上なく魅力的な作品のひとつだ。原作はジョルジュ・シムノン。闇の映画であり、夜を生きる男の映画である。夜霧に煙る波止場、夜勤の鉄道員、ロンドンから来た謎の男、大金の詰まったトランク、海沿いの道の古びた小屋。全てが映画的だとしか言いようがない。色彩など余計な装飾だとでも言うような白黒撮影が夜の闇を強調し、事物や人の顔をフェティッシュに際立たせる。物語はゆっくりと進行し、観る者は物語を味わう以前に画面そのものの魅力に捕えられる。そして映画の音楽性。『アウトサイダー』を観た者なら、タル・ベーラの映画における音楽の重要性を良く知っているだろう。確かに、彼の映画に特徴的なダンスシーンは、『倫敦から来た男』ではとても短い。だが、音楽だけでなくあらゆる音とリズムが、この作品でも全篇にわたって重要な役割を果たしているのだ。

『倫敦から来た男』において、窓はスクリーンである。映画館の闇のなか、観客がスクリーンに映るものを見るように、夜の闇のなか、鉄道員のマロワンは制御室の窓に映る出来事を見る。マロワンが見る映画は、俯瞰ショットで提示される駅と波止場を舞台としており、ロンドンから来たブラウンがその波止場で人を殺すのだ。マロワンは殺人を見てしまい、そのことによって彼自身が変化していく。そう、これはヒッチコックが『裏窓』で語り、クリント・イーストウッドが『目撃』で繰り返したのと同じ物語なのだ。

見ることは単なる知覚の体験に終わらない。それは見る主体を変えていく変容の体験となりうる。単調で慎ましい生活を送るマロワンにとって、最初、ブラウンは別世界に属する人間、自分とは何の共通項もない他者のように見える。見てはならぬものを見たマロワンは動揺して、食卓で妻と口論するなど振舞いを変え始める。やがて事情が分かってくると、彼はさらに態度を変え、単調な生活から逃れようとする。こうした過程を経て、マロワンは最後にはブラウンと同じ行為を行なう。そのことによってブラウン自身になる、あるいは彼に取って代わるのだ。憧れて他者に同一化するのではない。相手を憎みながら、まさにその憎しみによって相手に同一化するのだ。

映画はラストで善悪の問題、罪と罰の問題を突き付ける。もしマロワンが映画の観客の化身ならば、この問題は私たち観客自身に関わるものだろう。ならばどうして、この映画を観に行かずにいられるのだろうか。

今月は他に、『アンナと過ごした4日間』『ボヴァリー夫人』『パリ・オペラ座のすべて』『アニエスの浜辺』などが面白かった。また劇場未公開だが、シムノンを原作とするセドリック・カーンの『赤信号』も良かった。

2007年、ハンガリー＝独＝仏、1.66:1、139分 〈脚〉タル・ベーラ、クラスナホルカイ・ラースロー ［撮影］フレッド・ケレメン 〈主〉ミロスラヴ・クロボット、ティルダ・スウィントン、ボーク・エリカ、デルジ・ヤーノシュ

娘たちはバカンスに行く

ジャック・ロジエ特集——『オルエットの方へ』

バカンスにやって来た三人の娘が、海の見える別荘の庭で、白い部屋着を着て遅い朝食を食べている。「卵を分けてくれた農家があったわね。どこだっけ」と一人が聞き、「オルエットの方」と、別の娘が映画のタイトルを口にする。音の響きを、特にRの発音を楽しみながら、娘たちは何度も地名を口にして笑い出す。ジャック・ロジエの『オルエットの方へ』が示す至福の瞬間だ。ショットの構図や繋ぎをいくら細かく分析しても、それだけではこの素晴らしい場面の魅力を十分に説明することはできないだろう。真に重要なのは、娘たちの自然で生き生きとした表情や身振りであり、それらを捉えることを可能にしたカメラと被写体の生々しい関係性なのだ。

この場面はロジエの伝説的な長篇第一作『アデュー・フィリピーヌ』のある魅力的なくだりをただちに想起させる。同じ男を好きになった二人の娘が夜、白い寝間着を着てダブルベッドの上で会話をする。二つの種アーモンドを見つけた片方が、フランスの慣習に従って、「フィリピーヌ遊びしない?」と言う。「どんなの?」「明朝『フィリピーヌ』と先に言えばミシェルと付き合えるの」。朝、目覚めた二人は、「おはようフィリピーヌ!」と同時に言って笑い出す。ここでも、白い衣服でくつろいだ娘たちが、映画のタイトルに関わる言葉を楽しげに言って笑い出すのだ。

ロジエの映画の娘たちは気取らない白い服がよく似合う。とはいえ、余所行きの服を着ても、彼女たちの自然体の魅力は決して減ずることがない。木靴を履いて踊った後、目一杯着飾った娘たちは、ジルベールとともにオルエットのカジノに向かう。そこで彼女たちが何を目にするかはここでは語るまい。ただ、この素晴らしいくだりでも、娘たちは気取らずに生き生きしているとだけ述べておこう。

ロジエの映画が語る物語はどれも同じだ。娘たちがバカンスに行く。『アデュー・フィリピーヌ』も、『オルエットの方へ』も、『メーヌ・オセアン』さえも、この同じ物語を語っている。注意すべきは、このバカンスは決して日常の現実から解放された理想の時空間ではないことだ。娘たちはバカンスで新しい異性との出会いを楽しむというよりも、すでに知っている異性と再会するのであり、そこで人間関係が変化する。親密な絆を誇った娘たちの間にも微妙な亀裂が生ずる。ベルナール・メネズ扮する『オルエットの方へ』のジルベールと『メーヌ・オセアン』の検札長こそは、こうしたバカンスで最も強く失望を感じる人物かもしれない。いずれにせよ、ロジエの映画のバカンスとは、楽しみと落胆が共存する世界である。言ってみれば、それはオルエットのカジノなのだ。このカジノは期待を裏切る失望の場であるが、それでも娘たちは無邪気に笑い転げ、楽しみ続けるのだ。あるいは、同じ映画に登場する乗馬のようでもある。海岸を何頭もの馬が疾走する様子はとても爽快だが、ジルベールの馬だけは何故か走るのをやめて乗り手を落胆させるからだ。

ヌーヴェル・ヴァーグの伝説的映画監督、ジャック・ロジエの『アデュー・フィリピーヌ』と『オルエットの方へ』、『メーヌ・オセアン』がついに劇場公開される。これは絶対に見逃せない。

今月は他に、『スペル』『TOCHKA』『イングロリアス・バスターズ』などが面白かった。また劇場未公開だが、ジェームズ・グレイの『二人の恋人』が素晴らしくて動揺した。

1971年、仏、1.37:1、150分 〈脚〉ジャック・ロジエ、アラン・レゴ ［撮影］コラン・ムニエ 〈主〉キャロリーヌ・カルティエ、ダニエル・クロワジ、フランソワーズ・ゲガン、ベルナール・メネズ、パトリック・ヴェルド

2010

2｜生々しい暴力と映画の高貴さ　ヤン・イクチュン監督『息もできない』

3｜登場人物という亡霊　荒戸源次郎監督『人間失格』

4｜物語の目的地と記憶喪失
ジョニー・トー監督『冷たい雨に撃て、約束の銃弾を』

5｜教室という劇場と戦場　ローラン・カンテ監督『パリ20区、僕たちのクラス』

6｜男と男の愛の映画　大森立嗣監督『ケンタとジュンとカヨちゃんの国』

7｜カメラや観客としての主人公　ホセ・ルイス・ゲリン監督『シルビアのいる街で』

8｜怪物と幽霊　篠崎誠監督『怪談新耳袋　怪奇』

9｜水の女たち　瀬々敬久監督『ヘヴンズストーリー』

10｜映画という言葉で呼ばれる以前の生々しい何か
ロウ・イエ監督『スプリング・フィーバー』

11｜現実の歪んだ鏡　アルノー・デプレシャン監督『クリスマス・ストーリー』

12｜省略と抑制のきいた簡潔な語り口
フランソワ・オゾン監督『Ricky　リッキー』

『息もできない』
DVD発売中　¥3,800＋税

発売・販売元：ハピネット
©MOLE FILM All Rights Reserved

生々しい暴力と映画の高貴さ

ヤン・イクチュン監督『息もできない』

この映画が何かを変える。決定的な経験が人の人生を変え、それ以降は何を見ても以前とは違うものに見えてしまうように。監督の名はヤン・イクチュン。題名は『息もできない』。この韓国のインディペンデント映画が映画史の地平を変える。ホン・サンスが一九九八年に『江原道の力』を撮り、イ・チャンドンが二〇〇七年に『シークレット・サンシャイン』を撮り、そしてこの映画が登場する。撮られるべくして撮られた作品だ。

とはいえ、『息もできない』は完璧な映画という訳ではない。むしろ、破綻だらけの映画だ。ショットにも編集にも粗雑なところがある。けれども実際に目にすると、それ以外の撮り方は考えられないと、観客は納得してしまう。撮影対象の生々しい何かをカメラが捉えることが、完成度の高さよりも重要なのだ。

この映画は万人受けするような作品でもない。正直に言えば、観る者の多くが不快に感じ、拒否反応を起こすだろう。全篇に激しい暴力が溢れ、主人公も言ってみれば屑のようなチンピラだからだ。しかし、スキャンダラスな内容によって観客を挑発しようとする映画では決してない。そのような下品さとは徹底して無縁である。全ての暴力行為が、作品に不可欠な要素として描かれている。暴力が不快だから、主人公に共感できないからこの映画が嫌いだと言う人に、どうしたらこの映画の高貴さを伝えられるのだろうか。

主人公は取り立て屋のサンフン。容赦のない激しい取り立てを繰り返す日々を送っている。暴力的な父親を憎んで生きてきたが、甥っ子との関係のなかで、自分自身が父親と同じことをしているのに気付く。暴力でしか他人と接することのできないこの男を、多数の短篇映画に主演してきたヤン・イクチュン自身が演じている。主人公が出会う女子高生ヨニも、劣悪な家庭環境を生きている。演ずるのはキム・コッピ。ベトナム戦争の後遺症に苦しむ父親は母親の死を理解できず、ヨニを理不尽に責めたてる。弟のヨンジェも彼女を暴力で脅して金をせびっている。これは貧しい社会にはびこる暴力について、途切れることのない暴力の連鎖についての映画なのだ。

二人が道端で出会う場面が圧倒的に素晴らしい。サンフンの吐いた唾がヨニにかかって、喧嘩になる。見るからに怪しげなチンピラを前にして全くひるまない少女。歳も性別も違うが、同じ種類の人間であると互いに察知して、男と女というより同志として二人は親しくなっていく。二人の関係の描写に甘ったるいロマンチシズムなど微塵もない。

どの登場人物の顔も素晴らしい。内面を伝えるための表情ではなく、顔それ自体の存在感。これほど映画的な顔に出会うことは滅多にない。そして、生々しい暴力。心など信ずることができず、肉体と肉体のぶつかり合いのみが確かなものだとでも言うかのようだ。この悲しく非情な暴力が、映画的なアクションとして画面に焼き付いていく。映画のあらゆる場面、あらゆる瞬間が切羽詰まったような緊迫感に溢れている。まるで、今これを表現しなければもう何も表現できないかのような緊迫感。こんな表現に、人は生涯に何度出会うだろうか。観る者も息ができないような映画。これは凄い映画だ。傑作である。

今月は他に、『アバター』『パブリック・エネミーズ』『戦場でワルツを』などが良かった。また劇場未公開だが、マノエル・ド・オリヴェイラの『魔法の鏡』も素晴らしかった。

2008年、韓、1.85:1、130分　〈脚〉ヤン・イクチュン　[撮影]ユン・チョンホ　〈主〉キム・コッピ、イ・ファン、ヤン・イクチュン、パク・チョンスン、チョン・マンシク、ユン・スンフン

登場人物という亡霊

荒戸源次郎監督『人間失格』

荒戸源次郎の『人間失格』は、太宰治の原作に巧妙にずれを導入することによって、独自の境地に到達した映画である。まず、原作では主人公の自意識過剰な語りの言葉が読者を巻き込んでいくのだが、映画の主人公は饒舌ではなく、仕草や行動を見ることが観客にとって重要になる。これは、表現形式としての小説と映画の違いに対応している。さらに、この映画は生と死の主題を追求しながら、表現に関する根本的な問題に触れてもいる。

主人公の名は大庭葉蔵。彼は死への欲望に貫かれている。幼年期にすでに、「生まれて、すみません」と原作にはない台詞を発して、実存の苦しみを告白していた。原作には登場しない中原中也が葉蔵の才能を認めながら亡くなると、葉蔵は死への思いを新たにする。だが、葉蔵は死ねない。鎌倉の海で常子と心中を図った時も、死んだのは女だけだった。一人で薬を飲んで自殺しようとしても、死にきれない。葉蔵は自らの実存に苦しみ、死への欲望にとりつかれながらも、生き続けるという宿命を背負っているのだ。

それにしても、死を望みながら生き続ける映画の登場人物とは一体どういう存在だろう。そもそも、登場人物はスクリーン上に投影される幻影にすぎない。それは言わば、生ではなく死の世界に属する亡霊である。観客がこの虚像に実像を読み込むことによって初めて物語は機能する。物語映画とは、観客の側からの言わば嘘の読み込みを前提とする表現形式なのだ。映写機による機械的な投影とは異なる心的な投影が必要とされるのだ。こうして初めて、虚像にすぎない葉蔵はあたかも本当に生きているかのように生きることに苦しみ、死を欲望することができるのである。

けれども、映画作品の受容において起こっていることはもう少し複雑だ。観客が心的な投影によって虚像を実像に近づける時、逆に見れば、観客自身は少し虚像に、言わば亡霊に近づいている。観客が虚像を実像として読み直す時、彼はあくまで虚構の世界に関わっているのであり、そこに徐々に引き込まれていくのだ。厚みのない平面の世界に。こうして観客は生身の人間であることを少しやめ、亡霊たちの世界に足を踏み入れる。ここに、映像表現の本質的な過酷さがあるのだ。

葉蔵は、死を望む人間を演じる亡霊だ。俳優という人間が登場人物を演じるのではない。登場人物が生身の人間を演じているのだ。葉蔵という亡霊は、死への欲望をあらわにする人間に成り済ますことによって、観客を死の世界へと誘惑している。心的な投影によって亡霊の演技を支える観客自身を。葉蔵はあの世からの呼び声、死の天使なのだ。

荒戸源次郎が製作した鈴木清順の『ツィゴイネルワイゼン』と同じく、『人間失格』は、一枚のレコードが生み出す、生と死の交錯する幻想を語っていると言えよう。ラスト近くで、兵隊に囲まれて葉蔵が列車に乗っていると、登場人物たちがどこからともなく現れ集合する。中原中也もまさに亡霊として再登場し、葉蔵を迎える。亡霊たちはこうして素顔を見せ、葉蔵もいるべき場所についに到達したかのようだ。幻。映画の登場人物が生きる場所とはまさにそこなのである。

今月は他に、『インビクタス／負けざる者たち』『ケンタとジュンとカヨちゃんの国』『サロゲート』などが面白かった。またDVD発売のみだが、『裸のめざめ』『青髭』『私は私を破壊する権利がある』も良かった。

2010年、日、1.85:1、134分〈脚〉浦沢義雄、鈴木棟也 [撮影]浜田毅〈主〉生田斗真、伊勢谷友介、寺島しのぶ、石原さとみ

物語の目的地と記憶喪失

ジョニー・トー監督『冷たい雨に撃て、約束の銃弾を』

物語は多種多様であるが、どんなに奇抜なものでも必ず含む二つの要素がある。出発点と目的地だ。直線的に進行するものもあれば、迂回に迂回を重ねるものもある。だが、どんな物語も出発点から目的地に向かって進んでいく。この二つは物語にとって本質的なものなのだ。映画であれ、小説であれ、ゲームであれ、物語はこの点で全て同じであり、あらゆる物語は、この二つの要素を捉えることによって簡潔に要約することができる。

映画では物語の出発点において、目的地が明白でない場合も多い。ラストに至るまでまるで分からない時もあるし、最初のほうで示された地点が仮のものにすぎず、真の目的地は別にあることも多い。最初から目的地が明らかな場合、映画の物語はゲーム的な性格をはっきりと示す。主人公が目指す地点に物語が到達せずに終わることもあるが、これはゲームの負けに相当する。

ジョニー・トーの新作『冷たい雨に撃て、約束の銃弾を』は、この点で極めてゲーム的な映画だ。出発点の状況説明の段階で主人公も観客も明確に目的地を理解する。主人公は年老いたフランス人のコステロ。映画の冒頭でマカオに住む娘の家族が惨殺され、彼はその復讐を果たそうとする。『ハート・ロッカー』の兵士たちが期日まで爆弾処理をし続けるというゲームをするように、男は復讐のゲームをする。兵士が任務を遂行するのも、復讐者が復讐するのも、あるいは殺し屋が殺しをするのも、本質的には同じことだ。ただ行動の道徳的価値が異なり、そのために観客の感情移入のしやすさが変わるだけだ。

しかし、ジョニー・トーは、映画の観客がゲームのプレイヤーのようにただ物語に熱中するだけでは満足しない。彼は物語の途中で驚くべき仕掛けを導入する。それは映画の中盤、いよいよ復讐の時が来たという時に起こる。香港のある森のなかで、コステロは彼が雇った殺し屋たちとともに、娘を殺した男たちに対峙する。観客を焦らす引き伸ばしの末、ついに復讐の銃撃戦が始まると、飛び交う銃弾のただなかでコステロは突然立ち尽くしてしまう。昔の負傷のせいで記憶喪失が進行していて、自分が復讐をしていることを忘れてしまったのだ。何という状況。彼は言わば、ゲームの最中にゲームの目的を忘れ、迷子になった人物である。コステロは自分が何をしているか分からず、銃撃戦のただなかで世界の表層にじかに接する。飛びかう銃弾を、夜の闇を、草木のざわめきをじかに感じるのだ。

記憶が失われた時、復讐に何の意味があるのだろうか。それでもコステロは、まわりの人々に助けられて、理由も相手も分からぬまま復讐を遂げようとする。彼は自分の娘を殺された恨みで相手を殺すのではない。ただ、復讐の物語の主人公だから復讐をするのだ。それが彼の役割だからするのである。行動の動機付けを失った男が、意味も分からぬまま復讐の相手を見つけ出す。こんな凄いラストがあるだろうか。しかも、この相手の見つけ方が、近来稀に見る独創的で映画的なやり方なのだ。ジョニー・トーはあえて単純な形式の物語を語りつつ、その物語から感情的な重みを剥ぎとっていく。こうして彼は、物語の言わば裸の姿を考察しているのだ。

今月は他に、『ハート・ロッカー』『時をかける少女』『アイガー北壁』などが良かった。また劇場未公開だが、フィリップ・ガレルの『夜明けの境』も素晴らしかった。

2009年、香港＝仏、2.35:1、108分
〈脚〉ワイ・カーファイ　[撮影]チェン・チュウキョン　〈主〉ジョニー・アリディ、アンソニー・ウォン、サイモン・ヤム、ラム・シュー、ラム・カートン、シルヴィー・テステュー

教室という劇場と戦場

ローラン・カンテ監督『パリ20区、僕たちのクラス』

教師のフランソワがカフェでコーヒーを飲んでいる。立ち上がって通りを歩き出し、やがて同僚と一緒になり中学校のなかに入っていく。ローラン・カンテの『パリ20区、僕たちのクラス』はこのように始まる。映画のカメラはこの後最後まで、一度もこの中学校の外に出ない。職員室や校長室、中庭等も登場するが、映画の大部分を占めるのはフランソワが国語の授業をする教室だ。ごく普通の教室。大きな窓がありカーテンも始終開かれているが、鉄格子が横に何本か入っていて、その奥に見えるのも何の変哲もない建物だ。撮り方も特に技巧的という訳ではない。基本的には、廊下側の壁を背にした複数の手持ちカメラが教師や生徒達の顔を撮影して、そのショットが切り返しによって繋げられていくというものだ。授業終了のチャイムが鳴ったり、転校生が教室にやって来たりする時だけ、カメラが窓側に移り、出入り口のある廊下側を撮影する。とても映画的には見えない日常的な空間が、ごく普通の方法で撮影されているだけなのに、映画的としか言いようのない瞬間が連続するのだ。

生徒達の表情が自然だから素晴らしいと言うのは間違いである。彼らは生き生きとしているが決して自然ではない。生徒を演じるのは素人の中学生ばかりだが、彼らは実際の自分とは異なる性格の登場人物を演じていた。脚本に相応しい架空の人物を演技によって意識的に作り上げたのである。ところで、現実の学校において、教師は教室内では常に教師という役割を演じていて、自然体でいることがありえないように、生徒も教師や同級生達との関係のなかで常にあるキャラクターを演じている。映画ではフランソワが生徒達に自己紹介の作文をさせるが、自己紹介文とはまさに演技の極みではないか。教室とは劇場なのだ。この映画が素晴らしいのは、この劇場の不自然さを素人の出演者達の演技を用いて巧みに提示できたからに他ならない。

映画では、教室は言葉の戦場としても描かれている。新年度の授業は、フランソワが生徒達を注意しつつ授業を一時間と言ったことに対して、ある女生徒が五五分だと反論することから始まる。ここから言葉の戦争が一年間続く。フランソワは国語教師として正しいフランス語を教えようとする。彼が接続法半過去を教えると、今の言葉じゃないと生徒達が反発する。アフリカ系のスレイマンは「沈黙より軽い言葉は発するな」というタトゥーを入れているが、汚い言葉遣いをして校長室に連れて行かれる。国語教師らしからぬ失言もある。「学業的に限界がある」というフランソワの言葉を生徒達が問題視すると、彼は動揺して思わず「ペタス」という俗語を使ってしまう。「下品な女」という意味で彼は言ったのだが、「娼婦」という意味だと生徒達がみなして対立が激化する。この戦場では真意とか真実といったものは意味がない。ただ言い負かした者が勝つだけだ。言い争いの果てにスレイマンが暴力沙汰を起こしてしまうが、この戦場では肉体的暴力は許されず、彼は退学処分となる。『パリ20区、僕たちのクラス』はものの見事にこうした言葉の戦争を描ききった。これは戦争映画なのかもしれない。

今月は他に、『コロンブス　永遠の海』『アリス・イン・ワンダーランド』『シャッターアイランド』などが面白かった。また劇場未公開だが、モニカ・ボルグマン等の『虐殺』も良かった。

2008年、仏、2.35:1、128分　〈脚〉ローラン・カンテ、ロバン・カンピヨ、フランソワ・ベゴドー　[撮影]ピエール・ミロン　〈主〉フランソワ・ベゴドー、アガム・マレンボ=エメネ、アンジェリカ・サンシオ

男と男の愛の映画

大森立嗣監督『ケンタとジュンとカヨちゃんの国』

ケンタとジュンは、工事現場で壁を壊す「はつり」という仕事に従事している。低賃金で過酷な労働だ。資本主義社会の底辺で物の生産ではなく破壊をひたすら続ける二人。ある夜、彼らは職場の嫌な先輩、裕也の自動車をハンマーで叩き潰して、北へ逃走する。北海道へ。二人にとって行動とは常に、何かを作ることではなく壊すことなのだ。「ぶっ壊したら新しい世界がある」。ケンタにはこんな思いがある。だが、社会のシステムを壊して、そこから逃れることなんてできない。「世の中には二種類の人がいる。一つは人生を自分で選べる人。もう一つは選べない人」。逃走は精一杯の選択だったのだろうが、これも本当の意味では選択ではない。二人にはもうそれしかなかった。選ぶことを選ばされたのだ。壊しても、その先に自由は手に入らない。大森立嗣の『ケンタとジュンとカヨちゃんの国』が描くのは、こんな絶望的な逃走劇だ。

この映画の魅力として、若者たちの身体性を見逃してはならない。ジュンは緊張すると右手が白くなる病気を持ち、ケンタは左手を火傷して包帯を巻く。二人の手のこうした不自由。さらに、友人の洋輔は左目を失って眼帯をしており、裕也も腹に傷痕がある。まるで何かの障害の印であるかのように、男たちは身体に傷を持っているのだ。一方、女たちの身体には傷が無く、そのなかでは、ケンタとジュンの逃走に付き添うカヨの身体の存在感が圧倒している。大森立嗣はカヨを演じる安藤サクラに太るように言ったそうだが、彼女の肉体は寝転んだり座り込んだりする時、とりわけ強い魅力を発している。

安藤サクラの印象的な演技にもかかわらず、この映画の物語において、カヨは必ずしも重要な役割を担っていない。ケンタとジュンとカヨは男女の三角関係を形成しておらず、ケンタとジュンの強い絆の前では、カヨは単なる邪魔者でしかない。実際、彼女は夜の駐車場で二人に捨てられて、かなり長い間、画面から姿を消す。この映画の物語は、同性愛的な絆で結ばれた二人の男が北海道の大地を彷徨うという点で、神代辰巳の『アフリカの光』を連想させずにはおかない。確かにジュンは、物語上はあくまで異性愛者であり、カヨをナンパして肉体関係を持つ。しかし彼は、「馬鹿でブス」とカヨを徹底して蔑み、その一方でひたすらケンタを慕い続ける。ケンタも、同性愛者として描かれている訳では全くないが、女性に対する欲望が希薄である。彼が本当に慕っているのは、網走刑務所にいる兄のカズだ。この意味で、欲望の三角形はケンタとジュンとカズの間に形成されていると言えよう。ジュンはケンタを強く慕うが、孤独で暗い影のあるケンタは、どこか軽さのあるジュンに対して、「俺とお前は違うんだ」と言い、逃避行の半ばで二人の間に微妙な亀裂が生じる。ケンタがカズに刑務所で面会して失望する時、この旅は深刻な結末に向かって急展開する。ラスト近く、海岸沿いの岩陰でジュンはケンタの血を舐める。唐突に出現するヴァンパイア的性愛。そしてジュンはケンタに言う。「俺にはケンタ君しかいないから」。この美しい愛の台詞。男と男の愛の映画として、『ケンタとジュンとカヨちゃんの国』を勧めたい。

今月は他に、『座頭市　THE LAST』『ソラニン』『ソフトボーイ』『グリーン・ゾーン』などが面白かった。また劇場未公開だが、アブデラマン・シサコの『バマコ』も良かった。

2010年、1.85:1、131分　〈脚〉大森立嗣　[撮影]大塚亮　〈主〉松田翔太、高良健吾、安藤サクラ

カメラや観客としての主人公

ホセ・ルイス・ゲリン監督『シルビアのいる街で』

暗闇のなか、壁の上を光が走る。通りを走る車のライトが、窓越しにホテルの部屋の壁まで届くのだ。机の上の鍵や地図も、光と闇の交替のなかにその姿を現す。徐々に明るさが増して朝になると、ベッドの上に若い男が座っている。男は物思いに耽りながらじっとしているが、やがてノートに何か書き出す。ホテルを出て、彼は美術学校のカフェに腰を落ち着ける。翌日も青年は同じカフェにいて、美しい薄着の娘たちを眺めながら、ノートにデッサンをする。やがて、探していたシルビアにそっくりの女を見つけ、彼は後を追ってストラスブールの通りを歩き出す。

ここまで説明的な描写が一切無く、主人公の行動とまわりの様子をカメラが淡々と捉えていくだけだ。ゆっくりしたテンポと簡潔な描写。必要最小限の台詞。ただ画面だけが物語を語っているのだが、画面は語りの経済性に全くとらわれずに、自由にそれ自体の快楽を追求する。光と闇の交錯や女たちの表情などが、物語的文脈をこえて私たちの目に迫ってくるのだ。こうした画面と物語の関係が、この映画、ホセ・ルイス・ゲリンの『シルビアのいる街で』の稀有な質を保証している。

この作品が示すもう一つの重要な特徴は、主人公の青年自身が映画的装置として機能している点にある。すなわち、彼は単なる主人公ではなく、カメラでもあるのだ。映画のカメラが主人公を見つめ撮影するように、彼も女たちを見つめデッサンをする。さらに青年はシルビアらしき女の後を追い、彼女の姿が彼のカメラ・アイを通じて、つまり彼の見た目のショットによって何度も示される。彼女の後を追って長々と歩き続ける必要は、本当はない。ただ呼びとめて話をすればそれでいい筈だ。だが、青年は二度「シルビア」と声をかけて無視されるだけで、カメラのように彼女の後姿を見つめながら街を彷徨い続ける。

あるいは青年は、映画の病におかされたまま街中に放り出されたシネフィルなのかもしれない。ようやく彼は市電のなかで女に話しかけ、カメラや観客の立場を脱するのだが、「人違いよ」、「ずっとつけられていて気味が悪かった」と言われて、ひたすら謝り続ける。まるでストーカーのようだ。街中でも映画のように他人を見つめるばかりで、現実的なコミュニケーションができなくなっているのだ。

映画のラストで、市電の駅のベンチに座って、青年は再び女たちを眺め出す。まるで映画史が、女に対する男の欲望の眼差しに基づいて成立してきたかのように。青年はノートを手にしているが、女たちを見つめるだけでもはやデッサンをしようとはしない。匿名の女たちは、初めのうちはごく自然に画面に提示される。だが、次第に市電の窓越しに映されるようになり、最後には、その姿は窓ガラスの反射の遊戯のようになってしまう。印象派の画家たちが、光と影の戯れに執着する代償として、描く対象の実在性を取り逃がしたのを思い出そう。この映画の主人公も、視線の関係を生きる果てに、陽光の反射の戯れに目を奪われて、女たちの実在性を取り逃がしてしまうのだ。『シルビアのいる街で』は、映画に対する純粋さを貫きながら、まるでその本質と限界をあらわにしているかのようだ。

今月は他に、『モダン・ライフ』『アウトレイジ』『ヒーローショー』などが面白かった。また劇場未公開だが、アラン・ギロディの『時は来た』と『キング・オブ・エスケープ』も良くて刺激を受けた。

2007年、スペイン＝仏、1.66:1、84分
〈脚〉ホセ・ルイス・ゲリン　[撮影]ナターシャ・ブライエ　〈主〉ピラール・ロペス・デ・アジャラ、グザヴィエ・ラフィット

2010.8

怪物と幽霊

篠崎誠監督『怪談新耳袋　怪奇』

篠崎誠の新作『怪談新耳袋　怪奇』は、極めてシンプルで、ホラー映画の王道を行くような映画だ。「ツキモノ」と「ノゾミ」という真野恵里菜主演の二本の中篇からなり、どちらも奇をてらうことの全くない単純な物語を語っている。Ｊホラーのブームはもう何年も前に終息し、このジャンルの新作で成功を収めるには新しい発想が必要なように見える。しかし、篠崎誠はあえてジャンルの原点に立ち返るかのような映画を志した。これはひとつの賭けだが、この賭けを通じて篠崎誠はＪホラーを問い直そうとしたのかもしれない。

『怪談新耳袋　怪奇』は完全に独立した二つの物語を語っている。「ツキモノ」では就職活動中の大学生あゆみが、「ノゾミ」では登校拒否の高校生めぐみが怪奇体験をするのだが、二つの物語は対照的だ。前者は欧米のゾンビもののようなアクション中心の映画であり、後者は日本の伝統的な怪談により近く、心霊現象という視覚的体験についての映画である。

これはＪホラーの二つの源泉に対応している。すなわち欧米のモダン・ホラーと日本の怪談映画だ。欧米の古典的なホラー映画が進化して生まれたモダン・ホラーが、時の経過とともに歴史的対象になりつつあった時に、日本でＪホラーが生まれた。モダン・ホラーの影響を受けた日本の映画監督たちが、怪談話や怪談映画を解釈し直して新たなジャンルを生み出したのだ。ところで、幽霊は身体なき精神であり、ゾンビのような怪物は精神なき身体である。この二つの違いは決定的で融合不可能に見える。だが、実はそうではない。そもそも映画という視覚メディアには真の身体は存在せず、ゾンビのアクションも心霊現象と同じく結局は観客の視線の対象にすぎないからだ。しかも、Ｊホラーは欧米の映画の影響を受けつつも日本的な幽霊物語に拘って、本当の意味での怪物を描くことを避けてきた。

篠崎誠の新作はこの事実を明瞭に示している。「ツキモノ」と「ノゾミ」の二つの物語は実のところ完全に対照的とは言えず、どちらも幽霊物語になっている。前者であゆみに襲いかかる異様な女はゾンビではなく、霊に憑かれた人間である。ここでも怪物は不在なのだ。ただし、幽霊の性格は大きく異なる。「ツキモノ」の霊は人間に憑依すると、その周囲の人間を次々と攻撃して殺していく。一方、「ノゾミ」の霊は憑依した人間をじわじわと追い詰めていく。いずれにせよ、視覚メディアである映画の物語の中心に、霊という目に見えない存在が常にある。そしてこの霊は人間の理解を完全に超えている。どちらの物語にも霊の憑依に合理的な理由がない。何故その人物に憑依したのか、全く分からないのだ。

『怪談新耳袋　怪奇』の根底にあるのは、目に見えないものへの信仰である。目に見えるもので物語を語る映画という表現形式において、目に見えないものが決定的な役割を果たしている。そしてそれは目に見える世界に非合理的に君臨し、人々はそれをひたすら畏怖する。これで本当にいいのか、もっと理性的に対処すべきではないかと思わなくもない。だがともかく、篠崎誠は慣れた手つきでジャンルの鉄則を守りながら、Ｊホラーの本質と限界を露呈させることに成功したのだ。

今月は他に、『懺悔　松岡真知子の秘密』『恐怖』『インセプション』『エアベンダー』などが面白かった。また劇場未公開だが、ジャック・リヴェットの『小さな山のまわりで』も良かった。

2010年、日、1.78:1、115分　〈脚〉三宅隆太　[撮影]三栗屋博　〈主〉真野恵里菜、坂田梨香子、鈴木かすみ、吉川友

水の女たち

瀬々敬久監督『ヘヴンズストーリー』

『ヘヴンズストーリー』は四時間半を超える瀬々敬久の力作だ。多数の登場人物の人生が交わる複雑な物語を九つの章を通して描いているが、その大枠を考えるならヒロインのサトが家族を失ってからその死を受け入れるまでの物語と言える。サトが八歳の時、両親と姉が殺された。約十年の月日を経て、サトはようやく本当の意味で家族の死を受け入れ、その死とともに生きていくことを学ぶだろう。

サトは水の女だ。水の主題が彼女につきまとう。映画の冒頭で、海岸で遊ぶ子供たちを海水に浸かったカメラが捉えるショットが、彼女と水の親近性とやがて起こる彼女の海中への落下を予告している。サトは海に落ちて、美奈おばさんに救助される。この事件が決定的だ。両親のもとを離れなければ一緒に殺されていただろう少女を、犯人の代わりに死の水が襲う。だが彼女は死なず、死の影に怯え続ける宿命を負わされるのだ。少女はテレビのニュースを見て小便を漏らすが、これは生命の水の噴出、生き続けることの象徴であり、第八章におけるカナの出産の遙かなる予告でもある。第一章の最後でサトがプールに飛び込むのも、第四章で一六歳になって再び映画に登場する時、彼女が海沿いにいることも、水の女としてのごく自然な成り行きである。

タエも水の女だ。彼女は第三章で雨に濡れて登場し、トモキとともに夜明けの海に行く。やがて彼女は彼と結婚して、海辺の団地で家庭を築くのだ。タエも幼少期に父の暴力で片耳の聴力を失ったというつらい過去を持ち、体と心の傷を背負って生きている。だが、彼女は過去にとらわれてばかりではない。トモキにはミツオに妻子を殺された過去があるが、タエはそんな夫に事件を忘れさせ、未来へ向かって新たな人生を生きさせようとする。しかし、サトがトモキに復讐の思いを蘇らせる。サトの家族を殺した犯人は自殺したので、彼女は犯人に復讐できない。そこでトモキに復讐を成就させることによって、自分の思いを晴らそうとする。トモキの復讐はサトの不可能な復讐の代理なのだ。このように、二人の水の女はトモキに対して対照的な働きかけをする。水の主題は両義的だ。トモキの妻子が川辺で殺される時、その川を流れるのは死の水だが、カナが海岸で産気づく時、その海はサトの小便と同様、生命の水である。

一方、男たちは水よりも大地や空と親近性を持つ。彼らは復讐のため、山の高みにある鉱山跡を訪れて廃墟と化した建物の屋上に立つが、その時彼らは海や川のそばではなく、大地と空の間にいる。第二章で、復讐代行屋の男をめがけて、この鉱山跡の建物から次々と石が投げつけられるくだりは圧巻だ。男たちの復讐は必ず新たな復讐をもたらし、彼らは皆死へと向かっていくだろう。

家族を殺されて憎しみの心が生まれるのは確かに自然な成り行きだが、この感情に身を委ねて復讐に走っても、悪の連鎖が生まれるだけで何も本質的には解決しない。死んだ人間が生き返ることはなく、残された人間は死んだ人間の記憶とともに生き続けるしかない。家族の死を受け入れ、死が生命に与える豊かさを理解する時、サトは死の水の呪いから解放される。その時、彼女を取り巻く世界は、以前のように憎しみに溢れてはいない。

今月は他に、『トイ・ストーリー3』『冬の小鳥』『何も変えてはならない』などが面白かった。また劇場未公開だが、マルコ・ベロッキオの『勝利を』も素晴らしかった。

2010年、日、1.85:1、278分 〈脚〉佐藤有記 ［撮影］鍋島淳裕、斉藤幸一、花村也寸志 〈主〉寉岡萌希、長谷川朝晴、忍成修吾、村上淳、山崎ハコ、菜葉菜、栗原堅一、江口のりこ、大島葉子

映画という言葉で呼ばれる以前の生々しい何か

ロウ・イエ監督『スプリング・フィーバー』

映画を観て打ちのめされることがある。始まるや否や全身に震えが走り、最後までただ画面を凝視することしかできない。映画が終わって外に出ても、あれほど凝視し続けたものが一体何だったのか、どう受け止めればいいのか分からず、茫然と路上に立ち尽くしてしまう。そんな体験を久し振りにした。ロウ・イエの『スプリング・フィーバー』を観てのことだ。「これが映画だ」と思いつつ安心して楽しめたら、どんなに楽だったろう。だが、この中国人監督の新作はそんな贅沢を許さない。確かにスクリーン上の動く映像を観続けた筈なのに、それは映画と安易に呼ぶにはあまりに生々しい何かである。

同性愛者の青年ジャン・チョンを中心とする五人の男女の愛と孤独の物語。ジャン・チョンともう一人の男が自動車で出かけて愛し合うくだりから作品は始まるが、ここでの幸福感は例外的なものだ。前半と後半で同性愛を含む三角関係が反復されるが、観念的な図式性が際立つことはなく、ごく自然に人間関係の推移が描かれる。三人の男と二人の女は欲望や絶望に苛まれながら、出口のない迷路をひたすら彷徨う。夜の南京の街路を苦悩しながら一人彷徨って、同性愛者の店に辿り着くジャン・チョンの姿は痛切極まりない。強烈な魅力で男たちの心を次々と虜にしながら、彼は真の幸せには決して到達しないだろう。

愛や孤独、絶望などと思わず書いてしまったが、登場人物たちを突き動かしている感情は、本当はこうした一般的な言葉では括れないものだ。ある感情が愛なのか、そうではないのか。そんな問い掛けが意味を持たないような次元を登場人物たちは生きている。彼らが生きるのは言葉で呼ばれる以前の繊細な感情であり、全篇に溢れるこの感情の豊かさに圧倒されて、観客は映画の物語に一瞬たりとも退屈しないのだ。

とはいえ、映画において人物の感情を伝えるのは外見や台詞であり、人物の表情や振舞いを直視せずにこの作品の魅力を語ることはできない。手持ちカメラが常に適切な距離をとりながら人物たちの行動を追って、彼らの魅力的な表情や振舞いを鮮烈に捉えている。どの人物の顔も素晴らしい。ある女は感情の高まりが激しい行動に直結し、「夫と手を切りなさいよ！」とジャン・チョンに叫んで書類をまき散らす。別の女はそれほど直接的には感情を表に出さない。自分の恋人とジャン・チョンのキスを見てしまい、彼女はカラオケボックスに閉じこもる。二人の男が彼女を気遣う。その時の三人の表情の素晴らしさ。人物が激しい行動に出る時も、じっと静かに何かを思う時も、常にカメラは厳格なリアリズムで人物の豊かな表情や振舞いを捉え続ける。

こうした魅力の根底にあるのが卓越した撮影だ。中国で五年間の映画製作禁止を言い渡されたロウ・イエは、家庭用デジタルビデオを用いたゲリラ的撮影によってこの映画を完成させた。自動焦点と自動露出を積極的に用いたその映像に、通常の商業映画における技術の観念は通用しない。それは既成の映画美学から遠く離れた地点で、映画の根源的な何かに触れる。だが果たして、『スプリング・フィーバー』は本当に映画なのだろうか。映画という言葉で呼ばれる以前の生々しい何か。人はそれに打ちのめされるのだ。

今月は他に、『ジャーロ』『悪人』『×ゲーム』などが面白かった。また劇場未公開だが、ワン・チャオの『高級車』も良かった。

2009年、中＝仏、1.85:1、116分　〈脚〉メイ・フォン　［撮影］ツォン・ジエン　〈主〉チン・ハオ、チェン・シーチェン、ウー・ウェイ、タン・チュオ、ジャン・ジャーチー

現実の歪んだ鏡

アルノー・デプレシャン監督『クリスマス・ストーリー』

アルノー・デプレシャンの『クリスマス・ストーリー』には次のような場面がある。エリザベートの息子で心に問題を抱えるポールが美容院にいる。鏡に彼の顔が映るが、いつもと顔つきが違う。カメラが鏡に寄っていく。生身のポールに切り返されると、彼はいつも通りの様子で、鏡のなかの自分を見て少し驚いている。カメラがパンをして再び鏡を捉えると、そこにはいつも通りの彼がいる。しかし、次のショットで鏡のなかの少年は再び顔つきを変えていて、不敵な笑みを浮かべる。

アルノー・デプレシャンにとって映画とはこの鏡のようなものだ。美容院の鏡が普段のポールではないもう一人のポールを映し出すように、デプレシャンの映画はありのままの現実を少し歪めて、普段は見えないもうひとつの現実を映し出す。例えば、ヴュイヤール家の問題児、アンリが食卓で姉のエリザベートの夫、クロードの怒りを買って殴り合いの喧嘩になる場面がある。クロードが思いきりアンリの顔を殴ると、アンリはテーブルクロスをつかんだまま床に倒れ、食器や食べ物の残りが床に散らばる。家族の他の者たちが立ち上がって慌てる。アンリはクロードの片足を掴んで抵抗するが、クロードはもう一方の足でアンリを蹴って引き離すと、鼻血を出す彼を残して家を出て行く。ここで注目すべきは音楽の使い方だ。デプレシャンは喧嘩のバックにどこか陽気な調子の音楽を流す。画面とあえて少しずれた音楽を入れることで、この場面は思いもよらぬ様相を呈することになる。それはただ普通に見るだけでは見逃しがちな、現実の隠された一面だ。カトリーヌ・ドヌーヴ扮するジュノンが台所で倒れる冒頭の場面に流れるインドの音楽も、同様の役割を果たしている。アンリが道端で倒れる場面でのバーレスクな演技と演出も同じだ。誇張された不自然な動きが逆に俳優の真実を伝える。アンリ役のマチュー・アマルリックは、こうした点でまさにデプレシャン的な演技をする俳優だと言えよう。

アルノー・デプレシャンのこうした映画美学は必然的に彼の作品を技巧的なものにする。八〇年代のフランス映画は技巧主義的だったが、九〇年代にデビューしたデプレシャンもこの点では同じだった。ただし、ジャン＝ジャック・ベネックスの『ディーバ』やレオス・カラックスの『汚れた血』が示すような八〇年代の形式主義から距離を取って、デプレシャンは作品と現実世界を繋ぐ回路を常に模索している。作品はそれ自体で完結せず、どこかで必ず現実へと開かれている。あえて不自然さを導入する演出も、現実世界や生身の人間の新たな側面をあぶり出すためのものだ。こうした美学を追求して、デプレシャンは九〇年代のフランスを代表する監督となった。

しかし、二一世紀に入り、フランス映画の美学も徐々に変わってきている。ローラン・カンテは技巧が技巧として際立つことを拒否し、九〇年代的な監督のオリヴィエ・アサイヤスさえ、『クリーン』を撮った。だが、技巧主義が否定されリアリズムが復権してくるなかで、デプレシャンはあくまで自分のスタイルを貫き続ける。映画を現実の歪んだ鏡とみなす確固とした映画観が、彼にはあるからだ。

今月は他に、『ブロンド少女は過激に美しく』『ナイト&デイ』『乱暴と待機』などが面白かった。また劇場未公開だが、アルノー&ジャン＝マリー・ラリユーの『世界の最後の日々』も良かった。

2008年、仏、2.35:1、150分〈脚〉アルノー・デプレシャン、エマニュエル・ブルデュー　[撮影]エリック・ゴーティエ〈主〉カトリーヌ・ドヌーヴ、ジャン＝ポール・ルシヨン、アンヌ・コンシニ、マチュー・アマルリック

省略と抑制のきいた簡潔な語り口

フランソワ・オゾン監督『Ricky　リッキー』

フランソワ・オゾンの『Ricky　リッキー』は愛しい映画だ。映画史に残る傑作ではないかもしれないが、確かな技量に基づくこの小品は間違いなく観る者に充実感をもたらす。

その最大の魅力は省略と抑制のきいた簡潔な語り口にある。省略の技法は映画の出だし、リッキーが生まれるまでのくだりで特にはっきり確認できる。子持ちの女が男と出会い、愛し合って一緒に暮らすようになり、赤ん坊が生まれる。これだけですでに多くのことが起こっているが、映画の物語の中心はこの後にあり、この出だしに時間をかけすぎてはならない。そこで、男女の関係の変化が大胆な省略によってテンポよく語られることになる。

カティは朝目覚めると朝食を取り、娘のリザを学校に送った後、勤め先の工場で流れ作業を行なう。すると新入りの行員パコが現れ、彼女が彼を見つめる様子が切り返しで示される。次の場面は昼休みの食堂で、ここでも女は男を見つめる。続いて外のベンチが映され、男が女に話しかける様子が三つのショットで示される。次の場面はワンショットで、便所の同じ個室から二人が時間をずらして出てくる。こうして彼らはあっさり男女の仲になるのだ。リッキーが生まれるまでの過程も同じ調子で描かれる。パコが初めてカティの家に泊まると、翌朝、女はリザに言う。「パコと一緒に暮らすかも」。次の場面で、リザは一人で登校する。ここで大きく時間が飛び、工場でパコが責任者に呼び出され、カティが病院に運ばれたと言われる。場面が変わり、病院の椅子に座るパコとリザに赤ん坊の出産が告げられる。こうしたテンポのいい描写が描くのは、三人に起こる大きな出来事よりもむしろ、家庭環境の変化に戸惑うリザの心の揺れといった人物の繊細な感情だ。その後の展開を準備する伏線も的確に張られている。

抑制された語りや描写は映画から押しつけがましさをなくし、ある種の品を与える。カティが赤ん坊のリッキーの背中に痣を見つける場面がある。彼女がリッキーの服を脱がそうとすると、パコとリザのショットになり、発見の瞬間を観客は目にしない。「ちょっと来て」というカティのオフの声でパコが彼女のもとに行くと、彼の視線による切り返しで初めて画面上に赤ん坊の痣が示されるのだ。やがてこの痣の箇所から翼が生えてくるのだが、ファンタジーへの転換点のこうした処理によって、物語の性格がより自然に変化することになる。さらに、抑制のきいた冷静な語り口はこのファンタジーへの過剰な意味づけを拒否する。家族の絆をめぐる物語なのは明らかだが、教訓めいた調子は微塵もない。社会的な主題が浮上しても、それが過剰な重みを持つことはない。そもそもリッキーの翼自体が一義的な意味づけを免れている。それは物語的には天使の翼だが、画面上ではまさに鶏《にわとり》の翼だ。実際、「天使みたい」と赤ん坊の翼を見てリザが言うと、「鶏よ」とカティが返す。リッキーは天使と鳥人間の間で揺れ続ける。

生えかけの翼の生々しさはどこかクローネンバーグ的だが、これが『Ricky』におけるほぼ唯一の過剰な視覚的効果と言えよう。この映画は語りの繊細な技術で勝負するのだ。最後に、物語の結末は明かせないが、ラストの湖の場面が素晴らしいと記しておこう。

今月は他に、『ゴダール・ソシアリスム』『クロッシング』『シリアスマン』などが面白かった。また劇場未公開だが、ベルトラン・ボネロの『戦争について』が素晴らしくて圧倒された。

2009年、仏＝伊、1.85:1、90分　〈脚〉フランソワ・オゾン　［撮影］ジャンヌ・ラポワリー　〈主〉アレクサンドラ・ラミー、セルジ・ロペス、メリュジーヌ・マヤンス、アルチュール・ペイレ

2011

1 | オリジナルとコピー、事実と虚構　アッバス・キアロスタミ監督『トスカーナの贋作』

2 | 視覚の奇妙な迷宮　ジョニー・トー＆ワイ・カーファイ監督『MAD探偵　7人の容疑者』

3 | 出鱈目さという映画の本性
アピチャッポン・ウィーラセタクン監督『ブンミおじさんの森』

4 | 物語の破綻を生きる　堀禎一監督『魔法少女を忘れない』

5 | 映画を考察する映画　マルコ・ベロッキオ監督『愛の勝利を　ムッソリーニを愛した女』

6 | 個人的で内密な夢に似て　セミフ・カプランオール監督『蜂蜜』

7 | リアリズムの強度に依存するだけではなく　内田伸輝監督『ふゆの獣』

8 | 身体の落下　イム・サンス監督『ハウスメイド』

9 | 徹底したプロフェッショナリズムが生み出す完璧さの内実
ジョン・カーペンター監督『ザ・ウォード　監禁病棟』

10 | 全てが映画的なラストの三〇分　ダグ・リーマン監督『フェア・ゲーム』

11 | 歴史を語る　ワン・ビン監督『無言歌』

12 | 何という海岸、何というすれ違い　真利子哲也監督『NINIFUNI』

『ザ・ウォード　監禁病棟』
DVD発売中　¥3,800+税
Blu-ray発売中　¥4.700+税

発売・販売元:ハピネット
©2010, Chamberlain Films, LLC. All rights reserved.

オリジナルとコピー、事実と虚構

アッバス・キアロスタミ監督『トスカーナの贋作』

アッバス・キアロスタミの『トスカーナの贋作』は、イタリアのトスカーナ地方を舞台にしたイギリス人男性とフランス人女性の愛の物語だ。外国人の男女を乗せた自動車がイタリアの道路を走る。この映画は、ロベルト・ロッセリーニが監督した傑作『イタリア旅行』の一種のリメイクのように見える。

男は作家で、美術品の贋作についての書物『認証されたコピー』を著して、コピーすなわち贋作がそれ自体価値を持つことを示そうとした。ギャラリーを経営する女が彼の講演を聞きに来る。二人は自動車で外出して美術館を訪れ、贋作と判明した後も展示され続けている絵を眺め、議論する。男は言う。「ダ・ヴィンチの『モナ・リザ』でさえ、モデルとなったジョコンド夫人の複製にすぎない」。

このように、オリジナルとコピーに関する考察からこの映画は始まるのだが、この作家の主張は映画という表現形式において特に重要になる。何故なら、複製技術時代の芸術である映画を観る時、観客は常にコピーを目にしているからだ。原版ではなくコピーされたプリントを観る。コピーに価値があって初めて映画は成立するのだ。その上、カメラはレンズの前の対象をコピーする。このような道具を用いて、映画監督は現実の事件の映画化や小説の翻案、過去の映画作品のリメイクといった反復の遊戯に興ずるのだ。

『トスカーナの贋作』の男女は、カフェの店員に夫婦と間違えられたことをきっかけに十五年連れ添った夫婦を演じ始める。二人は架空の夫婦を模倣しているが、模倣には模倣の価値がある。ここから映画は事実と虚構の遊戯に入っていくのだが、これはキアロスタミの映画にはお馴染みのものだ。彼の代表作『クローズ・アップ』では、実際の詐欺事件の当事者たちが再現ドラマを演じ、そこに事件の裁判などのドキュメンタリー映像が組み込まれていた。こうした遊戯を通じてキアロスタミが描きだすのは、事実と虚構の対立が意味をなさなくなる地点である。女は男を欲望し、夫婦という虚構が事実であればいいと思い、演技が演技でなくなっていく。事実と虚構の境界線が揺らぐ。ここで立ち上がってくるのは、何が本当で何が嘘かといったことをこえた演技という現実だ。出会ったばかりの男女が夫婦を演じているという現実。さらには、俳優がそのような登場人物を演じているという現実。映画のカメラとは、事実と虚構の対立、ドキュメンタリー映画と物語映画の対立をこえて、レンズの前の現実をただ撮影する機械なのだ。こうして、演出よりも撮影が本質的な機能を果たす「撮影の映画」として、『トスカーナの贋作』が立ち現れる。

そこで何より圧倒的なのは、女を演じるジュリエット・ビノシュの存在感だ。若い頃のような魅力溢れる美人女優としてのビノシュではない。女を丸出しにする中年女性の痛いほどの生々しさを彼女は体現している。涙で目を赤く腫らす女。アルベール・エルバスがデザインしたドレスで胸の谷間を誇示し、レストランの化粧室で口紅を引きイヤリングをつけて、男を誘惑する女。彼女は服の下のブラジャーを外しさえする。そんな女を演じるビノシュの存在感が、この映画に真の輝きを与えているのだ。

今月は他に、『キス&キル』『レバノン』『白いリボン』などが面白かった。また劇場未公開だが、フランシス・フォード・コッポラの『テトロ』が素晴らしくて感動した。

2010年、仏＝伊＝ベルギー＝イラン、1.85:1、106分〈脚〉アッバス・キアロスタミ ［撮影］ルカ・ビガッツィ〈主〉ジュリエット・ビノシュ、ウィリアム・シメル、ジャン=クロード・カリエール、アガット・ナタンソン、ジャンナ・ジャンケッティ、アドリアン・ムーア

視覚の奇妙な迷宮

ジョニー・トー&ワイ・カーファイ監督『MAD探偵　7人の容疑者』

狂気に陥って退職した元刑事バンは、後輩の現役刑事ホーに頼まれてある事件の捜査を引き受ける。バンは特異な能力を持っていて、他人の隠された人格が目に見えたり、犯人や被害者と同じ状況に我が身を置くと事件の真相が分かったりする。捜査を始めると、彼は容疑者のコウ刑事になんと七つの隠された人格があることを見抜いてしまう。ジョニー・トー&ワイ・カーファイの新作『MAD探偵　7人の容疑者』は、このようなあり得ない奇妙な物語を語っている。フィクションをフィクションとして自覚的に受け入れ、その出鱈目さを楽しむための物語だ。

バンがコウ刑事の七つの人格に気づく場面を見てみよう。コウ刑事が道を歩き、バンとホー刑事が自動車に乗って彼を尾行する。自動車の正面からフロントガラス越しにバンとホーを捉えるショット。次に、前方を歩くコウの後ろ姿のショット。続いてバンのショット。その視線の切り返しで、道を歩く何人かの人物のショット。コウはいない。ホーのショットにオフの口笛のメロディが重なる。ここまで、全てフロントガラス越しのショットだ。切り返しで、口笛を吹きながら歩くコウのショット。ガラス越しではない。続いて、ガラス越しのバンのショット。切り返しで、六人の男と一人の女が同じメロディを口笛で吹きながら歩くショット。さらに、コウが口笛を吹きながら歩くショット。二つともガラス越しではない。このようにして、コウが七つの人格を隠し持つことが簡潔に語られる。コウも七人の男女も口笛を吹くことで、観客は事態を明瞭に理解することができ、また、耳に残るそのメロディにより、観客はこの異様な展開に自然に引き込まれていく。

ホーの視線による切り返しでコウが、バンの視線による切り返しで七人の男女が映し出される。ここで注意すべきは、コウや七人の男女が口笛を吹くショットはどちらも、ホーやバンの見た目そのままではないことだ。ホーとバンはフロントガラス越しに斜め後ろからコウを見ている筈だが、ガラス越しのショットではないし、カメラはコウを斜め前から捉えているからだ。見る主体によって対象の姿が変わるという視線の遊戯は、カメラの位置によってではなく、切り返しという編集によってもっぱら保証されているのである。

映画では、カメラの位置は自由度の非常に高いものであり、話法の上で人物の見た目である筈のショットでも、その人物の目の位置にカメラがある必要はない。これを理解すれば、ジョニー・トー&ワイ・カーファイが極めて厳密に映画を撮っていることが分かるだろう。バンとホーはコウを尾行し続け、レストランに入る。そのトイレでバンとコウは格闘するのだが、ここでも描写は正確だ。まずコウが自分の姿でトイレに入り、続いてバンが入って来ると、その視線でコウの隠れた人格が姿を現す。最後にホーがトイレに行くと、コウの姿と七人の男女の姿が交代で現れるのだ。勿論、カメラの位置は極めて自由である。

人によって世界の見え方が変わる。『MAD探偵　7人の容疑者』は、狂気に陥った人物の視線を用いて視覚の遊戯を追求し、視覚の奇妙な迷宮へと観客を迷い込ませるのだ。

今月は他に、『アンストッパブル』『アンチクライスト』『エリックを探して』『嘘つきみーくんと壊れたまーちゃん』などが面白かった。また劇場未公開だが、ケリー・ライヒャルトの『オールド・ジョイ』も良かった。

2007年、香港、2.35:1、89分　〈脚〉ワイ・カーファイ、オー・キンイー　[撮影]チェン・チュウキョン　〈主〉ラウ・チンワン、アンディ・オン、ラム・カートン、ケリー・リン

2011.3

出鱈目さという映画の本性

アピチャッポン・ウィーラセタクン監督『ブンミおじさんの森』

タイ東北部の村。細長いテーブルを囲んで、ブンミおじさんとジェンとトンが夕食をとっている。ブンミは腎臓を患っていて、死期が近い。夜の闇のなかから虫の音が聞こえてくる。この食事の場に奇妙な存在が二つ現れ、ブンミは驚きもせずに受け入れる。一九年前に亡くなり幽霊となった彼の妻フエイと、猿の精霊と化した行方不明の息子ブンソンだ。テーブルの空席に人の顔のようなものがぼんやりと浮かび上がり、それが少しずつフエイの姿になっていく様子が、固定ショットの長回しで示される。ブンソンの登場はもっと異様だ。赤い目をした毛むくじゃらの存在が階段を上がってきて椅子に座るのだが、精霊というより狼男のようなその外見は、いかにも作り物のような安っぽさを隠そうとしない。というより、わざと安っぽく撮られている。

アピチャッポン・ウィーラセタクンの『ブンミおじさんの森』は、まさにここで映画の本性を曝け出している。映像で物語を語ることの本質的な出鱈目さだ。この精霊の登場を馬鹿らしいと感じて物語に乗り損ねる者は、この映画の豊かさを捉えることができないだろう。反対に精霊の登場を生真面目に受けとめて、生者と死者が交差する物語の世界観について真剣に考え出す者も、この映画の素晴らしさを本当には理解できないだろう。この登場の出鱈目さを笑いながら、あたかも物語を信じているかのように楽しむ、言わばフィクションをフィクションとして享受する者こそが、この映画の本質に辿り着けるのだろう。

フエイとブンソンの登場の仕方は直接的にはタイの古いテレビ番組を参照しているのだろうが、もっと起源に遡れば、映画初期から数多く撮られてきた製作費の安い怪奇映画から受け継がれてきたものである。映画は初期から現在まで絶えず亡霊を描いてきた。それは、スクリーンに映る登場人物自体が俳優の亡霊であるからだ。俳優たちは死後も作品のなかに亡霊として生き続け、観客の目の前に現れ続ける。一方、映画は狼男のような怪物たちも常に描いてきた。映画は怪物を描きながら、人間と人間ならざるものの境界を思考し、人間とは何かを問うてきたのだが、怪物とは人間の別の姿、異形の人間でもあった。

『ブンミおじさんの森』で、スクリーン上のイメージという亡霊に過ぎない登場人物が死者や精霊と会話をするのも、何の不思議もないことかもしれない。この映画ではまた、王女とナマズが性交し、人間が精霊に化け、輪廻転生によって人間が動物に生まれ変わる。この映画が描くのは、人間と非人間の境界ではなく、あらゆる境界の消失、生と死の境界や人間と動物の境界の消失なのだろう。

ブンミは死の時が来たのを悟ると、森へ入って行く。アピチャッポン・ウィーラセタクンは『ブリスフリー・ユアーズ』や『トロピカル・マラディ』など、森のなかに入る物語を繰り返し語っている。人間が森に入り、何かが変わる。『トロピカル・マラディ』では、人間が森で虎に化けた。『ブンミおじさんの森』では、あらゆる境界が森で消失していき、その奥の洞窟でブンミは死ぬ。しかし、彼は決定的に死んだ訳ではない。少なくとも、スクリーン上に彼は蘇っている。映画は過去や過去の人物を現在に蘇らせる装置なのだから。

今月は他に、『ヒアアフター』『冷たい熱帯魚』『悪魔を見た』などが面白かった。また劇場未公開だが、リュック・ムレの『狂気の地』も良かった。

2010年、タイ＝英＝仏＝独＝スペイン＝オランダ、1.85:1、114分 〈脚〉アピチャッポン・ウィーラセタクン ［撮影］サヨムプー・ムックディプローム 〈主〉タナパット・サイサイマー、ジェーンジラー・ポンパット、サックダー・ケァウブアディー、ナッタカーン・アパイウォン

物語の破綻を生きる

堀禎一監督『魔法少女を忘れない』

堀禎一の新作『魔法少女を忘れない』は、彼の傑作『憐 Ren』と双子の関係にある映画だ。どちらも田舎の高校を舞台とするファンタジーで、突然現れた孤独な美少女を男の子が好きになるという同じ物語を語っている。美少女は非現実的な自分の身の上を語り、まわりの人々から忘れ去られる宿命を背負っている。高校生たちがいつも自転車に乗りながら互いの絆を確かめあっている点まで同じだ。

映画の物語のなかにさらに物語がある。『憐 Ren』の美少女は五百年後の未来からやって来たと語り、『魔法少女を忘れない』で、ある日突然悠也の妹になる美少女みらいは、魔法を忘れた元魔法少女だと言う。二本の大きな違いは、『憐 Ren』では、男の子が美少女の物語を受け入れる過程が描かれていたのに対し、新作では、最初から男の子が物語を受け入れている点にある。後者は前者の一歩先を語っている。他者を理解するために他者の物語を受け入れた者たちは、やがて物語の破綻と現実の露呈に直面する。人が生きているのは結局、物語ではなく現実だからだ。『魔法少女を忘れない』において、魔法少女の物語が破綻をきたすのは忘却の主題を通してである。魔法少女は最後にはまわりから忘れ去られる運命にある。物語のこの不幸な結末を予感した時、悠也は元魔法少女の妹との同居という物語に安住できなくなり、生身の美少女への抜き差しならぬ感情を生き始めるのだ。彼は物語に逆らい、過去の記憶を必死に繋ぎとめようとする。その試みに対応するかのように、堀禎一の映画で初めてフラッシュバックが登場し、過去の映像が繰り返し蘇ってくる。

物語の破綻に直面するのは悠也だけではない。彼の幼馴染みの千花も、秘かに悠也を愛しながら、別の物語の破綻を生きることになる。小学生の時に、彼女の時代劇の物真似を彼が喜んだので、それ以来彼女は時代劇の奇妙な口調で話し続け、彼が望む彼女のイメージを演じ続けてきた。彼が喜ぶような二人の関係の物語を彼女は生きてきたのだ。しかし、彼は小学生の時の出来事を忘れ、物語を共有できなくなっていく。ここでも忘却が物語の破綻の引き金になっている。

物語が崩れ、現実が露呈する。その時、千花は自分の心をありのままに曝け出すことしかできない。「もうこんな喋り方などいつまでもできない。私の本当の気持ちを伝えられない」。そう言って、夜の闇のなか、千花は涙を流しながら悠也に告白する。「悠也のことが好き。好き。大好き。昔から悠也のことだけ想ってた」。映画の奇跡と呼ぶべき瞬間。千花に扮する森田涼花の天使のような演技に、観る者は声を失う。偉大な女優の誕生の瞬間だ。

人は物語なしには生きていけず、ひとつの物語が終わってもまた別の物語が始まるだけだ。だが、物語は決して現実を覆い尽くせない。これは映画においても同じことだ。映画の物語と現実という外部。堀禎一による物語の的確な演出は、カメラが撮影する現実の痕跡を隠蔽しない。千花の物語が破綻して彼女にとっての現実があらわになるまさにその瞬間に、森田涼花という女優の生々しい存在感が画面に露呈するのだ。『魔法少女を忘れない』の素晴らしさは、物語と現実のこのような緊迫した関係にあるのだろう。

今月は他に、『神々と男たち』『トゥルー・グリット』『ファンタスティックMr.FOX』などが面白かった。また劇場未公開だが、クレール・ドゥニの『ホワイト・マテリアル』も良かった。

2011年、日、1.78:1、90分〈脚〉中野太、ますもとたくや［撮影］橋本彩子〈主〉高橋龍輝、谷内里早、森田涼花、碓井将大、前田亜季

映画を考察する映画

マルコ・ベロッキオ監督『愛の勝利を　ムッソリーニを愛した女』

マルコ・ベロッキオの『愛の勝利を　ムッソリーニを愛した女』を観る者は、画面から溢れ出る激しい熱気にただただ圧倒されるだろう。光と影の強烈なコントラスト。俳優たちの力強い表情や身振り。ムッソリーニの愛人だったイーダが精神病院の鉄格子を登って手紙をばらまく二つの場面は、特に鮮烈だ。

しかし、こうした画面の強度という観点だけでは、『愛の勝利を』の魅力を十分に捉えることはできない。この映画は、ファシスト政権の犠牲になったイーダの不可能な愛を描きながら、彼女を通してイタリア現代史を浮かび上がらせてもいる。そしてこの歴史の表象はイタリア映画史の表象と密接に結びついている。資料映像が当時の社会状況を示し、映画館の場面が頻繁に登場する。第一次世界大戦への参戦派と中立派に映画館の客席が二分し喧嘩が起こるなど、映画館の場面にも歴史の影が色濃く落ちているのだ。ただし、全篇に映画の引用が溢れているのは、ファシズムの歴史を描き出すためだけではない。

映画館以外で映画が上映される場面に注目しよう。第一次世界大戦で負傷したムッソリーニが、ベッドを敷きつめた教会で看護を受けている。天井にスクリーンが張られ、ベッドに横たわった彼はジュリオ・アンタモーロの『クリスタス』を観ている。垂直方向の映写という印象的な状況のなかで、ムッソリーニの顔から映画内の十字架にかけられたイエスの顔への切り返しが二度行なわれる。この編集によりムッソリーニのイエスへの感情移入が示され、両者のイメージが結びつけられる。ファシスト政権とカトリックの結びつきを暗示しさえする大胆で秀逸な編集だ。

映画の屋外上映会の場面も興味深い。チャールズ・チャップリンの『キッド』の、男の子が浮浪者から引き離される場面を、イーダが目に涙を浮かべながら観ている。イーダの顔と映画内の男の子の顔の切り返しが反復され、それが、男の子の顔とチャップリン扮する浮浪者の顔の映画内での切り返しへと繋がれる。こうしてイーダは浮浪者に感情移入し、離れ離れになったイーダの息子のイメージが男の子のイメージに重ねられる。三人の顔の向きによって、映画内の男の子が浮浪者よりもイーダに強く結びつくように見えるのが巧みだ。『愛の勝利を』では映画を観る行為が重視され、『クリスタス』も『キッド』も、観客となる登場人物の鏡の役割を果たしている。

チャップリンと言えば、『チャップリンの独裁者』で彼はヒトラーの演説を誇張して演じていた。『愛の勝利を』には、ムッソリーニとイーダの間の息子が父親の演説を誇張して演じる場面がある。しかも、息子と若き日のムッソリーニを、フィリッポ・ティーミが一人二役で演じている。つまりこの映画では、ムッソリーニ本人が資料映像により提示され、ティーミがムッソリーニを演じ、さらにムッソリーニを真似る息子も演じるのだ。本物と演技、さらに演技の演技。映画は演技という行為自体を問いながら、独裁者のイメージを多重化しその狂気を浮き彫りにしていく。

演技は物語映画の本質的な要素である。『愛の勝利を　ムッソリーニを愛した女』は、映画の引用や映画の観客の登場、登場人物の演技を通じて映画そのものを考察しているのだ。

今月は他に、『SOMEWHERE』『ダンシング・チャップリン』『ザ・ファイター』などが面白かった。また劇場未公開だが、オリヴィエ・アサイヤスの『カルロス』も良かった。


2009年、伊＝仏、1.85:1、128分　〈脚〉マルコ・ベロッキオ、ダニエーラ・チェゼッリ　[撮影]ダニエーレ・チプリ　〈主〉ジョヴァンナ・メッゾジョルノ、フィリッポ・ティーミ、ミケーラ・チェスコン

2011.6

個人的で内密な夢に似て

セミフ・カプランオール監督『蜂蜜』

トルコの映画監督、セミフ・カプランオールの『蜂蜜』は映画の至福に満ちている。その美しさをどのように伝えたらいいのだろう。物語は単純だ。六歳の男の子ユスフは、森に囲まれた山岳地帯で暮らしている。吃音のため音読ができず、彼は小学校で苦労する。父親は養蜂家で、ある日突然姿を消した森の蜂たちを探しに森に入っていく。そのまま父は帰らず、息子は言葉を話さなくなる。蜂が重要な役割を果たすという点で、この映画はビクトル・エリセの『ミツバチのささやき』に似ていると言えよう。男の子が教室で授業を受ける様子は、アッバス・キアロスタミの『友だちのうちはどこ?』を思い出させもする。こうした比較は、『蜜蜂』がどのような映画の系譜に属しているかを教えてくれるようだ。

最初のショットから、観客は映画に惹き込まれる。森のなかの木々を映す長回しの固定ショット。画面の奥から、父親が白馬を連れてゆっくりと歩いてくる。一番手前まで来ると、彼は一旦画面から退場し、再び現れると太い縄を投げて木の高みにある枝に引っ掛ける。木のてっぺんに蜂の巣箱が仕掛けられているのだが、男の行為の意味はすぐには分からず、意味より前にまず行為そのものが示される。物語の情報という観点から言えば、父親が画面の一番手前に到達するまではほとんど無駄な部分だ。しかし、だからこそ観客は陽光のきらめきや鳥のさえずり、木の葉のそよぐ音などをじっくりと味わうことができ、またゆっくりとした父親の動きや時間の流れを楽しめるのだ。物語の重要な舞台となる森がとても魅力的に描かれていて、ユスフと父親が森を歩いていると、川のそばで突然父親が倒れる場面も強く印象に残る。

屋内の場面もまた素晴らしい。ある時、家畜小屋でユスフは牛に水をやろうとして、バケツの水をこぼしてしまう。家に帰り、彼は水に濡れたノートを薪の火で乾かそうとする。物語の大きな流れとは関係がなく、仮に存在しなくても構わないような些細なくだりだが、一度観たら忘れられない。家畜小屋の暗闇のなかからヌッと首を出す牛とそれに驚くユスフの表情。フェルメール的な窓越しの光のなかでユスフが振るノートのパタパタという動き。全てが素晴らしい。別の場面で、薄暗い家のなかをユスフがゆっくりと行き来するだけで、観客は意味もなく感動してしまう。このような贅沢な体験を与えてくれる映画は、そんなにあるものではない。

ある日、ユスフは父親に自分の見た夢を話そうとするが、「夢を人に聞かれてはいけない」と言われて、ひそひそと父に話す。観客の知ることのできない内密な夢。何か触れてはいけないものに触れるような、はっとする場面だ。映画もまた夢のようなものである。どちらも実体のないイメージの連なりだからだ。ただし、夢は全く個人的なもので、映画は反対に、スクリーンの前で多くの観客と共有されるものである。だがそれにもかかわらず、『蜂蜜』は個人的で内密な夢に似た作品だと言ってしまいたい。少なくとも、この映画はそのような私的な領域に踏み込もうとしている。ともかく、セミフ・カプランオールの『蜂蜜』は、まるで夢を見ているような至福の映画なのである。

今月は他に、『マイ・バック・ページ』『星を追う子ども』『ブラック・スワン』などが面白かった。


2010年、トルコ=独=仏、1.85:1、103分 〈脚〉セミフ・カプランオール、オルチュン・コクサル [撮影]バリス・オズビチェル 〈主〉ボラ・アルタシュ、エルダル・ベシクチオール、トゥリン・オゼン

2011.7

リアリズムの強度に依存するだけではなく

内田伸輝監督『ふゆの獣』

デジタルビデオの発達は破格の低予算による映画製作を可能にし、映画のあり方を大きく変えた。二一世紀初頭の日本で自主映画がかつてない活況を呈しているのも、この技術革新なしには考えられない。こうした状況のなかで、既存の映画システムに頼らず、インディペンデントで映画の製作と配給、宣伝を行なうケースが近年急増している。特に松村浩行の『TOCHKA』の出現は、このような作品群が日本映画の現在を語るうえで欠かせないものであることを人々に知らしめた。現在、日本の映画産業は、リーマン・ショックと東日本大震災を経て極めて厳しい状況にあるが、二〇世紀的な映画システムがほぼ崩壊してしまった今、未来を担う新しい日本映画はこうしたところから出てくるのかもしれない。

そしてまた一本、そんな考えを確信へと変えてくれるような優れた映画が登場した。内田伸輝の『ふゆの獣』だ。俳優は四人、基本的なスタッフは三人というミニマルな撮影で、予算はなんと僅か百十万円だという。同じ会社に勤める四人の若い男女の恋愛模様という身近な小さい物語。脚本は大雑把なものしかなく、与えられた設定のなかで俳優が即興で演技をしたという。即興撮影によって四人の俳優は追い詰められていき、彼らが曝け出すなまの姿をカメラがじっくりと記録していく。そこに溢れる生々しいリアリズムに、多くの若者が共感するだろう。

身近な物語とリアリズムは、二一世紀初頭の映画の重要な特徴だ。フィクションでもドキュメンタリーでも、若い映画監督たちは身近な小さい世界を好んで語っている。また、形式主義や技巧主義が後退する一方で、素朴なリアリズムが復権してきている。映画が現実との関係を、撮り手たちが生きる身近な現実との関係を取り戻そうとしているのかもしれない。デジタルカメラの普及以上に、長引く経済不況が人々の考え方に与える影響が、こうした変化の背景として決定的である。

ただし、『ふゆの獣』は新しい流れの単なる典型ではない。後半に入り、四人の登場人物が一堂に会するあたりから、映画は独自の輝きを放ち始めるのだ。対照的な二人の男、シゲヒサとノボルの振舞いが特に面白い。平然と浮気をするシゲヒサと、女性と話をするのが不得意なノボル。問い詰められて誰が聞いても変な弁明をするシゲヒサや、どこまでも直情的なノボルを見ていると、この映画が、リアリズムの強度に依存するだけの作品ではないことが良く分かる。これほどまでに人間存在の愚かさや哀しさ、滑稽さを真正面から浮彫りにした場面が他にあるだろうか。男女の壮絶な修羅場が突然無性に可笑しな喜劇と化す。これこそが真に映画的な瞬間である。

耐え切れなくなったシゲヒサが突然部屋から外へ逃げ出し、他の三人も彼を追って外へ走り出す。狭い空間から開かれた空間へ。だが、逃走と捕獲という明確な目的に基づく運動は長くは続かず、四人はすぐに広々とした空間のなかに別々に立ち尽くす。解放感はかりそめのものだ。出口のない人間関係の末に、あてどもなく放り出された四人の人間。行き場を失ったその身体が、映像的フェティシズムから遠く離れた地点で、映画的に輝き出すのを決して見逃さないでほしい。

今月は他に、『プッチーニの愛人』『東京公園』『もしドラ』などが面白かった。また劇場未公開だが、ブリランテ・メンドーサの『虐殺』が衝撃的だった。

2010年、日、1.78:1、92分 〈脚〉内田伸輝 ［撮影］内田伸輝 〈主〉加藤めぐみ、佐藤博行、高木公介、前川桃子

2011.8

身体の落下

イム・サンス監督『ハウスメイド』

一九九〇年代末から二〇〇〇年代初めにかけて、韓国映画は、才能ある新しい映画監督たちの登場により世界中の注目を浴びた。一九九八年に『ディナーの後に』で鮮烈なデビューを果たしたイム・サンスもそうした監督の一人である。彼の映画の魅力は、何より女性の身体の描写にあるだろう。『ディナーの後に』は、最良の日活ロマンポルノにあったような女性の身体の瑞々しい描写によって、観る者を魅了した。『浮気な家族』でも、ヒロインを演じるムン・ソリの身体がエロティックかつしなやかに描かれていた。『ユゴ　大統領有故』では反対に、激しい暴力と結びついた男性の身体が追求された。イム・サンスの映画は、一言で言えば身体の映画なのだ。

そんな彼の新作『ハウスメイド』もまた、女性の身体をエロティックに描く彼らしい作品である。ヒロインのウニに扮するのは、イ・チャンドンの『シークレット・サンシャイン』でカンヌ映画祭の女優賞を受賞したチョン・ドヨンだ。どちらかと言えば地味な風貌の彼女は、イ・チャンドンの傑作に続いて『ハウスメイド』でも、不幸を一身に背負って苦しむ哀れな庶民の女を演じ、痛めつけられれば痛めつけられるほど輝き出すという倒錯的な魅力を発揮している。ただし、イム・サンスの新作において興味深いのは、ウニの身体のイメージが場面によって不安定に揺れ動き、特に豪邸の主人である男の欲望の視線にさらされると大きく変容することだ。男の前で裸になる時だけではない。メイドの制服を着てウニがバスタブを掃除する時でも、背後から男に見つめられると、彼女の身体はグラマラスなイメージに包まれることになる。このように、身体そのものだけでなく身体と視線の関係を問う時に、『ハウスメイド』はよりはっきりと映画的なものに触れている。

もっとも、この映画が優れているのは、倒錯的な魅力とグラマラスな魅力が同居する女性の身体のイメージを鮮やかに描いているからだけではない。より重要なのは、身体の落下という主題が導入されて、女性の身体がこの映画的なアクションのなかでさらに豊かに輝き出すことにある。『ハウスメイド』は、ビルの屋上から下を覗き込む若い女を、手持ちカメラが背後から捉える素晴らしいショットから始まる。彼女はそのまま投身自殺する。この冒頭の落下に続いて、詳述はできないが、映画の中盤と最後でウニの身体も落下することになる。映画のプロットは、この三度の落下によって区切りをつけられている。

この落下に対立する主題が、豊かに膨らんで球体と化したような女性の腹だ。豪邸の主人の妻ヘラは双子を妊娠して、お腹が丸々と膨らんでいる。ウニもまた主人の赤ん坊を妊娠するが、お腹が膨らむこともないまま流産する。球体の腹は上流階級の女に、身体の落下は庶民の女に属する主題であり、これらが階級を跨いで伝わることは決してない。

ここで注意すべきは、身体の落下は反復されるにつれて、周囲の人物の視線を意識した行為になり、演劇的性格が生まれてくることだ。こうして最後の落下の場は一種の劇場となる。この劇場性が、イム・サンスのヒッチコック的な演出によってこの上なく映画的なものに変貌する瞬間を、見逃してはならない。

今月は他に、『エッセンシャル・キリング』『卵』『ミルク』などが面白かった。また劇場未公開だが、ダグ・リーマンの『フェア・ゲーム』も良かった。

2010年、韓、2.35:1、106分　〈脚〉イム・サンス　[撮影]イ・ヒョンドク　〈主〉チョン・ドヨン、イ・ジョンジェ、ユン・ヨジョン、ソウ、パク・チヨン、アン・ソヒョン

徹底したプロフェッショナリズムが生み出す完璧さの内実

ジョン・カーペンター監督『ザ・ウォード　監禁病棟』

傑作という言葉がこれほどふさわしい映画が他にあるだろうか。間違いなく今年最も優れた映画がまもなく公開される。ジョン・カーペンターの『ザ・ウォード　監禁病棟』だ。

カーペンターこそは、一九七〇年代以降の最も重要な映画監督の一人ではないか。モダン・ホラーというジャンルが彼の作品の正当な評価を妨げているのは残念だ。美しいものを撮った作品が美しいということでは全くない。しかも、醜が美に反転し、俗悪なものが聖なる輝きを帯びる瞬間こそが、しばしば映画の醍醐味なのだ。アメリカのカーペンターとイタリアのダリオ・アルジェントは恐怖を描きながら人間の心のなかにある闇を追究してきた。この二人がモダン・ホラーを開拓しつつ成し遂げたことを考えずに、七〇年代以降の映像表現を考察することは不可能である。

森のなかを下着姿で走る若い女。ある農家に火をつけると、女は警察官に捕えられ、そのまま精神病院に連れて行かれる。この謎めいた出だしが、ただちに観客を映画の世界にひきこむ。監禁病棟に閉じ込められると、女はやがて、医師や他の患者たち以外に何かおぞましい存在がそこに潜んでいることに気付く。このようにして恐ろしいサイコ・サスペンスが展開されていくのだが、これ以上ここで物語を明かすことはできない。シネマスコープ・サイズのショットはどれも素晴らしく、常に的確な編集は感嘆に値する。恐怖感を盛り上げる演出は勿論、アクションの撮り方も見事なのは、まさにカーペンターらしいところだ。特に、初めてヒロインが精神病院からの脱走を試みるくだりで、彼女が地下の部屋に入り込む場面は圧倒的である。映画の手本だと言いたくなる程だ。そして物語の語り方の巧みさ。脚本の構成がしっかりしていて、観客は退屈さを全く感じない。

これは、徹底したプロフェッショナリズムが生み出した完璧な映画だ。二一世紀の初めにこのような映画が撮られたこと自体が感動的である。斬新さや実験性によって評価される作品ではなく、観客の多くはむしろ懐かしさを感じるだろう。ただし、この懐かしさは古典映画の懐かしさでは決してない。従って、ここで言う完璧さも、古典映画における完璧さとは内実が異なっている。

一九四八年生まれのカーペンターは、幼少期に映画の黄金時代の崩壊を目の当たりにしながら映画の虜になっていった。黄金時代の古典映画ではなく、その崩壊の現実が彼の映画的な出発点となっているのだ。映画の舞台が、彼が一八歳だった一九六六年であることに注意しよう。この作品を観て、サミュエル・フラーの『ショック集団』やリチャード・フライシャーの『絞殺魔』といった六〇年代の映画を思い出す者も多いに違いない。おそらくカーペンターは、自分の映画的探求の原点を示すために、六〇年代を映画の舞台に選んだのだ。映画の黄金時代も終わり、映像表現のあり方が大きく揺れ動いた六〇年代。彼や他の多くの監督たちが、この時代に決定的な影響を受けながら、七〇年代に映画を撮り始めた。七〇年代派とはこのような監督たちのことであり、『ザ・ウォード　監禁病棟』の完璧さが示しているのは、彼らが築き上げた新しい映画美学におけるスタンダードなのだ。

今月は他に、『パレルモ・シューティング』『朱花《はねづ》の月』などが面白かった。また美術展での上映だが、アピチャッポン・ウィーラセタクンの『プリミティヴ』も良かった。

2010年、米、2.35:1、89分　〈脚〉マイケル・ラスムッセン、ショーン・ラスムッセン　[撮影]ヤーロン・オーバック　〈主〉アンバー・ハード、メイミー・ガマー、ダニエル・パナベイカー、ローラ=リー

全てが映画的なラストの三〇分

ダグ・リーマン監督『フェア・ゲーム』

九・一一のテロで状況が一変したアメリカ。ＣＩＡ諜報員のヴァレリーとその夫で元ニジェール大使のジョーは、イラクに核兵器開発計画が存在しないことを突きとめる。イラク戦争開戦の四か月後、「ニューヨーク・タイムズ」紙にジョーは戦争の虚偽を告発する記事を書く。すると、ヴァレリーの身元が政府筋のリークにより暴露され、彼女は窮地に陥ってしまう。『フェア・ゲーム』が描くのは、実際に起こったプレイム事件である。

『ボーン・アイデンティティー』を撮ったダグ・リーマンの新作だから面白いのは当たり前なのだが、アクション・シーンを封印し、社会派の重い内容を人間関係のドラマとして描き切ったこの監督の演出力には、頭が下がる思いだ。特にラストの三〇分は、二人の人物の会話を積み重ねながら圧倒的な緊張感を持続させていて、見事と言うほかない。

まず公園で夫婦が会話をするのだが、手持ちカメラのぶれる画面が二人の顔を交互に示しつつ、騒動により二人の間に生じた亀裂を鋭く抉り出す。ここで注意すべきは、妻がベンチに座り夫が立っているという、顔の高さに違いのある状態から会話が始まり、二人が立ったり座ったりして、位置関係を次々と変えていく点だろう。自在なカメラアングル以上にこの位置関係の変化が、この場面を映画的に生き生きとしたものにしている。

夜になると寝室で夫婦が言葉を交わす。別の部屋のソファーで寝るために、夫がベッドの上の枕を取りに来たのだ。ここでは、ダブルベッドに寝そべる妻と立っている夫の位置関係が、ショットの切り返しに豊かな魅力を与えている。夫を映すショットの軽いぶれも、繊細な効果をあげている。

翌朝、妻は二人の子供を連れて家を出て行く。無駄なショットのないテンポのいい語り口でいくつかの出来事が描かれた後、妻の実家の庭で、彼女とその父親が会話をする。女はベンチに座り父親は立ち続ける。ここでもまた、男の顔は女の顔より高い位置にあるのだ。画面のぶれは公園での夫婦の場面よりも穏やかで、話の内容の違いに対応している。俯いたり遠くに目をやったりしながら、自分と妻の昔の経験を語る父親の様子が、何とも言えず素晴らしい。

無駄のないショットの連鎖の後、妻は夫のもとに帰り、家で二人が再び言葉を交わす。夫の見た目で妻を捉えるショットが最初のほうで僅かにぶれて、夫の心の動きを繊細に示す。だがすぐに、これまでの会話の場面と異なり、固定ショットの切り返しで二人が示されるようになる。しかも、二人とも立っていて、顔の高さにほとんど差がない。最初は引きで、後半はクロースアップで二人が示され、単純化された背景が、横からのライトを印象的に浴びる二人の顔の表情を際立たせている。絆を取り戻した夫婦の表情。特に、宿命の荒波に苦しみながらも、夫のもとに帰って公聴会で証言することを決心した妻の表情が素晴らしい。演じるのはナオミ・ワッツだ。

会話の場面の終わりとともに、静かだが力強い音楽が流れ始め、映画は結末へと向かう。派手な表現など一切ない。しかし、全てが映画的な『フェア・ゲーム』のラスト三〇分は、まさに感服に値する。

今月は他に、『タナトス』『ラビット・ホラー3D』『無常素描』『おんなの河童』などが面白かった。また劇場未公開だが、イ・チャンドンの『詩』も良かった。

2010年、米＝UAE、2.35:1、108分〈脚〉シェズ・バターワース、ジョン=ヘンリー・バターワース［撮影］ダグ・リーマン〈主〉ナオミ・ワッツ、ショーン・ペン、サム・シェパード、デヴィッド・アンドリュース、ブルック・スミス、アーナンド・ティワーリー

歴史を語る

ワン・ビン監督『無言歌』

一九五六年に、「共産党への批判を歓迎する」と言って毛沢東は百花斉放百家争鳴という運動を推進した。だが翌年、彼は突然方針を変え、「右派分子が社会主義を攻撃している」として、党の批判者を粛正する反右派闘争を開始した。ドキュメンタリー映画監督ワン・ビンの『無言歌』は、一九六〇年を舞台として、右派とみなされ、辺境での労働改造を命じられた者たちの悲劇を描く物語映画である。

カメラは過去を直接撮影できない。それ故、過去を題材とするドキュメンタリーは、関係者の証言といった、現在に残る過去の痕跡を相手にするしかない。実際、ワン・ビンはすでにそのようにして反右派闘争や文化大革命での粛正に関するドキュメンタリーを撮っている。だが、過去の痕跡を撮影するだけでは満足できなければ、どうするか。ドキュメンタリーから離れ、フィクションの枠組みで過去を再現し撮影するのもひとつの方法だろう。『無言歌』はそんな風に見える作品だ。ドキュメンタリー・タッチとも言えるリアリズムの文体で、過去の事実に忠実な物語が語られることは、観る前から容易に想像できる。

歴史を語る試みと言えば、ジャン=リュック・ゴダールの『映画史』が有名だ。彼にはマオイスムの時期もあった。しかし、ワン・ビンと彼の姿勢は大きく異なる。ゴダールにとって、歴史は結局のところイメージの問題だ。一方、ワン・ビンにとって、作品の外部にある現実が重要性を失うことは決してない。

ところで、『無言歌』は果てしなく拡がる荒野と狭苦しい壕の内部という対照的な二つの空間を主な舞台としており、どちらも映画的な魅力に溢れている。だが、監督は画面を過度に作りこまず、視覚的効果が過剰になることは決してない。例えば、壕の上部の隙間が作り出す陽光と闇の対比は確かに印象的だ。しかしそれが、八〇年代のチェン・カイコーの『子供たちの王様』に登場する教室の光と影のような鮮烈なコントラストを作り出すことは全くないのだ。『無言歌』におけるこうした画面の過剰な視覚的効果の排除は、二一世紀初頭の表現のモードに見事に一致している。例えば、ロウ・イエの『スプリング・フィーバー』や内田伸輝の『ふゆの獣』も、また、ジョン・カーペンターの『ザ・ウォード　監禁病棟』や堀禎一の『魔法少女を忘れない』も、多様な文体にも拘らず、視覚的効果の抑制という点では、『無言歌』と同じなのだ。

『無言歌』という映画のもうひとつの重要な特徴は、歴史上の事実を語っていながら、生死をめぐる人間の普遍的な有様に通じていることだ。場所と時間が特定されながら荒野も壕もどこか抽象的であり、右派に課される労働改造の様子よりも、飢餓と疲労で極限状況に追い詰められた人々のドラマが描写の中心となっている。この点で、イエジー・スコリモフスキの『エッセンシャル・キリング』との比較が興味深い。この映画は極めて抽象的な物語を語り、『無言歌』とは対照的である。だが、物語の発端に現実の政治状況を示唆する要素があるのを忘れてはならない。生死をめぐる人間の極限状況を描くこの二本の映画は、特殊な状況から普遍的な地平へ至る表現のベクトルを共有しているのだ。

今月は他に、『サウダーヂ』『アジアの純真』『スクリーム4』『ザ・リッパー』『アクシデント』などが面白かった。また、特集上映で観たフレデリック・ワイズマンの『ボクシング・ジム』に圧倒された。

2010年、香港＝仏＝ベルギー、1.85:1、112分　〈脚〉ワン・ビン　[撮影]ルー・ション　〈主〉ルウ・イエ、リェン・レンジュン、シュー・ツェンツー、ヤン・ハオユー、チョン・ジェンウー、ジン・ニェンソン、リー・シャンニェン

何という海岸、何というすれ違い

真利子哲也監督『NINIFUNI』

地方都市の国道を二人の男が歩き、カメラがその後姿を追う。二人はやがて走り出し、ある店を襲撃する。カメラは彼らを追い続け、激しく揺れる。次のショットでは二人の男の片方だけが映し出される。襲撃の理由も結末も、何故彼は今一人なのかも、一切分からない。男は自動車を運転する。絶望している様子だ。台詞は全くない。『NINIFUNI』のこの出だしとともに、日本映画界に衝撃が走る。

真利子哲也のこの中篇作品が映画的としか言いようのない瞬間に満ち溢れているのは、画面の構図や光と影が見事だからではない。描かれる出来事が素晴らしいからでもない。映画の根底にある「見る」という行為がほぼなまの形でこの作品に存在しているからだ。カメラは一切説明せず、主人公をただ見続けてその姿を記録し、観客にこの視線を追体験させようとする。観念に惑わされずに、対象をありのままに見るというのは困難な行為だ。だがこの映画のカメラは、常に適切な距離を取りながら、ただ主人公の行動を見つめ続ける。このカメラの視線、この撮影行為こそが映画的な事件を生み出しているのだ。

主人公の青年は、自動車で国道を彷徨った末に人気のない海岸に到達する。この海岸で彼が何をするかは、ここでは語るまい。だが、やがてアイドルグループのももいろクローバーが同じ海岸に到着する時に生ずる映画の重大な変化については、真剣に語らざるを得ない。説明せずにただ提示するというカメラのあり方自体は全く変わらないまま、視線の複数化と視線の対象の複数化が起こるのだ。ＰＶ撮影のメイキング用のカメラによるショットなどの挿入により、視線は複数化し、その結果総体的に見てより客観的なものとなる。さらに重要なのは対象の複数化だ。海岸の一方に青年の自動車があり、もう一方でアイドルのPV撮影が行なわれる。ごく単純なこの変化こそが、この映画では決定的である。

そもそも見るという行為は、常に一つのものを見ることではない。それどころか、人は普通、複数のものを同時にまたは連続的に目にしている。そして二つのものを見る時、その間に比較が生ずる。その時、視界は新たな様相を呈するのだ。二つの異質な存在が海岸で交錯する時、決定的な何かが立ち上がる。青年もアイドルグループも、単体で見られる時とは異なる様相を呈し始める。ここに、『NINIFUNI』の最大の野心がある。

しかしながら、これらは本当に二つの異質な存在なのだろうか。二つであって二つでないという仏教の言葉、而二不二《ににふに》がある。青年とアイドルは一見二つの異なる存在だが、見方を変えれば同じ一つの海岸の二つの面を表しているにすぎない。そう思うと、異質な存在を一つに溶かし込む超然とした海岸のヴィジョンが、はっきり視界に開けてくるだろう。

ただし、NINIFUNIは而二不二であって而二不二でないのだから、仏教の言葉の意味にとらわれるのは避けるべきだ。罪を犯した青年とアイドルの少女たちがすれ違う海岸の光景に、ただ視線を投げかけよう。何という海岸。何というすれ違い。この海岸では、犯罪者もアイドルも何か全く別の存在になってしまうかのようだ。映画史がかつて経験しなかったようなこの光景に接する時、人はこの映画が持つ真の偉大さに気づくことだろう。

今月は他に、『トーキョードリフター』『おばあちゃん女の子』などが面白かった。また、特集上映で観たワン・ビンなどのオムニバス『世界の現状』も良かった。

2011年、日、1.78:1、42分 〈脚〉真利子哲也、竹馬靖具 [撮影]月永雄太 〈主〉宮崎将、山中崇、ももいろクローバー

2012

1 | 美と醜　イ・チャンドン監督『ポエトリー　アグネスの詩《うた》』

2 | 馬の映画　タル・ベーラ＆フラニツキー・アーグネシュ監督『ニーチェの馬』

3 | 臨機応変な柔軟さ　ジャン＝ピエール＆リュック・ダルデンヌ監督『少年と自転車』

4 | 都市と音楽　入江悠監督『SR　サイタマノラッパー　ロードサイドの逃亡者』

5 | 天使が導く　アキ・カウリスマキ監督『ル・アーヴルの靴みがき』

6 | 観れば全て分かる　内藤瑛亮監督『先生を流産させる会』

7 | 純粋な視覚的体験
フレデリック・ワイズマン監督『クレイジーホース・パリ　夜の宝石たち』

8 | カメラと被写体の関係
ベニチオ・デル・トロ、パブロ・トラペロ他監督『セブン・デイズ・イン・ハバナ』

9 | 演技する人物を演じる俳優たち
アッバス・キアロスタミ監督『ライク・サムワン・イン・ラブ』

10 | 冷静なアクションの観察者　ロベール・ブレッソン監督『白夜』

11 | あらゆるものが無根拠に反復する世界の本質的な無意味
ホン・サンス監督『次の朝は他人』

12 | 演出の全てが映画的　ブノワ・ジャコー監督『マリー・アントワネットに別れをつげて』

『ライク・サムワン・イン・ラブ』
DVD発売中　¥4,200＋税

販売元:トランスフォーマー
©ユーロスペース、mk2

美と醜

イ・チャンドン監督『ポエトリー　アグネスの詩《うた》』

詩作教室で詩人の講師が授業をしている。「詩を書くためにはよく見なければなりません。人生で一番大事なのは見ることです」と、彼が言う。すると教室のドアが開いて、初老の女性ミジャが遅れて入ってくる。こうして彼女の見ることのレッスンが始まる。イ・チャンドンの『ポエトリー　アグネスの詩《うた》』は、彼女が一篇の詩を書き上げるまでを描く映画だ。当然、詩はここで映画と重なり得る。映画では、見ることこそ決定的な行為だからだ。

ミジャは中学三年生の孫息子ジョンウクと二人で暮らしているが、彼は実は同級生の少女ヒジンを自殺に追い込んでいた。彼を含む仲良し六人組が、数か月前から少女に対して性的暴行を繰り返していたのだ。六人組の親たちの集まりでこの事実を知ると、ミジャはショックを受けてレストランを抜け出す。五人の父親たちを囲むテーブルの奥に窓があり、その外にミジャの姿が示される。彼女は赤い花を見つめ、詩のノートにメモを取り出す。

詩の先生の言葉に従って、ミジャは木や花を見つめ詩を見出そうとしているが、この段階では彼女はまだ現実逃避のために自然の美に見入っている。世界に存在する醜いものから目を逸らして美しいものだけを見ていても、そこから本物の詩は生まれない。

ミジャが詩の朗読会に行くと、メンバーのなかに、朗読の後いつも卑猥な冗談を言う刑事がいる。彼女はそれを詩の冒涜と感じるが、彼こそ彼女の苦悩を受けとめられるほぼ唯一の人物である。飲み会の晩にミジャが外に出て一人で泣いていると、彼は彼女を優しくいたわるだろう。美も醜もともに肯定できる彼のような人物こそが、本物の詩を書けるのだ。

ミジャはヒジンに何かを感じ、事件のことを知ろうとする。性的暴行の舞台となった学校の実験室に行き、さらに、ヒジンが飛び降り自殺をした川の橋に行く。橋の上で風がミジャの帽子を吹き飛ばし、川べりで彼女が開いたノートを雨粒が濡らす。自殺現場で老女に迫るこの風と雨は、彼女が求めていた自然の美とは異なる自然の新たな一面を示すかのようだ。彼女はノートに何も書けない。だが、詩に対する姿勢は少しずつ変わってきている。ミジャは孫息子の事件に関してある決断をする。そして、詩作教室の最終日までに、ついに一篇の詩を書き上げるのだ。この詩のなかで、ミジャとヒジンの姿が重なるだろう。

イ・チャンドンの映画のヒロインはいつも世界の残酷さに直面している。『シークレット・サンシャイン』のシネが次々と不幸に見舞われるように、ミジャの身に降りかかる災厄は孫息子の性犯罪だけではない。介護している老人の男に性的関係を迫られ、医者からは初期のアルツハイマーと宣告される。この監督にとって、世界は醜いものや悪いものに溢れているのだ。だが、彼はこうした世界を否定も断罪もしない。不条理な世界をただ見つめ続け、その果てに何かを見出す。それは決して絶望ではなく、かと言って希望と安易に呼べるものでもない。世界に美と醜は分かちがたく存在し、時に反転可能である。清らかで澄んだものだけを追い求めても、決して辿り着けない境地があるのだ。そこに到達するならば、地面に落ちたあんずの実をミジャが食べる時の煌めく陽光や草木の影の戯れも、以前とはまるで違ったふうに見えるだろう。

今月は他に、『永遠の僕たち』『ミッション：インポッシブル／ゴースト・プロトコル』などが面白かった。また劇場未公開だが、ワン・チャオの『重来』も見事だった。


2010年、韓、1.85:1、139分　〈脚〉イ・チャンドン　[撮影]キム・ヒョンソク　〈主〉ユン・ジョンヒ、イ・デヴィッド、キム・ヒラ、アン・ネサン、パク・ミョンシン

馬の映画

タル・ベーラ&フラニツキー・アーグネシュ監督『ニーチェの馬』

吹きすさぶ暴風のなか、年老いた馬車馬が一本道を進む。栄養不良かそれとも皮膚病のせいか毛並みがとても悪く、見るからに痛々しい様子だ。ローアングルから仰角で捉えられたその馬の正面の姿は圧倒的な存在感で観る者の目に迫ってくる。カメラが横に回り込み、馬と御者の年老いた男を引き気味に捉えるが、暴風による土埃でその姿はしばしば霞んでしまう。カメラは再び馬の正面に寄り、さらにまた横に回り込み、黙々と進む馬の全身を画面一杯に捉えて、映画の最初のショットが終わる。四分三〇秒程のこの長回しとともに、フラニツキー・アーグネシュを共同監督とするタル・ベーラの白黒映画『ニーチェの馬』が馬の映画であると、観客は確信する。

一八九五年に上映されたリュミエール兄弟の映画のうち、『工場の出口』と『馬芸』、『コルドリエ広場』に馬が登場したことは映画史にとって決定的なことであり、馬は映画と最も相性のいい動物になることを宿命づけられた。ジャック・ロジエの『オルエットの方へ』やクリント・イーストウッドの『硫黄島からの手紙』で馬が海岸を走り、黒沢清の『ニンゲン合格』にポニー牧場が出てきたことは、作品の取るに足らない細部では決してない。

タル・ベーラの新作映画の馬とは、ニーチェの死の間際に登場した馬のことである。一八八九年のトリノで、ニーチェは御者に鞭打たれる馬を見て駆け寄り、泣きながらその首を抱き抱えて卒倒して、二度と正気に戻らなかったという。この馬のその後を想像で描いたのが、『ニーチェの馬』なのだ。馬と飼い主の老人とその娘の六日間の物語である。

疲弊しきったこの馬だけでなく、別の馬も映画に登場し、画面を活気づける。老人と娘の家の窓越しに拡がる荒涼とした風景の一番奥に、左から右へと進む馬車の一行が小さく見える。相変わらず暴風が吹き荒れている。「何だ。どうした」と、窓際に立つ娘に老人が聞く。「馬車が来る」「何者だ」「さっと流れ者よ」。娘は外へ出て行く。馬車が井戸のそばに止まると、流れ者たちは水を汲んで飲む。二頭の白馬に引かれる、ならず者たちの馬車。それが荒野の奥から近づいてくるこの眺めこそは、まさにハリウッドの西部劇ではないか。しかも、追い払おうとする娘に対して、「一緒にアメリカへ行こう」と、ならず者の一人が言いさえするのだ。怒った老人が斧を持って外に出ると、ならず者たちは去って行く。ここまでがワンショットの長回しで描かれる。

この一件の翌日、井戸が突然涸れ、老人と娘は荷物をまとめて、馬とともに家を出る決心をする。ただ一本大木が立っているだけの同じ荒野の風景。その地平線のあたりを、老人と娘と馬が右から左へ進む様子が小さく映し出される。彼らは大木のそばで進路を奥に変え、画面から姿を消す。荒野と一本の大木と吹き荒れる暴風だけの画面がしばらく続く。すると、何と再び老人と娘が馬を連れて画面の奥から現れ、今度は左から右へと進み家に帰ってくる。鬱屈した日常から抜け出すことはできず、徒労感だけが残る。映画は彼らの帰還の理由を一切示さずに、空虚な時間を恐れることなく、ワンショットでただ行動を提示する。そしてこの戦慄のショットでもまた、寡黙な馬の存在感が圧倒的である。『ニーチェの馬』は、最初から最後まで馬の映画なのだ。

今月は他に、『テトロ　過去を殺した男』『果てなき路』『J・エドガー』などが面白かった。また劇場未公開だが、スティーヴ・マックィーンの『ハンガー』も良かった。


2011年、ハンガリー＝仏＝独＝スイス＝米、1.66:1、146分　〈脚〉クラスナホルカイ・ラースロー、タル・ベーラ　[撮影]フレッド・ケレメン　〈主〉デルジ・ヤーノシュ、ボーク・エリカ、コルモシュ・ミハーイ

臨機応変な柔軟さ

ジャン=ピエール&リュック・ダルデンヌ監督『少年と自転車』

この十数年間の映画美学の潮流を振り返って最も重要なものは何かと問われるならば、リアリズムだと答えたい。撮影所の時代の終わりとともに息を吹き返したリアリズムは、デジタルの時代の到来とともに新たな局面を迎えている。それは、アニメとCG大作の勃興が映画と現実世界の絆を断ち切りつつあることへの抵抗としても機能している。

近年のリアリズムの展開において先駆的な役割を果たしたのが、ジャン=ピエール&リュック・ダルデンヌだ。彼らの名が世界に知られ出した九〇年代中頃は、まだデジタルの時代ではなく、ポストモダン的な形式主義の残滓も根強く存在していた。そんななかでダルデンヌ兄弟は先鋭的な意識を持ってリアリズムの方法論を追究した。この追究が頂点に達したのが『ロゼッタ』だ。だが、彼らの真の偉大さは、厳格すぎる方法論の適用が却ってリアリズムを妨げ、形式主義に陥ってしまう危険に意識的で、必要に応じてスタイルを自由に変える柔軟さを持っていることにある。

ダルデンヌ兄弟の新作『少年と自転車』はそんな柔軟さが目覚ましい成果を挙げた秀作だ。デジタル革命以降の新しい世代の映画に比べると、彼らのリアリズムは古めかしいなどと言わないでほしい。彼らの孤独な試みこそが、二一世紀の映画美学の出発点なのだ。

映画は明確なスタイルとともに始まる。カメラはひたすら主人公の行動を追い続け、長回しという訳ではないが、ひとつのアクションがカットで割られることはない。『ロゼッタ』とほぼ同じスタイルだ。今回の主人公は、児童相談所に預けられた少年シリルである。彼が街なかを走ったり、自転車を漕いだりしながら、自分を捨てた父親を必死に探す様子を、映画は示していく。だが、少年が父親を探し出し念願の再会を果たす時、映画は自らのスタイルを逸脱する。父親は少年に同行した美容師の女を呼び二人きりで話をするのだが、この時、通りに出た息子ではなく屋内の二人の会話をカメラは捉える。主人公への固定焦点化の原則が破られ、彼の知らない出来事が描かれるのだ。続いて、父親に再び捨てられた少年が美容師の自動車に乗って帰る時、車内の二人の会話が、これまで徹底して避けられてきた切り返しの編集で示される。さらに、自動車の場面が終わり、それに続く少年の自転車走行のショットでは、背景に音楽さえ流れるのだ。ダルデンヌ兄弟の映画では考えられないような描写である。それにしても、なんて素晴らしい再会と別離のくだりだろう。映画に真の豊かさを与えるものは、厳格な方法論ではなく臨機応変な柔軟さである。

『少年と自転車』はこのくだり以降も要所要所で自らのスタイルを逸脱し、その度に絶妙な効果をあげている。こうしたことが可能なのは、ダルデンヌ兄弟が映画のスタイルより人物の描写を重視しているからだろう。彼らの映画はまさに人間中心主義的である。ただし、最後に指摘しておかねばならないのは、彼らの多くの映画が一人の主人公をずっと追い続けているけれども、彼らは決して個人を特別視し称揚しようとしている訳ではないことだ。彼らが本当に描いているのは、人と人の間に生じる関係である。そしてこの関係の網の根本にあるのは、常に親子の絆なのである。

今月は他に、『汽車は再び故郷へ』『監督失格』『アーティスト』などが面白かった。また、特集上映で観たジョン・ジョストの『スピーキング・ダイレクトリー』も良かった。

2011年、ベルギー＝仏＝伊、1.85:1、84分　〈脚〉ジャン=ピエール＆リュック・ダルデンヌ　[撮影]アラン・マルコァン　〈主〉トマ・ドレ、セシル・ドゥ・フランス、ジェレミー・レニエ、ファブリツィオ・ロンジョーネ、エゴン・ディ・マテオ、オリヴィエ・グルメ

2012.4

都市と音楽

入江悠監督『SR　サイタマノラッパー　ロードサイドの逃亡者』

都市と音楽が日本映画の新しい扉を開く合言葉だ。都市とは何より地方都市であり、真利子哲也の『NINIFUNI』や富田克也の『サウダーヂ』、入江悠の『サイタマノラッパー』シリーズなどが地方都市と音楽を取り扱っている。特に『サウダーヂ』と『サイタマノラッパー』シリーズは、東京周辺の地方都市における若者たちとヒップホップの関係を描く点で良く似ている。計算された巧妙な緩さとユーモアも両者の重要な共通点だ。

都市とは東京のことでもある。松江哲明の『ライブテープ』と『トーキョードリフター』や、再び入江悠の『劇場版　神聖かまってちゃん　ロックンロールは鳴り止まないっ』などが代表的な例だ。東京を舞台に、松江哲明の二本は前野健太の、入江悠の作品は神聖かまってちゃんの演奏を撮影している。ただし『ロックンロールは鳴り止まないっ』では、東京という都市空間と同様に、インターネットの仮想空間が大きな役割を果たしている。

音楽が映画において果たす機能という点では、これらの作品にはかなりの違いが存在する。音楽ドキュメンタリーである松江哲明の二本を除けば、『ロックンロールは鳴り止まないっ』と『NINIFUNI』の二本が対極に位置する。前者は物語のクライマックスでライブの場面になり、音楽がそこで物語を見事に盛り上げる。しかし、『NINIFUNI』では音楽の場面は物語を全く盛り上げない。神聖かまってちゃんの音楽の魅力と入江悠の映画の魅力は本質的なところで一致している。だが、『NINIFUNI』の魅力とそこに登場するももいろクローバーの音楽の魅力は根本的に異質だ。今、最も注目すべきアイドルグループは、映画の構造を完成させるための言わば純粋なコマとなっている。

『サイタマノラッパー』シリーズの最初の二作と『サウダーヂ』は、上述した二本の中間で巧妙な映画的探求を行なっている。音楽は決定的な要素であるが、物語と音楽の盛り上がりが同調している訳ではない。ヒップホップに熱中する地方都市の若者たちの夢と現実の物語を、入江悠と富田克也はあくまで画面の演出によって語りきっているのだ。

『サイタマノラッパー』シリーズ第三作にあたる入江悠の新作『SR　サイタマノラッパー　ロードサイドの逃亡者』は、この点で前二作と異なるスタイルを示している。物語のクライマックスがライブの場面になっているのだ。しかし、これを前二作からの後退とみなしてはならない。そうすると、『ロックンロールは鳴り止まないっ』が示す驚くべき豊饒さも取り逃がすことになる。実のところ、『ロードサイドの逃亡者』のクライマックスが持つ真の魅力は、音楽によってではなく、ワンシーン・ワンショットの画面の演出によって生み出されている。勿論、映画における優れた長回し撮影など、枚挙にいとまがない。だが、始まった途端にこれはとてつもない長回しの始まりだと観る者に予感させ、胸を震わせるようなものなど、滅多にない。ショットの長い持続を待たずとも、ほんの一瞬で観る者を圧倒する信じ難い長回し。こんなショットを撮ってしまうところに、入江悠の突出した才能があるのだ。『ロックンロールは鳴り止まないっ』と『ロードサイドの逃亡者』を撮って、入江悠は真に偉大な映画監督となった。

今月は他に、『へんげ』『大拳銃』『刑事ベラミー』『戦火の馬』『ヒューゴの不思議な発明』などが面白かった。また、特集上映で観た富田克也の『雲の上』も良かった。


2012年、日、1.78:1、110分〈脚〉入江悠［撮影］三村和弘〈主〉奥野瑛太、駒木根隆介、水澤紳吾、斉藤めぐみ、北村昭博、永澤俊矢

2012.5

天使が導く

アキ・カウリスマキ監督『ル・アーヴルの靴みがき』

主人公が怪しげな男の靴を磨く映画の導入部を観るだけで、気分が高揚してくる。切り返しなどで短いショットがテンポよく繋がれるのは監督のいつものスタイルだとはいえ、長回し撮影が目立つ近年の世界の映画のなかで、編集の魅力を力強く称揚して突出している。オフスペースの演出で導入部が締め括られる頃には、この後に続く九〇分ほどの時間が至福の時になると、観客は確信するだろう。アキ・カウリスマキの新作、『ル・アーヴルの靴みがき』のことだ。

アンドレ・ウィルム扮する主人公のマルセル・マルクスは、カウリスマキの『ラヴィ・ド・ボエーム』にも登場していた。パリで作家だったマルセルは、その後芸術の道を諦めたようで、新作ではル・アーヴルで靴みがきをしている。フランスのノルマンディー地方の港町ル・アーヴルは、マルセル・カルネの『霧の波止場』やジュリアン・デュヴィヴィエの『商船テナシチー』の舞台であり、カウリスマキの新作にもどこかカルネ的な雰囲気が漂っている。また、ル・アーヴルは画家のモネが少年時代を過ごし、『印象・日の出』などを後に描いた町でもあり、この新作では、モネという名の黒ずくめの警視が登場し、重要な役割を果たしている。

映画の後半で地元のロックンローラー、リトル・ボブが本人役で唐突に現れるが、これがたまらなく魅力的だ。妻との破局により、リトル・ボブは絶望に打ちひしがれている。だが、マルセルの視線の動きにあわせてショットが切り返されると、あっという間に夫婦のよりが戻る。『ル・アーヴルの靴みがき』では、人々の生活は様々な困難に満ちているが、それらは最後にはいつもあっさり解決され、幸福に包まれるのだ。元気になったリトル・ボブが夜のコンサートで熱唱する。それに続くのは、早朝の光に照らされた細い通りの印象的なショットだ。モネが自動車から降りてマルセルの家に入っていく。ここからカウリスマキの演出は一段と研ぎ澄まされ、物語は徐々にクライマックスに入っていく。結末はハッピーエンドでしかあり得ない。

『ル・アーヴルの靴みがき』では、何故あらゆる困難が見事に解決されてしまうのか。それが映画だと答えるべきなのだが、この作品を観ていると、そもそも現実の人生がそうだからと答えたくなってくる。実際、私たちはどんな困難も乗り越えてきたではないかと。

もう少し冷静に映画を観るならば、天使がいて、マルセルと彼のまわりのあらゆる人々を幸福に導いているのに気づくだろう。天使とは誰か。目を見ればすぐに分かる。アフリカのガボンから来た不法難民の少年イドリッサだ。難民問題の現状を訴えるために、少年は映画に登場するのではない。マルセルの妻が病気で倒れ入院している間、彼の住居の空虚を埋めるために、少年はル・アーヴルの海岸に現れるのだ。こうしてマルセルは一人きりにならずに済む。イドリッサは病院を訪れマルセルの妻に天使の眼差しを向け、やるべきことは全てやったかのようにル・アーヴルを去って行く。人々の幸福だけを後に残して。

天使が登場する映画というのがある。『ル・アーヴルの靴みがき』はまさにそれだ。さて、現実世界に天使はいるのだろうか。まわりを見渡して目を見れば、分かるかもしれない。

今月は他に、『お兄ちゃんに近づくな、ブスども!』『ある秘密』『灼熱の肌』などが面白かった。また劇場未公開だが、マノエル・ド・オリヴェイラの『アンジェリカ』も感動的だった。

2011年、フィンランド=仏=独、1.85:1、93分 〈脚〉アキ・カウリスマキ [撮影]ティモ・サルミネン 〈主〉アンドレ・ウィルム、カティ・オウティネン、ジャン=ピエール・ダルッサン、ブロンダン・ミゲル

2012.6

観れば全て分かる

内藤瑛亮監督『先生を流産させる会』

また一本、鮮烈な日本映画が誕生した。しかし、これは万人に勧められるたぐいの作品ではない。題名を読んで嫌だなと感じた人は、観ても不快を感じるだけかもしれない。だが、何かピンときた人は絶対に観るべきだ。内藤瑛亮の『先生を流産させる会』は、観る者を選ぶ映画であり、題名が見事に選別の機能を果たしている。

女子中学生たちが、妊娠した担任の女性教師の給食に毒物を混ぜるなどして、流産させようとする物語。実際の事件にヒントを得たこの映画は、教師にとって他人事では済まされない作品だ。実は筆者にも、同僚がその教え子に殺されてしまった経験がある。そこでここでは、思春期の少女の心に潜むいびつな闇という内藤監督の重要な主題からあえて離れて、教師の物語としてこの映画を考えてみたい。

「私は赤ちゃんを殺した人間を殺す。先生である前に女なんだよ」。給食に毒を入れた生徒たちに、女性教師のサワコはこう言い放つ。「殺す」という言葉は、教師の発言として許されるものではないだろう。まるで彼女が教育を放棄し、教師対生徒ではなく、女対女の格闘がここで始まるかのようだ。しかし、映画を最後まで観れば、彼女があくまで教師として問題の生徒たちに接し続けたことは明らかだ。「殺す」や「先生である前に女なんだよ」はぎりぎりの状態で出た言葉なのだろうが、教師以前の人間の顔を前面に押し出すことで、彼女は大胆な「人間教育」を行なったのである。

勿論、サワコが教育者としてかなり不器用なことは明白だ。映画の出だしに図書館の場面があるが、人気者の男性教師と対比させながら、彼女の不器用さが簡潔な描写で巧みに示されている。彼女がもう少し手馴れていたら、この事件はそもそも未然に防げただろう。けれども、彼女はまさに不器用だったからこそ、いざ事件が起こって追いつめられると、なりふり構わず全身で生徒たちにぶつかることができたのだし、そしてそのことが彼女たちに更生の可能性をもたらしたのである。

「生まれる前に死んだんでしょ。いなかったのと同じじゃん」。五人組のリーダー、ミヅキは平然とこう言う。大人には理解しがたいまるで怪物のような彼女に人間的な心を取り戻させるのは、教師の技術ではなく教師以前の人間的な何かだ。ここで本当に感動的なのは、この人間的な何かが、優しさや共感というような生易しいものではないことだ。それは「殺す」と時に言ってしまうような激しい感情であり、緊迫した駆け引きや生身の格闘をもたらす何かである。

内藤瑛亮はこのような教師と生徒たちの物語を、余計な説明を省いたテンポの良い語り口で痛快なアクション映画として語りきった。ここにこの映画の何よりの美点がある。内藤瑛亮は登場人物たちの内面を必要以上に掘り下げず、教育問題について声高に叫んだり、生と死や罪と赦しの主題をめぐって理屈っぽくなったりもしない。だが、観れば全て分かる。痛快にして明快な映画だ。

『先生を流産させる会』の後に撮られた内藤瑛亮の短篇『お兄ちゃんに近づくな、ブスども！』も、同じスタイルを持つ素晴らしい映画だと、最後に記しておきたい。

今月は他に、『デコトラ・ギャル麻里』『王朝の陰謀　判事ディーと人体発火怪奇事件』『ダーク・シャドウ』『love machine』などが面白かった。また劇場未公開だが、ジャ・ジャンクーの『無用』も良かった。

2011年、日、1.78:1、62分〈脚〉内藤瑛亮［撮影］穴原浩祐〈主〉宮田亜紀、小林香織、高良弥夢、竹森菜々瀬、相場涼乃

純粋な視覚的体験

フレデリック・ワイズマン監督『クレイジーホース・パリ　夜の宝石たち』

フレデリック・ワイズマンが『パリ・オペラ座のすべて』と『ボクシング・ジム』に続いて『クレイジーホース・パリ　夜の宝石たち』を発表した。目覚ましい仕事ぶりである。

周知のとおりワイズマンのドキュメンタリー映画にはナレーションが一切なく、監督自身の主張がじかに表明されて観客に押し付けられることなど決してない。観客は言わば地図を持たない旅行者のように映画世界に放り込まれ、何の説明もなく撮影対象をただ見つめることになる。ドキュメンタリー映画の極意は社会問題などに対する意見の表明ではなく、見ることのレッスンにある。純粋な視覚的体験として映画を撮ろうとするワイズマンは、まさにドキュメンタリー映画監督の鏡だ。

勿論、ドキュメンタリー映画に純粋に客観的な視線など存在しえない。どんなに描写が冷静であれ、『クレイジーホース・パリ』が示すのはパリの有名なヌード・ショー、クレイジーホースのあるがままの姿ではなく、ワイズマンの主観が切り取ったひとつの姿である。例えば、ショーが描かれても画面上にその観客が現れることはほとんどない。だから、映画の観客は自分自身に相当する人物を画面上に観ることなく、ショーの描写に没頭できるのだ。また、女性ダンサーたちの舞台裏の様子が丁寧に描かれながらも、彼女たちのショーへの思いや日常生活に映画が踏み込むことはない。その一方で、演出家や美術監督のショーに対する考えは詳しく描かれている。

こうした主観的な視線に基づく映画においてワイズマンが重要視するのは、いかに巧妙に視線の自然さを作り上げるかということだ。そもそも、カメラが撮影していること自体が不自然な状況である。だが、舞台裏の裸の女性ダンサーたちは全くカメラの存在を意識していないように見え、支配人と演出家も、一般の人にはあまり知られたくないような運営に関わる現実的な議論をカメラの前で平気でする。また、編集の巧みさも特筆に値する。例えば場面転換の卓越した上手さは、観客に撮影対象の人為的な交代をあっさり納得させてしまう。ワイズマンの才能は何より不自然さを観客に意識させないこうした技巧にある。

『クレイジーホース・パリ』の素晴らしさを目の当たりにすると、『ボクシング・ジム』さえこれに比べればまだ不完全だったと錯覚しそうなほどだ。肉体の運動への視覚的関心という同じものに突き動かされながらも、後者はまだ、ジムのなかにアメリカ社会の縮図を見るという不純な要素を抱え込んでいるからだ。勿論、映画がそうした射程を含むこと自体に全く問題はない。ただ、社会の縮図を読み取ろうとして肉体の運動から目を背ける観客がいるのではと、あらぬ心配をしてしまうのだ。一方、『クレイジーホース・パリ』の場合は題材の選択が決定的である。ヌード・ショーが本来持ついかがわしさを隠して、クレイジーホースのショーは女性の身体の美を讃える純粋なスペクタクルであろうとしている。こうしたショーの撮影だからこそ、ワイズマンも不純さから完全に解放されたのだ。あくまでショー自体の魅力を映画の中心に置きつつ、彼は純粋な視覚的体験として映画を完成させることに成功した。八〇歳を超えて到達したワイズマンのこの境地を祝福したい。

今月は他に、『デコトラ・ギャル奈美　感動！・夜露死苦編』『メゾン　ある娼館の記憶』『愛の残像』などが面白かった。また劇場未公開だが、ノ・ギョンテの『案山子たちの地』も良かった。

2011年、米＝仏、1.78:1、134分　[撮影]ジョン・デイヴィー　〈主〉デイジー・ブリュ、フィリップ・ドゥクフレ、フィリップ・カトリーヌ

カメラと被写体の関係

ベニチオ・デル・トロ、パブロ・トラペロ他監督『セブン・デイズ・イン・ハバナ』

七本の短篇がそれぞれハバナの一日を描くオムニバス映画、『セブン・デイズ・イン・ハバナ』。出来映えにむらがあるとはいえ、そのうちの何本かは素晴らしいとしか言いようがない。監督はベニチオ・デル・トロ、パブロ・トラペロ、フリオ・メデム、エリア・スレイマン、ギャスパー・ノエ、ファアン・カルロス・タビオ、ローラン・カンテの七人だ。アルゼンチンのパブロ・トラペロによる第二話「ジャム・セッション」は絶対に観逃せない。この短篇だけでも、いや、その冒頭の長回しショットだけでも、映画を観に行く価値は十分にある。自動車の走行を含むこの長回しは、カメラと被写体の緊張感溢れる関係によって観る者を圧倒する。オムニバス映画『パリところどころ』の一篇、ジャン・ルーシュの「北駅」に登場する長回しにあったような緊張感だ。ただし、トラペロの長回しは四分半ほどに過ぎない。長回しで重要なのはその長さではなく、カメラと被写体の関係だということをこのショットは教えてくれる。

この短篇はその後、ホテルから映画祭会場へ、さらに夜のジャム・セッションへと、巧みに時間を省略しながら場面を転換していく。描かれるのは映画監督とタクシー運転手の友情の物語で、エミール・クストリッツァ監督が自分自身の役で主演している。ジャム・セッションの場面で、運転手がトランペットを吹き映画監督と抱き合う様子を、寄りのカメラが捉える。次の引きのショットで監督は運転手の演奏をじっと聞き、二人が歩き出すと、カメラもそれに合わせてパンして夜の海辺を捉える。海を背景に二人のシルエットを示す画面の魅力は勿論のこと、カメラのパンひとつで、あっさりとこうした見事な画面に移行することがとても感動的だ。二人の人物の間に心の絆が生まれる様子を、対象との緊張関係を失わないカメラが繊細に捉えている。

パレスチナ人、エリア・スレイマン監督兼主演の第四話「初心者の日記」も面白い。主人公の動きと逆向きにパンする最初のショットが、いきなり観客を驚かせる。その後スレイマンは、ほぼ正面からの固定ショットを積み重ねる独特のタッチで、主人公のハバナでの滞在を描いていき、外国人がこの街に抱く紋切り型のイメージを破壊する。真ん中に位置するこの短篇とともに、オムニバス映画は、外国人がハバナを訪問する物語から現地の人々の物語へと移行していく。

アルゼンチンに生まれフランスで活躍するギャスパー・ノエによる第五話「儀式」は、七本中最大の異色作だ。夜の密林で少女が清めの儀式を受けるという話だが、台詞が無く、物語ではなく画面自体の魅力を味わう作品である。水に浸った少女の服が呪術師によってゆっくり剥がされていく場面では、映像が本来持っている呪術的な力を体感するかのようだ。ケネス・アンガーの『スコーピオ・ライジング』とジャン・ルーシュの『シギ』の間のどこかに位置するような作品である。

フランスのローラン・カンテの第七話「泉」も見事だ。あるアパートで行なわれる即席の宗教的な祭を描いているが、カメラと被写体の関係があまりに自然すぎて、カンテの上手さが上手さとして感じられないほどである。ジャン・ルーシュの『ディオニュソス』を思い出させるような、ユーモア溢れる作品だ。

今月は他に、『強奪のトライアングル』『苦役列車』『ローマ法王の休日』などが面白かった。また、特集上映で観たホセ・ルイス・ゲリンの『影の列車』も良かった。

2012年、仏＝スペイン、1.85:1、129分 〈脚〉ローラン・カンテ他 [撮影]ダニエル・アランヨ、ディエゴ・ダッセル、ギャスパー・ノエ 〈主〉ジョシュ・ハッチャーソン、エミール・クストリッツァ、ダニエル・ブリュール、エリア・スレイマン、クリステラ・エレラ、ミルタ・イバラ、ナタリア・アモーレ

2012.9

演技する人物を演じる俳優たち

アッバス・キアロスタミ監督『ライク・サムワン・イン・ラブ』

アッバス・キアロスタミが日本で撮影した新作『ライク・サムワン・イン・ラブ』は、最初の場面から観客を驚かせる。夜のバー。誰のものかすぐには分からない声や独特なテンポの切り返し。いつものキアロスタミと何かが違う。だが、映像と音が観客の予想を超えるからだけではない。最初の撮影でNGが出され、別の日に全面的に撮り直されたというこの場面にさえ、監督が期待した通りのものか不安にさせる要素があるからだ。けれども映画が進むにつれ、監督が制御しきれないこうした要素こそが映画に何か特別な豊かさを与えているのに気づく時、観客は真に偉大な作品を目にしていることに気づくだろう。

この映画が語るのは、老人が金で若い女を買うが、女とその彼氏の間のごたごたに巻き込まれるという人間臭い物語だ。しかも三人とも人物造形が妙に生々しい。デートクラブを使って女子大生を自宅に呼ぶ元大学教授。風俗でアルバイトをして、田舎から出てきた祖母を見捨てる女子大生。異常に嫉妬深くて、付き合っている女子大生をストーキングする中卒の自動車整備工。女遊びを邪魔する電話にいらつく老人や、客の前で急に明るくなる女の振舞いが、観る者の心を抉る。キアロスタミは人間の欲望と孤独について語りながら、登場人物たちの奇妙な三角関係を、監督お得意の自動車という装置を用いながら臨界点へと導いていく。ただし結末がどうであれ、監督は決して登場人物たちを断罪しない。彼らを、その愚かな面も含めて肯定しているのだ。

ところで、キアロスタミがしばしば事実と虚構の遊戯を通して人間を追究するのは、よく知られている。この点で、『ライク・サムワン・イン・ラブ』も極めてキアロスタミ的な映画であり、とりわけ、前作『トスカーナの贋作』を直接継ぐものだ。『トスカーナの贋作』の中年の男女は、一五年連れ添った夫婦を演じながら愛の遊戯に興じていた。演技によって、彼らは彼ら自身と虚構の人物の間を往復していたのだ。『ライク・サムワン・イン・ラブ』では、老人と女子大生は金銭のやり取りに基づいて嘘のカップルを演じ、青年の前では祖父と孫娘を演じさえする。青年が語る女子大生との関係さえ、全てが本当とは思えない。ここで面白いのは、まがりなりにも付き合っている若い男女に心の絆がほとんど感じられない一方で、老人と女のほうが本物のカップルのように見える瞬間が時にあることだ。

演技をする登場人物の姿は当然、演技をする俳優の姿と重なる。物語映画は俳優の演技を前提とするが、ここで俳優たちは演技をする人物を演じているのだ。ところで、映画のラストで登場人物たちの現実が露呈し、それが彼らの事実と虚構の遊戯を終わらせる。だがこの作品で本当に重要なのは、こうしてあらわになる登場人物の現実ではなく、人物の演技自体の現実性であり、さらには、人物の演技と重なることにより際立ってくる、俳優の演技をめぐる現実なのだ。この点から見て、外国人俳優を使って外国で映画を撮らねばならない状況がもたらす、監督の制御を超えた現実の何かは、作品世界の秩序を崩壊へと導く異物では必ずしもない。演技をする俳優自身の現実に関わるものとして、それは事実と虚構の遊戯を通しての人間追究に、監督自身の計算を超える豊かさをもたらしているのだ。

今月は他に、『アウトレイジ　ビヨンド』『適切な距離』『Virginia／ヴァージニア』などが面白かった。また劇場未公開だが、アラン・カヴァリエの『撮影者』も刺激的だった。

2012年、仏＝日、1.66:1、109分〈脚〉アッバス・キアロスタミ［撮影］柳島克己〈主〉奥野匡、高梨臨、加瀬亮、でんでん

冷静なアクションの観察者

ロベール・ブレッソン監督『白夜』

死に至る絶望を後期のロベール・ブレッソンは繰り返し描いた。死とはここでは自殺や他殺を指し、そこにはいかなる救いもない。

しかし、こうした絶望と死を見つめるブレッソンの眼差し自体が絶望的な訳では全くない。絶望や希望を超えて、それはあくまで冷静で客観的であり続け、どんな状況を前にしてもまるで動じないそのさまは冷徹で過酷にさえ感じられる。ブレッソンは人間の内面に興味がない。だから正確に言えば、彼は登場人物の絶望という感情ではなく、絶望に苛まれた人物が行なうアクションを見つめるのだ。ブレッソンは人物の手足や目の日常的で些細な動きを見逃さず、その積み重ねによって、暴力的な死が生じる過程を明らかにしようとする。自殺や他殺を人間の感情や思考の結果として捉えず、客観的な事象のレベルで捉えるのだ。まるで、そうやって人物の行動を、個人の意識のレベルを超えた世界の秩序のなかで把握しようとするかのように。

七〇歳を目前にして撮られたブレッソンの『白夜』がこの度リバイバルされるのだが、この一九七一年の映画は彼の後期作品としては異色作のように見える。確かに、映画が語る若い男女の絶望的な愛の物語は死の匂いに満ちているとはいえ、登場人物の誰かが実際に死ぬ訳ではない。また男女が抱く絶望も、『少女ムシェット』や『たぶん悪魔が』、『ラルジャン』で描かれる冷酷な絶望に比べれば随分感傷的に見える。しかしながら、これらは全てドストエフスキーの原作に由来するものであり、ブレッソンの演出自体は全く変わっていないことを見落としてはならない。

　夜のポンヌフで若い男女が話をしていると遊覧船がセーヌ川に姿を現す場面は、『白夜』のなかでも特にブレッソンらしくないと観客を驚かせるかもしれない。しかし、内容はともあれ語り方は徹底してブレッソン的だ。何より素晴らしいのは、遊覧船が登場する時に聞こえるオフの口笛である。この唐突な口笛が男女の会話を中断させ、画面に遊覧船を登場させるのだ。船上では四人の黒人の男が甘い音楽を奏でている。船が去ると遠くでかすかに聞こえる鐘の音も聞き逃してはならない。一時を告げるこの鐘の音が黒人たちの音楽を終わらせ、二人の会話を再開させるのだ。会話の抒情を鋭く断ち切る口笛と、黒人の音楽がもたらす情緒を繊細に断ち切る鐘の音。これこそが映画的な音の演出であり、それによって遊覧船と音楽は感傷を超えた映画的な出来事として現前するのだ。橋の上から見下ろす男女の顔を船のライトが照らし出すショットに美しいと感嘆するだけでは、ブレッソンの映画の神髄は決して理解できないだろう。

　船上の黒人たちの描かれ方に注目しよう。顔は最初のうち映らない。音楽が聞こえてくると、まず太鼓とそれを叩く手、次に二つのギターとそれぞれそれを弾く手が寄りのカメラで捉えられる。そして黒人たちが歌い始めるその瞬間にカメラが引き、彼らの顔が初めて映し出されるのだ。手が楽器を奏でればその手を撮り、人が歌えばその口元を含む顔を撮る。細部のアクションがいつも通りに積み重ねられていく。冷静なアクションの観察者としてのブレッソンは、『白夜』でも全く変わらないのだ。物語の感傷性に惑わされることなく、この監督の偉大なスタイルを再発見したい。

　今月は他に、『わたしたちの宣戦布告』『これは映画ではない』『4:44　地球最期の日』などが面白かった。また劇場未公開だが、ロッジ・ケリガンの『キーン』も良かった。


1971年、仏＝伊、1.66:1、87分　〈脚〉ロベール・ブレッソン　[撮影]ピエール・ロム　〈主〉イザベル・ヴェンガルテン、ギヨーム・デ・フォレ、ジャン=モーリス・モノワイエ、ジェローム・マサール

あらゆるものが無根拠に反復する世界の本質的な無意味

ホン・サンス監督『次の朝は他人』

ホン・サンスの『教授とわたし、そして映画』には反復と差異に直接言及する場面があるが、こうした例を持ち出さずとも、この監督の映画が常に反復と差異の遊戯に基づいて撮られていることは明らかだ。彼は一本の映画のなかに反復をいくつも持ち込み、さらに要素を組み替えながら同じ物語を何本もの映画で繰り返し語る。二一世紀初頭に形式主義者である困難を、彼は軽々と生きている。

ホン・サンスの『次の朝は他人』は、彼の近年の映画のなかでも最良のもののひとつだ。余計なものを削ぎ落とした簡潔な演出が見事で、白黒撮影で捉えられたソウルの街路に舞う粉雪が印象的だが、性急なズームの多用は趣味人の審美主義をシニカルに嘲笑するかのようでもある。この映画で語られるのはまたしても、男がよその街へ行き女に出会う物語だ。ホン・サンスの映画の主人公はいつも酒と女が好きで、映画監督かそれに似た職業に就いている。『次の朝は他人』のソンジュンも映画監督で、彼は地方からソウルに出てきて、キム・ボギョン扮する瓜二つの二人の女に会う。男が旅先で対照的な二人の女に出会う『気まぐれな唇』と鏡像の関係にある映画だ。『次の朝は他人』に欠けているホン・サンス的な要素は、『女は男の未来だ』や『浜辺の女』、『アバンチュールはパリで』、『ハハハ』で描かれる三角関係ぐらいだろう。これらの作品でも、旅や移動は重要な役割を果たしている。『次の朝は他人』では、一夜限りの男女の関係が反復するのを軸に、他のあらゆる出来事も差異を伴って反復する。ソンジュンはヨンホとポラムと一緒に毎晩食事をして、その後小説という名のバーに行く。ソンジュンは毎日同じ女に道で会い、バーの女主人と路上でのキスを繰り返し、ポラムが話したことが彼の身にも起こる。差異は時に明白で、例えばバーに行く三人組はある晩四人組になる。しかしもっと繊細で異質な差異もある。バーの女主人はいつも三人組より遅く店に現れるが、最初の晩に彼女が現れる時、しばらくの間カメラはその後ろ姿しか示さない。それは、ソンジュンの元恋人と女主人を同じ女優が演じているため、最初から顔が見えると、観客は同じ女だと思ってしまうからだ。そのため、二人の女がそっくりなことを観客が知った後で、彼女の顔が示されねばならない。ところが、二日目の晩に同じ構図と編集で彼女が登場する時、見た目は同じでも演出の機能が変わってしまっている。もう観客は彼女の顔を知っており、顔を隠す意味がないのだ。映画はこうした様々な差異と戯れ続けるのである。

ホン・サンスの映画では何故全てが差異とともに反復するのか。ソンジュンはバーで、反復に理由など存在しないと力説する。後から人が勝手に理由を捏造するだけというのだ。あらゆるものが無根拠に反復する。それが映画であり、また人生なのだ。この無根拠さ、言い換えれば無意味さこそがホン・サンスの映画の鍵である。人はよく世界の意味を探し求め、生きる理由を見出そうとする。しかしそんなものはそもそも存在しないのではないか。この監督の映画の主人公たちはまるでそう考えているかのように、反復と差異の遊戯に興じ続ける。理由を捏造せずに、世界の無根拠さに直面すること。ホン・サンス的な反復は世界の本質的な無意味に通じているのだ。

今月は他に、『アルゴ』『エージェント・マロリー』『オデット』などが面白かった。また映画祭で観たハーモニー・コリンの『スプリング・ブレイカーズ』は傑作だった。

2011年、韓、1.85:1、79分〈脚〉ホン・サンス［撮影］キム・ヒョング〈主〉ユ・ジュンサン、キム・サンジュン、ソン・ソンミ、キム・ボギョン

演出の全てが映画的

ブノワ・ジャコー監督『マリー・アントワネットに別れをつげて』

ブノワ・ジャコーの『マリー・アントワネットに別れをつげて』は、バスティーユ襲撃の日の朝、王妃の朗読係シドニーが起床する場面から始まる。蚊に刺された腕を掻きながら目覚めるこの娘の表情や、王妃のいる小トリアノン離宮に駆けつけようとして転ぶ彼女の様子を見ていると、胸が自然に弾んでくる。シドニーが王妃に朗読をする場面では、二人の親密さを高めるために当然のごとくこの虫刺されの跡が活用される。また、シドニーは後に宮殿の長い廊下でも転ぶのだが、その時の引きのカメラや薄暗い照明が印象的だ。だがそれ以上に素晴らしいのは、朗読を終えた彼女を乗せてゴンドラを漕ぐイタリア人の若い船頭だ。眩い陽射しと穏やかな運河の水面の間をゴンドラがゆっくり進み、船頭は日傘をさすシドニーと言葉を交わす。この場面のためだけでも、この映画は観に行くに値する。

やがてバスティーユ襲撃の知らせがヴェルサイユ宮殿に伝わり、動揺が徐々に広まっていく。その描写が秀逸だ。シドニーが宮殿の様子に不安を覚えて早足で進むのを、カメラが背後から捉える。そしてこの朗読係の顔が露出オーバーの真っ白な光を背景に浮かび上がり、彼女はベルタン夫人から何が起こったのか聞く。さらに処刑リストが示される場面では、リストを知り動揺したシドニーが人々を避けつつ廊下を進んでいくのを、カメラが再び背後から追う。こうした忘れがたいショットを重ねながら、ジャコーは宮殿が喧騒に包まれていく様子を見事に描いている。

舞台や衣装は豪華でも、映画的魅力の全くない作品は数多い。『マリー・アントワネットに別れをつげて』はヴェルサイユでロケ撮影が行なわれ、美術も衣装も凝っていて圧倒されるが、この映画の魅力はそこだけではない。この作品は何よりジャコーの演出力の映画である。ここでは彼の演出の全てが映画的であり、これが映画だとしか言いようがない。

映画の物語は女性たちのレズビアン的な三角関係に焦点を合わせていく。シドニーは王妃に心酔しているが、王妃の寵愛を受けるのはポリニャック夫人だ。バスティーユ襲撃の三日後、スイスに逃げるポリニャック夫人に同行し身代わりになれと、王妃は残酷にもシドニーに命じる。そしてポリニャック夫人のドレスを着せるために、この朗読係を裸にする。女が裸の女を見つめるのは二回目だ。まず裸で寝るポリニャック夫人をシドニーが嫉妬心とともに見つめ、今度はシドニーが王妃の前で裸になる。王妃の絶対的優位は明らかだが、ここで注意すべきは、朗読係が自分の弱さを曝け出すままになってはいないことだ。王妃に言葉を注意され、「言葉は私の唯一の所有物です」と彼女は反駁しさえする。そして裸にされて一瞬恥じらいを見せながらも、彼女は顔を左に向けて、二人のやりとりを脇で見守るカンパン夫人を堂々と見つめる。ここでも、弱さどころか一種の強さがシドニーには感じられる。ブノワ・ジャコーは朗読係が決断するに至る過程をドラマチックに盛り上げることなど一切せず、彼女が左を向くただ一つのショットだけで、観客に全てを伝えてしまう。二〇代で衝撃的な傑作『殺人音楽家』を撮ったブノワ・ジャコーにとってこれぐらいは当たり前なのかもしれないが、映画の醍醐味を示すこの演出には感服せざるを得ない。

今月は他に、『悪の教典』『黄金を抱いて跳べ』『5windows』などが面白かった。またフィルメックスで上映されたホン・サンスの『3人のアンヌ』も素晴らしかった。

2012年、仏＝スペイン、2.35:1、100分
〈脚〉ブノワ・ジャコー、ジル・トーラン　[撮影]ロマン・ヴァンダン　〈主〉レア・セドゥ、ダイアン・クルーガー、ヴィルジニー・ルドワイヤン、ノエミ・ルヴォヴスキ、グザヴィエ・ボーヴォワ

2013

1 | 飛翔の主題と欠落感の補償
ツイ・ハーク監督『ドラゴンゲート　空飛ぶ剣と幻の秘宝』

2 | 変わり者が自分の生き方を貫くこと
ウェス・アンダーソン監督『ムーンライズ・キングダム』

3 | 映画の魔の領域　ポール・トーマス・アンダーソン監督『ザ・マスター』

4 | 世界という劇場　レオス・カラックス監督『ホーリー・モーターズ』

5 | イメージの二重の地獄　ハーモニー・コリン監督『スプリング・ブレイカーズ』

6 | 人生という反復と意味という病　ホン・サンス監督『3人のアンヌ』

7 | 古典的な風情と大胆な前衛性　ミゲル・ゴメス監督『熱波』

8 | 人々の顔と語りの映画　ロバート・クレイマー＆ジョン・ダグラス監督『マイルストーンズ』

9 | 冒頭と末尾の反復と女たちの力強さ　青山真治監督『共喰い』

10 | 窓＝スクリーン　トーマス・イムバッハ監督『終わりゆく一日』

11 | 孤独な人間存在への声援　ギヨーム・ブラック監督『遭難者』＆『女っ気なし』

12 | いい演奏といい演技とは　鈴木卓爾監督『楽隊のうさぎ』

『ホーリー・モーターズ』
DVD発売中　¥1,900+税
Blu-ray発売中　¥2,500+税

発売元:ユーロスペース/キングレコード
販売元:キングレコード
©2011Pierre Grise Productions-Arte France Cinéma-Pandora Film-Theo Films-WDR/Arte

飛翔の主題と欠落感の補償

ツイ・ハーク監督『ドラゴンゲート　空飛ぶ剣と幻の秘宝』

ツイ・ハークはまるで鳥に嫉妬しているかのようだ。彼の傑作『ブレード／刀』の主人公は、片腕を切断されながらも修行により驚異的な身体能力を身につけた。そしてラストの対決では、腕の欠損を補って余りあるより高度な身体性が、畳み掛けるような編集により稀有な映画的イメージとして結実した。だが、片腕切断といった筋立てがなくても、この監督の映画では人間の身体はもとから欠損を抱えたものとして、つまりあるべき翼を失ったものとして提示されているのではないか。

処女作『バタフライ・マーダーズ』ですでに、ツイ・ハークは蝶を登場させ飛翔の主題を描いていた。出世作『蜀山奇傳　天空の剣』では、人物たちが縦横無尽に空を飛びつつ格闘した。悪名高い『ブラックマスク2』を挙げずとも、この監督の映画で人物たちが皆隙あらば宙を舞おうとしているのは明らかだ。

ツイ・ハークの新作『ドラゴンゲート　空飛ぶ剣と幻の秘宝』でも、飛翔の主題は決定的だ。この映画で空を飛ぶのは剣だけではない。女剣客グーの投げるダーツなど様々な武器に加えて、あらゆる人物が鳥のように宙を舞う。例えば、女侠客リンの登場場面で彼女は官女スーを救おうと、空高く張ったロープから川べりへ一直線に飛び降りるが、ここには獲物を狙う鷹のイメージが存在する。さらには、ジャオと宿敵の宦官ユーがなんと巨大な竜巻により空高く舞い上がって、空中で対決する。鷹のような一直線の飛行と竜巻による空中での回転運動。そして急降下と急上昇。対照的なこの二つの飛翔の間で、この映画は絶えず重力から逃れようとしている。

確かに、『ドラゴンゲート』の物語には地底に向かうベクトルも存在する。砂漠のなかにぽつんと建つ龍門という宿屋が映画の主要な舞台だが、その地下には洞窟のような秘密の空間が拡がっていて、リンとスーが身を隠す。さらには、砂漠の下に眠る幻の財宝都市が六〇年に一度の砂嵐により地下から姿を現す。しかしながら、宿屋の地下でさえ人物たちは絶えず宙を飛びながら敵と戦う。また、財宝都市の巨大な建物では、ジャオとユーは天井に空いた穴を目指して登りながら宿命の対決を行なうが、ここでも彼らは重力を無視するような跳躍を高みで繰り返すことになる。

ところで、物語の中核をなすジャオとユーの宿命的なライバル関係自体は平凡であるが、二人を取り巻く多数の人物が複雑な人間関係を作り上げている。ジャオとリンは、ツイ・ハーク製作、レイモンド・リー監督の『ドラゴン・イン』のワイオンとシュンユクが姿形を変えて現れたかのようで、リンは龍門の地下でかつて恋したジャオと再会を果たし、心のなかの欠落を埋めていく。ユーは情報屋のフォンと瓜二つで、二人は敵対しているがどこか相互補完的な関係にあるようだ。こうした多数の人物が幻の都市の財宝をめぐって争奪戦に参加することになる。しかしながら、この財宝は一種の口実に過ぎないようだ。彼らが本当に求めているのは財宝というより、それぞれが抱える欠落感の補償に見える。ツイ・ハークは人物たちの飛翔のイメージを増幅させて、失われた翼を取り戻すかのような圧倒的な運動性を映画的イメージとして結実させる。その時、人物一人一人が抱える欠落感もまた埋め合わされるかのようなのだ。

今月は他に、『フランケンウィニー』『Playback』『同じ星の下、それぞれの夜』などが面白かった。また劇場未公開だが、サンドリーヌ・リナルディの『煙にまかれて』も良かった。

2011年、中、2.35:1、122分　〈脚〉ツイ・ハーク　[撮影]チョイ・スンファイ　〈主〉ジェット・リー、ジョウ・シュン、チェン・クン、グイ・ルンメイ、リー・ユーチュン

変わり者が自分の生き方を貫くこと

ウェス・アンダーソン監督『ムーンライズ・キングダム』

一九六〇年代中頃、サムとスージーは教会でのお芝居の際に出会い、一年間の文通の末に駆落ちする。一二歳の二人が辿り着いたのは手つかずの自然が残る綺麗な入江だ。服を着たまま海に飛び込む二人。サムはスージーの絵を描き、虫で作ったピアスを贈る。さらに二人は岸辺で踊った後キスをする。画面の手前にレコードプレイヤー。波打ち際で二人が並んで踊り、入江は画面の一番奥で大洋に向かって開かれている。サムのダンスは不恰好で滑稽だが、いたって真剣だ。二人が近づいて体が触れ合うと、カメラが同軸上で寄る。そしてキス。なんて素晴らしい場面だろう。この入江は二人にとって桃源郷だが、この入江の場面もまたまるで映画の桃源郷のようだ。

実はこの駆落ちは失敗に終わるのだが、二人は諦めない。二度目の駆落ちの際に、二人は森のなかの教会で秘密の結婚式を挙げる。その直前、二人の話し合いのそばで無関心にトランポリンをする少年。大きなテントのなかに作られた教会の魅力的なセット。そして、式を終えた二人が森の道を並んで進むのを、正面から捉え続ける移動撮影のスローモーション。これもまた、なんて見事な場面だろう。ウェス・アンダーソンの『ムーンライズ・キングダム』は、こうした至福の描写の連続によって現代アメリカ映画の頂点を極めている。

ウェス・アンダーソンはユーモア溢れる温かい眼差しで登場人物を見つめるが、その映画の魅力は何より、とても自由だが勝手気ままな下品さとは無縁で、実のところ切り詰められた端正なスタイルにある。カメラの横移動やズームが多く、一見自由奔放に見える。だが、人物や建物を正面や真横から捉えるショットが基本で、作中でサムが描く絵の木や電線のように縦のラインが綺麗な、幾何学的とも言える構図が多用される。カメラの動きも直線的でノイズが少ない。逆に言えば、こうしたスタイルにも拘らず、禁欲や不自然さから遠い自由な印象を観客に与えるというのは、この監督の卓越した技巧を示している。

ところで、サムもスージーも友達のいない内向的な子供だ。サムはボーイスカウトの一員で、両親は数年前に亡くなり里親の愛情は薄い。スージーは本と双眼鏡が大好きで、母親と警部の不倫を知る。二人は自分たちの生きる世界に馴染めず、純粋な愛を信じ、二人だけの世界を求めて駆落ちを繰り返すのだ。しかしここで注意すべきは、大人たちの世界が決して一方的に糾弾されてはいないことだ。大人たちは確かに一癖も二癖もあり、彼らの世界は面倒臭く、時に残酷でさえある。けれども、それはそれで魅力的であり、生きるに値するものとして肯定的に描かれているのだ。この映画は、大人の汚さと子供の純粋さを単純に対立させて描くような作品では全くない。

ウェス・アンダーソンは、『天才マックスの世界』にはっきり見られるように、変わり者が自分の生き方を貫きながら生きる姿を好んで描いてきた。『ムーンライズ・キングダム』のサムとスージーも変わり者で、今いる世界からの脱走を試みる。だが、二人は自分の生き方を捨てることなく、この世界のなかで立派に生きる術を徐々に身につけていくだろう。個性的な人間への讃歌であるこの映画は、ラストで、まさにそのことを示しているのだ。

今月は他に、『奪命金』『フラッシュバックメモリーズ3D』『今日、恋をはじめます』『よりよき人生』などが面白かった。また、特集上映で観たノエミ・ルヴォヴスキの『カミーユ、ふたたび』も良かった。

2012年、米、1.85:1、94分 〈脚〉ウェス・アンダーソン、ロマン・コッポラ ［撮影］ロバート・イェーマン 〈主〉ブルース・ウィリス、エドワード・ノートン、ビル・マーレイ、フランシス・マクドーマンド

映画の魔の領域

ポール・トーマス・アンダーソン監督『ザ・マスター』

広角レンズで画面が大きく歪んだ海岸のショットの後、男の卑猥な言葉や仕草の数々が続く。あまり居心地のいい映画の始まり方ではない。けれども、物語が進行し、数年後にこの男フレディが別の海岸で船に勝手に乗り込みそこでランカスターに出会うと、映画の様相が変わり出す。ランカスターはフレディに最初のカウンセリングを行なう。次々と繰り出される質問に答え続けるフレディの顔をカメラはアップでじっと捉える。余計な飾りの一切ない切り詰められたショット。カウンセリングが終わる時、フレディはランカスターをすっかり信じ切っており、観客もこの映画に完全に魅せられている。ポール・トーマス・アンダーソンの新作『ザ・マスター』に。ランカスターは初期のサイエントロジーを想起させる教団、ザ・コーズの教祖である。そこで、一つの疑問が浮上する。彼はフレディに非科学的な治療を行なっているのだが、この時、観客もまた一種の治療を受けているのではないか。ザ・コーズを批判するある男がランカスターの治療は催眠術だと言うが、この映画自体も観客に一種の催眠術をかけているのではないか。最初の治療の場面で用いられる技巧は確かにどれも目新しいものではない。だが、冒頭の下品さは、治療の場面で観客を物語に引きずり込むためのひとつの仕掛けだったのではないか。この監督はかなりしたたかに観客を操作している。

映画の物語を確認しておこう。対照的な二人の男の物語。新興宗教団体の教祖ランカスターとアル中で粗暴なフレディ。二人は宿命的な絆で結ばれ、そして別れていく。二人は何故惹かれ合ったのか。フレディは自分に悩み、ランカスターと彼の教義が自分を救済してくれると確信した。ランカスターも強い指導者では決してなく、自分に足りないところを補ってくれる存在をフレディに見出した。二人は教祖と信者、師匠と弟子であると同時に相互補完的な親友であり、無意識的な同性愛を生きるカップルでもある。『ザ・マスター』はこうした二人の関係が変化していく重要な瞬間をただじっくりと提示し、何の判断も示さない。華麗な映像美で観客を惹き込むこともせず、印象的な音楽も本当に大事な時には必ず止む。

何の判断も直接示さず控えめに表現しているからと言って、催眠術的でないとは全く言えない。ランカスターの治療とポール・トーマス・アンダーソンの演出は本質的に異なると言えば、多くの観客は安心するのだろう。だが、その境界をあえて曖昧なままにしている点にこそこの映画の鍵がある。この監督は確信犯的に映画のいかがわしさと戯れている。科学とカルトの、芸術とペテンの微妙な境界こそが彼の活力の源、神聖な原動力《ホーリー・モーターズ》なのだ。

ランカスターの治療が不能に陥る時、映画の真の治療が始まる。人はマスターなしに生きられるのかというラストの問いが、観客の胸にいつまでも響く。師匠という道しるべなき人生の彷徨などありうるのか。偉大な監督たちが撮った数々の優れた作品を地図として、人は人生の砂漠を彷徨う。そして、ポール・トーマス・アンダーソンもまた映画の新たなマスターとなって観客を導く。その治療は科学か、催眠術か。それは映画の根源的な何か、暗がりに潜む魔の領域に触れている。

今月は他に、『ジャンゴ　繋がれざる者』『愛、アムール』『ケイコ先生の優雅な生活』などが面白かった。また劇場未公開だが、ブノワ・ジャコーの『贋金つくり』も良かった。

2012年、米、1.85:1、144分　〈脚〉ポール・トーマス・アンダーソン　[撮影]ミハイ・マライメア・Jr　〈主〉ホアキン・フェニックス、フィリップ・シーモア・ホフマン、エイミー・アダムス、ローラ・ダーン、アンバー・チルダーズ

2013.4

世界という劇場

レオス・カラックス監督『ホーリー・モーターズ』

ベッドで男が目覚め、部屋の壁に隠し扉を発見する。扉は映画館に通じていて、その暗がりをカモメの鳴き声や船の汽笛の音が満たしている。レオス・カラックスの新作『ホーリー・モーターズ』はこうした謎めいた描写で始まる。男を演じるのはカラックス自身だ。

男が二階席の一番手前に立ち銀幕を見つめるのを、カメラがあおりで捉える。すると、切り返しで窓越しの少女が示され、汽笛が再び響く。船が少女を乗せて出港するのだろうか。だが、ここで奇妙なことが起こる。ショットが替わると、船のような形の豪邸が示されるのだ。汽笛ではなく小鳥の囀りが聞こえ、朝の陽射しのなか、銀行家が豪邸を出て白いリムジンに乗り込む。確かに建物の壁には、少女が外を眺めていたのと同じ丸い窓がいくつかある。少女は本当に船に乗っていたのか。

つまり、「プロローグ＝映画館」、「本篇＝そこで上映される映画」という形式にずれが導入されているのだ。本篇では、ドニ・ラヴァン扮する俳優オスカーがリムジンで移動しながら、パリとその近郊で銀行家など様々な役を演じている。「本篇＝映画の撮影風景」であり、豪邸は編集によって船になりうるのだ。

オスカーには私生活がほぼ存在せず、夜に帰宅して寝るのもその日に与えられた役の演技である。安心して自分自身でいられるのはリムジンのなかだけだ。俳優は多数いて、至る所で絶えず撮影が行なわれている。世界は映画のための舞台であり、人は皆役者なのだ。リムジンのなかで、オスカーは顔に痣のある謎の男に、カメラが徐々に小さくなり今ではもう目に見えなくなったと嘆く。不可視のカメラのもとで人々が絶えず演技をしているとすれば、このSF的な都市は私たちが生きる現実世界と何が違うのだろうか。

一九九〇年代以降、映画が現実との絆を取り戻すことが繰り返し問われてきた。だが、八〇年代派のカラックスはそうした思想を乗り越え、映画が現実世界を捉えるのではなく、世界自体が映画のために存在するとするのだ。どこかマラルメの書物のような映画のために。

こうした世界では、全てが演技であり裏側に真の内面など存在しない。謎の男に何故俳優の仕事を続けるのかと問われ、オスカーは身振りの美のためと答える。オスカーは愛と死をめぐる様々な劇を演じるが、死に際の老人とその姪の場面が示すように、どんなに感動的でもそれは演技の産物である。偽りの内面ではなく身振りそれ自体が重要なのだ。『ホーリー・モーターズ』がエティエンヌ＝ジュール・マレイを引用するのはまさにこの点においてだ。マレイのクロノフォトグラフィこそは、内面を剥いだ身体の身振り、運動の記録である。そしてカラックスの新作も同じく、魅力的な身振りの宝庫なのだ。廃墟と化したサマリテーヌ百貨店の場面を思い出そう。その屋上で女優のジーンがウィッグを取る時、それは演技なのか、自分自身に戻るためなのか。その内面は意図的に曖昧にされている。さらに、廃墟の高みで手摺につかまって歌う彼女に、あおりのカメラがズームで寄る見事なショットは、映画館で男が銀幕を見る冒頭のショットを豊かな差異を生み出しつつ反復している。内面とは一切関係のない、身振りとカメラの視点による反復。世界という劇場で、人は皆身振りの演技に興じている。

今月は他に、『オズ　はじまりの戦い』『野蛮なやつら』『コズモポリス』などが面白かった。また劇場未公開だが、ブノワ・ジャコーの『アマリアの別荘』も良かった。

2012年、仏＝独、1.85:1、115分　〈脚〉レオス・カラックス　[撮影]イヴ・カペ、カロリーヌ・シャンプティエ　〈主〉ドニ・ラヴァン、エディット・スコブ、エヴァ・メンデス、カイリー・ミノーグ、エリーズ・ロモー

2013.5

イメージの二重の地獄

ハーモニー・コリン監督『スプリング・ブレイカーズ』

「ビキニとケツこそ人生だ！」と『スプリング・ブレイカーズ』で男が叫ぶ。それに倣って、「ビキニとケツこそ映画だ！」とも言いたくなるが、ハーモニー・コリンのこの新作を正しく形容するには若干の修正が必要だ。そう、「ビキニとガンこそ映画だ！」と叫ぼう。そうすればこの途方もない傑作が、「映画とは、女と銃である」と言ったグリフィスに始まる映画史の王道を行く作品だと分かるだろう。

物語がどんなに破天荒に見えようとも、その大きな枠組みは、悪いことをした人間が罰を受けるという極めて古典的なものだ。さらに言えば、スプリング・ブレイクとは春休みのことだが、この映画は優れたバカンス映画の鉄則も守っている。単なるバカンスの映画ではなく映画のバカンスでもあろうとしているからだ。ジャック・ロジエの作品のように。

スプリング・ブレイクを描いた名作、アレクサンドル・アジャの『ピラニア3D』を思い出す者も多いだろう。ビキニガールズへの欲望と嫌悪という相反する感情から出発してイメージの地獄を描くに至るという図式が同じで、彼女たちを一方ではピラニアの大群が、他方ではエイリアンが襲うというのも相似的だ。もっともコリンの新作のエイリアンは本物の異星人ではなく、そう名乗る麻薬の売人である。総銀歯のかなり強烈なディーラーだ。

ただし、この二本の間には微妙だが決定的な違いがある。『ピラニア3D』の主人公は平凡な男の子で、観客は彼に感情移入しながら残虐な物語を楽しむ。ビキニガールズはこの男の子や観客の欲望と嫌悪の対象として存在している。だがコリンの新作に、彼のような観客の分身となる人物は登場しない。

主人公の四人の女子大生がレストランで強盗を働く場面に注目しよう。店の窓と車の窓という二重の窓越しに事件を捉える長回し撮影。四人のうちの一人が盗難車に乗って待っているのだが、窓というスクリーンにより、彼女は映画館の観客とほぼ同じ位置に身を置く。ここで彼女は共犯者であり、同時に観客でもある。

この場面の彼女を通して、現実の観客が女子大生たちに同調することが可能になるのだ。彼女たちに欲望と嫌悪の眼差しを投げながらも、どこかで一体化して物語に巻き込まれていくのである。しかも、総銀歯の男が『スカーフェイス』の連続再生と言う時、観客はこの極悪人とさえも距離を縮められると感じるだろう。連続再生時の視線は映画館の視線とは異質だが、コリンが視線の主題を浮上させながら観客と登場人物たちとの関係を操作しているのを見逃してはならない。

女子大生たちが地獄のような経験の末に何を見出すかは、ここでは語るまい。だが、観客という共犯者が見出す地獄が悪や恐怖の描写による地獄と異なることは、指摘しておきたい。プールサイドで歌われるブリトニー・スピアーズの曲を聞け。ビキニに覆面をして機関銃を撃ちまくる女たちを見よ。なんと美しく、なんと薄っぺらなことか。ハーモニー・コリンは映像という表層の極限をここで提示し、そのどうしようもない貧しさのなかに至高の美を見出す。ふしだらな女子大生たちが直面する地獄は、視線の欲望にとりつかれた者が辿り着く地獄と重なる。『スプリング・ブレイカーズ』が描くのは、こうしたイメージの二重の地獄に他ならない。必見の傑作だ。

今月は他に、『グッバイ・ファーストラブ』『天使の分け前』『孤独な天使たち』『藁の楯』などが面白かった。また、特集上映で観た内藤瑛亮の短篇『救済』も良かった。

2012年、米、2.35:1、94分〈脚〉ハーモニー・コリン　[撮影]ブノワ・デビエ〈主〉ジェームズ・フランコ、セレーナ・ゴメス、ヴァネッサ・ハジェンズ、アシュレイ・ベンソン、レイチェル・コリン

人生という反復と意味という病

ホン・サンス監督『3人のアンヌ』

ホン・サンスの映画を観ると胸が締めつけられるのは何故だろう。特に新作『3人のアンヌ』は徒ならぬ傑作で感動的だ。映画学校の女子学生が描く三人のアンヌの物語。イザベル・ユペール扮する同じ名前のフランス人女性たちがそれぞれ韓国の海辺の街モハンを訪れ、同じような人々と出会い、少しずつ異なる出来事を経験する。いかにもこの監督らしい差異と反復の遊戯だ。だが、何故こうした遊戯が観る者の胸を締めつけるのだろうか。

第一話のアンヌが能天気なライフガードの青年と愉快なやりとりを繰り広げる時、観客はすでにホン・サンスの映画の至福を味わっているに違いない。だが、第二話はこの至福が一筋縄ではいかないことを示す。この挿話では、不倫の主題が真正面から扱われながら、ホン・サンスの形式主義が極限に到達する。そもそも彼の映画全てが旅と酒と恋をめぐる同じ一つの物語の様々なヴァリエーションであり、『3人のアンヌ』ではこの物語が三回繰り返されている。第二話では、物語が現実と夢を行き来することにより、この物語の内部にさらに何重もの反復が導入されるのだ。

第三話に入ると、観客は三つのパラレルワールドの間に秘かな連関を想像できるようになる。三人目のアンヌはホテルの娘から借りた傘を無くしたと言うが、隠しておいたその水色の傘をラストで取り出して差す。この時一部の観客は、第二話のアンヌが隠した傘を第三話のアンヌが取り出したかのような錯覚を覚えるだろう。実際には、第三話でアンヌは友人と一緒に寺に行く時この傘を差しており、雨があがった後、彼女自身が同じ場所に傘を隠したのである。だが、ホン・サンスは明らかにこうした錯覚を狙って演出している。第三話でアンヌが海岸で酔っ払って焼酎の瓶を投げ捨てる時、第一話の海岸に落ちていた焼酎の割れた瓶はこれだったのかもしれないと、観客は想像する。第一話では、この瓶は韓国人が捨てたものとされていただけに、この想像は一層刺激的なものとなる。勿論、三人のアンヌの物語自体、虚構の登場人物が描いた複数の脚本であり、それらの関係性も何も示されないのだから、本当は誰が捨てたのかと考えても意味がない。反復が生み出す真に豊かな差異として捉えるべきものなのだ。

さらに、第三話のアンヌと僧侶の滑稽な会話が興味深い。「私の何を知ってるの?」というアンヌの問いに「何も」とあっさり答える僧侶は、事実をあるがままに受け入れ、その裏側に神秘の存在を認めないホン・サンス的な態度を一貫して示している。しかもこの僧侶は、「どういう意味?」と聞かれて「意味はない」と答え、ホン・サンスの映画の本質をなす無意味の主題に触れるのである。

昨年、ホン・サンスは筆者の質問に答えて、無意味こそは自分の考え方だと認めてくれた。「人生とは反復だ」と言う彼は、別の質疑応答で、この考えにより「大げさな解釈をしたり大きなメッセージを語らねばならないという義務感から解放されました」と述べ、反復により「世界に対する決まりきった見方を捨てることができる」と語っている。差異と反復の遊戯を追求することにより、人は意味という病から癒されて、なまの現実に出会うことが可能になる。ホン・サンスの映画を観ると胸が締めつけられるのは、このためなのだ。

今月は他に、『リアル　完全なる首長竜の日』『クロユリ団地』『蒼白者』などが面白かった。また劇場未公開だが、ツァイ・ミンリァンの『ヴィザージュ』に圧倒された。

2012年、韓、1.85:1、89分〈脚〉ホン・サンス［撮影］チ・ユンジョン、パク・ホンニョル〈主〉イザベル・ユペール、ユ・ジュンサン、チョン・ユミ、ユン・ヨジョン

古典的な風情と大胆な前衛性

ミゲル・ゴメス監督『熱波』

ポルトガルの映画監督、ミゲル・ゴメスの『熱波』は大胆な映画だ。老婆アウロラがカジノでお金を全てすってしまい、隣人のピラールが迎えに行くと、アウロラは猿の夢を見たと話し出す。この夢の話以上に奇妙なのが、二人の会話の撮り方だ。老婆がバストショットで長々と示されるが、焦点が合わずにぼけたその背景はゆっくりと左に回転し続けるのだ。ピラールのバストショットでは背景が右に回転しているのだから、テーブルと椅子が実際に回っていることはあり得ない。この非現実的な運動が不思議な夢の話とともに、観客を日常から夢想世界へと導いていくのだ。

ゴメスの演出は正統派とは言えないが、彼が繰り出すショットの魅力に抗することは難しい。アイロンの蒸気や灰皿から立ち上る煙草の煙。居間の壁の絵を窓越しに照らす稲妻。台所の窓をつたう激しい雨。開閉される玄関のドアとその脇の立派な鏡。アフリカの記憶と繋がっているかのような室内の豊富な植物。こうした様々なものが豊饒な視覚的快楽をもたらしている。

アウロラは病に倒れ、死ぬ前にベントゥーラという男に会いたいと言う。この男が映画に登場してもしばらくは顔がよく分からず、アウロラの棺の上に花を投げる時に、初めてはっきりと顔が映し出される。自動車の助手席に座って、帽子を被りながら煙草を吸う彼を斜め後ろから捉えるショットが魅力的だ。後部座席に人がいないため、カメラアングルは正当化されない。だが、ショットそれ自体の力強さが観客を圧倒してしまうのだ。

葬式の後、ベントゥーラとピラール、サンタの三人がカフェでお茶をする。「彼女はアフリカに農園を持っていた」と男が突然言い、二人の女に切り返され、さらに男に切り返されると音響が変わる。そして次に、画質の微妙に異なる、若く美しい女性のショットがまるで切り返しのように繋がれる時、観客は心の底から打ちのめされるだろう。現在から過去へ、現代のリスボンから植民地時代のアフリカへ映画の舞台が見事に移行するのだ。

ここからは、前半部を超える映画的快楽のうねりが有無を言わせず観客を呑み込む。夫の赤ん坊を妊娠した人妻との蚊帳越しのベッドシーンで、情事が終わると男は首筋に汗をかきつつ女の膨らんだ腹に手をやる。これに続く草原の長い移動ショットはさらに官能的だ。手を繋いだ男女が高い草を大きく跨ぎながら快活に進んでいき、二人の白いシャツの上を綺麗な木漏れ日が流れる。映画のめくるめく快楽がここに溢れ、二人の歩行には愛することの幸福と不幸が同時に張りつく。燃え上がる愛が不幸に終わるしかないという悲劇なのか、不幸に終わるしかない愛だから燃え上がるのか。ともかく、宿命の愛の物語が驚くべきショットの連鎖によって語られている。

監督の演出は後半でも本質的には変わらない。クライマックスである人物が地面に倒れると、その見た目でカメラを横に倒したショットが繋がれる。構図を少し緩めて自然さを出すなど一切せずに、監督はあえて正確に九〇度カメラを倒し構図も完璧に決める。こうしたゴメスの演出は映画の王道とは異なるもので、異様な魅力を放っている。白黒の画面は時に古典的な風情を漂わせるが、『熱波』の本質はあくまで大胆な前衛性にあるのだ。

今月は他に、『インポッシブル』『グランド・マスター』『言の葉の庭』などが面白かった。また、映画祭で観たジャック・ドワイヨンの『アナタの子供』も素晴らしかった。

2012年、ポルトガル＝独＝ブラジル＝仏＝スペイン、1.37:1、118分 〈脚〉ミゲル・ゴメス、マリアナ・ヒカルド ［撮影］フイ・ポーサス 〈主〉テレサ・マドゥルガ、ラウラ・ソヴェラウ、アナ・モレイラ、カルロト・コッタ、テルモ・シューロ、ミゲル・ゴメス

2013.8

人々の顔と語りの映画

ロバート・クレイマー&ジョン・ダグラス監督『マイルストーンズ』

ロバート・クレイマーにとってベトナム反戦運動は決定的な体験であり、彼のアメリカ時代の作品にはほぼ全て、ベトナム戦争が何らかの形で影を落としている。それ故、一九六九年の夏に実際にベトナムを訪れて、仲間たちとともに撮った短篇ドキュメンタリー『人民の戦争』は、彼の生涯の核となる作品だと言える。それから二〇年以上を経て、クレイマーは再びベトナムを訪れて、長篇『スターティング・ポイント』を撮る。この作品は九〇年代ベトナムの現状報告であると同時に、自分の出発点を再確認する旅でもあった。

従って、クレイマーがジョン・ダグラスとともに撮った七五年のドキュメンタリー『マイルストーンズ』にベトナム戦争が執拗に影を落としていても、何の不思議もない。実際、「革命とは事件の連なりではなく、人生そのものだった」という印象的な言葉が登場するなど、この映画には反戦運動の記憶が巧みに散りばめられている。そして様々なアメリカ人の日常を描いた後、映画は女性の出産場面をクライマックスに配置して感動を盛り上げる。ヨハン・ファン・デル・コイケンの『アムステルダム・グローバル・ヴィレッジ』でも繰り返されるラストだ。だがクレイマーが秀逸なのは、ベトナム人への好意を語るアメリカの軍人の短いニュース映像を、出産の後に置いて映画を締め括る点にある。こうして、三時間を超える七〇年代アメリカの壮大な肖像画は見事な政治的物語として完結するのだ。

しかしながら、クレイマーが真に偉大な映画監督であるのは、彼がこうした物語の有能な作り手だからではない。『スターティング・ポイント』の冒頭で、自転車に乗る男を撮るカメラはすぐに対象からそれていき、次に、ベトナムについて語る女を過剰なまでのクロースアップで撮ると、その顔はまるで光と影の純粋な戯れのためにあるように見えてくる。このようなカメラと対象のスリリングな関係がこの映画を優れた作品にしているのだ。

確かに、『マイルストーンズ』はこうした大胆な撮り方と無縁である。『ウォーク・ザ・ウォーク』のめくるめく映像美もここにはない。カメラは常に控えめで、撮影対象をありのままに捉えることに徹している。とはいえ、一九世紀末に生まれた老婆が自分の人生を語る映画の冒頭の場面や、ナバホ族に祖父を殺されたと娘が語る場面、水族館で男が大学を辞めた経緯を語る場面などが感動的なのは、個人の物語がより大きな社会的物語に通じているからだけではない。別の男が一一歳で視力を失ったと語る場面が見事なのも、盲目の主題により遺作『平原の都市群』を先取りするからだけではない。彼らの語る姿そのものが素晴らしいのだ。政治的フィクションの『エッジ』を思い出そう。若い政治活動家たちの顔がこの上なく魅力的で、彼らは激しく討論するが、政治論争というより若者たちの人生の生々しい姿を見るようだ。『マイルストーンズ』もまた人々の顔と語りの映画である。この監督はあくまで観る主体であり、編集により物語を作ることは二の次である。政治的物語からこぼれ落ちる画面、物語に回収されない人生の反映が重要なのだ。ロバート・クレイマーはカメラがまわるその瞬間を信じて、撮影という行為に映画の本質を見出している。ここに、この映画の真の価値があるのだ。

今月は他に、『風立ちぬ』『高速ばぁば』『ペーパーボーイ』『囚われ人』などが面白かった。また、特集上映で観たテレーザ・ヴィラヴェルデの『トランス』に打ちのめされた。

1975年、米、1.33:1、206分 〈脚〉ロバート・クレイマー ［撮影］ジョン・ダグラス、ロバート・クレイマー、バーバラ・ストーン 〈主〉メリー・チャペル、シャロン・クレプス、グレイス・ペイリー

冒頭と末尾の反復と女たちの力強さ

青山真治監督『共喰い』

制服姿の高校生、遠馬がバスから降り、川沿いの道を歩く。ベランダに下着姿の女がいるアパートを通り過ぎる。川側に置かれた引きのカメラが彼の歩行に合わせて左から右に移動し、画面右端の手前に母親の仁子が姿を現す。ショットが替わると、カメラは反対側に回って道側から彼女を捉える。映画的としか言いようのない見事な空間感覚に圧倒され、観客は始まったばかりのこの映画に感嘆するだろう。青山真治の『共喰い』のことだ。

川沿いの道の奥ではなく手前に、物語の鍵を握る人物が立っているのが素晴らしい。彼女の作業場は道から川にせり出したところにあるのだ。しかもそこはトタン屋根が直射日光を遮ってはいるが、半ば戸外のような開放的な空間である。左手首から先を戦争の空襲で失った彼女は、夫と息子のもとを去り、この場所で川風を肌や髪に受けとめながら片手で魚をおろしている。もし川沿いでなければ、チャン・チェやツイ・ハークの香港映画のように、片腕の男が復讐のため秘かに武術の訓練を積んででもいそうな空間だ。『共喰い』の仁子は勿論武術とは無縁だが、心に秘めたものの強さは彼らと変わらない。自分を痛めつけた夫と国家に対する思いのことだ。

仁子の登場の場面に関して見逃してはならないのは、同じカメラワークと編集が映画のラスト近くで繰り返される点にある。遠馬が同じ川沿いの道を歩き、同じ所に立って仕事をしている別の女に会う。冒頭と末尾のこの反復が映画の枠組みを規定する。物語の中心はあくまで遠馬と父親の間の葛藤にある。しかし、この枠組みは女性間の継承の主題を浮上させながら、父子の物語を女たちの物語へと変容させる機能を担っている。

仁子以外に重要な女が二人いる。まず、遠馬の父親の愛人で二人と一緒に暮らす琴子。彼女が初めて登場する時のクロースアップが、女性の体を艶めかしく捉えていて圧倒的だ。琴子の顔には、性行為の際に女を殴る癖のある愛人のせいで時折痣ができる。そんな彼女の匂うようなエロティシズムが、この映画に豊かな味わいをもたらしている。また、赤ちゃんができたと琴子が告げ、遠馬が家を飛び出す場面も印象的だ。シネマスコープのカメラが屋内で琴子の顔から遠馬の顔へ急激にパンし、コップの転倒のアップが家を飛び出す遠馬の描写に取って代わるのだ。

もう一人の女が遠馬の恋人の千種だ。彼女が常に持ち歩く白い日傘は、この上なく映画的な小道具として画面を活気づけている。古びた橋の上で千種と遠馬が言葉を交わす時、彼女の白い服と白い日傘は橋の錆びたガードレールと対照的で、彼女の可憐さを強調している。他の場面では、千種の力強い目と日傘の対比が、少女から大人の女へと成長しつつある彼女の微妙なバランスを示している。大雨で夏祭が中止になる日に、神輿蔵のなかで彼女の脇に無様に転がる日傘も忘れられない。

男に汚され踏みにじられながらも、挫けずしたたかに生きる三人の女。青山真治は『共喰い』で、そんな女たちの力強さを見事に描いている。昭和最後の年の夏を舞台にしたこの映画に登場する仁子と琴子、千種の三人は、黄金期の日本映画の傑作やロマンポルノの名作でしばしば描かれたあの力強い女たちを思い出させて、観る者の胸を詰まらせるだろう。

今月は他に、パリで観たアントナン・プレジャコの『七月一四日の娘』アリ・フォルマンの『コングレス』アラン・ギロディの『湖の見知らぬ男』などが面白かった。


2013年、日、2.35:1、102分 〈脚〉荒井晴彦 ［撮影］今井孝博 〈主〉菅田将暉、木下美咲、篠原友希子、岸部一徳、光石研、田中裕子

窓＝スクリーン

トーマス・イムバッハ監督『終わりゆく一日』

映画には「窓＝スクリーン」が溢れている。イオセリアーニの映画に頻出する窓。イーストウッドの『目撃』のマジックミラー。コリンの『スプリング・ブレイカーズ』の強盗場面における二重の窓。これらがスクリーンの機能を担うことは、映画の自己言及的性格に加えて世界における映画の偏在も示している。

トーマス・イムバッハの私的ドキュメンタリー『終わりゆく一日』は、ヒッチコックの『裏窓』と同じくまさにこの「窓＝スクリーン」に賭けた映画だ。『裏窓』の主人公のように、イムバッハはチューリッヒの仕事場の窓から外を眺める。そして、まさにこの窓越しの風景こそが映画だと思ったかのように、カメラで風景を撮影するのだ。窓の外に見えるのは広大な空、雲を横切って飛ぶ鳥や飛行機、絶えず煙を吐く巨大な煙突と新たに建設される高層ビル、行きかう列車、働く労働者たち、道を行き来する長髪の女性。繰り返し登場するこの女性は、『裏窓』の下着姿で踊る女性同様、視線の覗き見的な性格を強調している。

『裏窓』の登場人物の声がアフレコであるように、『終わりゆく一日』では窓越しの映像に留守番電話の伝言が重ねられる。だが、映像と音が完全に調和する訳ではない。そもそも、映像の撮影時期と伝言の録音時期は一致していない。しかも、映画の冒頭から高速再生の映像に通常速度の伝言が重ねられて、アフレコが強調されるのだ。『裏窓』のような物語映画と異なり、この映画では映像と音がばらばらなことが強調されつつ組み合わされる。音楽がいかに映画を盛り上げようと、映像と音の一体化は見せかけであり続けるのだ。

留守電の伝言は映画に分かりやすい物語を与えている。ある映画監督が父親を失い、息子が生まれながらも伴侶と別れていく。イムバッハの実人生とほぼ重なるこの物語は観客の胸をうつかもしれない。だが、映像と音の見せかけの結合を隠さないこの映画において、そうした編集が作り出す物語を信じることにどれだけ意義があるだろうか。ごく素直にこの映画を観れば、人はそこに物語の流暢な語りよりも、物語に回収されきれないなまの映像と音の連なりを見出す筈だ。監督は窓の外の風景を見てそこに意味や物語を探しはしない。ただ単に、窓というスクリーンに映し出される風景を風景として見ている。映画の観客もまたそのように画面を見るべきなのだ。

ただし、『終わりゆく一日』がこうした風景をこえて孤独の印象をもたらすことは否定しがたい。勿論主人公は、『裏窓』の主人公と違って部屋に閉じ込められてはいない。仕事場を出て外で多くの人に会っている筈だ。しかし、監督がこの映画を「窓＝スクリーン」に賭ける時、ほぼ必然的にそうした外出は捨象され、カメラと主人公は仕事場に閉じこもることになる。主人公は窓を通して世界を見るが、それは窓によって世界から隔てられていることでもある。このことが主人公の孤独を生み出すのだ。これは映画館の観客にも通じる。人は観客である限りにおいて、映画館にこもり、スクリーンを通してのみものを見て、外界から隔てられるのだ。父親を失い愛する女性と別れることから生じる孤独とは異なる、映画そのものが抱え込む孤独が、窓ガラスの反射によって映し出されるというまさに映画的な主人公にとりついているのである。

今月は他に、『眠れる美女』『パッション』『恋の渦』『40歳からの家族ケーカク』などが面白かった。また、遅ればせながら観たマイケル・ホフマンの『モネ・ゲーム』も良かった。

2011年、スイス、1.85:1、111分 〈脚〉トーマス・イムバッハ、パトリツィア・シュトッツ ［撮影］トーマス・イムバッハ

孤独な人間存在への声援

ギヨーム・ブラック監督『遭難者』&『女っ気なし』

イギリス海峡に面するフランス北部の小さな町、オルトがギヨーム・ブラックの短篇『遭難者』と中篇『女っ気なし』の舞台だ。豊かな自然に恵まれるが、夏の海岸でくつろぐバカンス客はまばらな寂れた町。そんな町の冴えない独身男、シルヴァンはこの二作で町を訪れる旅行者との出会いと別れを繰り返す。『遭難者』では、パリから自転車で来たリュックと、『女っ気なし』では、パリ郊外に住むパトリシアとその娘のジュリエットと知り合うのだ。

シルヴァンは女性にもてない孤独な男だ。ギヨーム・ブラックは『女っ気なし』で、彼の愛の孤独をユーモアとともに優しく描いている。ただし、監督自身は連作の出発点において旅行者の側にいた。彼はオルトを偶然発見し、その魅力にとりつかれてこの町で映画を撮ろうと決意した。しかも監督は、リュックのように自転車で旅をするのが好きなのだ。そもそも、『遭難者』の主人公はシルヴァンではなくリュックであり、この短篇に続いて撮られた『女っ気なし』で前者は主人公に昇格する。つまり、ブラックは二本の連作を撮るにあたり、旅行者の立場から出発して、地元民の生活を理解し彼らの立場を理解するに至ったのだ。シルヴァンは物語のなかでは孤独でも、映画監督という旅行者には理解されたのだ。彼の孤独はその点で救われている。

この二作で孤独なのは、実はシルヴァンだけではない。地元の友人で、シルヴァンよりは女性との付き合いが上手いジルも、明るい振舞いが魅力的なパトリシアも、心の底に孤独を抱え込んでいる。それを乗り越えた人物がいるとすれば、オルトの住人のマリーだけだろう。『遭難者』と『女っ気なし』で問われている孤独はシルヴァン個人の問題ではなく、人間存在に普遍的に関わるものなのだ。そして監督が試みたのは、単なるシルヴァン一人の救済ではなく、孤独を宿命づけられた人間存在そのものに声援を送ることではないか。

シルヴァンの印象的な苺の食べ方、女性の手への触れ方だけでなく、あらゆる登場人物の豊かな表情や所作を、ブラックはカメラで繊細に捉えていく。監督自身は否定的な発言をしているが、彼の手法が広い意味でのリアリズムに属することは間違いない。だが、その描写はより具体的にはどんなものなのか。

戦前の詩的リアリズムをはじめとして、リアリズムはフランス映画の伝統であるが、その実質は多様だ。そのなかでロベール・ブレッソンとモーリス・ピアラのリアリズムは、その人間的な地平をこえた厳格さ、時に冷酷にも見える厳格さにおいて際立っている。

対照的に、ブラックのリアリズムはフランス的リアリズムの本流に近い、人間的な地平に属するようだ。それは直接的にはジャック・ロジエのリアリズムを受け継いでいる。ロジエは現実の輝き、人間の生き生きとしたなまの姿をカメラで掬い取ろうとした。そこには人間に対する温かい眼差しが常にあった。

ただし、ブラックはロジエだけでなくピアラからの影響も公言している。しかも、『女っ気なし』に続く最新作は、この二人をともに意識して撮られた初長篇作品のようだ。この新鋭が今後自分のスタイルをどう展開させていくのか、目が離せない。だが今はまず、『遭難者』と『女っ気なし』が示す瑞々しい人間的なリアリズムを映画館で堪能したい。

今月は他に、『オンリー・ラヴァーズ・レフト・アライヴ』『パリ、ただよう花』などが面白かった。また、映画祭で観た深田晃司の『ほとりの朔子』も素晴らしかった。

遭難者…2009年、仏、1.85:1、24分
〈脚〉ギヨーム・ブラック　[撮影]クロディーヌ・ナットキン　〈主〉ヴァンサン・マケーニュ、ジュリアン・リュカ、アデライード・ルルー

女っ気なし…2011年、仏、1.85:1、56分
〈脚〉ギヨーム・ブラック　[撮影]トム・アラリ　〈主〉ヴァンサン・マケーニュ、ロール・カラミー、コンスタンス・ルソー

いい演奏といい演技とは

鈴木卓爾監督『楽隊のうさぎ』

本当に美しいものを目の前にする時、「美しい」とただ呟く以外に人はいかなる言葉を発せられるだろうか。何も言えないかもしれない。だがここであえて、鈴木卓爾の『楽隊のうさぎ』についていくらか不器用に言葉を書き連ねることを許してほしい。

この作品の素晴らしさは、何より正真正銘の音楽映画だという点にある。授業後は早く家に帰りたい筈なのに、ふと吹奏楽部に入ってしまう引っ込み思案の中学一年生、克久。映画はそんな彼が楽器演奏の魅力に夢中になっていく姿を中心に、演奏会に向けての吹奏楽部の活動を丹念に描く。ＢＧＭなどいらない。彼らが奏でる音があればいい。音楽のレベルが高いから優れているのではない。部員たちが真剣に音楽に取り組む姿を正面から描いているから見事なのだ。思春期の少年少女が多数集まりながら、そこで恋愛関係が進展することは決してない。せいぜい男女が二人で仲良く楽器の練習をするぐらいで、部員たちは皆、恋愛に悩むこともなく純粋に音楽に熱中する。彼らは同じ一つの目標に向かって協力し合う同志なのだ。『楽隊のうさぎ』は、そんな彼らの姿が清々しい純粋な音楽映画である。

この作品のもう一つの素晴らしさは、登場人物が皆魅力的で、いい顔をしていることだ。部員を演じる役者たちは皆一年間練習に励んで吹奏楽を演奏したというが、とても自然で生き生きしている。田舎の学校の吹奏楽部にいかにもいそうな、派手さのない普通の中学生たちなのだが、ひたむきに音楽に取り組む時の顔つきが忘れられない。特に、主人公の克久の表情と佇まいが圧倒的だ。人付き合いが苦手で、両親に対する態度もつっけんどんだが、吹奏楽部に入り打楽器の魅力に目覚める。自分のやるべき練習を毎日懸命にこなし、そうして演奏能力だけでなく、人とのかかわり方も少しずつ身につけていく。そんな克久を川崎航星が寡黙に演じて観客の胸を打つ。彼は映画の国に舞い降りた天使ではないか。

吹奏楽部顧問の森先生も忘れ難い。常に自然体で部員たちに接し、的確な忠告によって彼らの演奏を磨き上げ、自分自身の音楽への思いに対しても誠実だ。生徒にいかにも受けそうな言動とは無縁だが、部員たちは顧問の素朴で誠実な人柄を信頼している。宮崎将がそんな教師を彼もまた寡黙に演じていて秀逸である。さらに、克久の両親も感情表現の下手な息子を怒らずに信頼して印象的だ。父親は夜の公園で息子と腹を割って話し、母親は、息子が二本の歯ブラシをスティックに見立てて洗面所で練習するのを黙って見守る。そんな両親を井浦新と鈴木砂羽が好演している。

楽譜に対していい演奏というのがあらかじめある訳ではない。正しい音は他の奏者の音との関係のなかで初めて決まる。だから他の音をよく聞け、と森先生は言う。こうした指導によって、部員たちは本当にしなやかな大人へと成長していくのだろう。俳優の演技も同じことだ。あらかじめいい演技がある訳ではなく、それは他の俳優との関係性のなかで初めて決まる。『楽隊のうさぎ』の俳優たちの卓越した演技は、現場の生き生きした豊かな関係性のなかで生み出されたに違いない。

映画を観て感じた。克久のように生きたい。今日から彼のように、やるべきことを真剣に一つ一つやっていこう、と。

今月は他に、『ウォールフラワー』『ブリングリング』『もらとりあむタマ子』などが面白かった。また、特集上映で観たエミール・バイガジンの『ハーモニー・レッスン』も素晴らしかった。

2013年、日、1.85:1、97分〈脚〉大石三知子 [撮影]戸田義久〈主〉川崎航星、宮崎将、山田真歩、寺十吾、小梅、徳井優、井浦新、鈴木砂羽

2014

1 | ゲームの先に　ジョニー・トー監督『ドラッグ・ウォー　毒戦』

2 | 窓とドア　マノエル・ド・オリヴェイラ監督『家族の灯り』

3 | 諸機械の連結と非連結
ヤン・オーレ・ゲルスター監督『コーヒーをめぐる冒険』

4 | 絶えざる演技とその変容
ジョシュア・オッペンハイマー＆
クリスティーヌ・シン監督『アクト・オブ・キリング』

5 | 剥き出しの生　ジャ・ジャンクー監督『罪の手ざわり』

6 | 出鱈目な虚構世界　ウェス・アンダーソン監督『グランド・ブダペスト・ホテル』

7 | 生の全ての断片　ツァイ・ミンリァン監督『郊遊〈ピクニック〉』

8 | 真の選択　ガス・ヴァン・サント監督『プロミスト・ランド』

9 | 身体の運動の喜び　ノア・バームバック監督『フランシス・ハ』

10 | 雨と雪　ギヨーム・ブラック監督『やさしい人』

11 | 編集の重要性　大津幸四郎＆代島治彦監督『三里塚に生きる』

12 | コードを逸脱する時間　ホン・サンス監督『自由が丘で』

『フランシス・ハ』
DVD発売中　¥3,800+税
Blu-ray発売中　¥4,700+税

発売元:新日本映画社
販売元:ポニーキャニオン
©Pine District, LLC.

ゲームの先に

ジョニー・トー監督『ドラッグ・ウォー　毒戦』

ジョニー・トーの映画ではいつも小道具が巧みに活用される。『ドラッグ・ウォー　毒戦』では、公安警察による麻薬取引の潜入捜査が様々な通信機器とともに語られる。まず目につくのは携帯電話で、特に、麻薬の原料を積んだトラックを追跡して公安警察の車が二台並んで走り、その一方からもう一方へ携帯電話が投げ渡される時、その見事な飛翔のイメージが観客の心を鷲掴みにする。さらに隠しカメラの使い方も秀逸だ。テンミンの協力を得てジャン警部は津海の漁港を牛耳るハハと接触する。この時、ジャンは煙草入れ型の隠しカメラをテーブルの上に置くが、この小道具がジャンからテンミンに、さらにハハに渡ってサスペンスを華麗に盛り上げるのだ。

だが、トーはここで小道具の演出だけで満足しない。この場面でジャンは黒社会の大物の甥チャンのふりをするが、次の場面ではハハに扮してテンミンとともにチャンに会う。ジャンは二人の人間を演じるのだが、演技の性格が変化している。ジャンがチャンを装う時、彼は未知の人物を想像で演じているが、次にハハを演じる時、彼は今会ったばかりの人物の真似をしている。そしてまさにその演技の最中に、彼は先ほどのチャンの演技の正解を目にする。本物と演技の差異のゲームがハハとチャン両方について同時に進行するのだ。しかも、ここに女刑事ベイの演技が重なる。彼女は役のために男の同僚たちの前で服を着替えて、衣装劇の要素を導入している。

しかし、こうした小道具や登場人物の演技をめぐる見事な演出も、中盤以降に登場する激しいアクション・シーンに比べれば序の口に過ぎない。聾唖の兄弟の営む麻薬工場に武装警官が突入する場面が素晴らしい。耳が不自由なため男がトイレで銃撃戦を知らずにいるという発想もいいが、何より的確なカメラ位置と編集が驚嘆に値する。けれども、それ以上に圧倒的なのはラストの壮絶な銃撃戦だ。小学校のスクールバスが駐車する通りで多数の銃弾が発射される。勿論、単に銃弾の数が問題ならば、もっと激しい銃弾戦など映画史に幾らでもある。だが、一発一発がこれほどまでに重みをもって発射される場面は他にないだろう。濃厚な死の匂いが立ち込めるなか、悪者だけでなく魅力的な人物たちまでも、観客の感情移入と一切関係なく次々と倒れていく。その非情な美学が重い衝撃を与えるのだ。

映画全体を思い返せば、麻薬取引の潜入捜査はもともと、テンミンが死刑を免れるために仕掛けたゲームだった。だが、トーの映画はいつも、単にゲームの結末を示して終わるのではなく、その先の地平に至る。テンミンは麻薬捜査のゲームを生きるように見えるが、実は引き延ばされた死を生きているに過ぎない。映画の冒頭で病院から逃げ出す時、彼は一旦、死体のように霊安室に隠れたが、これは彼がすでにほぼ死者であることを示していたのではないか。彼はゾンビのように彷徨うが、この死の引き延ばしは、結局、大量の他人を巻き込むことしかしない。ジョニー・トーは麻薬捜査のゲームの先に、人間的な地平を超えた過酷な死の宿命を描き出す。『ドラッグ・ウォー　毒戦』をこの上なく偉大な作品にしているのは、人情など全く通用しない、人間を超えた世界の冷酷な論理を見据えるトーの眼差しなのだ。

今月は他に、『名探偵ゴッド・アイ』『ゼロ・グラビティ』『MUD　マッド』などが面白かった。また、特集上映で観たリティ・パニュの『ミッシング・ピクチャー』も素晴らしかった。

2012年、中＝香港、2.35:1、107分〈脚〉ワイ・カーファイ、ヤウ・ナイホイ、チャン・ワイバン、ユー・シー　[撮影]チェン・チュウキョン　〈主〉スン・ホンレイ、ルイス・クー、ホァン・イー、ウォレス・チョン、ラム・シュー、ラム・カートン、ガオ・ユンシャン

2014.2

窓とドア

マノエル・ド・オリヴェイラ監督『家族の灯り』

ロベルト・ロッセリーニの『イタリア旅行』の中年夫婦はラストで何かをあるがままに見るが、マノエル・ド・オリヴェイラの『家族の灯り』の老夫婦にそうした事態は訪れない。老夫婦の妻ドロテイアは、八年前に姿を消した息子ジョアンの真の姿を知らず、盲目的な愛とともに彼の帰りを待ち続けている。現実を見失った彼女は、目の前に拡がる世界を直視して幸福を取り戻す『イタリア旅行』のキャサリンとは対照的で、むしろジャック・リヴェットの映画の妄想を生きる女たちに近い。ドロテイアの夫ジェボは彼女の妄想を守るために現実を隠し、ラストで自分たちの虚構の物語を家族のために大胆なやり方で肯定する。オリヴェイラの映画の根本に常にあるこの虚構性。年老いた名優たちの肌の皺を記録するドキュメント性も感動的だが、『家族の灯り』を支配するのはやはり虚構性の美学である。

物語ではなく画面の上で映画の虚構性の鍵となるのは窓とドアだ。ほとんど全ての場面が一つの部屋で展開するこのミニマルな映画で、この二つは内部と外部を繋ぐものとして重要な役割を担っている。映画の冒頭で、ジョアンの妻ソフィアが窓の内と外を行き来し、ドロテイアの姿が窓の反射で示される。後半では、家に帰って来たジョアンが窓を開けて外の空気を吸う。こうして、内部と外部の関係こそが映画の重要な主題であると示唆される。だがそれ以上に注目すべきは、窓の外を降る雨だ。場面ごとに異なる調子の光が窓の外を満たし、そこに繰り返し雨が降って、外の世界の存在が強調される。老夫婦とソフィアが三人で話をする場面や、この夫婦が友人たちとコーヒーを飲む場面で降る雨。後者では、雨音とともに雷が鳴ると四人の老人がカメラのほうを向き、再び雷が鳴ると、切り返しで窓越しに降る雨が示される。黒澤明の映画や青山真治の『共喰い』に降る雨も見事だが、『パーティ』を撮ったオリヴェイラは映画に別の種類の雨を降らせる。ジョアンが再び去った翌日も、観客はそれを目にするだろう。

ドアはいくつか登場するが、玄関が特に重要となる。オリヴェイラは『ラルジャン』のロベール・ブレッソンのように扉の開閉を執拗に撮ったりはしない。『家族の灯り』では、玄関の開閉がいつ画面上に示され、いつオフスペースで示されるかが重要になる。ジョアンが家に帰って来る時、彼の影がまず窓越しに映り、次に玄関が開いてなかに入る様子は音だけで示される。一方、彼が再び家を去る時、今度はその開閉ははっきり画面上に示される。家に大金があるのを知った時のジョアンの表情が、観客に彼は必ずこの金を盗むだろうと確信させ、いつどのように描かれるか観客は想像する。すると、その期待を遥かに超える激しいアクションとともに、男は金を奪って玄関を開け外へ去って行くのだ。映画のラストでも玄関が開かれる。今度は老夫婦に差し込む明るい陽光がその開閉を観客に告げる。そして、見えない玄関が開かれたまま、ジェボのラストの台詞が発せられるのだ。

現実ではなく虚構を肯定する物語を語りながら、『家族の灯り』はそれ自体、演出と編集が織り成す虚構性の美学に基づいている。この美学の鍵となるのが窓とドアなのだ。現実世界に依存しない自立した映像表現として、窓とドアを巡る演出と編集を堪能したい。

今月は他に、『ニシノユキヒコの恋と冒険』『Seventh Code』『エレニの帰郷』などが面白かった。また、遅ればせながら観た城定秀夫の『人妻』が本当に素晴らしかった。

2012年、仏＝ポルトガル、1.66:1、95分 〈脚〉マノエル・ド・オリヴェイラ ［撮影］レナート・ベルタ 〈主〉マイケル・ロンズデール、クラウディア・カルディナーレ、ジャンヌ・モロー、レオノール・シルヴェイラ、リカルド・トレパ

諸機械の連結と非連結

ヤン・オーレ・ゲルスター監督『コーヒーをめぐる冒険』

ヤン・オーレ・ゲルスターの『コーヒーをめぐる冒険』は、ベルリンの青年ニコがコーヒーを飲む機会を逸し続ける二四時間を描いている。この飲料を作り供給する「機械」は悉く彼の欲望を満たすことを拒否する。カフェやレストラン、バーのコーヒーメーカー。撮影現場のポット。しかしそれは機械の反抗ではない。厳密に考えるなら機械の不調とさえ言い切れないのだが、これは、カフェの機械は正常でニコの所持金に問題があったからではない。ハイデガーによれば、人間という現存在にとって世界の事物は全て道具として存在している。だがそうした意味づけ以前の段階では、事物はただ無根拠に存在するだけである。ニコの喉の渇きを癒す道具というのは主観的な意味づけであり、機械とも呼び難い何かが他者には開示不能な作動を勝手にし続けるだけで、その本質的な正常と不調を人間が判断することは不可能なのだ。ただ確かなのは機械がニコの口という器官機械に連結しないことだけだ。この点で、次々と諸機械に連結してしまう分裂症者の散歩とは異なっている。ドゥルーズ&ガタリが『アンチ・オイディプス』の冒頭で述べた分裂症者の散歩のことだ。ともあれ、ニコの口と諸機械との接続不能が、意味づけ以前の世界の何かを垣間見せる契機となっていることは間違いない。

人間もまた「機械」であり、あらゆる登場人物がニコに対して滑稽な機械の連結を示してくる。アパートの上の階に住む情緒不安定な男や運転適性診断室の嫌味な面接官、ニコの友人に文句を言い続ける前衛劇団の演出家。そのなかでもユリカは特に重要な人物だろう。美しく変貌したこの幼馴染の娘とニコとの再会は、メロドラマのような物語の始動の予感を裏切って繊細にすれ違いへと向かっていく。こうした人間関係の数々を連結の不調とみなすことは、当然主観的な判断でしかありえない。機械は他の機械と調和を保って世界に存在している訳ではなく、各々が勝手に作動し、連結と切断を繰り返しているだけなのだ。そもそもニコ自身が大学を中退してあてどもなく日々を過ごしており、世界のなかの安定した居場所や調和した人間関係とは無縁な存在である。彼が経験するのは、見せかけの安定が崩れて彼本来の姿が露呈する一日に過ぎない。そしてたとえ彼がきちんとした社会人だったとしても、人間という機械の勝手な作動という点では同じであり、本質的には何も変わらないだろう。個々の機械は全体のためにある役割を担って作動しているのではない。こうした視点は当然個体の自由を強調するが、そのような個体によって構築される世界というシステムの精巧さもまた強調しうるだろう。

ニコが夜にバーに入って老人と出会うあたりから、物語は微妙に変化し始める。この映画がその真の魅力を開示するのはまさにここからなのだが、結末に関わるので、諸機械の連結と非連結の果てに何が起こるのかをここで具体的に語れないのが残念だ。ただ、二四時間の彷徨の末に、ニコがついにコーヒーを飲むに至ることは些細な問題であると指摘しておこう。水晶の夜と呼ばれる一九三八年の反ユダヤ人暴動について老人は話すのだが、この重い社会的主題の導入も付随的である。本質的なのは、会話の後に起こるある機械の唐突な運動とそれに続く停止である。

今月は他に、『エヴァの告白』『アメリカン・ハッスル』『抱きしめたい』『17歳』などが面白かった。また劇場未公開だが、ガス・ヴァン・サントの『プロミスト・ランド』も良かった。

2012年、独、1.85:1、86分 〈脚〉ヤン・オーレ・ゲルスター ［撮影］フィリップ・キルザマー 〈主〉トム・シリング、カタリーナ・シュットラー、ユストゥス・フォン・ドナーニー 、アンドレアス・シュレーダース、カタリーナ・ハウク、マルク・ホーゼマン、フリーデリッケ・ケンプター

絶えざる演技とその変容

ジョシュア・オッペンハイマー&クリスティーヌ・シン監督『アクト・オブ・キリング』

一九六五年九月三〇日、インドネシアでスカルノ大統領親衛隊の一部がクーデター未遂事件を起こした。スハルト少将は事件の背後に共産党があったとして、六五年から六六年にかけて百万とも言われる共産党関係者を虐殺した。親共路線だったスカルノは失脚し、代わりにスハルトが第二代大統領に就任した。

ジョシュア・オッペンハイマーはドキュメンタリー『アクト・オブ・キリング』で、北スマトラ州の州都メダンで当時実際に虐殺を行なった人々を取材し、虐殺を本人の演技で再現して映画に撮ろうと提案する。これは虐殺についての映画ではなく、虐殺者たちの演技についての映画である。何故なら、カメラが捉えられるのは撮影している現在だけだからだ。過去の虐殺は、虐殺者たちの現在を通して間接的に浮かび上がるものに過ぎない。

殺人部隊のリーダーで千人近くを殺害したというギャングのアンワルが、嬉々とした表情で虐殺を再現する。ここで重要なのは、虐殺の再現が実行者たちに徐々に変化をもたらすことだ。過去の行為が単に反復されるだけではなく、その反復によって現在の人物が変容するのである。おそらく本当に過去を反復したのかも疑わしい。演技者は過去の事件というより事件の記憶を反復するからで、しかも反復によって現在の演技者が変容する時、事件の見方が変わり記憶も変わっているからだ。あらゆるものが変化するなかで、一体何が反復されたと言えるのだろう。真剣に問われねばならないのは主体の同一性である。殺害をした自分とそれを再現する自分がこれほど変化しているのに同じだと言えるのは、変化する曖昧な記憶を信じる限りにおいてなのだ。実際、哲学者のヒュームは自我を知覚の束とみなして、その同一性を否定している。

こうした自己同一性が保証されない世界を描いたのが、レオス・カラックスの『ホーリー・モーターズ』だ。そこでは、俳優オスカーは様々な役柄を演じ続けて自己同一性をほぼ失っていた。そしてこの映画は、全ては演技だという世界劇場的な視点も提示していた。

『アクト・オブ・キリング』のアンワルは、監督に虐殺の再現を提案されたから演技を始めるのではない。カメラがあるから素の自分でなくなり演技をするのでもない。そもそも最初から演技しかないのだ。アメリカ映画好きのアンワルは映画のギャングのような恰好や身振りを好み、マーロン・ブランドやアル・パチーノなどに影響されたと言う。しかも、殺害もアメリカ映画の影響を受けた行為だと認め、ギャング映画で観て針金を使って殺すことを思いついたと語る。殺害自体が映画を反復する演技であり、この演技を再びカメラの前で演じ直すことによって、アンワルは映画から生まれた虐殺を映画に返しているのだ。

全てが演技であるというのは、素の自分があり相手によって自分を演じ分けることではない。もし自己が存在するならば、それはそうした演技の総体でしかないということだ。映画のラストでアンワルが虐殺の再現を終える時、素に戻った彼自身が変化しているのではない。再現が終わっても彼はカメラの前で別の演技を続け、夜のビルの屋上で再び別のやり方で殺害の演技を始めるのだ。この映画が描くのは虐殺の真相でも虐殺者の真の姿でもなく、絶えざる演技とその変容なのである。

今月は他に、『悪魔の起源　ジン』『セインツ　約束の果て』『不気味なものの肌に触れる』などが面白かった。また劇場未公開だが、ホン・サンスの『私たちのソニ』に感激した。


2012年、英＝デンマーク＝ノルウェー、1.85:1、121/166分　[撮影]カルロス・アロンゴ=デ・モンティス、ラース・スクリー〈主〉アンワル・コンゴ、ヘルマン・コト、シャムスル・アリフィン、イブラヒム・シニク

剥き出しの生

ジャ・ジャンクー監督『罪の手ざわり』

男の右手が何度もトマトを軽く放り上げては掴む。ショットが替わってカメラが引くと、山村の公路でバイクに跨るその男の傍らにトラックが横転し、大量のトマトが路上に転がっている。冒頭から強烈なこのトマトの赤い色が、まるでその後画面に迸る大量の血を予告していたかのように、ジャ・ジャンクーの『罪の手ざわり』は全篇血腥い映画となる。映画は実話をヒントに四人の人物の物語を描くが、一幕から三幕まで全て最後に主人公が殺人を犯し、血が流れる。一幕では、山西省の山村で男が村長や鉱山会社の社長の不正に怒りライフルでの大量殺人に至る。二幕では、重慶で別の男が中年夫婦を射殺して現金を奪う。三幕では、湖北省の宜昌《イーチャン》の怪しげなサウナで働く女が、二人の男性客からセクハラを受けてナイフで刺し殺す。だが、少なくとも一幕と三幕の二人は悪人とは言えない。過酷な状況が二人に殺人という罪を犯させたのだ。

注意すべきは、三人が最後に殺人を犯すと必ずその後に動物が画面に現れることだ。一幕では、飼主を射殺された馬が荷車を引きながら道路を進む。二幕では、強盗殺人犯がバイクに乗ると、前方のトラックの荷台に何頭も牛がいる。三幕では、血塗れの女を見つめる路上の男の肩に猿が乗り、続いて牛が再び登場する。飼主の姿は見当たらない。さらに、殺人の後以外にも動物はしばしば姿を現す。二幕では少女が鴨を抱き、農夫が鶏の命を奪う。三幕に登場する蛇は特に印象的だ。ただし四幕の最後に動物は現れない。四幕の青年は同僚の怪我の責任を負わされて、殺人ではなく自殺に至るからだろうか。とはいえ自殺の前にやはり動物が登場する。青年が広東省の広州から東莞《トングァン》に移ると、金魚が画面に映し出される。高級クラブのホステスが脊椎動物の魚類に属するこの生き物を自然に返すのだ。

こうした動物たちは、映画のなかでいかなる機能を果たしているのだろうか。人に飼われる動物と自然に返される動物が登場することに注意しよう。一幕の馬や四幕の金魚と同様、三幕に登場する蛇のなかの一匹も人の手を逃れる。こうした動物の自然回帰と、殺人を犯して人間社会の外に出てしまう人間の行動の間に、並行的な関係が存在するのだ。

『罪の手ざわり』は人間と動物を決して対立させない。ジョルジョ・アガンベンは『開かれ』で、人間と動物の狭間の未確定領域を追求しながら、両者を区別することのまやかしを明らかにしたが、ジャ・ジャンクーもこの映画で人間と動物の境界を少しずらしてみせる。三幕で、ヒロインは同僚の女に「動物も自殺するんだって」と言う。このように動物は、普段動物として人が思い浮かべるものより少しだけ人間に近づいているのだ。一方、殺人を犯して人間社会からはみ出る者たちは、一幕の虎の旗が示すように、普通の人間より少しだけ動物に近寄っている。アガンベンの言う「剥き出しの生」が示される未確定領域に、この殺人者たちは足を踏み入れつつあるのだ。だから、彼らは社会からはみ出て人間の本性をあらわにするのでは決してない。彼らは少し人間でなくなるのであり、それによって見えてくるのは、人間と動物の区別をこえた生なのだ。『罪の手ざわり』が社会的あるいは政治的な生から出発してその先に描いたのは、そんな「剥き出しの生」なのである。

今月は他に、『ある過去の行方』『イーダ』『あの娘、早くババアになればいいのに』などが面白かった。また劇場未公開だが、ホン・サンスの『誰の娘でもないヘウォン』に感動した。

2013年、中＝日＝仏、2.35:1、133分
〈脚〉ジャ・ジャンクー　［撮影］ユー・リクウァイ　〈主〉チアン・ウー、ワン・バオチャン、チャオ・タオ、ルオ・ランシャン、チャン・ジャーイー、リー・モン

2014.6

出鱈目な虚構世界

ウェス・アンダーソン監督『グランド・ブダペスト・ホテル』

少女がある作家の墓を訪れ、彼の本を読み始める。本のなかで、一九八五年に老作家が若き日の出来事を語る。六八年に彼があるホテルで老人に出会ったという話だ。老人はホテルのオーナー、ゼロ・ムスタファで、彼もまた青春期の体験を若き作家に語り出す。三二年にゼロはホテルのベルボーイとなり、伝説のコンシェルジュ、グスタヴ・Hのもとで働いたというのだ。ウェス・アンダーソンの新作『グランド・ブダペスト・ホテル』は、大金持ちの老伯爵夫人の殺害に端を発するグスタヴの奇想天外な冒険物語を、このような手の込んだ入れ子構造のなかで描いている。

八五年に老作家がいくら事実から着想を得たと主張しようとも、こうした物語言説の重層化が物語のリアリズムではなく虚構性を強調していることは明白だ。実際、ジェラール・ジュネットが語りの構造にあれほど拘ったのは、それが結局は虚構性の遊戯だったからではないのか。語りの構造への配慮をリアリズムに還元するのは大きな間違いである。観客はこの過度な入れ子構造によって、映画が描く出鱈目な虚構世界に安心して参入できるのだ。

だから、『ライフ・アクアティック』の海洋地図のように、『グランド・ブダペスト・ホテル』が描く三〇年代の欧州の地図が出鱈目で、『ムーンライズ・キングダム』のニューペンザンス島のように、新作の物語の舞台となるズブロフカ共和国が架空であっても何の不思議もない。ケーブルカーや山頂の高級ホテルの作り物丸出しの外観も、虚構性の強調に貢献している。こんな世界では、あり得ない出来事が連続するほうが観客を満足させるのだ。

アンダーソン特有の形式主義的な映像も虚構世界の創出に役立っている。人物や他の様々な対象を真正面から捉えるカメラ。そのカメラの直線運動。左右対称の構図。『ムーンライズ・キングダム』で多用された真横からの人物のショットがほぼ無くなって正面からばかりになり、カメラの横移動の代わりに前進移動が増えたが、スタイルの本質は変わっていない。つまり、軽い斜めの排除だ。それは手振れの画面と同様、描写に自然さをもたらすもので、二〇世紀に映画が作り上げた重要なリアリズムのスタイルである。この軽い斜めや手振れをアンダーソンは徹底して拒否する。こうした反リアリズムのスタイルもまた、作品の虚構性を強調しているのだ。

実のところ、こうした形式主義は得てして観念的な作為が目立つ結果に終わりがちである。この監督の偉大さは、そんな悪しき形式主義に陥ることなく、スタイルが常に生き生きとした何かを生み出す点にある。映画的運動はその謎を解く鍵のひとつだろうか。左右対称の構図は決して静的なものではなく、人物などの繊細な動きを絶えず伴いそれを引き立てる。カメラの動きは決して対象の動きを邪魔せずに、豊かなリズムを作り出す。そして、脱獄の場面やクライマックスなどで執拗に繰り返される上下運動の素晴らしさ。四角と円、ピンクと赤の反復も動的なものとして提示される。しかしながら、映画的運動というありがちな表現だけでは説明しきれない何かがある。不自然さを徹底したスタイルが豊かな生命を肯定することの驚き。虚構に魂が宿ることの神秘。『グランド・ブダペスト・ホテル』の魔法はまだ完全には解明されていない。

今月は他に、『リヴァイアサン』『妹の夏』『大いなる沈黙へ』などが面白かった。また劇場未公開だが、アラン・レネの『あなたはまだ何も見ていない』も良かった。

2014年、米＝独＝英、1.37:1、99分
〈脚〉ウェス・アンダーソン ［撮影］ロバート・イェーマン 〈主〉レイフ・ファインズ、F・マーレイ・エイブラハム、マチュー・アマルリック、エイドリアン・ブロディ、ウィレム・デフォー

生の全ての断片

ツァイ・ミンリァン監督『郊遊〈ピクニック〉』

夜、男の子と女の子が眠り、その手前で女が髪を梳かしている。昼になり、二人の子供は森の大樹の脇を通る。水辺で男が小舟に乗り込む。子供たちが小さなトンネルを覗き、ショットが替わるとその内部がアップで示される。ツァイ・ミンリァンの『郊遊〈ピクニック〉』の最初の五つのショットは以上の通りだ。これだけを観れば、女は子供たちの母親のようで、男と子供たちの関係は不明である。やがて、砂浜で男が子供たちと遊ぶ様子が示されるが、カメラがかなり引いていて、男が小舟の男と同一人物だと観客は確信できない。その後も映画は、三人の関係を曖昧にしたまま男と子供たちの行動を別々に描いていく。ようやく三人が一緒に弁当を食べ、その後、公衆便所で歯を磨きながら女の子が男を「パパ」と呼ぶ時、映画は開始後軽く三〇分を過ぎている。物語の基本的な設定さえなかなか理解できずに、観客は人物の行動を純粋に行動それ自体として見つめることになるのだ。

しかも、母親らしき女が物語の骨格を根本から揺るがしてしまう。冒頭のショットの後、この女はしばらく画面から姿を消す。やがてスーパーで女が働く様子が示される。彼女は髪を梳かす女と同一人物なのか。髪の長さが違うが顔つきは似ていて、同じようにも違うようにも見える。この女は嵐の夜、子供たちを連れ去っていく。そして翌日、父親と子供たちは女と一緒に廃墟に住みだすのだが、驚くことに女の顔つきがまたしても変わる。女が子供たちの母親かどうか分からないという以前に、女が本当に一人なのかさえ疑わしい。女優は三人なのだが、三人一役なのか、別々の女を演じているのか、最後まで不明なのだ。

画面の連鎖が一つの物語を語るということは、画面の微細な無数の要素が抑圧されることを前提としている。『郊遊』は物語を解体しながら、こうした要素を全面的に救出し肯定しようとする。物語によって意味づけを強制される以前のなまの画面を追求しているのだ。

そこで強調されるのは食事や排泄といった本能的な行動である。男は戸外で弁当の鶏肉を食べ、夜に娘のキャベツに齧りつき、女は廃墟の壁画の前で下着をおろし小便をする。社会の底辺に生きるというより、社会からほぼ排除された者たちが繰り返す本能的な行動の数々。ここで示されているのは、アーレント及びアガンベンに倣って言えば、ビオスでなくゾーエーとしての生だ。だが、三人の女優の演技によって女の自己同一性自体が揺らいでいるのだから、少し補足が必要だろう。一つの主体が成立する時も、無数の生の断片が抑圧されている。ドゥルーズ&ガタリ的に言えば、主体は欲望機械から派生する周縁的なもので、諸状態の一つの結論に過ぎない。つまり『郊遊』は、物語にも登場人物という主体にも回収されないあらゆる欲望の動き、生の全ての断片を捉えようとしているのだ。

その試みはラストシーンの十分を超える長回しで頂点に達する。画面の右手前に女が立ち、左奥から男が女の後姿を見つめる。台詞もなく、劇的なことはほとんど何も起こらないミニマルな画面。男女の関係性が分からず、それ故二人の感情も正確には分からないのに、微細な表情の変化と仕草の一つ一つに圧倒され息をつく暇もない。豊かな生を全面的に肯定する表象。ただただ感服するばかりである。

今月は他に、『収容病棟』『ライズ・オブ・シードラゴン』『ハケン家庭教師の事件手帖』などが良かった。また、堀禎一の『天竜区奥領家大沢　別所製茶工場』は驚愕の傑作である。

2013年、台湾＝仏、1.85:1、138分　〈脚〉ドン・チェンユー、ツァイ・ミンリァン、ポン・フェイ　[撮影]リャオ・ペンロン、ソン・ウェンチョン　〈主〉リー・カンション、ヤン・クイメイ、ルー・イーチン、チェン・シャンチー

真の選択

ガス・ヴァン・サント監督『プロミスト・ランド』

ジル・ドゥルーズは『シネマ』の第一巻で、パスカルとキルケゴールを引き合いに出しながら真の選択と偽の選択を区別している。偽の選択とは、善悪などを選択するように見えても、実は立場や状況などによって選ばされているものである。つまり、こうした選択以前の段階で、選択できるかできないかという二者択一がすでに行なわれているのだ。真の選択とは、この段階で選択できることを選んだ者が主体的に行なう行為に他ならない。ドゥルーズはこう述べて、真の選択をする人物を描いた映画監督として、スタンバーグとドライヤー、ブレッソンを挙げている。ガス・ヴァン・サントも新作『プロミスト・ランド』で、こうした真の選択を行なう人物を描いている。シェールガスの採掘権を得るために、田舎町マッキンリーに出張するエネルギー会社の社員スティーヴのことだ。映画の他の登場人物たちは、良いことであれ悪いことであれ、自分の置かれた立場によって定められたことをするに過ぎない。だが、彼がこの町の体育館ですることは異なっている。

ここで重要なのは、真に精神的な決断であるにも拘らず、そこへ至るこの主人公の内面の動きを映画がほとんど描写しないことだ。簡潔な切り返しで描かれる前夜の重要な会話の後、映画は彼の内的葛藤を一切描かずに、あっさり体育館での集会の直前に飛ぶ。洗面台で顔を洗う彼を揺れる水面の下から撮るごく短いショットは、果たして彼の不安定な内面を示唆しているのだろうか。だが、レモネードをめぐる少女との魅力的なやり取りが、再び男の内面描写を抑制する。集会での演説が始まっても、主人公に扮するマット・デイモンは決して過剰な演技をせず、うつむきがちな表情とやや力の入った口元が男の内面を繊細に示すだけである。しかも、決定的な言葉を主人公が発する直前、カメラがやや長めに捉えるのは彼でなく同僚の女性スーなのだ。さらに主人公がその言葉を言い終えると、カメラはすぐに焦点を彼から後ろの人物に移す。ざわめきの後流れ出す音楽も控え目なものだ。

体育館での集会の場面が映画に二つあることに注意しよう。シャツとジーンズの出で立ちでマイクの前に立ち、主人公は町の人々に二度語りかける。クライマックスの演説は一時間ほど前の場面の反復なのだ。だが、撮り方は同じではない。一度目は対話者の背中越しのニーショットをしばらく重ねてからアップに移るが、二度目はバストショットから始めてすぐにアップに移行し、ドゥルーズが感情イメージと呼ぶものを強調している。また、一度目は男の顔に横から光が当たって、光と影の対照がやや強めだが、二度目は逆光気味の光が当たり、柔和で繊細な印象に変化している。さらにもっと大きな違いは、一度目は固定ショットで撮られているが、二度目は緩やかな移動ショットで撮られて、より自然な印象をもたらしていることだ。こうした撮り方は男の感情をことさら強調することもなしに、思慮深く誠実で、そのためより説得力のある彼の発言の瞬間を巧みに準備している。

真の選択は精神の次元に関わるものだが、『プロミスト・ランド』では、それは心理的な因果関係に基づいて描かれるのではない。緻密で抑制のきいた撮影と編集に基づく、人物の所作の描写を通じて表現されているのだ。

今月は他に、『いっツー　THE MOVIE』『つぐない』『GODZILLA　ゴジラ』『NO』などが面白かった。また劇場未公開だが、ジャック・ドワイヨンの『三人の結婚』も良かった。

2012年、米＝UAE、1.85:1、106分
〈脚〉ジョン・クラシンスキー、マット・デイモン　[撮影]リヌス・サンドグレン　〈主〉マット・デイモン、ベンジャミン・シーラー、テリー・キニー、ジョン・クラシンスキー、フランシス・マクドーマンド、ローズマリー・デウィット、ハル・ホルブルック

身体の運動の喜び

ノア・バームバック監督『フランシス・ハ』

ノア・バームバックの『フランシス・ハ』で、フランシスはニューヨークの通りを三度駆け抜ける。一度目は無二の親友ソフィーと手を繋ぎながら幸せそうに夜道を走る。カメラの横移動の滑らかさが二人の友情を祝福するかのようだ。二度目も夜で、彼女は食事代を引き出すために店とATMを走って往復する。帰り道で転ぶのが素晴らしい。路上駐車した自動車の後ろに姿が一瞬消えた後、彼女は立ち上がりまたすぐ走り出すのだ。画面奥の店内で男が待ち、手前の路上を彼女が左から右へ一旦駆け抜け、すぐに右手奥から店内に入ってくる。この固定ショットも魅力的だ。最後に、居候中のアパートへと昼のチャイナタウンを走りながら、彼女はスキップを挟みくるくると回りさえする。これはカラックスの『汚れた血』の反復だが、彼女の明るい様子が鮮烈な魅力に溢れる全く別の表現に変えている。一度目と三度目の走りは必然性がない。彼女はどこに向かって走っているのか。何度か繰り返されるダンスと同じだ。見習いダンサーの彼女は踊る楽しみのために踊り、走る楽しみのために走る。『フランシス・ハ』は身体の運動の喜びに捧げられた映画なのだ。

運動の映画として、この作品は冒頭と中頃とラスト近くにごく短い公園の場面を配している。ファーストショットでフランシスはソフィーと喧嘩ごっこをする。中頃で、彼女は別の女友達に喧嘩ごっこを試みるが拒絶される。ラスト近くで、彼女はダンスのように、後ろに倒れようとしてはよろける動作を繰り返す。一瞬、噴水の脇で一人きりに見えるが、そばにはソフィーがいる。この三つの場面が物語の枠組を決定している。運動の無償の遊戯を分かち合える人物はソフィーだけなのだ。腹部をあらわにしての倒立もこの親友の隣で行なわれる。男女間の恋愛ではなく女性同士の友情が追求されることにより、フランシスの身体の運動は異性の性的な眼差しを逃れて、より純粋なものとして提示されている。

卓越した編集が身体の運動の生き生きとした表現を支えていることに注意しよう。フランシスがチャイナタウンを走る時、映画はやや高めのアングルの短いショットを音楽に合わせてテンポよく積み重ねて、豊かな表現を作り出している。ラスト近くの公園では、前の場面から切り替わると溜めもなくショットの頭からヒロインがのけぞっているので、動きがとても瑞々しく感じられる。ソフィーと二人で走る時のワンショットの移動撮影は、確かにそれ自体素晴らしい。だが、軽やかな編集は特定のショットを突出させない。実際、この移動ショットは、メトロの駅のホームで小便をする自由奔放なフランシスの固定ショットに印象的に繋げられている。

編集の巧みさが最も際立っているのが二泊三日の滑稽なパリ旅行のくだりだ。眠れない最初の夜やパリ市内の散策における的確なフレーミングと編集に加えて、帰路の簡潔な描写にも注目したい。パリの朝、アパルトマンで目覚まし時計が鳴るショットがひとつだけ示されると、次はもう飛行機の窓から見えるニューヨークの夜景のショットなのだ。こうした編集が映画の全篇で用いられて、ダンスや疾走とは異なる種類の身体の運動、すなわち居場所を求めて彷徨い続けるヒロインの身体の移動が鮮やかに提示されている。

今月は他に、『イントゥ・ザ・ストーム』『桃木屋旅館騒動記』『ダニエル・シュミット——思考する猫』などが面白かった。また劇場未公開だが、ロウ・イエの『ミステリー』も良かった。

2012年、米＝ブラジル、1.85:1、86分　〈脚〉ノア・バームバック、グレタ・ガーウィグ　[撮影]サム・レヴィ　〈主〉グレタ・ガーウィグ、ミッキー・サムナー、マイケル・エスパー、アダム・ドライヴァー、マイケル・ゼゲン

雨と雪

ギヨーム・ブラック監督『やさしい人』

ブルゴーニュ地方の町トネール。ミュージシャンのマクシムは自分を取材しに来た若いメロディの魅力が忘れられず、彼女にもう一度会う約束を取りつける。フォス・ディオンヌという綺麗な泉で二人は再会するが、その時、深い青色をした泉に雨が降り注いでいる。一般に映画では、何故か男女の関係が変わる時にしばしば雨が降るのだが、ギヨーム・ブラックの長篇第一作『やさしい人』でも、二人が男女の仲を歩み始めるまさにその時に冬の冷たい雨が降るのだ。二人は次に、外で雪が降るダンスのレッスン場で会う。マクシムがメロディに会おうと進む夜道に降るこの雪の魅力に、心が震えずにはいられない。雪に髪を濡らしつつ、男は窓越しに女を見つめる。奥の鏡に映る女の姿がまずピンぼけで示され、次にカメラがパンして生身の彼女の白い肌をはっきりと捉える。レッスンの後、二人は夜道で雪を投げ合って遊ぶ。この場面の後も、二人のデートの折々を雪が彩るだろう。映画館から二人が出る時にほのかに舞う雪。モルヴァン自然公園でのスキーと、湖畔のコテージからの雪景色。だが、これらの雪は二人の愛を祝福しているのではなく、実はむしろ別れの予兆として機能している。

愛が終わった後も、雪と雨は二人の関係の重要な時に姿を見せ続ける。メロディを出迎えにマクシムが駅まで行く時、ホームに残っている雪。彼女からの重要なメールが来る時に俯瞰で示される地面の雪。そしてついに決定的な事件が起ころうとする時に、彼の自動車のガラスを濡らす雨。映画の中盤で可憐な少女が朗読するヴェルレーヌの詩にも、「巷に雨の降るごとく／わが心にも涙ふる」と、愛の苦悩に重ねられて雨が歌われていた。

二人の最後の瞬間に降る雪は一度見たら忘れられない。再び湖畔だ。取り返しのつかぬ溝を埋めようとする幾つかのやり取りの後、二人はボートに乗る。湖面に降り注ぐ雪。葉の落ちた木々の枝に積もる雪。長い髪に雪が降りかかる女。そして櫂を漕ぐ男。この四つの短い移動ショットに続いて、湖のロングショットが示される。一面の雪景色。二人のボートが画面の奥を進む。感動的なショットだ。

『やさしい人』では、雪や雨は男と女の間に降るのであり、父と息子の間には降らない。マクシムの父親の存在が男女の恋愛物語に新たな次元を開き、映画を決定的に豊かにしているが、雨や雪の湿度はこの次元とは無関係だ。たとえ父子が並んで立つ地面に雪が残っていようとも、そこでそれが担う機能は息子の恋愛に関わるものである。

雨と雪は一見、恋愛に関して両義的な機能を担っているようだ。何故ならその湿り気はマクシムとメロディに絶えずつきまとい、二人を結びつけては引き離すからだ。しかし本質的にはそれは否定的な価値を担っている。ブラックの短篇『遭難者』や中篇『女っ気なし』と同様、『やさしい人』もまた人間存在の孤独を描く映画だ。登場人物たちは皆、欠点を抱えながらも根はいい人間であるが、それでも愛は決して成就しない。トネールの厳しい冬に降るのは孤独の雨と雪なのだ。では、絶望しかないのだろうか。そうではない。マクシムの父親がいるではないか。彼は、人間とは孤独を逃れられない存在だと知りながら、その上で恋愛や生活を楽しんでいるのだ。

今月は他に、『ジャージー・ボーイズ』『ガーディアンズ・オブ・ギャラクシー』『思い出のマーニー』などが面白かった。また劇場未公開だが、アルベルト・セラの『鳥の歌』も印象的だった。

2013年、仏、1.85:1、102分〈脚〉ギヨーム・ブラック ［撮影］トム・アラリ〈主〉ヴァンサン・マケーニュ、ソレーヌ・リゴ、ベルナール・メネズ、ジョナ・ブロケ

編集の重要性

大津幸四郎&代島治彦監督『三里塚に生きる』

スタンリー・カヴェルはグリーンバーグのモダニズム絵画論を意識したうえで、映画のメディアの物理的基盤を「連続した自動的な世界の投射」だとしたが、これは厄介な主張である。アンドレ・バザンからジル・ドゥルーズへと連なる系譜に属するこの主張は、撮影は映画の本質的な要素だが編集は二次的であるという帰結をもたらしかねないからだ。

勿論、実際には多くの人々が映画における編集の重要性を認識している。だが、それでも話がドキュメンタリー映画となると、編集は時に不純な要素のように扱われてしまう。そもそも、ドキュメンタリーとフィクションを区別するテクスト上の特徴など一切存在しない。曖昧で決定不能な外部との関係だけが両者をとりあえず区別している。従って、ドキュメンタリー映画と呼ばれる作品においても、編集が決定的に重要なことは間違いない。

そのまたとない好例が大津幸四郎と代島治彦の共同監督作品『三里塚に生きる』である。勿論、一九六〇年代以降の日本映画を代表するカメラマン、大津幸四郎の撮影にはただただ圧倒されるばかりだ。小川紳介の『日本解放戦線　三里塚の夏』や土本典昭の『水俣　患者さんとその世界』など、大津幸四郎のカメラはメッセージ性にとらわれることなくいつも人間存在に肉薄する。『三里塚に生きる』でも、カメラは自己主張せず自然な構図で三里塚の人々を捉え続け、この端正な撮り方が彼らの豊かな表情を最大限に引き立たせている。

しかし、ここであえて強調したいのは代島治彦の素晴らしい編集だ。二時間二〇分の長尺があっという間に感じられるのは、大津幸四郎の魅力的な撮影のためだけでは決してない。人々の証言という地味な題材を繋げて起伏に富んだ一つの物語を作り上げる代島治彦の編集の手腕に舌を巻くほかないのだ。例えば、自死した青年行動隊のリーダー、三ノ宮文男をめぐるくだりを思い出そう。この中盤最大の見所のなかに、ある男が三ノ宮を思い出しながら涙を流す感動的な場面があるが、その涙を捉える撮影だけでなく、その男の語りと別の男の語りを順番にではなくあえて交錯させながら見せていく編集が秀逸である。さらに代島治彦は映画の全篇で、大津幸四郎によるこうした現在の映像に三里塚の過去の映像を交錯させる。小川プロの三里塚の連作全七本やラッシュフィルム、さらには北井一夫の写真などを交錯させるのだ。大津が撮るインタビューの場面では物語世界が二重化している。語る人々自身の現在の物語と彼らが語る過去の物語だ。だがそこに過去の映像が繋げられると、言葉ではなく映像が過去の物語の言説となる。こうして代島は過去と現在、言葉のレベルと映像のレベルを自由に行き来しながら複雑な物語を構築するのだ。

空港がもたらす多数の人々の利便のために少数の人々が犠牲を強いられた。多数者のコードから外れたことで、図らずも確固たる個人となった三里塚の農民たちの現在を生々しく撮影した大津幸四郎。そして、その映像から出発して複雑な時制を持つ物語を編集によって作り上げた代島治彦。ドキュメンタリー映画はこのように言わば二度創作され、語られる物語は常にある意味でフィクションである。『三里塚に生きる』は、このジャンルにおける編集の重要性を示す優れた映画である。

今月は他に、『マップ・トゥ・ザ・スターズ』『アンダー・ザ・スキン』『博士と私の危険な関係』などが面白かった。また劇場未公開だが、アンドレア・アーノルドの『嵐が丘』も良かった。

2014年、日、1.78:1、140分 ［撮影］大津幸四郎 〈主〉柳川秀夫、小泉英政、三ノ宮静枝、椿たか、島寛征

コードを逸脱する時間

ホン・サンス監督『自由が丘で』

ある日、韓国人の女クォンは分厚い封筒を受け取る。元恋人で日本人の男、モリからの手紙の束が入った封筒だ。一枚目を読み、彼が自分に会いに韓国まで来たことを知る。だがクォンは手紙の束を落として、順序をばらばらにしてしまい、しかも一枚拾い損ねる。

ホン・サンスの新作『自由が丘で』は、このようにしてクォンがモリの手紙を読むという語りの形式により、モリのソウルでの日々を描く。クォンに再会できずに苦しむ一方で、自由が丘という名のカフェの女主人と親しくなる彼の日々が、ばらばらの時系列で描かれるのだ。この形式により最も大胆に変容するのが時間の概念だ。普通、時間は過去から現在を通じて未来へと直線的に進行するものとして把握される。しかし、この映画ではそうしたコードを逸脱する時の流れが表象されるのだ。「流れる時間というのは常に現在である」という言葉で締め括られる吉田健一の書物、『時間』をモリはいつも携えているが、『自由が丘で』では時間は何よりまずこの絶えず変容する現在として姿を現す。勿論、過去や未来という概念がこの映画で表象されない訳ではない。例えば、手紙を書くモリの時間とそれを読むクォンの時間の間には当然ずれがあり、封筒の消印は一週間前だと示されさえする。とはいえ、時系列をあえて崩す語りを採用することで、抑圧を逃れる時間の自由な流れが救い出される時、絶えず変容する現在が生々しく浮かび上がることは間違いない。

登場人物の行動もまた、こうした時間の表象によって普段とは異なる現れ方をする。登場人物の一連の行動は通常、物語の出発点から目的地へと向かう大きな枠組みのなかに位置づけられる。例えば、モリはクォンとの過去の関係にとらわれて韓国に戻り、そこで彼女とよりを戻すという理想の未来を目指して動き回る。しかしその振舞いの一つ一つは実際にはコードを逸脱する自由な動きに満ちている。時系列が崩されることにより、行動は物語の大きな枠組みから解放され、ただ現在という瞬間において示されるのだ。だから観客は頭のなかで物語を再構成しようとするのでなく、ゲストハウスの周囲の狭い路地に迷い込むように、ただ人物の振舞いや仕草の迷路に入り込めばいい。そうすればモリの旅先での酒と恋に、一文無しの気さくな男や駆け落ちする娘、髭のアメリカ人など個性豊かな人物が絡む豊かな表象を十分に楽しめるのだ。

だが、『自由が丘で』の魅力はこれだけに留まらない。映画のラストにホン・サンスはさらなる仕掛けを用意する。モリが最後にどうなるか、巧みな編集によって複数の解釈が成立するようにしてしまうのだ。物語のコード化を強める結末などどうでもいいのか、あるいは事実など存在せずただ解釈があるだけだと言いたいのか。夢と失われた手紙が鍵となっているが、ここで注意すべきなのは、一旦人が眠りから目覚める以上、手紙のやり取りも含め、物語のほとんど全てが夢だったという解釈さえも可能になることだ。目の前に広がる光景が現実だという確証はどこにもない。過去や未来だけでなく、今生きている現在も胡蝶の夢の説話のように確かなものではないのだ。全ては表象にすぎない。だが、この表象は限りなく豊かだ。『自由が丘で』はまさにそんな表象の快楽に捧げられた作品である。

今月は他に、『激戦』『サボタージュ』『クローバー』『わるいおんな』『ゴーン・ガール』などが面白かった。また未公開作品だが、堀禎一の『天竜区奥領家大沢　夏』も素晴らしかった。

2014年、韓、1.85:1、66分〈脚〉ホン・サンス［撮影］パク・ホンニョル〈主〉加瀬亮、ムン・ソリ、ソ・ヨンファ、キム・ウィソン

2015

1 | 映画と絵画の対話
フレデリック・ワイズマン監督『ナショナル・ギャラリー　英国の至宝』

2 | 映画の虚構性と世界の劇場性　アラン・レネ監督『愛して飲んで歌って』

3 | 死体や糞尿ではなく　アレクセイ・ゲルマン監督『神々のたそがれ』

4 | 抱腹絶倒の出鱈目さ　北野武監督『龍三と七人の子分たち』

5 | 自我と世界に纏わりつく執拗な反復　ローワン・ジョフィ監督『リピーテッド』

6 | 表象というフィクション　アリ・フォルマン監督『コングレス未来学会議』

7 | 斜めの微妙な角度　スチュアート・マードック監督『ゴッド・ヘルプ・ザ・ガール』

8 | 動物への生成変化　パスカル・フェラン監督『バードピープル』

9 | 複雑で眩い運動性　ホウ・シャオシェン監督『黒衣の刺客』

10 | 虚構世界の一世界説と不確定性
オリヴィエ・アサイヤス監督『アクトレス　女たちの舞台』

11 | 複数性の祭典　ベルトラン・ボネロ監督『サンローラン』

12 | 天使の印　マノエル・ド・オリヴェイラ監督『アンジェリカの微笑み』

『ナショナル・ギャラリー　英国の至宝』
DVD発売中　¥3,800+税
Blu-ray発売中　¥5.500+税

提供:セテラ・インターナショナル
販売:アルバトロス
© 2014 Gallery Film LLC and Ideale Audience.All Rights Reserved.

映画と絵画の対話

フレデリック・ワイズマン監督『ナショナル・ギャラリー　英国の至宝』

フレデリック・ワイズマンの新作『ナショナル・ギャラリー　英国の至宝』は美術館についてのドキュメンタリー映画だ。ロンドンのナショナル・ギャラリーを味わい尽くす三時間。一七〇時間分の素材から選ばれたこの三時間はその長さを全く感じさせない。ワイズマンはナレーションや字幕、インタビューに一切頼らずに一つの小宇宙の内部を隅々まで見せる。言葉による説明なしに純粋な視覚的体験として美術館を提示しようとするのだ。ヤン・ファン・エイクやミケランジェロ、ベラスケス、フェルメール等による美術館所蔵の名画の数々が映し出され、レオナルド・ダ・ヴィンチ展やターナー展の模様も堪能できる。さらにはデッサン教室や展示の調整、額縁制作、館内清掃、会議室での議論までもが示される。修復作業の様子が特に面白く、レンブラントの『馬上のフレデリック・リヘル』の下地に描かれた別の絵がX線写真で浮かび上がる過程が修復師によって巧みに説明される。

視線の欲望に溢れるワイズマンにとって、美術館の絵画は格好の主題であるに違いない。だが、『パリ・オペラ座のすべて』のバレエ団や『クレイジー・ホース・パリ　夜の宝石たち』のキャバレーと美術館の間には、ある決定的な差異が存在する。『ボクシング・ジム』も含めて、これら近年の作品の題材にはリズミカルな運動が備わっているが、絵画それ自体は静止した対象なのだ。バレエ公演やキャバレーのショー、ボクシングのスパーリングが持つ時間的な規定性も絵画にはなく、絵を観る時間は鑑賞者によって大きく左右される。

この点で、『ナショナル・ギャラリー』はこれまでのワイズマンの作品とは異なる様相を呈する。ともに視覚メディアだが、映画が運動と時間を表象するのに対し、絵画は本質的には非運動的で非時間的な体験である。この新作は映画と絵画の対話であり、両者の差異を通じて映画の特質を浮き上がらせる試みだ。映画は冒頭でまず展示室をいくつか固定ショットで示し、続けて何枚か絵をアップで示す。このアップには絵の周囲の壁のみならず額縁さえ映されず、画面の平面性が極限まで強調される。映画も絵画もこの平面上に成立する表現なのだ。だが、映画が館内の人物などを映すと、両者の差異が明瞭になり始める。例えば、ヤコポ・ディ・チオーネの『聖母の戴冠と礼拝する聖人たち』を前にしてのガイドツアーの説明を思い出そう。説明自体も勿論素晴らしいが、注目すべきは女性美術館員の身振りや声の魅力だ。ここでは絵画のアップと交互に示されることで、映画が絵画と違って運動を直接表象すること、純粋な視覚メディアではなく音も伝えることが強調されている。こうした差異の遊戯が最も豊かになるのが、絵画とそれを見つめる客の切り返しだ。客の顔のショットは、絵のショットと並べられてそれ自体が肖像画のようだが、ほんの僅かな顔の動きが映画と絵画の差異をはっきり示す。最も微細な差異が最も豊かに輝くのだ。

映画は展示室でのピアノ演奏に続けて、ティツィアーノの連作『ポエジア』の前で行なわれるバレエを見せて終わる。絵画に音と運動が重なる。これらは絵画を他のジャンルと融合させる美術館の試みだが、映画と絵画を対話させ、音と運動にその差異を見出すワイズマンの試みに相応しいラストとなっている。

今月は他に、『日々ロック』『さらば、愛の言葉よ』『フューリー』『イロイロ』などが面白かった。また劇場未公開だが、コンスタンチン・ボジャノフの『アヴェ』も良かった。

2014年、仏＝米＝英、1.85:1、180分 〈脚〉フレデリック・ワイズマン ［撮影］ジョン・デイヴィー 〈主〉リアン・ベンジャミン、カウシカン・ラジェーシュクマル、ジョー・シャプコット、エドワード・ワトソン

映画の虚構性と世界の劇場性

アラン・レネ監督『愛して飲んで歌って』

アラン・レネが『二十四時間の情事』と『去年マリエンバートで』で長篇映画監督としてのキャリアを開始し、『あなたはまだ何も見ていない』と『愛して飲んで歌って』を撮って生涯を終えたことは興味深い。最初は過去の現実を想起することの不確実性を描き、最後は映画の虚構性を全面的に謳歌するに至ったのだ。映画は現実を正確に再現できない。カメラが捉えるのはその表れ、つまり表象にすぎず、それは現実との差異を常に含むという意味で全てフィクションである。ドゥルーズが偽なるものの力能と呼ぶものを、『薔薇のスタビスキー』で大胆に展開するなど、レネはまさに映画の虚構性を探究する監督だった。

レネの遺作『愛して飲んで歌って』はこうした虚構性と正面から戯れる映画である。三組の老夫婦の物語は、後半のいくつかの場面を除いて全て、庭など家の周囲で展開する。その背景の景色や家は、並べて吊された多数の縦長の幕に抽象的に描かれ、花壇の花まで写真である。登場人物はドアを開けるのではなく、幕をめぐって家から庭へ出てくるのだ。その上、人物が心情を吐露するたびに、まるで漫画のコマのような、白地に細い黒線を多数引いた平面的な背景のバストショットが唐突に挿入される。リアリズムの対極をなすような、作り物の美学全開の映画なのだ。

俳優たちもこうした映画でどう演じるべきかを心得ている。特に、サビーヌ・アゼマが医者の妻カトリーヌを、花柄の服を着ながらコミカルに演じていて素晴らしい。

『あなたはまだ何も見ていない』と同様、この遺作も死者と演劇をめぐる物語を語っている。確かに、三組の夫婦を振り回す余命僅かなジョルジュが実際に死ぬのは映画のラスト近くだ。だが、彼は画面に一切姿を現さず、終始まるで亡霊のような存在なのである。死はレネの映画の重要な主題であり、死期を間近にした作品のため一層重みを増しているが、死者はここでは徹底した不在によって、フィクションの極致を体現しているようでもある。

登場人物の何人かが素人劇団の俳優という設定もまた、この映画のフィクションの美学に貢献している。映画の冒頭でカトリーヌと夫のコリンは芝居の練習をしているが、観客はそうとは知らずに見始める。こうした意図的な混乱などを通じて、観客は三組の夫婦の物語と劇中劇の間に本質的な差異がないと徐々に気づいていく。書割の舞台が示すように六人の物語もまたフィクションであり、劇中劇は映画のこの虚構性を強調しているのだ。

とはいえ、映画は私たちの人生と関係のない夢想の遊戯ということではない。そもそも、人間は確かに現実世界を生きているが、認識できるのはフィクションとしての表象だけだ。この意味で、人が認識する表象の世界もまたひとつの劇場であり、人は役者である。そしてそれ故に、この映画は私たちの人生に本質的に関わっているのだ。こうして、演劇についての映画『愛して飲んで歌って』は、例えば映画についての映画、レオス・カラックスの『ホーリー・モーターズ』と共通の美学を提示する。確かに、前者がフィクションとしての表象を徹底して楽しもうとする一方で、後者はもう少し悲痛である。だがいずれにせよ、両者は映画の虚構性を正面から見据えつつ、世界の劇場性を追究しているのだ。

今月は他に、『ビッグ・アイズ』『薄氷の殺人』『ラブバトル』『6才のボクが、大人になるまで。』などが面白かった。また、特集上映で観た草野なつかの『螺旋銀河』も良かった。

2014年、仏、2.55:1、108分 〈脚〉ロラン・エルビエ、アレックス・レヴァル(アラン・レネ) [撮影]ドミニク・ビューレル 〈主〉サビーヌ・アゼマ、サンドリーヌ・キベルラン、カロリーヌ・シオル、アンドレ・デュソリエ、イポリット・ジラルド、ミシェル・ヴュイエルモーズ

死体や糞尿ではなく

アレクセイ・ゲルマン監督『神々のたそがれ』

ルネサンス初期を思わせる惑星に地球から派遣された学者、ドン・ルマータ。彼が道を進んでいると、絞首台に男の死体が吊るされていて、それに糞尿がかけられる。カメラが右にパンすると、全裸の痩せた狂人が画面を横切っていく。上映開始後三〇分ぐらいのこの場面が示すように、アレクセイ・ゲルマンの遺作『神々のたそがれ』には死体や裸体や糞尿が至る所に登場して、観客に強烈な印象を与える。確かに、暴力と不衛生に満ちたこの遺作にとってこれらは本質的なものだ。だが、ゲルマンという監督がこうした要素によってのみ人々の記憶に残るとしたら残念である。もっと他のものにも目を向けるべきだ。

例えば、今述べた場面に続いて主人公のドン・ルマータは国王に面会するが、この場面での長回しの並々ならぬ強度はどうだろう。特に、足元をアップで追う冒頭のローアングルの移動ショットは圧倒的だ。こうしたショットの強度はゲルマンの全作品に見出せるもので、この監督の才能の明らかな印でもある。

ただここではあえて別の要素に注目したい。絞首台の死体の場面の直前に、装甲車のような窓のない奇妙な車が、二人の男を乗せた台車を二本のロープで牽引しながら濃霧のなかを走っていった。さらに全裸の狂人が画面を横切った後、雨が急に降り出し、主人公はぬかるむ道を馬に乗って進んでいく。道端で火が燃える。死体や糞尿よりもこうした要素に、ゲルマンの魅力を感じるべきではないか。

ゲルマンの映画は乗り物の映画だ。それは『道中の点検』や『戦争のない20日間』の列車であり、『わが友イワン・ラプシン』の市電とサイドカー付きのバイクであり、『フルスタリョフ、車を！』の自動車であった。『神々のたそがれ』の奇妙な車はその物語上の役割も不明なまま不意に出現し、乗り物の主題を活性化する。そして馬も、犬や牛や鶏など動物の主題の中心としてだけでなく、乗り物として登場する。リュミエール兄弟の最初の十本に繰り返し登場し、ジョン・フォードの『香も高きケンタッキー』で語り手となったこの優れて映画的な動物は、ゲルマンの映画にこれまでも頻出してきた。だがついにこの遺作で、乗り物の主題の中心的役割を担うのだ。

さらに雨も描かれている。『道中の点検』の冒頭で降った素晴らしい雨を、誰もが覚えているだろう。『神々のたそがれ』では、全篇に雨が降り、霧や煙、火とともに描かれることで主題として活気づけられている。また霧や煙は、前景に頻繁に示される遮蔽物とともに視界の混濁という主題に貢献してもいる。

とはいえ、雨だけではなく雪も観たいと本当は思わざるを得ない。冒頭のロングショットで示された見事な雪景色だけでは物足りない。『道中の点検』や『フルスタリョフ、車よ！』の雪は、ここでは雨に変わってしまったのか。

三時間近くが経過し、ラストシーンでついに観客は雪景色に再会する。しかも馬もそこに映し出される。ただし、男たちのクロースアップが連続し、戸外の場面なのに雪景色は画面から遠ざけられてしまう。やがて雪が舞い出し、主人公が縦笛を吹く。するとラストショットの長回しで引きのカメラが再び雪景色を捉え、男たちを乗せた五頭の馬が進んでいくのだ。映画の最初と最後で雪が降る。これぞゲルマンの映画だと叫ばずにいられない。

今月は他に、『アメリカン・スナイパー』『ドラフト・デイ』『味園ユニバース』などが面白かった。また劇場未公開だが、パスカル・フェランの『バードピープル』が傑作だった。

2013年、露、1.66:1、177分〈脚〉アレクセイ・ゲルマン、スヴェトラーナ・カルマリータ［撮影］ヴラディミール・イリン、ユーリー・クリメンコ〈主〉レオニド・ヤルモルニク、アレクサンドル・チュトゥコ、ユーリー・ツリーロ、エフゲニー・ゲルチャコフ

抱腹絶倒の出鱈目さ

北野武監督『龍三と七人の子分たち』

龍三はかつてやくざの組長だったが、七〇歳の今はすっかり威厳をなくし、おかしな行動ばかり繰り返している。玄関先での息子夫婦の注意に対する屁理屈めいた口答えは愛嬌で済むが、パチンコ店での玉の貸し借りをめぐるチンピラとのトラブルには明らかに大人げないところがある。昔の仲間のマサと蕎麦屋に行き、客の注文で賭けをしてうまくいかないと客を脅すというのは、ただ単に非常識で迷惑だ。家で飼っているジュウシマツを勝手に焼き鳥にして食べるに至っては、とてもまともな人物には思えない。北野武の新作『龍三と七人の子分たち』で、主人公の龍三の出鱈目な行動はこのようにあっさりと良識を超えてしまう。そもそも、毒に満ちた北野武の映画に良識的な視点ほど不似合なものはない。

出鱈目さは良識か反良識かという地平を超えて、龍三以外の人物たちの行動にも溢れている。例えば、龍三の子分は新興勢力である京浜連合のボスを殺そうとして、待ち伏せのために間違えて女子便所に入ってしまうし、シノギで飲み屋に行っても小遣いのように三千円渡されて満足してしまう。

こうした行為は、クライマックスのカーチェイスが近づくにつれて激しさを増していく。右翼のヤスは京浜連合のビルに飛行機で突入する筈だったが、空を飛ぶうちに横須賀の海に惹かれて進路を変え、何故か米軍の航空母艦に着陸してしまう。龍三とその子分たちがそのビルに殴り込み乱闘が始まると、車椅子に乗せられた死体ばかりが何故か拳銃の弾や五寸釘、刀によって傷つけられていく。さらに、子分のヒデが投げる五寸釘が壁のダーツボードに命中して、ナインダーツを達成する。

これら抱腹絶倒の出鱈目さは、単なるコメディ映画のギャグとして片づけられない。もっと本質的な機能があるからだ。ナインダーツが成立すると、京浜連合のボスと手下たちはオフィスから外へ逃げ出す。こうしてカーチェイスが始まるのだが、ここで龍三たちは京浜連合のベンツに追いつける筈がないという出鱈目さを見落としてはならない。逃げ出した若き詐欺集団を追って、龍三たちは死体の乗った車椅子を押しつつビルの一階に降り、外に出てバスジャックをするが、何故か悪者たちはその間に遠くに逃げ去っていないのだ。北野武が巧みなのは、龍三たちがエレベーターに乗って一回に降りるくだりを省略するなど、あくまで編集によって彼らをベンツに追いつかせている点にある。京浜連合が逃走に手間取る状況を作るといった現実的な説明を一切しない。リアリズムには訴えないのだ。

カーチェイスもおかしなことばかりだ。バスはベンツを追いながらも律儀に停留所に止まり、京浜連合の手下が一人乗り込むが、龍三たちは誰も彼に気づかない。さらにベンツはまるで自ら捕まえられようとするかのように、都合よく行き止まりの空間に入っていく。まさにこうしたあからさまな出鱈目さがあるからこそ、細道に並んだ屋台を次々に倒しながらバスが進んでいくカーチェイスは、真に魅力的なものとなっているのだ。『龍三と七人の子分たち』に溢れる出鱈目さは決して単なるギャグではない。それは映画にとって本質的な要素である虚構性を際立たせ、フィクションの快楽を漲らせる機能も担っているのだ。

今月は他に、『カフェ・ド・フロール』『フォックスキャッチャー』『マッド・ガンズ』などが面白かった。また劇場未公開だが、アルベルト・セラの『主はわたしに素晴らしきことをした』も良かった。


2015年、日、2.35:1、111分 〈脚〉北野武 ［撮影］柳島克己 〈主〉藤竜也、近藤正臣、中尾彬、品川徹

2015.5

自我と世界に纏わりつく執拗な反復

ローワン・ジョフィ監督『リピーテッド』

ローワン・ジョフィの『リピーテッド』のヒロイン、クリスティーンは特殊な記憶障害のために、毎朝、前日の記憶を失って、若い頃の記憶しか残っていない状態で目覚める。彼女の混乱は大きい。自己同一性は経験的には記憶によって保障されるので、いくら過去より「今、ここ」が重要だといっても、人は過去の記憶なしには自我を保てないのだ。だがここで単なる記憶喪失者の物語と異なるのは、ヒロインが毎朝、前日の記憶を無くす度に、同じ行動の反復を強いられることだ。混乱のなかで自分が何者であるかを知ろうと努めて、彼女は同じ一連の行動を繰り返す。記憶が無いということは完全に一回的な行為として反復されていると言える。自己同一性の探究と反復という二つの主題が、ヒロインの設定によって浮かび上がってくるのだ。

ただし、『リピーテッド』が優れた映画なのは、その主題のためだけではない。編集や描写の巧みさが近年稀に見るものだ。数多い反復は見事な省略によって観客を退屈させない。ある日の起床は目覚めの一瞬だけが示され、しかも夢による過去の想起という物語上の進展を伴っている。次のショットでは毎日の電話の声だけが聞こえ、画面はその先の行動を見せている。また、カット割りが簡潔かつ的確で、二人の人物の対話は常に切り返しで示され、そこに余計なショットが挟まることなどない。カメラが自己主張せず自然だが、決してリアリズムではなく、戸外や駐車場の場面などでのカメラの引き方が絶妙だ。これだけの演出ができるのは相当な才能である。

ところで、プロットは重要な一日の朝から始まる。ヒロインはビデオ日記を撮影していて、自己同一性の探究の重要な手掛かりになるのだが、彼女が朝にそれを見ていると、映画はフラッシュバックで二週間前に戻る。この後も過去の想起による短いフラッシュバックは何度も登場するが、それらとは異質でヒロインがビデオを見て過去を思い出す訳ではない。実は、S・J・ワトソンの原作は一人称小説で、ヒロインが自分のノートを読むという形で過去に戻っていた。脚色時に、超越的な語り手による恣意的なフラッシュバックに変わったのだ。確かに、原作のほうが語りの構造に必然性がある。だが、特殊な記憶障害というあからさまなフィクションにおいて、語りの構造にリアリズムを要求することは果たして本当に映画的なのか。監督兼脚本家による恣意的な語りの構造の採用に、フィクションに対する彼の姿勢の表れを見るべきだ。

ここで見逃せないのは、語りの構造の変更がもたらすある別の変化だ。原作と違って、映画は後半部で重要な一日の朝をもう一度描くことになる。大幅な省略を伴っているが、観客は同じ出来事を二回見るのだ。そして同じ出来事なのに二度目では全く違って見えることに驚くだろう。ここに反復と差異の主題がひとつの極みに達する。この映画で反復するのは、ヒロインの自己同一性の探究に伴う様々な行動だけではない。ホテルの出来事や同じ名前の人物など、あらゆるものが様々な仕方で反復する。自己同一性そのものが、過去の自分と現在の自分の間に同じものの反復が認められて初めて成立するものであるが、『リピーテッド』は自我と世界に纏わりつくこの執拗な反復についての映画なのである。

今月は他に、『ザ・トライブ』『インヒアレント・ヴァイス』『THE COCKPIT』『ローリング』などが面白かった。また劇場未公開だが、ディアオ・イーナンの『制服』も魅力的だった。

2014年、英＝米＝仏＝スウェーデン、2.35:1、92分〈脚〉ローワン・ジョフィ［撮影］ベン・デイヴィス〈主〉ニコール・キッドマン、コリン・ファース、マーク・ストロング、ベン・クロンプトン、アンヌ=マリー・ダフ

2015.6

表象というフィクション

アリ・フォルマン監督『コングレス未来学会議』

アリ・フォルマンの新作『コングレス未来学会議』で、未来の映画は薬物になる。ミラマックス社は映画会社として出発したが、未来世界で最も力を入れているのは製薬産業であり、その新薬を飲めば人はアニメの幻覚を見るという。映画はここに至ってスクリーンを放棄した。世界全体が映画になる。正確に言えば、あくまで人は現実世界に居続けるのだが、人はそれを全てアニメとして知覚する。世界の表象全体がアニメ映画になるのだ。

ただしそれを言うならば、そもそも表象とは映画ではないかという主張も可能だ。「現実を見る」と人はしばしば安易に言うが、人は現実世界そのものを見ることなどできない。知覚できるのはその表象だけだ。完全に透明な表象などあり得ないのだから、あらゆる表象はフィクションである。人は生まれてから死ぬまで、しばしば睡眠によって中断される壮大なフィクションの映画を観ているようなものだ。ミラマックス社の新薬とは、表象の不透明性を限りなく高めて、フィクションの快楽に人を溺れさせるものだと言える。

フォルマンの新作は、この新薬によって知覚されたアニメの部分とそうでない実写の部分という二種類の映像からなる。だが、実写の部分を現実に、アニメの部分を幻覚に対応させることで、現実世界と虚構世界の対立を描く映画と解釈するとしたら、それは全くの見当違いだ。実写もまたフィクションであり、現実世界を指し示すものではないからだ。実際、映画のなかでミラマックス社は新薬開発の二〇年も前から、実写映画の現実性を突き崩してきた。ヒロインの女優ロビン・ライトは女優本人が演じているが、このヒロインはミラマックス社と契約を結び、全身をスキャンしてそのデータを自由に使う権利を与えた。もう彼女自身は演技をせず、映画会社がCGで自由に彼女の演技を作り出すのだ。CGで完全に作られた映像はもはや実写ではなくアニメと言えるが、観客は見分けがつかない。要するに、映画の物語自体が実写映画の現実との対応性を否定しているのだ。薬を摂取する以前は、ヒロインは実写によって示される現実世界にいるではないかという反論は成立しない。摂取後も、彼女が現実世界を生きていることに変わりはない。しかも、摂取以前も以後も、彼女が見ているのはあくまで現実の表象である。だから、薬を摂取しようとしまいと本質的なことは何も変わらない。知覚の質が変化するだけなのだ。あらゆる人々と同様、ヒロインは現実世界にいながら、表象というフィクションを旅し続ける存在である。

映画の冒頭で、少年の凧が空を舞う。この実写の鮮烈な映像が観客を映画に引きずり込む。逆光を浴びる息子の顔。青空に高く舞う赤い凧。風が吹くなか、彼に駆け寄る母親のロビン。凧をかすめて飛ぶ飛行機。その後もこの凧は主にアニメで何度も姿を現すが、比較的地味なアニメの凧も、冒頭の実写の凧に比べて魅力が劣る訳では全くない。どちらもフィクションの表象として圧倒的に豊かだ。『コングレス未来学会議』は、実写とアニメを通じて表象の豊かさを追い求める。確かに、仮想現実が肥大化する現代文明への痛烈な皮肉と批判は映画の重要な主題だ。しかし、その一方でフォルマンは、現実に束縛されないフィクションの力を常に信じて称揚するのだ。

今月は他に、『ブラックハット』『ラン・オールナイト』『誘拐の掟』『私の少女』などが面白かった。また、特集上映で観たマリオ・マルトーネの『レオパルディ』も良かった。

2013年、イスラエル＝独＝ポーランド＝ルクセンブルグ＝ベルギー＝仏、1.85:1、122分　〈脚〉アリ・フォルマン　[撮影]ミハウ・エングレルト　〈主〉ロビン・ライト、ハーヴェイ・カイテル、コディ・スミット=マクフィー、ジョン・ハム

斜めの微妙な角度

スチュアート・マードック監督『ゴッド・ヘルプ・ザ・ガール』

イヴは病院を抜け出しライブハウスでジェームズに出会う。二人が初めて言葉を交わすのは、階段の上と下でのことだ。イヴは下でしゃがみ、ジェームズが上から彼女を見下ろして声をかける。その少年の顔をカメラが下から仰角で捉える。心に病を抱えた少女はこうして少年と出会い、バンドを組む。もう一人のバンド仲間キャシーとイヴが出会うのも、階段の上下でのことだ。ジェームズがイヴを連れてキャシーの家に行くと、キャシーは階段の上から玄関を見下ろし挨拶する。その少女の顔を、再びカメラが下から仰角で捉える。二度目の訪問の際も、キャシーは斜め上方に姿を現す。彼女は家の窓から通りの二人を見下ろし、カメラがまたも下から仰角で捉える。ベル・アンド・セバスチャンのリーダー、スチュアート・マードックが監督した映画『ゴッド・ヘルプ・ザ・ガール』では、このように上下の斜めの関係が画面を活気づけている。

この関係を作るのに、階段のような装置がいつも必要な訳ではない。ソファーや椅子だけで十分だ。室内で一人が座りもう一人が上から見下ろすという状況が繰り返され、切り返しの度に画面が生き生きと躍動する。さらに言えば、小柄なイヴがジェームズやキャシーと並んで立つだけで、目の高さに違いが生まれ、カメラと目の高さのずれやほんの僅かな俯角と仰角が最大限の効果を発揮する。

映画の後半でジェームズはイヴの病室を訪れ、ベッドで目覚める少女の傍らに座る。病室は斜めの関係に適した空間であり、俯角で捉えられる少女の上半身から、彼女を見守る少年の顔への切り返しが素晴らしい。

その後、イヴがジェームズの部屋を訪れる場面では、彼女はソファーに座る少年の前に立って、ある決意を口にする。夜になり寝る前の会話でも、少女はベッドに寝て、少年はそのそばの床に横たわる。二人が貴重な時間を分かち合い重要なことを語り合う間、少女の顔は少年の顔より高い位置にあり続けるのだ。

ただし、斜めの関係という図式自体が重要な訳では決してない。『ゴッド・ヘルプ・ザ・ガール』の本当の素晴らしさはこの斜めの絶妙な角度、ほんの少しずれても全てが変わってしまうような、被写体とカメラの繊細な関係にある。ベッドに横たわるイヴを斜めに傾いたカメラが捉えた後、「ア・ダウン・アンド・ダスキー・ブロンド」が流れ出し、イヴは廊下を歩きながら歌って踊る。カメラは再び傾き、僅かな俯角で彼女を捉え、その滑らかな体の動きに合わせて揺れながら後退する。全ては斜めの印のもとにあるが、それだけではない。イヴを演じるエミリー・ブラウニングのしなやかな動きと、カメラを見つめる掟破りの眼差し。斜めに揺らぐカメラがそれらに繊細に呼応していることこそが本当に重要なのだ。イヴの甘い歌声にのって、映像の連鎖は時間の流れを大胆に超えていく。金髪になった彼女が歌い終える時の魅力的な表情を、斜めに傾く仰角気味のカメラが最後に捉える。俳優の生き生きとした生命の鼓動をカメラが細やかに掬い取る時、何かが映画に宿るのだ。

斜めの関係が映画を活性化する。イヴは基本的にその下側にいて、重要な瞬間に上側に移る。だがそれより大切なのは、観念的な図式では導きだせないような斜めの微妙な角度である。とても繊細な何かがそこに宿るのだ。

今月は他に、『ニューヨーク　ジャンクヤード』『モンタナ　最後のカウボーイ』『奪還者』などが面白かった。また、特集上映で観たオリヴィエ・アサイヤスの『アクトレス』も良かった。

2014年、英、1.85:1、112分〈脚〉スチュアート・マードック［撮影］ジャイルズ・ナットジェンズ〈主〉エミリー・ブラウニング、オリー・アレクサンデル、ハンナ・マリー、ピエール・ブーランジェ

動物への生成変化

パスカル・フェラン監督『バードピープル』

リルケは連作詩『ドゥイノの悲歌』で、「すべての眼で生きものたちは／開かれた世界を見ている」と歌い、動物の世界の豊かさを称えた。だが、ハイデガーはリルケから「開かれ」という概念を得たにも拘らず、『形而上学の根本諸概念』で、「動物は世界が貧しい」と述べた。リルケにおいて、動物が目にする「開かれた世界」から人間は遠ざけられているが、ハイデガーでは、「開かれ」は言葉を根源とする開示であり、人間だけがそれを見ることができる。「開かれ」の意味も豊かさの基準も全く異なるのだ。後にデリダやドゥルーズが動物を論じる時、ハイデガーが事実上斥けた動物の世界の豊かさを、それぞれのやり方で再び称揚することになる。

パスカル・フェラン監督の新作『バードピープル』は、動物への生成変化を通じて動物の世界の豊かさを描いているように見える。動物とはここでは雀のことだ。病から回復したツァラトゥストラが鳥になることを望んだように、この映画では鳥への生成変化が起こるのだ。雀の視線となったカメラが、パリ郊外の空港の周囲や内部を自由に飛ぶ時、観客は自分も雀になったように目を輝かせるだろう。眩いばかりの飛翔という運動が、まるでリルケが歌った雲雀の「開かれ」を現前させるかのようだ。

ただし、この映画が雀を描きながらも言葉を決して捨てないことを見逃してはならない。そもそも、動物の世界の豊かさとは言葉以前の世界の豊かさのことだ。パラヴェル&キャステーヌ＝テイラーの『リヴァイアサン』は、ホッブズ的な戦争を思わせる魚や鳥の世界に肉薄したが、フェランの企てはそれとは異なる。『バードピープル』が描くのは純然たる動物の世界ではなく、あくまで動物への生成変化なのだ。言葉以前の世界を称えながら、言葉の重要性も疑わない。必ずしも全面的でない動物への生成変化を通じて人間と動物の中間領域を示しつつ、人間界と動物界の自由な行き来の可能性を描いていると言ってもよい。

この点で、二度登場するヒルトンホテルの屋上が重要なのは言うまでもない。一度目での客観ショットと主観ショットの切り返しも、二度目における、左利きの日本人漫画家が見つける裸足で横たわったオドレーも、ただただ素晴らしい。だが、動物への生成変化を真に映画的な体験として観るためには、一度目の場面に先立つあるショットに敏感でなければならない。九階のある客室で制服姿のオドレーが清掃をしていると、突然部屋の灯りが消える。彼女は振り返り、「誰?」と言う。この時、彼女の顔がクロースアップになるのだ。照明が消えるという、光と影の戯れとしての映画に相応しい仕掛けとともに示される彼女の顔。僅かにオレンジ色の逆光があたり、暗がりの中に沈むその表情が圧倒的だ。監督とカメラマン、女優のアナイス・ドゥムースティエの呼吸が見事に合ったこのショットに、観客は今から何か決定的なことが起こると予感せずにいられない。オドレーは部屋を出て真っ暗な廊下を何かに導かれるように進んでいく。そして非常扉を開けて屋上に出るのだ。

『バードピープル』を観ながら、観客は動物への生成変化に誘われる。ただし、映画が観客にとって生成変化の経験の場であるためには、画面に対して敏感で、重要なショットを生き生きと受け止めることが必要である。

今月は他に、『EDEN　エデン』『岸辺の旅』『草原の実験』『若さは向こう見ず』などが面白かった。また劇場未公開だが、堀禎一の『天竜区奥領家大沢　冬』も素晴らしかった。

2014年、仏、1.85:1、127分〈脚〉ギヨーム・ブレオー、パスカル・フェラン［撮影］ジュリアン・ハーシュ〈主〉ジョシュ・チャールズ、アナイス・ドゥムースティエ、ロシュディ・ゼム

複雑で眩い運動性

ホウ・シャオシェン監督『黒衣の刺客』

ホウ・シャオシェンの『黒衣の刺客』が素晴らしい。白黒のプロローグで、馬の傍らに女が二人立つファーストショットの光と影の味わいが、すでに観客を陶酔へと誘っている。馬に乗る男たちのロングショットを挟んで、カメラが先ほどの女の一人を再び示すと、彼女の進む林のなかの目も眩むような木漏れ日が官能的だ。そして次の瞬間、女は男を殺す。

白黒の画面の艶やかさに観客が慣れ始めた頃、『黒衣の刺客』は突如カラーに移行する。タイトルショットの空と湖面の眩い赤。その後、この赤色は主に室内の場面で濃密に展開される。特に、揺れるヴェール越しに捉えられる時、赤は格別の魅力を放つ。反対に戸外では草木の緑色が鮮烈に描かれ、風に揺れてこの色が生き生きと輝く。色彩は光の産物だが、太陽や室内照明の光が風と呼応しつつ、映画に豊かな魅力を与えているのだ。

ホウ・シャオシェンの映画は画面の魅力に満ちている。それはまず光の快楽であるが、運動の快楽でもある。『恋恋風塵』の冒頭の長回し、まだ物語が始動する前の線路上の移動ショットはまさに光と運動の魅力に溢れていた。ただしドゥルーズが言うように、光それ自体が運動なのだから、最終的にはこれらは運動の快楽に一元化されるのかもしれない。

そこで、『黒衣の刺客』が描く運動に注目しよう。この作品は武侠映画であり、当然活劇の場面で運動が豊かに描かれるが、作品全体としてみれば、通常の武侠映画が示すような運動性を追究した作品とは言えない。活劇の場面自体は従来の表現方法を尊重しているが、それは長く続く静かな場面の後にごく短く登場する。長い静と短い動が生み出すリズムが重要なのだ。ただし、静と動の関係は実際にはもう少し複雑である。冒頭のヒロインの殺害がスローモーションで描かれるように、活劇の場面でも常に静が描かれている。一方、静かな場面においても常に動が存在する。人物の細かい動作が静のなかの動として常に刻印されているのだ。カメラもこの撮影対象の動きと緊密に結びつきながら、緩やかに動き続ける。木の円柱が並ぶ長い廊下で一人の女が呪術に苦しむ場面の、カメラの繊細な動きが好例だ。このように、動のなかに静が、静のなかに動が常に存在し、それらが複雑に絡み合いながら、豊饒な運動性を提示している。

『黒衣の刺客』が語るのもある種の運動の物語だと言える。ヒロインのインニャンは刺客となって故郷に帰って来るが、この帰還は不可能の印のもとにある。インニャンは暗殺の使命を秘めて一三年振りに故郷に帰り、一旦故郷を離れるものの、また戻って来る。けれども彼女は再び去らねばならないのだ。つまりこれは帰還を禁じられた女の物語であり、ホウ・シャオシエンが繰り返し語る距離と移動の物語の紛れもない一変形である。故郷との距離を埋めるべく旅をして帰るが、再び故郷を去る女の移動の物語。先に述べた廊下の場面がインニャンの二度目の帰還に相当するが、山奥から故郷への移動自体は、画面上には描かれていない。帰還よりも、故郷を去ることのほうに重きが置かれているからだ。『黒衣の刺客』の複雑で眩い運動性の根底には、帰還を禁じられた孤独な女の絶えざる移動という、この悲痛な運動が存在している。

今月は他に、『ミッション：インポッシブル／ローグ・ネイション』『光のノスタルジア』『悲しき玩具』などが面白かった。また劇場未公開だが、アーティット・アッサラットの『ワンダフル・タウン』も良かった。

2015年、台湾＝中＝香港＝仏、1.37:1、105分 〈脚〉チュー・ティエンウェン、ホウ・シャオシエン、チョン・アーチョン、シェ・ハイモン ［撮影］リー・ピンビン 〈主〉スー・チー、チャン・チェン、妻夫木聡、シュー・ユン、ニー・ターホン

虚構世界の一世界説と不確定性

オリヴィエ・アサイヤス監督『アクトレス　女たちの舞台』

オリヴィエ・アサイヤスの『アクトレス　女たちの舞台』では、エピローグに入る直前、すなわち第二部の終わりで登場人物が突然失踪する。スイスの保養地シルスマリアにおいて、女優マリアの目の前で人物が消え失せるのだ。突然と書いたが、謎めいた自動車の運転の場面など、映画はこの人物が失踪に至る過程を繊細だが確実に描写している。しかも、この失踪は第一部における別の人物の死によって密かに予告されてもいる。人物が消失した後に、マリアが舞台上に立つことが、第一部と第二部以降で反復されるのだ。一度目はスピーチで、二度目は演劇の上演だが、舞台上のマリアはほとんどあるいは全く画面に示されない。二度目では、人物の失踪に、エピローグにおける別の人物の自殺未遂が重なる。そもそも、ラストの上演はマリアを有名にした作品の二〇年後の再演であり、『アクトレス』では、あらゆる要素が反復の印のもとで、ラストへと向かっている。シルスマリアは、ニーチェが永遠回帰の着想を得た土地である。

ただしここで注意すべきは、シルスマリアで人物がヒロインの目の前から永遠に消え失せたと、観客はほぼ全員理解するだろうが、本当のところは確かでは全くないことだ。勿論、丹念に練り上げられたあらゆる細部が、永遠の消失へと観客の解釈を導いている。だが確実なのは、あくまで人物の一時的な失踪とラストの上演直前時の不在だけなのだ。アサイヤスの『クリーン』のように、ヒロインはその人物を一時的に見失っただけという可能性を完全には否定できない。『クリーン』で、ヒロインが息子を動物園で見失った後、もし再会などが省略されてラストに飛んでいたら、観客は息子が消失したと思っただろう。『アクトレス』でも、省略された場面で、マリアはその人物を探し出したかもしれないのだ。

人はしばしば映画で物語という虚構世界を見ていると思い込むが、実際には虚構世界の表象しか見ていない。人生において現実世界の表象しか見られないのと同じである。三浦俊彦が述べた虚構世界の一世界説は正しいが、現実世界と同様、作品に対応する唯一の虚構世界は観客には徹底して不確実なものなのだ。切り返しの編集でさえ、二つのショット間に視線の関係があることは確実ではない。虚構世界を想像せずに映画は見られない。映画を見るとは、表象を見て、本質的な不確定性のもとで虚構世界を想像することである。

勿論、この想像は表象があって初めて成り立つ行為である。従って、シルスマリアでの消失の表象を検討することは極めて重要だ。この表象で興味深いのは、人物が画面の真ん中あたりで消えることである。高地の手前の斜面と奥の斜面の間の窪みのなかに、まるで襞と襞の間に吸い込まれるように消えるのだ。人物は作品の内部に消失する。実を言えば、画面の枠の外に消えようと、切り返しの編集の隙間に消えようと、人物が作品内に消えることに変わりはない。しかし、襞の奥に消えることは作品の内部を強調するように見える。その人物は虚構世界のどこかに居続ける。ただ画面上に現れないだけなのだ。人はしばしば作品の外部に言及するが、外部に通じる窓の存在は一般に思われているほど自明ではない。むしろ作品には無数の襞があり、その奥に豊かな内部が拡がっているのだ。

今月は他に、『クーデター』『ゾンビ・ガール』『嘆きの天使　ナースの泪』などが面白かった。また劇場未公開だが、アイラ・サックスの『ラブ・イズ・ストレンジ』も良かった。

2014年、仏＝独＝スイス、2.35:1、124分　〈脚〉オリヴィエ・アサイヤス　［撮影］ヨリック・ル・ソー　〈主〉ジュリエット・ビノシュ、クリステン・スチュワート、クロエ・グレース・モレッツ、ラース・アイディンガー

複数性の祭典

ベルトラン・ボネロ監督『サンローラン』

ナイトクラブのシェ・レジーヌでのイヴ・サン＝ローランとモデルのベティの出会いは、二つの印象的な長回しによって描かれる。まず、ベティが画面の奥のソファーから立ち上がり、カメラのほうに歩み寄って踊り出す。長い金髪を振りほどきしなやかに揺らす黒い服の彼女を、あおりのカメラが銀色の天井をバックに捉え続ける。イヴの短いショットを挟んで、次の長回しでは二人の会話が鏡越しに示される。イヴがモデルの仕事を頼んでベティが断るのを繰り返すそのやり取りは一見ゴダール的だが、次の場面でベティがもう引き受けているのを見ると、むしろ山中貞雄の喜劇を想起させる。ところで、ソファーに座るベティが一瞬、眼鏡を取ったイヴ自身のように見えたのを思い出せば、鏡に映る彼女の姿はある意味でイヴの二重の分身だとも言える。ベルトラン・ボネロの『サンローラン』で、ベティは複数性を纏って登場するのだ。

映画が進むと、モデルのルルが別のナイトクラブで踊る。彼女もまたソファーから立ち上がって踊り出し、天井をバックにあおりのカメラで捉えられる。だが今度は、ネオン管が天井でカラフルに輝き、彼女は帽子で髪を隠す。場面のカット割りも細かい。さらに決定的なのは、ここでイヴが出会うのはルルではなく、白い服の色男ジャックであることだ。映画はこのように差異と反復の遊戯を行ないながら、宿命の男との出会いを描いている。

ジャックとイヴの愛には鏡が付き纏う。二人は鏡の前でドラッグを摂取して接吻を交わし、その後イヴが「愛してる」と言うと、ベッドに座ったジャックがゆっくり間を置いて「僕も」と返す。このやり取りの激しいエロス。左手で巧みにデッサンを描く仕事場のイヴとジャックを愛するイヴはまるで別人のようで、そんな彼を鏡がさらに二重化している。

映画は二人の関係が崩れる過程を具体的には描かない。それどころか、ピエールが二人の仲に介入すると、映画は年老いたイヴを並行して描き始め、さらに子供の頃のイヴも示す。子供役も含めればイヴは三人一役となる。この作品は単なる同性愛の三角関係についての映画ではない。ボネロは愛と創造の人生を多層的に描こうとする。同一性の幻想は徹底して拒絶され、時間の流れが複数化するとともに、イヴの人格も一層大胆に分裂するのだ。

映画のクライマックスは一九七六年のコレクションの発表会だが、このショーはまさに複数性の祭典となる。勿論、ロシア風の華麗な衣装を身につけたモデルたちの姿だけでも素晴らしい。だが、会場の奥の鏡に彼女たちの分身が映し出される。さらに、モンドリアン風の分割画面が複数性を直接的に提示する。この画面は舞台上と舞台裏を同時に示すだけではない。モデルの上半身と足元を別々に見せ、またイヴの身体を黒い線で分断することで、ひとつの身体それ自体も多数の要素の結合であることを示している。しかもこのショーの最中に、舞台袖のイヴの回想と思しきショットだけでなく、老年のイヴのショットが何度も挿入される。こうして分裂的で増殖的なショーは、いくつかの別の時間との交錯によってさらに多様な光を当てられる。ショーという出来事や身体、人生などあらゆるものが複数的だ。『サンローラン』のクライマックスはこうした複数性を艶やかに祝福している。

今月は他に、『ディアーディアー』『恋人たち』『若き詩人』などが面白かった。また劇場未公開だが、アザゼル・ジェイコブスの『テリー』も良かった。

2014年、仏＝ベルギー、1.85:1、150分 〈脚〉ベルトラン・ボネロ、トマ・ビデガン [撮影]ジョゼ・デエー 〈主〉ギャスパー・ウリエル、ジェレミー・レニエ、ルイ・ガレル、レア・セドゥ

2015.12

天使の印

マノエル・ド・オリヴェイラ監督『アンジェリカの微笑み』

映画は死者との戯れの場だ。マノエル・ド・オリヴェイラの『アンジェリカの微笑み』はまさにその典型で、死者を愛した男がその死者によって死へと誘われる物語を語っている。ある雨の夜、写真家の男が富豪から、若くして死んだ女の写真を撮るように依頼される。男がカメラを構えると女の死体が微笑み、彼は恋に落ちる。写真撮影が死者を蘇らせたのだ。写真は映画の暗喩と言える。映画に映し出される人物はそもそもどこか亡霊的で、映画は死者を観客の目の前に蘇らせる装置のようだ。オリヴェイラ自身ももうこの世にいないが、彼の映画を誰かが観るたびにきっと何度でも蘇るに違いない。映画の持つこうした亡霊的な機能を考えれば、死んだ女の微笑みが写真と映画の本質に関わると分かる筈だ。

ただし、この映画の重大な特徴は、死者の誘惑が明らかに宗教的な点にある。ユダヤ教とカトリックの狭間で展開される宗教的な主題が、亡霊と死の物語を活性化するのだ。批評家のシリル・ベガンはこの作品に天使の印を数多く見出したが、そもそも死んだ美女の名前のアンジェリカは天使に由来し、それ故彼女の死への誘いは天使の導きとなりうる。写真家のユダヤ人青年イサクは、彼女に会う前に別の天使を目にする。雨の夜、彼はジョゼ・レジオの詩集や聖パウロについての本等を、何冊かテーブルから落とす。落ちて開いた詩集の頁に天使の挿絵が描かれ、彼が読み上げる詩句に天使という語が登場する。こうしてアンジェリカという天使との出会いが準備されるのだ。ここで、挿絵の天使が左手を挙げ、その掌に描かれた星形の印がクロースアップで示されることに注意しよう。その後、イサクが富豪の屋敷へ向かうと、彼を乗せた自動車は、左手を挙げて突き出す彫像の脇を通り過ぎる。屋敷に到着すると、彼は天井に星形の模様を、聖霊の象徴である鳩の姿とともに認めるのだ。

こうした要素は写真撮影後も変形しつつイサクに付き纏う。アンジェリカの葬儀が行なわれている教会にイサクが入ると、彼が目にする彫像や絵画はどれも片手を伸ばした人物を表している。ある夜、彼は夢のなかでアンジェリカと一緒に星空を飛ぶ。死の前夜に彼は再び彼女の夢を見るが、鳩ではない別の小鳥がまず部屋のなかを飛び、次に彼女が現れて彼の上に浮かび、片手ではなく両手を伸ばして彼を呼び寄せる。男は目覚め、下宿先で飼われていた小鳥の死を知る。そして外へ駆け出して、彫像の左手が指さす方向へ走っていき、オリーブ畑の斜面で倒れる。彼を発見するのは、オリーブの木の歌を口ずさみながら現れる子供たちだ。オリーブはユダヤ教やカトリックと重要な関わりを持つが、オリヴェイラという苗字も勿論この語に由来する。イサクは下宿先に運び込まれ、そこで死ぬ。するとアンジェリカの亡霊が現れ、彼の魂を抱きしめて空へ舞い上がり、彼の肉体だけが残される。

『アンジェリカの微笑み』は宗教的要素と戯れつつ、天使と亡霊の主題を通じて聖なるものの探究を行なっている。旧約聖書のイサクは天使に命を救われたが、この映画のイサクはアンジェリカにより死へと導かれる。彼女は怪奇映画における亡霊の伝統的な表象には従わず、天使として常に光に包まれ、明るく晴れやかに微笑む。主人公の死は天使による救いなのだ。

今月は他に、『ホワイト・ゴッド』『イット・フォローズ』『マイ・ファニー・レディ』などが面白かった。また劇場未公開だが、イジルド・ル・ベスコの『マレ』も印象的だった。

2010年、ポルトガル＝スペイン＝仏・ブラジル、1.66:1、97分　〈脚〉マノエル・ド・オリヴェイラ　[撮影]サビーヌ・ランスラン　〈主〉リカルド・トレパ、ピラール・ロペス・デ・アジャラ、レオノール・シルヴェイラ

2016

1 | 非有機的な生　アピチャッポン・ウィーラセタクン監督『世紀の光』

2 | ガラス越しの視線　トッド・ヘインズ監督『キャロル』

3 | 死者と眠り　アピチャッポン・ウィーラセタクン監督『光りの墓』

4 | 未来への反復とフィクションの力　ジャ・ジャンクー監督『山河ノスタルジア』

5 | 社会からはみ出た生命　真利子哲也監督『ディストラクション・ベイビーズ』

6 | 虚偽の力　ペドロ・コスタ監督『ホース・マネー』

7 | 有機的な表象の裂け目　イエジー・スコリモフスキ監督『イレブン・ミニッツ』

8 | 60年代のゴダールの正統な後継者
黒川幸則監督『ヴィレッジ・オン・ザ・ヴィレッジ』

9 | 純然たる虚構の戯れ　黒沢清監督『ダゲレオタイプの女』

10 | 動きと眼差し　アレクサンドル・ソクーロフ監督『フランコフォニア　ルーヴルの記憶』

11 | 画面の快楽と死の主題　オタール・イオセリアーニ監督『皆さま、ごきげんよう』

12 | 視覚と心理的及び光学的投影　ホセ・ルイス・ゲリン監督『ミューズ・アカデミー』

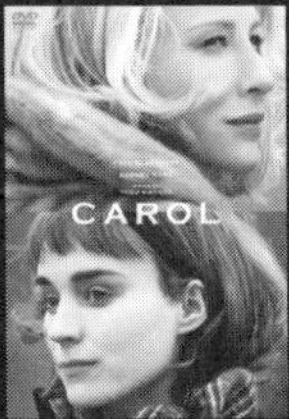

『キャロル』
DVD発売中　¥3,800+税
Blu-ray発売中　¥4,700+税

発売元・販売元：株式会社KADOKAWA
© NUMBER 9 FILMS (CAROL) LIMITED / CHANNEL FOUR TELEVISION CORPORATION 2014 ALL RIGHTS RESERVED

非有機的な生

アピチャッポン・ウィーラセタクン監督『世紀の光』

アピチャッポン・ウィーラセタクンの『世紀の光』は二部構成の映画であり、差異と反復の遊戯を追求するように見える。前半は田舎の病院、後半は都会の病院を主な舞台として、どちらも女性医師の新任男性医師との面接から始まり、その脇に同僚の男性がいる。俳優は同じで、台詞もかなり似ている。だがカット割りは異なり、脇に控える男を一瞬示した後、カメラは前半では新任男性医師を、後半では女性医師を長々と捉える。映画は続いて老僧の診察を描くが、担当するのは前半では女性医師で、後半では男性の老医師であり、カメラの向きも反対だ。さらに映画は歯科医による若い僧侶の治療を描き、前半では親しげな会話が交わされるが、後半では最小限の事務的な言葉しか発せられない。

ただし『世紀の光』の面白さは、観客の記憶力を問うかのような微妙な差異の遊戯にあるのではない。映画はこうした遊戯から二つの全く別の物語へと横滑りしていく。歯科医と僧侶の場面の後、前半では女性医師を中心として、後半では新任男性医師を中心として、物語は大きく異なる方向に進んで行くのだ。

前半では、女性医師のロマンスとともに植物の豊かな生命が描かれる。冒頭から田舎の自然が示され、やがて彼女と同僚の男性が戸外のテーブルを囲む。そして彼女の回想によるフラッシュバックで、植物学者と野生の蘭が登場し、森のなかへ舞台が移行する。それは語りの構造においてはあくまで記憶という人間の内面世界の描写だが、人間を超えた自然の豊かな描写でもある。

後半の物語展開はさらに大胆だ。新任男性医師の行動が描かれるが、彼の男女関係の描写は短い。その後、病院の外の大木と銅像が示されるのを契機に男は物語の前面から姿を消す。カメラが病院の廊下を進み、無人の地下室に置かれた大きな機械を示す。映画はさらに都会の公園の植物と人間を見せ、電子音楽に合わせて大勢の人が踊るショットで終わる。前半の森の豊かな光と影の後で、後半の都会の眺めは一層殺伐としたものに感じられる。特に大病院の地下の窮屈さは印象的だ。ここから、前半で自然が礼讃され、後半で現代都市の末期的状況が描かれると結論付けるのは、ある程度正しい。

ただし、戸外の銅像や地下室の謎めいた機械に漂うある種の生命感を見逃してはならない。もしこれらが生命なきものとして選ばれたのならば、何故銅像は大木に続けて、同じあおりの移動ショットで示されたのか。銅像と機械にはドゥルーズの言う事物の非有機的な生がはっきり刻印されている。これは一見、人間や植物の生とは大きく異なるようだ。確かに、不動の銅像は人間の似姿を示してはいても、生身の人間のように情熱を生きたりはしない。だがそれにも拘らず、非有機的な生は人間や植物の根源にも存在する。実際、ラストの人々の運動は、女性医師の繊細な仕草よりもむしろ機械の作動に近いようだ。

映画は人間中心主義的な表象を発達させてきたが、カメラという機械に基づく映画は、もしかしたら人間よりも事物の生を捉えるのに適したメディアかもしれない。『世紀の光』の最大の美点は、人間から植物へ、さらに事物へと撮影対象を変えながら、事物の非有機的な生を画面に刻み、人間や植物の持つ非有機的な生さえも開示したことにある。

今月は他に、『ガールズ&パンツァー　劇場版』『妹がぼくを支配する。』『禁じられた歌声』などが面白かった。また劇場未公開だが、ブノワ・ジャコの『三つの心』も良かった。

2006年、タイ＝仏＝オーストリア、1.78:1、105分　〈脚〉アピチャッポン・ウィーラセタクン　[撮影]サヨムプー・ムックディプローム　〈主〉ナンタラット・サワッディクン、ジャールチャイ・イアムアラーム、ソーポン・プーカノック、ジェーンジラー・ポンパット

2016.2

ガラス越しの視線

トッド・ヘインズ監督『キャロル』

男がホテルのレストランに入る。テレーズが年上の女性キャロルと話すのを見かけて、彼は声をかける。やがてテレーズはキャロルと別れ、自動車に乗り込み外を眺める。雨の降る通りがドアの窓ガラス越しに霞んで見える。初めて出会った時のキャロルの顔を彼女は思い出す。トッド・ヘインズの『キャロル』はこうして物語の終盤を見せたうえで一九五二年末に遡り、高級百貨店での女性店員テレーズと客のキャロルの出会いを語り始める。

雨の降る通りのように、映画はガラス越しのショットを執拗に繰り返す。キャロルが雪の降る路上で買物をする時、自動車に残ったテレーズはまたもドアの窓ガラス越しに彼女を見つめる。そしてテレーズはドアを開けて車から降り、彼女の写真を数枚撮る。写真好きのテレーズにとって、世界はしばしばカメラのレンズ越しに見つめる対象なのだ。鏡も忘れ難い。二人が旅に出てモーテルで結ばれる時、彼女たちは壁の鏡のなかに自分たちの姿を見つめる。登場人物の視線だけでなく、非人称的なカメラの視線もガラスを通過する。二人が愛し合った翌日、モーテルのフロントにいるキャロルをカメラは窓の外から捉え続ける。キャロルが姿を消した後、テレーズがレストランでアビーと会う時も、カメラは窓の外から内部を撮り、その後でなかに入る。

冒頭の雨の通りが車の窓ガラス越しに霞んで見えたように、視線はガラスを通過する時に必ず歪む。ガラス越しに見えるものは外の世界そのものではない。テレーズが車のなかから雨の通りを見た後、キャロルの顔を思い浮かべたように、ガラス越しに見えるのは外の世界のようで、実は内面の反映でしかないのかも知れない。キャロルと離れ離れになった後、彼女は愛する女の写真を何度も見つめるが、そこで彼女は他者と向き合うというより自分の世界に閉じこもるようだ。ガラスは外へ開かれると同時に、外から自分を隔てもする。実際、二人の女が車で旅に出て、窓ガラス越しに車内の彼女たちが示されると、二人はガラスにより危険な世界から保護されているようだ。愛し合う二人はモーテルの鏡のなかに閉じ込められるようでもある。さらに、二人が離れ離れになった後、キャロルは車の窓ガラス越しに路上のテレーズを見かけるが、この時ガラスは二人を残酷に隔てている。

物語の決定的な二つの瞬間で、二人の女がガラスを介さず真正面から視線を交わすことは興味深い。最初の出会いと映画のラストだ。百貨店の玩具売り場でまずテレーズがキャロルを見つめ、次にキャロルがその視線に気づく。ラストではテレーズがキャロルに向かって歩み、二人は見つめ合う。ただし、これは単なる裸眼の礼讃では決してない。カメラのレンズの存在を前提とする映画がそれをしても、滑稽である。

人はたとえ裸眼でも、外界をありのままに見つめる訳ではない。事実、観客は冒頭のレストランでの出来事をラスト近くで再び目にするが、同じ出来事なのに二度目では全く違って見える。人は眼球のレンズを通して外界を見つめ、知覚されるものは外界そのものとは常に異なるのだ。人の絆はそんな残酷な視線の上に築かれる。『キャロル』の素晴らしさは、ガラス越しの視線の主題を、裸眼も含めたあらゆる視線の本質に関わるものとして豊かに展開した点にある。

今月は他に、『ブリッジ・オブ・スパイ』『クリード』『義理の娘が眩しすぎて。』などが面白かった。また劇場未公開だが、ブリュノ・デュモンの『プティ・カンカン』に刺激を受けた。

2015年、英＝米＝オーストラリア、1.85:1、118分 〈脚〉フィリス・ナジー ［撮影］エドワード・ラックマン 〈主〉ケイト・ブランシェット、ルーニー・マーラ、カイル・チャンドラー、サラ・ポールソン、ジェイク・レイシー

2016.3

死者と眠り

アピチャッポン・ウィーラセタクン監督『光りの墓』

アピチャッポン・ウィーラセタクンの映画では、人間は世界の中心ではなく、生きた人間が動物や死者と共存し、人間は輪廻によって他の人間や動物になる。人間にとって動物や死者は他者ではなく、人間は絶えざる生成変化のなかの一時的な様態に過ぎない。それ故、彼の映画はヴィヴェイロス・デ・カストロが『食人の形而上学』で主張したパースペクティヴ主義及び多自然主義と親和性が高い。これらの思想では、視点は人間に固定されず、動物や死者の視点への移行が常にあり、この移行とともに自然が多様な姿を現すというより、自然とはそうした多様性そのものである。

アピチャッポン・ウィーラセタクンの『光りの墓』では、動植物の主題よりも死者の主題が前面に出ている。死者の魂と交信できるケンという女性が登場し、また、舞台となる病院はかつて王たちの墓があった場所にあり、王たちの魂が兵士たちの生気を吸い取って眠らせている。こうした物語を馬鹿らしいと一蹴するならば、それこそ西欧的視点にとらわれた態度である。生成変化の万物流転のなかで、西欧文明は生きた人間に強固な同一性を与えるが、死者にはそうした同一性を見出さないというだけだ。タイ人監督による『光りの墓』では、主体の同一性の基準が西欧における一般的な基準とは大きく異なる。死んだ二人の王女が、ある場面では湖のほとりにあるお堂の像であり、別の場面では若く美しい女性だ。そんな映画に対して、死者の自己同一性など存在しないと主張しても無駄である。

とはいえ、『光りの墓』の最大の野心は死者の主題ではなく眠りの主題にある。確かに、死者の魂の彷徨に比べれば、眠る者たちの生命は常識的な表象の範囲にとどまりそうだ。だが、映画は眠る者に対しても多自然主義的と呼びうるアプローチを一貫して用いて、表象の豊かな世界を描くことに成功している。最初は、起きて活動する人間に視点が固定される。この時点では、眠る者たちは病院のベッドに横たわるだけで、起きている者の一方的な視線の対象となる。横たわる者とその傍らに立つ者という、グリフィスの『散り行く花』以来の映画的な構図が、引きの固定ショットで反復されるのだ。やがてジェンという女がイットという眠る兵士を看護し、彼の体にクリームを塗っていると、彼が目覚める。こうして物語が動き出す。しかもイットが再び眠ると、二人は夢のなかで意思疎通をし始める。ここに至って、視点は眠る者へと移行するのだ。ジェンは眠る者へと生成変化して、イットの夢のなかを覗く。そこでイットはケンの姿をしていて、死者の不可視の王宮を案内する。さらに、イットもケンの姿のままジェンの夢を覗く。視線の主体はイットでもケンでもある。眠る者への視点の移行とともに、主体の同一性の基準が変容し、それによって視点という概念自体も揺らぐことになる。

アピチャッポン・ウィーラセタクンの『光りの墓』において、現実世界の夢の世界に対する優位はあり得ない。起きている者にとって現実世界が存在するのと同じ仕方で、眠る者にとって夢の世界が存在する。二つの世界は対等である。この映画は、起きている者から眠る者への視点の移行によって世界の多様な姿を示すというより、世界をそうした多様性そのものとして捉え、提示しているのだ。

今月は他に、『ハッピーアワー』『ヘイトフル・エイト』『コップ・カー』などが面白かった。また劇場未公開だが、シャンタル・アケルマンの『ノー・ホーム・ムービー』も良かった。

2015年、タイ＝英＝独＝仏＝マレーシア＝韓＝メキシコ＝米、1.85:1、122分 〈脚〉アピチャッポン・ウィーラセタクン［撮影］ディエゴ・ガルシア 〈主〉ジェンジラー・ポンパット・ワイドナー、バンロップ・ロームノーイ、ジャリンパッタラー・ルアンラム

未来への反復とフィクションの力

ジャ・ジャンクー監督『山河ノスタルジア』

ジャ・ジャンクーの『山河ノスタルジア』は時間についての映画だ。一九九九年、二〇一四年、二〇二五年の三部からなり、それぞれ過去、現在、未来に対応するように見える。だが二〇一五年のこの映画にとって、実は第二部もすでに過去のことだ。従って厳密に言えば、遠い過去、近い過去、未来となる。

これは決して些事ではなく、映画の本質に関わることだ。確かにカメラが撮影するのは常に現在である。カメラはレンズの前に拡がる現在の光景を記録する。だが、その映像を人が見る時、それはすでに過去のものだ。人は過去の映像しか見られない。撮影の時間と上映の時間の間には必ずずれがあり、上映とはスクリーン上での過去の再現、反復である。

こうした映画という表現形式において、『山河ノスタルジア』が過去という時間を重視し、その反復を主題化していることは見逃せない。映画の三分の二が、公開時よりも過去の時間の物語を語るだけではない。映画は過去に囚われ、過去の反復を生きる母と息子の物語を語るのだ。二〇二五年のオーストラリアで、息子のダオラーは女性教師ミアの運転する自動車の助手席に座って、「デジャヴみたいだ」と言う。これは実はデジャヴではなく、彼は以前本当に同じ光景を見ている。つまり、二〇一四年の中国で、まだ幼いダオラーは母のタオと再会し、彼女の運転する自動車の助手席に乗ったのだ。「人生は繰り返し」と、ミアが運転席で言うように、この映画では様々な過去の出来事が反復する。車の走行の反復が示唆するのは、ダオラーのミアへの愛自体が母への愛の反復であることだ。両親の離婚後、彼は父に育てられ、父とともにオーストラリアに移住した。十年以上会っていない母への想いが、彼に年上のミアを愛させたのか。旅行代理店の女性が彼をミアの息子と勘違いしたことが、彼にこの反復を意識させ傷つける。ミアが母の代理でしかないならば、二人の愛は不幸な結末しか見えないのだ。一方、母のタオは息子以上に過去に囚われて生きている。二〇二五年の中国でタオは一人で孤独に暮らし、過去の行為を繰り返す。二〇一四年に息子に食べさせた麦穂餃子を、彼女は台所で再び作り、映画の冒頭で幸せそうに踊ったのと同じダンスを雪の降る戸外で踊るのだ。

けれども、全てが過去に縛られている訳ではない。第三部は未来の物語であり、映画は確かに未来を指向している。何かの反復でないような新しい未来ではない。全ては反復だが、過去の呪縛から解放された未来へ向けての反復があるのだ。第三部が語るのはつらく厳しい物語だが、それでも、まだ見ぬ未来での親子の再会と幸せな愛の成就を目指して、様々な出来事が反復する。光や音響の細部にそれははっきりと感じられる筈だ。最後に、こうした未来は映画でいかにして表現可能かという疑問が残る。映像は過去の時間の再現に過ぎないのではないか。未来という時間は現在を生きる人間にとって未知であり、どんな予想もフィクションでしかない。一方、いかなる映像も現実の純粋な記録ではなく、フィクションを含んでいる。そしてこの虚構性こそが未来の表現の可能性を開くのだ。未来への反復をもたらすのは、演出が巧妙に構築するフィクションの力であり、まさにこの力によって、『山河ノスタルジア』は決して楽観的でない物語に未来への希望を与えるのだ。

今月は他に、『ボーダーライン』『ジョギング渡り鳥』『マッドムービー』などが面白かった。また未公開だが、シン・スウォンの『冥王星』も良かった。

2015年、中＝仏＝日、1.37:1、131分
〈脚〉ジャ・ジャンクー　[撮影]ユー・リクウァイ　〈主〉チャオ・タオ、チャン・イー、リャン・チントン、ドン・ズージェン、シルヴィア・チャン

2016.5

社会からはみ出た生命

真利子哲也監督『ディストラクション・ベイビーズ』

真利子哲也の『ディストラクション・ベイビーズ』で圧巻なのは、繰り返される喧嘩の場面だ。昼間の公園では、主人公の泰良が自転車に乗った高校生に飛びかかり自転車ごとなぎ倒す。夜の繁華街では、泰良は淳平と一対一になると、強烈な一発で相手を叩きのめす。どの喧嘩でもパンチが重く、鈍い音の響きが耳に残るが、ノーガードで真正面からぶつかる瞬間のこのパンチはとりわけ衝撃的だ。

また、人物たちの表情が素晴らしい。泰良役の柳楽優弥の演技が突出している。最初の獲物を求めて狭い道を彷徨って、カメラに向かって振り返る時の表情はまさに獣だ。映画が進行すると、顔が血にまみれ痣が増えるが、心を強く揺さぶるのはその奥の鋭い眼光である。夜の海辺で彼が振り返りフードをとると、坊主頭になった顔が懐中電灯に照らし出されるのも忘れ難い。また小松菜奈も、他人を誰も信じていないような目のキャバクラ嬢、那奈を演じて魅力的だ。銀色のガムテープを口に貼られ、車の後部座席で呻き苦しむ彼女の赤らんだ頬と鼻。老人を車のトランクに詰めた後、白い空をバックに示されるそれまでと異なる顔つき。病室で警察の事情聴取を受ける時の冷ややかな眼差し。どれも一度見たら忘れられない。そして菅田将暉も、泰良と組むことで、小心者なのに凶暴性を露にする高校生の裕也の屈折を巧みに演じている。特に、ショッピングモールで態度を豹変させ、女たちに襲いかかる時の表情や仕草が印象的だ。泰良はほぼ一貫して怪物性を体現し続けるが、那奈と裕也は彼と関わることで変わっていき、二人の表情にこの変容が刻印されている。

喧嘩の場面や人物の表情の素晴らしさというと俳優の演技力に目が行きがちだが、演出の的確さも見落とせない。泰良が公園で高校生に飛び掛かるのも、繁華街で淳平と対決するのも、引きのショットで捉えられている。特に後者では、駐車場での乱闘から通りに出ての二人の対決までがワンショットで捉えられ、この撮り方が対決をこの上なく刺激的にしているのだ。泰良が獲物を求めて狭い道を彷徨う場面を思い出そう。カメラが彼の背中を追って前進し、その後に彼が振り返るから、その鋭い表情は一層効果的なのだ。このショットは、彼が道を引き返し、楽器を持った男を見つけて襲い掛かるまで続いて、ただならぬ緊張感を生み出している。那奈が車の後部座席に閉じ込められる場面は、車内のため寄りのショットだが、ここでも長回しが巧みだ。真利子哲也はカメラと対象の距離を適切に設定し、随所で長回しを効果的に用いながら、説明的な描写も過剰な視覚的装飾もなしに冷静に物語を語っている。この硬質な文体こそが俳優や出来事の魅力を倍増しているのだ。

こうした文体をリアリズムという言葉で要約するのは間違っている。リアリズムというフィクションの一形式は共同体の財産だ。だが、『ディストラクション・ベイビーズ』が描くのは、社会からはみ出た生命の力強い存在である。ビオスでなくゾーエーとしての生が至る所で剥き出しになり、社会を揺るがしていること。そのような生を社会の側に回収するためでなく、人間と社会を問い直すために描こうとして、真利子哲也は慎重にフィクションを演出するのだ。これは共同体にとって防御的なリアリズムの枠を確実に超えている。

今月は他に、『ちはやふる』『追憶の森』『ラブアンドロイド』『バット・オンリー・ラヴ』などが面白かった。また未公開だが、ニコラス・ペレダの『一緒に』も良かった。


2016年、日、1.85:1、108分 〈脚〉真利子哲也、喜安浩平 ［撮影］佐々木靖之 〈主〉柳楽優弥、菅田将暉、小松菜奈、村上虹郎

2016.6

虚偽の力

ペドロ・コスタ監督『ホース・マネー』

ペドロ・コスタは、社会から排除されたポルトガルの不法移民たちを繰り返し描いてきた。自ら声を出して語ることのできない不法移民たちの代わりに、彼らのゾーエーとしての生を剥き出しの姿で示すこと。しかし彼らの真の人生を語ることなど、当然不可能だ。そもそも人は真実を語れず、語られたことは全てフィクションである。そこでペドロ・コスタは、新作『ホース・マネー』において、真実ではなく虚偽の力こそが映画の根底にあると再確認しつつ、移民の人生が語られる際に生じる嘘偽りを全面的に肯定した。

カーボヴェルデからの移民であるヴェントゥーラが同名の主人公を演じているが、物語の核となるのは、この俳優がエストレラ公園で経験したある事件だ。彼はこの公園でヴィタリナの夫と諍いを起こし、大怪我をしたらしい。だが、正確に何が起きたのか、監督自身にも分からない。年老いた俳優の額には傷痕があるが、彼は事件についてははっきりと語らないのだ。ペドロ・コスタはこの謎を前にして、真実の解明を試みるのではなく、虚偽のあらゆる力を展開させるための出発点を見出した。公園の事件はヒッチコックにおけるマクガフィンである。

この事件を「神聖な原動力《ホーリー・モーターズ》」として、ペドロ・コスタは壮大なフィクションを作り上げたが、その描写はフィクションの出鱈目さを強調するアンチ・リアリズムに貫かれている。屋内の固定ショットでは、部屋の隅を画面のなかに入れる斜めの構図が広角レンズで捉えられ、画面が著しく歪んでいる。まるで取調官の尋問のような医者の問診の場面は二つの固定ショットからなるが、カメラが主人公に寄ると診察室は突然暗くなる。主人公が建設会社に行くくだりでは、廃墟から清潔な建物へと内部の様子が変わっていく。社会から排除された不法移民は、共同体が持つリアルなものという幻想さえ共有できないのか。年老いた男の歪んだ知覚に対応するかのように、映画の描写も歪みやずれを徹底して強調する。実のところ、主人公以外の登場人物は皆、本当に実在するかどうかさえ定かではない。この映画では、実在世界は一切問われないのだ。

ヴェントゥーラが病院で書き続ける手紙が物語の縦糸を成す。「告白しろ」とヴィタリナの夫らしき赤い服の男に言われて、主人公は手紙を書きだす。書き終えると、それをヴィタリナに渡す。だがその時、「亭主からだ」と彼は言う。その後のエレベーターの場面でも彼は嘘をつく。「苦労して子供たちを育て上げた」と口にしつつ、「俺らは結婚してなくて子供もいない」とも語るのだ。こうしてヴェントゥーラは、シュトロハイムの『愚なる妻』や『オーソン・ウェルズのフェイク』に出てきた嘘をつく男たちの仲間となる。勿論、ヴェントゥーラは不法移民としての苦痛に満ちた長い人生の果てに虚実ないまぜの世界を生きるようになったのであり、シュトロハイムやウェルズが描く詐欺師たちとは同列に置けない。だがこの移民もまた、彼らと同様、ドゥルーズが偽なるものの力能と呼んだ虚偽の力を炸裂させるのである。不法移民の妄想と嘘を通じて、映画にとって本質的な虚偽の魅力を、ペドロ・コスタは全面的に開花させた。内実の不明な事件の上に築き上げられた嘘偽りだらけの物語。そこに映画の限りない豊かさが溢れるのだ。

今月は他に、『団地』『64―ロクヨン―』『ヒメアノ～ル』『韓国に嫁いだ女』などが面白かった。また未公開だが、ホン・サンスの『今は正しくあの時は間違い』に心を揺り動かされた。

2014年、ポルトガル、1.33:1、103分
〈脚〉ペドロ・コスタ　[撮影]レオナルド・シモンイス　〈主〉ヴェントゥーラ、ヴィタリナ・ヴァレラ、チト・フルタード、ベンヴィンド・タヴァレス、アントニオ・サントス

有機的な表象の裂け目

イエジー・スコリモフスキ監督『イレブン・ミニッツ』

ある青年が部屋から外を眺め、空に謎めいた黒い点を見る。どうやら、女好きの映画監督も嫉妬深い新婚の男も同じものを見たようだ。そして監視カメラのモニターのひとつにもそれは映っている。イエジー・スコリモフスキの『イレブン・ミニッツ』に描かれるこの黒い点は何だろうか。人が知覚するのは実在ではなくその表象である。表象は人の主観によって都合よく組織化されているが、この組織化には当然限界がある。空の黒い点は表象のこの限界点を示しているようだ。

映画のラストをここでは語れないが、最後に起こる出来事はこの黒い点によく似ている。明確に表象された出来事であるからもはや限界点とは言えないが、この限界点と強く結びついている。どういうことか。社会は、正しい者は報われ、悪い者は罰せられるといった様々な虚構の価値観に基づいて成立している。一人一人の人間はそんな価値観を実際には信じていないが、それでも各人が知覚する表象はそれぞれの個人的な虚構の価値観に基づいて組織化されている。映画のラストで起こるのは、そんなあらゆる価値観をあざ笑うかのように表象の安定を突き崩す出来事なのだ。

勿論、映画は表象の戯れであり、表象の限界をめぐるこの作品の物語も表象の操作によって語られている。悲劇と喜劇の間を自在に行き来する演出はその典型だ。本質的に悲劇的な出来事を特異なカメラ位置やスローモーションによって喜劇的に語るのではない。実在世界のいかなる出来事もただ単に起こるだけで、悲劇も喜劇も表象における虚構の価値であるということだ。同じ時刻の様々な人物の行動を描くモザイク状のプロットも、通常の時間の表象と異なるとはいえ、表象の戯れに変わりはない。ローアングルのあおりやハイアングルの俯瞰などの自在なカメラアングルに基づく空間の独特な表象も、全く同じことだ。

しかしながら、こうした特異な表象は一見映画のラストに向かって巧みに構築されているように見えながら、実際には表象の無根拠性を絶えず明らかにしている。例えば、パンクヘアの女は元恋人から犬を返してもらうが、この場面は犬の視点を模倣するかのようなローアングルのあおりで示される。この映画の最も斬新な描写のひとつであるが、注意すべきはここでカメラが犬を模倣するいかなる必然性も存在しないことだ。より正確に言えば、必然性のなさが全く隠されていない。映画のあらゆる演出が極めて構築的であるようで実はたがが外れていて、恣意的な表象の継ぎはぎを露にしている。黒い点は至る所にある。それが表象の操作によって示されているのだ。

ドゥルーズは『差異と反復』で次のように書いた。「カタストロフとしての差異は、有機的な表象＝再現前化のみかけの安定の下で活動し続けているひとつの不屈の反抗的な基底を証示しているのではないだろうか」。黒い点とはまさにこうした有機的な表象の裂け目ではないか。そこで人は、表象のみかけの安定の下でうごめく新たな生に遭遇する。表象に目を瞑るのではない。唐突に現れる首吊り死体や轟音とともに飛行するジェット機、ホットドッグ屋や新婚の女優の微妙な表情に新鮮な眼差しを向けよう。そこに裂け目があり、それを通じて人はカタストロフと称される反省概念から解き放たれた差異に出会うのだ。

今月は他に、『裸足の季節』『マネーモンスター』『クリーピー　偽りの隣人』などが面白かった。また未公開だが、オリヴィエ・アサイヤスの『5月の後』も良かった。

2015年、ポーランド＝アイルランド、2.35:1、81分　〈脚〉イエジー・スコリモフスキ　[撮影]ミコライ・ウェブコウスキ　〈主〉リチャード・ドーマー、パウリナ・ハプコ、ヴォイチェフ・メツファルドフスキ

2016.8

60年代のゴダールの正統な後継者

黒川幸則監督『ヴィレッジ・オン・ザ・ヴィレッジ』

面白いことをしてそれを面白く撮り、面白く繋げる。そんな単純なことを徹底してやり通した映画、黒川幸則の『ヴィレッジ・オン・ザ・ヴィレッジ』が圧倒的に素晴らしい。あらゆるショット、あらゆる編集に映画の喜びが溢れる珠玉の作品である。

しかも、それだけでは終わらない。奇跡のような場面がある。夜の小さなレストラン。奇妙な村に迷い込んだバンドマンの中西がギターを取り出し、幽霊の女が歌う。まさにこの場面の存在によって、この映画は真に偉大な作品となったのだ。まるでヌーヴェル・ヴァーグの映画に繰り返し出て来た歌の場面のようだ。特に、六〇年代のゴダールの映画におけるアンナ・カリーナの歌を思い出させる。単に曲がいい、歌が上手いといったことではない。ここで観客が目にし、耳にするのはまさに映画における歌なのだ。映画はずっと音楽に憧れ嫉妬してきた。そんな両者の関係が極めて純粋な形で表出された歌の場面である。

六〇年代のゴダールと書いたが、この映画そのものがこの時期の彼の作品にどこか似ている。直接的な影響ならばジェリー・ルイスや鎮西尚一を挙げるべきだが、それでも六〇年代のゴダールの作品とこの映画は根源的なところで繋がっているのだ。徹夜をした変な幽霊が去っていく時や、中西とダーツバーで働く絢がプラットホームに降り立つ時の、構図をほぼ変えない小刻みなジャンプ・カットはまさにゴダールの編集だ。しかし、直ちにゴダール的とは言えない繋ぎも多い。中西と絢が川辺で話をする場面では、独特なリズムでカメラが何度もどんでんを返す。中西が村で知り合った仲間と昼間から部屋で酒を飲み出すと、カメラは九〇度回り込んで彼らを何度も捉え直す。ゴダールならこのようなカット割りはしないだろう。とはいえ、自然さによって繋ぎ目を目立たなくしようとするのではなく、繋ぎ目を目立たせて、そこに画面の快楽を見出そうとする編集という点では同じである。形式上の類似ではない。画面に対する姿勢が共通しているのだ。ゴダールは映画史に精通しながらも、ショットや編集と意識的に戯れつつ映画を全く新しい形で再発見した。黒川幸則も同じことをした。彼は六〇年代のゴダールの模倣者では決してない。二一世紀初頭におけるその正統な後継者である。

歌の場面に戻ろう。ファーストショットと同じ窓越しのカメラが、緩やかに動きつつ長回しで歌う女を捉える。ゴダールの歌の場面とは異なる撮り方だ。この窓は、『男性・女性』の録音スタジオの窓ガラスとは異質である。六〇年代のゴダールを見事に受け継ぎながらも、ここでこうしたショットを撮れたことに、黒川幸則のただならぬ個性と才能がある。

歌う女が川から現れた幽霊であることにも注意しよう。この歌はセイレーンの死の誘惑なのだ。全篇で大量のアルコールが消費され、その酩酊は生と死の狭間で揺らぐ。夜の川辺で別の女の幽霊が手にする缶ビールはまさに死の酒だ。絢と飲む酒は境界を曖昧に漂い、最後の闇夜の乾杯によって中西は生のほうへ帰っていく。ただし、この映画では生と死はそれほど対立していない。死者には死者の生命があり、石には石の生命がある。生きた人間に限定されない、万物流転における根源的で豊かな生命を、この映画は描いているのだ。

今月は他に、『死霊館　エンフィールド事件』『ロスト・バケーション』『ヤング・アダルト・ニューヨーク』などが面白かった。また未公開だが、アラン・カヴァリエの『天国』も良かった。

2016年、日、1.66:1、76分 〈脚〉山形育弘 [撮影]渡邉寿岳 〈主〉田中淳一郎、鈴木卓爾、柴田千紘、佐伯美波、只石博紀、長宗我部陽子

純然たる虚構の戯れ

黒沢清監督『ダゲレオタイプの女』

フランス人のルイ・ダゲールは一八三九年にダゲレオタイプという写真撮影法を発明した。この写真は長時間の露光を必要とし、被写体となる人物はその間不動の姿勢を強いられた。現代の写真と異なるこの撮影法は写真の本質を強調している。すなわち、写真は被写体から運動を奪うということだ。撮影される人物は不動となることで、いわば死に近づく。運動を奪うことは生命を奪うことでもある。

それ故、この撮影法をめぐる黒沢清の新作『ダゲレオタイプの女』が死の匂いに満ちていても、不思議では全くない。主人公のジャンは写真家ステファンの新たな助手だ。この偏屈な写真家は今なおダゲレオタイプのカメラを用いている。実の娘のマリーがモデルとなり、彼女は奇妙な拘束器具によってスタジオで一時間以上固定される。かつては妻がモデルを務めていたが、首を吊り、今や亡霊となって写真家の夫にとりついている。そして娘の身にも異変が起こる。ジャン・エプスタンの『アッシャー家の末裔』の、絵画を写真にしてモデルを二重化した見事な変奏だ。

写真は映画の隠喩である。確かに映画は被写体の運動を再現し、この点で写真や絵画とは異なるように見える。しかし映画の映像は実際には動いていない。映画には真の運動はなく、目の錯覚しか存在しない。ユセフ・イシャグプールが指摘したように、映画は本質的にメンタルな現象である。ヴィジュアルなイメージと思われているものも、本当はメンタルなイメージでしかないのだ。この点で、映画の撮影もまた被写体から運動を奪っている。この新作に限らず、黒沢清の映画が常に死を主題としているのも、この事実と無関係ではない。

動かない二次元の映像の連なりに、運動や奥行きという錯覚を見出す虚構の戯れ。これが映画である。黒沢清が優れているのは、この点に徹底して意識的なことだ。『リアル～完全なる首長竜の日～』はその題名にも拘らずリアルなものなどほとんど何も存在しない映画だったし、『クリーピー 偽りの隣人』も潔いほど決然とリアリズムから身を引き離した映画だった。『ダゲレオタイプの女』でも、虚構の世界に身を亡ぼすステファンと助手のジャンの物語を、現実らしさを装うことなく、純粋な虚構の戯れとして描いている。

マリーはジャンに、父のステファンは写真と現実を混同していると言う。そんなステファンに、現実をねじ曲げ想像に逃げ込んでいると非難され、ジャンは憤慨する。二人の男は共に現実と虚構を取り違えて身を亡ぼすのだ。しかし、この映画で現実と虚構の対立が維持されていると考えるならば、それは間違っている。ユセフ・イシャグプールさえも『ル・シネマ』で拘り続けた両者の対立が、こうした台詞で活性化される訳では全くない。この映画は徹底して虚構の側にある。人はそもそも現実など知覚できない。もし現実が何より重要で知覚可能ならば、映画は否定されるべきものでしかない筈だ。そうではなく、知覚そのものが虚構だから、映画は虚構の戯れとして積極的な価値を持ち得るのである。植物の生と妻の死が交錯する温室でランプが揺れるのを見よ。屋敷の部屋のドアがひとりでに開くのを見よ。闇夜の自動車の奇妙な走行を見よ。現実との対比に依存しない純然たる虚構の戯れがここにあるではないか。

今月は他に、『君の名は。』『ダーティー・コップ』『彷徨える河』などが面白かった。また、遅ればせながら観た城定秀夫の『悦楽交差点』と『舐める女』も良かった。


2016年、仏＝ベルギー＝日、2.35:1、131分 〈脚〉黒沢清 ［撮影］アレクシ・カヴィルシーヌ 〈主〉タハール・ラヒム、コンスタンス・ルソー、オリヴィエ・グルメ

動きと眼差し

アレクサンドル・ソクーロフ監督『フランコフォニア　ルーヴルの記憶』

占領下のパリで、二人の人物がナチスドイツからルーヴル美術館の所蔵品を守った。まず当時のルーヴル美術館館長、ジャック・ジョジャール。彼は第二次世界大戦が勃発する前から所蔵品を地方に運び始めていた。次にドイツ人将校、ヴォルフ＝メッテルニヒ伯爵。彼は美術品管理の責任者として派遣されたが、所蔵品のドイツへの輸送に応じなかった。アレクサンドル・ソクーロフは『フランコフォニア　ルーヴルの記憶』の中核にこの二人の物語を置いて、その行動を称えている。

だがそれだけでは済まない。ルーヴルの壮大なコレクションの多くは絶対王政と帝政に負っている。美術館は権力とともに成立し拡大したのだ。それ故、占領下の出来事は、ひとつの権力が作ったものが別の権力によって脅かされたという事態にすぎないとも言える。

映画はそこで美術館と権力の関係の主題を掘り下げる。ナポレオン一世とマリアンヌがルーヴルのなかを彷徨う。フリジア帽を被ったマリアンヌはフランス共和国の象徴だ。『モナリザ』を並んで見つめて、ナポレオンは「私だ」と、マリアンヌは「自由、平等、博愛」と繰り返し言う。美術館は国家権力に属するのか、民衆のものなのか。帝政と共和政の亡霊の彷徨を通じて、ルーヴル美術館とそれが象徴するフランス文化の本性が問われている。

しかし、『フランコフォニア』の魅力がこうした主題の考察のみにあるとするなら、それは大きな間違いだ。ソクーロフの真の偉大さに観客が出会うのは、あくまでひとつひとつの画面においてである。映画の中盤で、左端に映されるサウンドトラックによって横幅が一層狭くなった画面のなかを、メッテルニヒが占領軍の建物に入り、奥へと進んで行く。彼が黒いコートを着て部屋を横切る時、手前で少年が拳銃を天井に向けている。階段を上る時、別の男と交錯し、画面上部にもう一人男が現れる。美しい女がどこかを見つめ、カーテンの奥で煙草を手に持つ若い男の視線と交錯する。メッテルニヒが奥へと進む廊下の手前に使用人の女性が現れ、すぐに姿を消す。別の男が右手を上げて挨拶する。矢継ぎ早に示されるこれらの人物。そしてカメラがコートを脱いだメッテルニヒをドアの奥に示すと、不意に右にパンして手前の無人の部屋をゆっくりと捉えだす。なんと見事な編集のリズム。なんと生き生きとした人々の動きと眼差し。物語の進行に寄与しないこうした細部の描写こそがこの映画の真の魅力なのだ。

運動はルーヴルの絵画や彫刻にはない映画ならではの要素として、この作品でひときわ輝いている。その魅力が頂点に達するのは、セーヌの河岸を兵士と娘が幸せそうに走るのを捉える俯瞰ショットにおいてのことだ。一方、視線は絵画や彫刻と映画に共通する要素として重要な機能を果たしている。ルーヴルの美術品を示す時に、ソクーロフが肖像画の人物の眼差しを強調することに注意しよう。勿論、占領軍の建物における男女の視線や記録映像が示す当時の人々の視線は生々しい魅力に溢れている。だが、『モナリザ』の場面における絵画の視線と二人の亡霊の視線の切り返しにこそ、虚構の戯れという映画の本質が露呈している。権力と美術に関する見事な考察も、編集が大胆に作るこの視線の虚構の交錯を前にすると色褪せてしまうようだ。

今月は他に、『映画　聲の形』『ハドソン川の奇跡』『オーバー・フェンス』などが素晴らしかった。また未公開だが、ビー・ガンの『凱里ブルース』も驚異的だった。

2015年、仏＝独＝オランダ、1.66:1、88分　〈脚〉アレクサンドル・ソクーロフ　[撮影]ブリュノ・デルボネル　〈主〉ルイ=ド・ドゥ・ランクザン、ベンヤミン・ウッツェラート、ヴィンセント・ネメス、ジョアンナ・コータルス・アルテ

画面の快楽と死の主題

オタール・イオセリアーニ監督『皆さま、ごきげんよう』

犬を連れて女が歩く。その帽子をローラースケートで走る二人の娘が奪い去り、カメラがその走りに合わせて素早く左から右へ移動する。帽子は青年に渡され、別の男が乗る三輪自転車の籠に入れられる。カメラは自転車に合わせて今度は右から左に動き、スーパーから出て来た男女を奥に捉えて停止すると、この二人の前を窃盗団の娘たちが通り過ぎる。ここまでがワンショットだ。次のショットでは青年が老夫婦の持ち物を盗み、彼を追うカメラが奥の警察署長を捉えて止まると、別のローラースケートの娘が署長の帽子を奪って禿頭が露になる。ショットが替わり、青年がその帽子を受け取って先程の自転車の籠に入れる。その次のショットの冒頭でも青年が盗品を籠に入れ、カメラは自転車を追って移動するが、路上で酒を飲む浮浪者を捉える。パトカーが現れ、カメラは再び動き出す。パトカーが自転車を追い越して停車し、警察署長らが降りて男を捕まえてショットが終わる。

オタール・イオセリアーニの『皆さま、ごきげんよう』における窃盗団のこの生き生きとした描写に、映画の快楽が溢れている。人の手から手へと盗品が渡っていく様子が、ローラースケートの滑走や青年が仲間の自転車の籠に物を入れる動作の反復によってリズミカルに描かれる。カメラが窃盗団の動きに合わせて移動したり、他の人物を捉えて止まったりと、複雑な動きをすることで、描写のリズムが一層豊かなものになっている。見事だ。

窃盗団が姿を消した直後に起こる出来事も忘れ難い。先程何気なく映し出された路上の浮浪者がここでの主役となり、ロードローラーに轢かれて文字通りぺしゃんこになってしまう。ジェームズ・ウィリアムソンの無声短篇映画と同じギャグだが、イオセリアーニはこれに、押し潰された男を他の浮浪者たちが扉の下の隙間から建物のなかに入れるギャグを重ね、さらには浮浪者たちの帽子を突風で飛ばしてみせる。帽子を飛ばす突風は後に別の場面で繰り返される。さらにアパルトマンの管理人がロードローラーに轢かれそうになる場面も登場するが、ぺしゃんこになる浮浪者とこの管理人を演じるのは同じ俳優だ。彼はまた、フランス革命期にギロチンで処刑される貴族と刺青をした戦場の司祭も演じていて、司祭と上記の管理人はそれぞれ最後に、酒を口から吐く同じ仕草をする。『皆さま、ごきげんよう』では、物語の快楽からはみだす画面の快楽が、このように差異と反復の豊饒な遊戯を構成して観客を圧倒するのだ。

こうした画面の快楽が単なる生の楽天的な喜びではないことに注意したい。革命のギロチンは現代のパリでは魚の頭部を切断する調理器具として、生首も人類学者が収集する骸骨や復元された頭部として再登場する。そもそも死の主題は、戦場で現れてはすぐに倒れていく無数の兵士たちを経て、ロードローラーに轢かれる浮浪者や、ウォルシュの『彼奴は顔役だ！』のラストのように階段で倒れて死ぬ運転手に直接的に引き継がれている。

この映画の生の喜びは死の宿命に対する達観の上に成立しているのだ。この点で、イオセリアーニの作品世界は小津安二郎の『小早川家の秋』に通じている。家族の物語では全くないとはいえ、『皆さま、ごきげんよう』はどこか「小早川家の冬」と呼びたくなる映画である。

今月は他に、『永い言い訳』『ジェイソン・ボーン』『ぼくのおじさん』などが面白かった。また未公開だが、ベンハミン・ナイシュタットの『運動』も良かった。

2015年、仏、1.66:1、121分　〈脚〉オタール・イオセリアーニ　[撮影]ジュリー・グリュヌボーム　〈主〉リュファス、アミラン・アミラナシヴィリ、マチアス・ユング、エンリコ・ゲッツィ

視覚と心理的及び光学的投影

ホセ・ルイス・ゲリン監督『ミューズ・アカデミー』

ナポリ近郊にあるシビッラの洞窟が映画に登場したのには動揺した。まさかホセ・ルイス・ゲリンが『ミューズ・アカデミー』でロベルト・ロッセリーニをやるとは全く予想していなかったからだ。ゲリンも映画の一組の男女はナポリを訪れねばならないと信じる監督だったのだ。確かに、彼はジョン・フォードの『静かなる男』に捧げた長篇を撮り、別の映画のラストで小津安二郎の墓を撮影したのだから、ここでロッセリーニの『イタリア旅行』を召喚することぐらい予想できたのかもしれない。だがいずれにせよ、洞窟の台形の通路を示すショットが心を激しく揺さぶることに変わりはない。

勿論、二本の映画の内容は大きく異なる。『イタリア旅行』で、イングリッド・バーグマン扮する中年女性は夫とナポリで別行動を取り、ガイドの老人男性に案内されて洞窟を見学する。『ミューズ・アカデミー』では、妻のいる大学教授が女子学生たちの一人とともに洞窟を訪れる。前者では抑圧されたエロスが問題にされ、後者では大学教授がエロスを高らかに肯定する。類似は見せかけのものでしかない。重要なのは、二つの全く異なるものが、ドゥルーズの言う「暗き先触れ」によって関係づけられ結びつけられることにある。

このような召喚が開示しているのは、二〇世紀中頃から存続する、ある貴重な美的価値観の存在である。それはまさに『イタリア旅行』、『静かなる男』や小津の諸作品を傑作とみなすような価値観だ。単に映画が好きというのとはまるで違うものである。『ミューズ・アカデミー』は、こうした価値観が二〇一〇年代の半ばにおいてどのような作品に結実するかを示している。

『ミューズ・アカデミー』では、シビッラの洞窟の暗がりを、男女が蝋燭を手に持って奥へと進んで行く。蝋燭の光が二人の顔を照らして揺れる素晴らしいショットがある。これは、水面に煌めく陽光が別の女の顔に反射するバルセロナの公園のショットと通じ合う。

だがそれより注目すべきは、洞窟の場面の少し前からガラス越しの顔の主題が姿を消すことだ。大学の教室の場面を除いて、映画のカメラは最初からガラス越しに、すなわち教授の家やカフェや自動車の窓越しに人物の顔を撮り続けてきた。教授以外は女たちの顔だ。これはミューズの存在の曖昧さを想起させる。ミューズは生身の女ではなく、男の心理的な投影によって成立する存在である。ガラスを通した女たちの像はミューズのこうした性質に相応しいものだ。映画のある段階で顔がガラス越しに撮られなくなり、それは教授が女子学生たちとの関係を深める瞬間に対応している。主人公はミューズとの戯れをやめて生身の女たちとの関係を選んだのか。

けれども、一旦姿を消したガラス越しの顔の主題が映画の最後に戻って来る。家の窓越しの教授と妻。カフェの窓越しの妻とナポリ旅行の女子学生。そして雨粒の落ちる自動車の窓越しの教授と別の女子学生。ここで肯定されるのは、ミューズという心理的投影とガラスへの光学的投影だ。窓ガラスはカメラのレンズであり、人間の瞳でもある。生身の女と思っても、知覚しているのは常に表象なのだ。『イタリア旅行』は視覚と心理的投影をめぐる映画だったが、『ミューズ・アカデミー』は視覚と心理的及び光学的投影をめぐる映画である。

今月は他に、『この世界の片隅に』『バンコクナイツ』『灼熱』などが面白かった。また未公開だが、堀禎一の『夏の娘たち～ひめごと』も良かった。

2015年、スペイン、1.85:1、92分　〈脚〉ホセ・ルイス・ゲリン　[撮影]ホセ・ルイス・ゲリン　〈主〉ラファエル・ピント、エマヌエラ・フォルゲッタ、ローサ・デロール・ムンス

第2部

五人の映画作家との七つの対話

（青山真治／黒沢 清／パスカル・フェラン／ギヨーム・ブラック／ペドロ・コスタ）

2003.10.17

青山真治監督との対話

伊藤 『秋聲旅日記』の原作は、大正、昭和初期の話ですが、映画は現代の金沢でロケをして、劇中に飛行機や自動車も出てきます。一方で、台詞は小説の言葉をそのまま使われたりしていて、古めかしい感じがあり、二つの時間が混在しているような印象を受けました。たとえばオリヴェイラの『クレーヴの奥方』を思い浮かべたりしたんですが。

青山 時代劇だけど舞台は現代、みたいな、そういった作品の歴史は確かにありますよね。『クレーヴの奥方』も顕著だと思いますが、ストローブ＝ユイレのいくつかの作品にも、似たような方法のものがある。僕にとっては『オトン』や『歴史の授業』を見たことがそれなりの刺激でした。衣装は昔のもので台詞も原典のままだけど、廃墟や車で撮影していて、車の音とかもしている。そういう流れがあるなら、今回のような試みがあってもいいんじゃないか、といったエクスキューズは、自分の中にあったと思います。

伊藤 物語の上でも、〈変わっていくもの〉と〈変わらないもの〉という主題が見え隠れするんですが、これはこの時間の処理の仕方と繋がっています。意識されてのことでしょうか。

青山 まず、ロケ地としての金沢という町のあり方、そこに流れている空気というものが前提にあるわけですよね。戦災にあわなかったことも含めて、昔ながらのものと今のものが同時に存在している。また、人間の性格も、実はあまり変わっていないというような話を、よく地元の方々から聞いていて、それなら作中で今と昔が一緒になっていても構わないじゃないかと思ったんですよ。プラス、これは制作上の問題でもあるんですが、完全に昔のまま再現しようとすると、大変な労力と時間がかかるわけです。素早く仕上げるためには、作劇上の加工が必要となる。たとえば、冒頭で飛行機に乗って来るカットがありますよね。その後、町に入っていくにつれて、タイムスリップ的に時が止まった世界に入り込んでいく。それもタイムスリップしたことの驚きを感じさせるのではなく、ごく当たり前に現在と昔の時間が渾然一体となったように進めながら、架空のある町で起こる物語を見せたかったんですね。

伊藤 全体的な話でもう一点、語りの形式についてお聞きしたいのですが、ナレーションは主人公の徳田秋聲が行っていますよね。つまりこの映画の語り手は秋聲であるわけですが、秋聲が登場しない場面は基本的に映画にありません。こういう語りの形式への律儀さというのは、ジョン・カーペンターの『ゴースト・オブ・マーズ』にも通じるような印象を受けたんですが。

青山 『ゴースト・オブ・マーズ』の場合、ある人物にカメラを向けるとその人の回想に入っていくという構成で、その人称が何重かになっていますよね。『秋聲旅日記』の場合は、単一な語りですから、その違いはありますが、ひょっとすると秋聲という主人公そのものがひとりじゃないのかもしれない、とは考えました。秋聲自体が重層化しているような感じで、その中に僕もいるのかもしれないし、演じている嶋田久作さん個人もいるのかもしれない。それから現代にいる嶋田久作と、過去にいる嶋田久作演じる秋聲と。幾重にか重層化された語りがあって、その中心が少しずつずれながら進行しているのかもしれません。

伊藤 すると語り手と主人公の間にもずれがあるのですね？

青山 あると思いますね。主人公でありながら主人公でないような位置。つまり、ナレーションを使う時に常に生じることだと思いますが、それがいつ、どこから見た時の話なのか、そこを意識すると、その分だけずれが生じる。

伊藤 今の話にも関連しますが、秋聲が路地を散歩する場面があります。カメラは秋聲の動きと別の動きをして、必ずしも秋聲を追わない。映画には語る主体だけでなく見る主体の問題もありますが、この場面で、見る主体というのは、語り手なのでしょうか、それとも見る主体と語る主体は全く別個のものとしてとらえられているのでしょうか。

青山 同じであって同じでないようなところが、多分、この映画の狙いどころなんですよね。基本的に、映画というメディアの語りは、常に複数性を孕んでいることが前提だと、僕は思っているんです。複数なんだけれど、観客側から見ている分には一緒である。しかしある時突然、ふっとずれる。そのずれた時に、何事かが起こっているかのように見せる。と同時にそれは実際起こっているわけで、ちょっとした含み笑いとともに、それを味わえないかなということです。

伊藤 ナレーションについて、もう一点お聞きします。『秋聲旅日記』がひとりの人物のナレーションだとして、『SHADY GROVE』では、まるでジョニー・トー&ワイ・カーファイの『全職殺手』のように、幾人もナレーターがいて、多様なナレーションが混在していましたよね。随分対照的な印象を受けたんですが。

青山 『SHADY GROVE』という映画は、極めて同時代的なところでやっていたんですね。そうすると、単一性の中の複数性というよりは、複数が生み出す単一性みたいな方向にあって、最終的にそれが全部ひとつになってコロスが生まれるような感じにもって行くことが狙いだったんです。『秋聲旅日記』では、ひとつのものがばらばらになっていきながら、曖昧に重なって溶け込んでいくような、サイケデリックなものをイメージしたところがあります。酩酊感覚と言ってもいいんですけれど、そういう意味では、『SHADY GROVE』とはベクトルが逆向きになっていると思います。

伊藤 『秋聲旅日記』や『SHADY GROVE』、あるいは『冷たい血』や『月の砂漠』でもそうですけれど、青山さんの作品では、台詞やナレーションなど言葉が重要な役割を果たしている映画が多いと思います。ただ、劇場用長編第一作『Helpless』では、むしろ寡黙で、まるで映像だけが物語をひっぱっていくような語り口でした。この変化についてお伺いできますか。

青山 変化というよりは、やはり一個の作品では一個のことしかできないと、僕は思っているんですよね。逆に言うと、一個のやり方は一個の作品でしか使いたくない。『SHADY GROVE』と『秋聲旅日記』のベクトルの違いも含めて、いつも手を変え品を変えたいわけです。毎回、何かが違っている、何かを変えて映画を作る。もちろん『Helpless』は監督第一作ということもあって、自分が考える一番ベーシックな映画のあり方を実現しようと思っていたところが大きかった。そこから、ああいうやり方もある、こういうやり方もある、これは映画なのかそうではないのか、そういった線引きをしながら、一作ごとに試していっているわけです。

伊藤 細かい部分について聞いてみたいのですが、料亭の場面で、縦構図の廊下のショットがあります。女性が向かって右側の障子を開くと、次に部屋の中のショットがあり、彼女が左から右に入ってくるかと思ったら、逆に右から左に入ってくる。これは意図的にされたことなのでしょうか。

青山 多分、ペキンパーの見過ぎだと思うんですが、どうも僕は、逆さに入りたくなる習性があるんですよ（笑）。実は昨日も『わらの犬』を見ていて、この人、馬鹿なことしてるなと思ったんですが、登場人物の位置関係を、あえて錯乱させるつもりなのか、まったくわからせないように法則を無視している。ああいうめちゃくちゃなことを平気でやる人が世の中にはいるわけで、そこに惹かれ続けた結果、その影響がつい出てきちゃうんでしょうね。そういう意味では、映画的なお約束をどこかでこっそり破るようなことは常にやっていて、伊藤さんのような方に見られると、ズバリ指摘されてしまうんですが、それも含めて楽しいですよね。

伊藤 旅館で秋聲がお絹と話をしていて、最後にジャズ倶楽部に誘う場面も、かなり大胆な繋ぎをされていますね。

青山 そんなことを指摘する人は誰もいませんよ（笑）。いや、実は、あのシーンはこの際だから、という感じで開き直ってやりたいことをやっているんです。ワンカットで移動していっているように撮っている。あそこで逆向きに入ると、カットが割れた印象が出てくるんですけれど、カメラが徐々に近づいて、裏に入る。移動が可能であるようなスペース、ラインの中にカメラを配置していって、カットは割れているんだけれど、ワンカットのように見せる、そういう視線の配分を試してみたんです。

伊藤 ただ、大胆な繋ぎをされる一方で、たとえば格式についての話がでる旅館の場面では、とよた真帆さんが立つ時と座る時に同軸上のアクション繋ぎをしておられます。こういう極めてクラシックな繋ぎにも興味を惹かれるんですが。

青山 多分、それを僕らの世代の特権にしてしまいたいんです。つまり極めてオーソドックスな古典的な同軸上の繋ぎと、奇妙な繋ぎとが一個の作品の中に同居している。それを特権として、単一の方法に拘らずに映画史の全てを謳歌しよう、ということですね。カウリスマキの『白い花びら』なんかも、最初は、一九二〇年代ぐらいの、サイレントからトーキーへの移行期のやり方でやっていますが、映画が進むにつれて、五〇年代っぽくなっていく。あれを見ていると本当におかしくて、そういうやり方をしたい、と思うんですよね。確かにグリフィスとフォードの同軸上の繋ぎは王道で、同時にやっていて気持ちいい。あの気持ちよさがあるから映画をやっているところもあるんだけれど、あれに完全にはまり込んじゃうと、今映画をやっているのが癪に障るんですよ。グリフィス、フォードがいて、アルドリッチやペキンパーが続き、ゴダールやアンゲロプロス、その後に自分がいるんだっていうことを、そういう形で示したいという思いが顔を出すんですね。それは昔と今がないまぜになる、というこの作品の性格とも呼応している部分だというつもりもあります。

伊藤 話は変わりますが、今回はデジタルビデオで撮影されています。たとえばロケをしていても、なんとなくセットで撮っているような感じが出てしまったり、いろいろ難しさがあると思いますが、苦労はありませんでしたか。

青山 結局デジタルビデオって、あまりにもそのまますぎて、何かしっくりこないところがあるんですよね。だからいつも、映画にとっての自然ではないような違和感を感じてしまう。そういうことを逆手に取って、一種極めて機械的で人工的なあり方なんですが、ストローブ=ユイレやダニエル・シュミットが試みている方法がありますよね。たとえば増村保造でもいいんですが、俳優たちの言動のある自然さを排除してしまうことによって、その場の不自然さみたいなものと合わせて、リアリズムの調整みたいなことを可能にする。その点では、フィルムでもデジタルビデオでもそれほど変わらなくなるのではないか。そういうリアリズムの調整の仕方は、デジタルビデオの時は余計に顕著になってくると思います。つまり役者さんたちが自然に振舞えば振舞うほど、その場の違和感が出てきてしまう。かといって、あまりにカチカチにやってしまうと、単にぎくしゃくしてしまう。その間の調整をどうするかということです。

秋聲のテクストというのは、現代人の我々にとって字面だけ読んでも意味がわからないことが結構あると思いますが、俳優さんたちに小説の台詞をそのまま読んでもらうと、不思議な感じで、相変わらず言葉の正確な意味は掴めないんだけれど、その場の全体像として自分の頭の中に思い浮かんでくるんですね。決して厳密なものではないんですけれど、何か漠然と生まれてくるような気がして、そこに賭けてみようかなと思ったんです。つまり、ある音、秋聲の書いた台詞からフィクションの場が始まって、厳密な意味でリアルな場ではないかもしれないけれど、一種のリアリズムがそこで捏造される。そこから逆転して、その空間なり世界を、独特なものとして完結させることができるんじゃないか。そう思って、実際にやってみると、妙に納得できたんですよね。

伊藤 徳田秋聲は、他の金沢の文豪、たとえば泉鏡花、室生犀星に比べると、映画化される機会が少ないですね。成瀬巳喜男の『あらくれ』は有名ですが。あえて秋聲を選ばれた理由、秋聲の魅力というのは、今おっしゃられたようなところでしょうか。

青山 そうですね。秋聲の文章の特殊さに惹かれてしまったところがありますね。まず、説明をまったくしない。多分記憶力がすごくよかったんじゃないかと思うんですけれど、実際に自分の目の前で話された会話をそのまま書いたかのような印象を受ける。普通ならば、わりと大掴みに掴んで意味がわかるように書いていけば、説明の言葉が装飾的に入ってきますよね。それがないのは、説明になるから削るという気持ちよりも、聞いたままの言葉がそのまま書ける記憶力のよさがあって、そこに秋聲の文章の特異性があるんじゃないかと思ったんですね。実際に、その秋聲の書いた台詞を意味も分からず僕が書き写して、俳優さんたちに演じてもらうと、音として聞いた時に、ひとつの世界を作ってくれた。それが最大の発見だったし、この作品のひとつの特色になった気がします。

伊藤 少し話が変わりますが、青山さんは、小説を映画化される一方で、自分の撮った映画を小説化されてもいます。映画と文学の表現形式の違いについて、どういうことをお感じになりますか。

青山 もちろん映画がスタートポイントとしてあって、そこである具体性、人の顔や声、行動などの形ができないと、多分、小説は書けないかもしれないですね。ただ、自分は物語作家だなと思うことがあって、映画を作る際に、原作ものであれ自分のオリジナルシナリオであれ、まず、ある物語の中に自分がいるかのようにして書いていくわけですね。もちろん非現実的なことなんですけれど、物語の空間の中に自分が入っていって、そこで見聞きしながら話を拾い集めていく。そうすると、自分の目指していたことの中で映画に入れられなかったことが出てくるわけです。たまたま映画『EUREKA』の時にノベライズを出したいという依頼があって、そこからはじまったんですが、一個の物語の補足として書くというのとはちょっと違う。小説というメディアと映画というメディアでは表現の違いがあって、一個の物語をめぐる二つの見方と言ってもいいと思うんですが、そこを使い分けている気がしますね。

伊藤 今度刊行される作品集に入っている小説『Helpless』は、映画版と随分異なっています。語りの仕掛けがあって、最終的に全然違う話になっています。『EUREKA』と違って、映画を撮ってから小説を書くまでの時間が長かったことも影響していると思いますが、あえて、最初の映画を小説化されたのは?

青山 実は、当初からすでに書きたかったんですよね。『Helpless』という映画の中で語られた物語が、自分の故郷である北九州を描くにあたって、そのほんの一部でしかないという思いがあって、全体像としては小説に書いたようなことだったんです。要するに、『Helpless』の全体像はあのくらい歪《いびつ》で猥雑なものである、と。それをすっきりさせて映画としてまとめたものが映画『Helpless』なんですが、あまりにすっきりしすぎて、どうも釈然としないものを自分の内部にはずっと抱えつづけていたわけです。

結局僕は、いまだ『Helpless』という物語の流れに沿ってずっと生きているし、つかず離れずいつも書き直したりしながら生きている。まだまだその全体像の全てを吐き出したわけではない。そして映画『Helpless』で描いた物語の全体像は小説で書きましたけれど、その後があって、さらにその後がある。これはプランというより妄想に近いんですけれど、今度の小説集(『Helpless』新潮社、2003年10月30日刊)で第一期が終わって、第二期、第三期もあるということです。

伊藤 映画に話を戻しますと、『秋聲旅日記』は原作があるせいだと思うんですが、今までの作品と違って、暴力が不在になっています。その点が随分違うような気がしました。それと、最初の『Helpless』では、暴力がまさしく暴力的な感じに提示されていましたが、『EUREKA』や他の作品を見ると、暴力というものがもう少し倫理的な側面をもって提示されるようになっています。こういう変化は、やはり意識的になされていることなのでしょうか。

青山 やっぱり『Helpless』は原風景的なんですよ。僕が暮らしてきた町なり、時間なりの中に実際にある直接的な暴力が即物的に出てきている。その後は、毎回方法論を変えてきたのと同時に、主題的なものも少しずつ変えているようなところがあります。ただ、最近、『月の砂漠』あたり、あるいは『SHADY GROVE』の頃から気づき始めていたかもしれないことなんですが、〈女性性〉みたいなものに向かい合いたい気持ちが出てきたんです。それは自分の中にある女性性なのか、男性としての自分から見た他者としての女性性なのかわからないんですが、それをなんとか表に出したいと思い始めたんです。今回の作品も、秋聲という人物が主人公ではありますが、その男の目を通してお絹という女性の姿を描き出すのが、この作品の中心となる視点ですよね。別にこれからも暴力が消えるわけではないし、暴力的なものが女性性と重なって出てくることもあると思いますが、今は女性性の方向へぐっと傾斜しているところがあります。

伊藤 その変化と多分対応すると思うのですが、『Helpless』『チンピラ』『WiLd LIFe』などではやくざが登場していたんですけれど、その後出てこなくなりますよね。こうしてみると、『Helpless』が公開されて青山監督が登場した時は非常に衝撃的でしたが、それとは違う新たな青山真治の映画というのが、最近はっきり見えてきたような感じがします。

青山　そうですね。端的に言ってしまうと、男社会でやっていくことが嫌になったというところがあるんですよ。要は、気配りや気遣いをすごく意識的にやらなければいけない世界、お約束を守らなければならない世界があって、そのことに飽きた。優れた女優さんたちと作業をしていると、ごく自然に、ほとんど無意識に気遣いはするし、気配りはする。でもそれはすごく楽だったりもするんです。かつその楽さが好きで、好きなものを描いていけば、きっと作品に反映されるんじゃないか、という自分の中の野望があるわけです(笑)。特に今回の『秋聲旅日記』はうまくいったような気がしていて、『月の砂漠』や「私立探偵濱マイク」シリーズの「名前のない森」、Webシネマの『TRUNK』もそうだったし、いずれも女優さんたちとの作業がとても気持ちよく進んでいった。上がりも満足できるものだったし、今はこの延長線上でやっていきたいと思っています

『秋聲旅日記』　©ユーロスペース

伊藤 最後の質問ですが、今活躍している監督で、ご自分の試みと共通していると感じるか、あるいは特に刺激を受ける監督がいれば教えていただけますか。

青山 一番刺激を受けるのは、やっぱり黒沢清ですね。友達であり先輩であり、同じところでうろうろしているわけですけれど、黒沢さんがやっていることはいつも気になるし、参考になる。時には批判もするし、批判もされる間柄であって、自分と黒沢さんは違うタイプだと思っていますが、これからどうしようと迷った時に、指針になるのはいつも黒沢さんですね。あとはポルトガルのペドロ・コスタ。彼の『ヴァンダの部屋』はあまりに自分のやりたかったことと近くて眩暈がした。それからダルデンヌ兄弟とも何か不思議な強い縁を感じる。刺激を受けるといえばその三人、いや四人でしょうか。

▣青山真治（あおやま・しんじ）…映画監督・小説家。立教大学卒。一九九六年、『Helpless』を監督し、劇場用長篇映画デビュー。二〇〇〇年、カンヌ国際映画祭で、『EUREKA』が国際批評家連盟賞とエキュメニック賞を受賞。翌年、同作のノベライズ小説『EUREKA』で第十四回三島由紀夫賞受賞。作品に『月の砂漠』『サッドヴァケイション』『東京公園』『共喰い』など。一九六四年生。

2006.09.08

黒沢清監督との対話1

伊藤　黒沢さんは、『黒沢清の映画術』（二〇〇六年七月二八日刊）の中で、映画に目覚めたご自身の少年時代から、自主映画を撮っていた立教大学の頃、そして二〇年を超える商業映画のキャリアについて、かなり詳細に振り返られています。そこでまず、基本的な質問をひとつ。今回、二五時間以上にわたって話をされたそうですが、ある意味でこれは非常に特異な体験だったのではないかと思います。ご自身の映画の歴史が一冊の本になったことについて、一言お聞かせください。また、映画監督として自らの作品を語りつくした著作としては、先行するものとして、ヒッチコック／トリュフォーの『映画術』がありますが、意識されましたでしょうか。

黒沢　正直言って、『映画術』は名著で、僕にとってはあまりにも重荷過ぎる、比べられるのもおこがましいという気持ちです。ただ、あの本は、ヒッチコックやトリュフォーがどういう人物かというのがよくわかって、読みものとしては面白いんですけれども、実際に映画を撮る者としては、いくら読んでも映画を撮るヒントにはならない。あの通りに撮ったら、絶対に間違う。本人は嘘をついているつもりもないんでしょうけれど、ヒッチコック個人の経験であって、あの通りにはいかない。映画というものは、誰かが言う通りにやっても絶対にうまくいかないっていうことがよくわかる本ですね。そういう意味では、今回の僕の本も同じかもしれません。僕という人間が、これまでどんな経験をしてきたのか。映画監督として何本か映画を撮り、ある期間生きてきた。そのことは読んでいただければわかると思う。ただ、あくまでも固有の経験であって、僕の真似をすれば同じように映画が撮れるわけではない。で、もちろん、これだけ長時間、映画について語ったのは初めての経験ですから、喋っている時は、少し不安でしたよね。こんな話、本当に面白いのかな、一体誰が読むのだろうかと思いましたよ。今も冷静で客観的な評価を下す立場にはないんですが、こうやって活字になって目を通してみると、うまくまとめてくれたということもあると思いますが、なかなか面白い。つまり、一作ごとに一喜一憂しているわけですね。本当にその時々で揺れ動いて、逡巡して、些細なことでうろたえたり、その様がこれだけのボリュームで繋がっているので、面白いと思いました。実際には、幅はものすごく狭いんですよ。日本映画業界という、めちゃくちゃ狭い世界の中なんですけれど、どたばたと波瀾万丈に生きてきたのが、改めてわかりました。僕個人の経験ですが、ある意味で、日本映画は、このぐらいの幅で、何十年間かやってきた。一九七〇年代以降、日本映画はなくなると何度も言われながら、しぶとく生き残ってきた。その日本映画というものを、この人は象徴しているんじゃないか。そう言えなくもないと思いました。

伊藤 黒沢さんは長いキャリアを持つベテラン映画監督ですが、最近の作品を観ていると、その若々しい感触に、むしろ今何か新しいことが始まりつつあるという感じがします。

黒沢 そう言っていただけると嬉しいですね。本の中でも喋ったことなんですが、いくつになっても、毎回、強い作家的な信念があるわけではなくて、その時々の身の回りの事情や、いろいろな社会的な動きに一喜一憂しながら、それに流され影響され、最善と思われるもの、自分が素直に一番やりたいと思えるものをなんとかやってきたつもりなんですよね。人間、ある年齢を経て成熟してくると、周囲の状況に影響されず、自分のやり方、自分だけのテーマのようなものをたったひとつ決めて、それだけを追求していくのが普通なのかもしれませんが、今のところ、周囲の状況に敏感であることをやめられないですね。

伊藤 周りの注文に応えながら職人的に作品を撮っていくことが黒沢さんの映画の魅力のひとつだと思います。ところで、以前の作品と最近の作品で大きく変わっていることのひとつに、上映時間があります。かつては九〇分ぐらいでしたが、『CURE』(一九九七年)が一一一分で、『回路』(二〇〇〇年)あたりからは一二〇分が当たり前になっています。

黒沢 最初から上映時間を意識して作ることはないんですが、結果として以前よりは上映時間は延びていますね。でも一二〇分だけは超えたくないという思いもあって、超えたことはありません。ある時期までは、映画の古典的なジャンルの法則のようなものを素直に信じていたことがあって、強引にそれを自分の映画に持ち込もうとしていました。そうした場合、説明は最小限になり、結果として九〇分ぐらいの長さのものができてくることが多かった。たとえば刑事が出てくるとして、冒頭から、この人間は刑事なんだから、それ以上の説明はいらない、刑事物というジャンルなんだから、それでいいんだという理屈です。ただ、それこそ『CURE』前後ぐらいから、自分は現代の日本映画を撮っているんだっていうことが自覚されてきたわけです。刑事物を作っているからといって、見ている人は、はじめから、その登場人物のことを刑事だとは見てくれない。あるいは、刑事と言ったって、一体どんな刑事なのか。奥さんだっているだろうし、家庭だってあるかもしれない。いろんな疑問が現代の観客には生まれてくるようなんです。昔は、そんなことに対して説明する必要もなかったんですが、そのことを素直に認めて、あるジャンルの法則だけで現代の日本映画はできない、もう少し観客に対して親切に状況を描いていこうと考えるようになって、はっと気づくと二時間に限りなく近づいていたっていうことですね。

伊藤 本の中で黒沢さんは、トビー・フーパーから受けた影響について何度も語られています。フーパーは、『マングラー』や『ツールボックス・マーダー』など、今も七〇年代からまったく変わっていませんが、黒沢さんは、作風が変わってきています。

黒沢 それについては、いろんな事情があると思います。たとえばフーパーは、アメリカのいわゆるB級ホラーと言っていいのか、そういったジャンルをいまだに撮り続けていますよね。本人はいささかうんざりしているところがあるんですが、要求されるものを撮っている。アメリカにはそういうジャンル性が生きているようです。たとえば日本にはありませんが、〈ティーンエイジャー・ホラー〉とでも言うのか、若者達が主役で、大体、ひどい目にあって次々と殺されていく。『13日の金曜日』なんかが典型です。トビー・フーパー、あるいはジョン・カーペンターは、そういったジャンルに合わせた企画をやっているんだと思います。幸いにして、日本ではそのようなジャンルがなかったですから、僕の場合、同じ種類のものを撮り続けることにはならなかった。

伊藤 フーパーについては、『悪魔のいけにえ』が『地獄の警備員』(一九九一年)に、『スポンティニアス・コンバッション』が『カリスマ』(一九九九年)や『回路』に影響を与えていると、黒沢さんは本の中で述べられています。その一方で、黒沢さんが敬愛されているもう一人の監督、リチャード・フライシャーとの直接的な影響関係については語られていません。

黒沢 リチャード・フライシャー以外にも、アメリカで一九四〇年代、五〇年代に登場した、それこそB級アクション映画の監督たちが多くいますけれど、彼らから強い影響を受けているということは、間違いないことです。僕が映画を撮る根底にある。ただ、あまりに自明なこと過ぎて、聞き手も「今更聞いても」と思ったのでしょうし、僕もあえて口にしなかった。彼らからの影響は当然なこと過ぎて、うまく説明することができないぐらいですね。

伊藤 先ほどジョン・カーペンターの名前が出ましたが、フランスのある映画批評家が、『地獄の警備員』をカーペンター的だと評しています。実際にこの映画を撮った時には、意識されていたのでしょうか。

黒沢 フランスでは、ある時期からカーペンターが非常に高い評価を受けるようになってきたと思うんですが、多分、僕は、それより前に評価していたつもりです。ただ、僕自身、カーペンターからの直接の影響を意識したことはあまりない。ファンであることに間違いありませんけれど、映画を撮る時には、意識しないようにしている。カーペンターって、ある非常に鮮烈なスタイルを持っていると思うんですね。言ってみれば、全然違うけれど、小津安二郎に近いところがある。もっと言えば、ヒッチコックに似ているところもある。強烈な個性とスタイルを持っている分、見るのが非常に楽しくて、撮る側としては、どこかで一線を画す。つまり、うっかり無防備に影響を受けてしまうと、単に真似しているだけになってしまうから。あえて影響は受けないように思っているぐらいですね。トビー・フーパーの場合、そこまでの強いスタイルを持っているというよりは、むしろ、ある心意気と言いますかね。映画全体から漂う方向性とでも言えばいいのかな。もっとメンタルな部分があって、そういったものに強く影響を受ける。僕もこうありたい、そちらに舵を切りたいと思うんですけれど、スタイルが強烈な作家は、すごいなと思いながら、遠ざけてしまいますね。付け加えると、中には、スタイルと方向性がぴたりと一致して、厭でも全てから影響を受けてしまう作家もいるんです。たとえばテオ・アンゲロプロスはそうでした。心意気から方向性からスタイル、何から何まで、影響を受けていることを自覚できる。今は距離を取ろうとしていますが、一時期は強烈に影響を受けたことは間違いないですね。

伊藤 本の帯に「映画のミライはどこにある！」と書かれているように、過去を振り返るより未来に向かって話をするほうがいいので、新作の『LOFT　ロフト』について伺いながら、話を広げていきたいと思います。まずこの映画では、あ突風の中でのキス・シーンが衝撃的で忘れられません。あの長回しは撮るのがかなり大変だったのではないでしょうか。

黒沢 実際撮り始めると、一発でOKだったと思いますけれども、準備と段取りを組むのには、かなり神経を使いました。ただ一番気になったのは、果たして本当にキス・シーンになるのだろうかということなんです。つまりキス・シーンというものに関して、これまでほとんどやったことがなかったですから。映画の中では何度も見たことはあります。しかし自分はやったことがない。実際に日本の街中で、人がこのようにしていることも見たことがないわけです。たとえばベッドの中での男女のエロチックな絡み合いであれば、かつてピンク映画などでやったことはありますけれど、まったくそういう環境にない男女のキス・シーンは今回初めてでしたから。それも、よりによって、それまで穴を掘っていた二人が、突風の吹いている中でキスをする。普通は絶対にしないと思いますね。しかし映画の中ではあり得るんじゃないか。俳優もスタッフも納得してくれたんですけれど、直前に誰かが「やめましょう」と言うかもしれない。そういう危機感は感じていました。撮り始めると、一気に最後までいって、うまくいったように思えたんですが、おっしゃる通り、始めるまでは、本当に冷や冷やしたシーンです。

伊藤 キス・シーンがアクション・シーンとして演出されています。

黒沢 そういうことかもしれませんね。なぜ、そんなふうに撮ろうと思ったのかよくわからないし、そんなに辛いんだったら、キスするところだけ別途に分けて撮ればいいのに、なぜかワンカットで撮ろうと思った。キス・シーンでありつつ、穴から女を救い上げる一連のアクションで、絶対に途中で切ってはいけないものだと決めていました。ただ、あのシーンがどういうことなのか、今でもはっきりと自分の中で落ち着いてはいません。特別なシーンとして考えていただいたのもほぼ初めてなので、嬉しいですね。

伊藤 ある一連のアクションをワンカットで撮るという姿勢が大事だと、黒沢さんは本の中でも語られていますが、ここにもアンゲロプロスの影響があるようです。

黒沢 様々な人の影響、様々な映画の影響だと思います。相米慎二さんの影響もあるでしょう。しかし、この本に書いたように、どこからどこまでがひと繋がりの時間であるのか。つまりワンカットであるということですが、その部分だけは、撮影行為と観客の見る行為がぴったりと一致している。ワンカットをどこからどこまでにするのかを決定すること。それが監督という職種が担った非常に大きなものだとは思いますね。

伊藤 『LOFT　ロフト』の物語はかなり複雑ですが、観ていると、これはもう映画的な場面の連続で、多少話がわからなくても、ただひたすら興奮してしまいます。そこで思うのですが、黒沢さんは実は二人いて、物語をきっちり語ろうとする黒沢さんと、物語をいわば画面の快楽の口実にしてしまう黒沢さんがいらっしゃるのではないでしょうか。あえて言えば、『LOFT　ロフト』は後者のようです。

黒沢 おっしゃる通りです。二人と言いますか、どちらも望んでしまう。僕は、物語を、悪意から故意に混乱させてやれと思うことはない。しかし映画の物語は往々にして混乱する。過去の名作と言われるもので、誰一人物語がわからないとは言わないような映画でも、よく見ると結構混乱していますよね。特に強烈な印象に残っている映画、ある画面が強烈に印象に残る、ある俳優がすごく印象に残る瞬間が目に焼きついているといったような映画は、その瞬間が記憶に残れば残るほど、物語は混乱する。常にその駆け引き、綱引きはあって、どの程度の混乱なら許されるのか。あえて混乱を受け入れてまで撮るシーン、瞬間、俳優の表情、場所とは何か。要するに強烈に印象に残したいわけだけれど、そうすると大体、物語は混乱していく。ここがいつも難しい。だから、二人いると言えばそうなんですが、映画を撮るというのはそんなものなんだと思いますね。物語とある映像をごちゃまぜにした表現なんでしょう。

伊藤 『LOFT ロフト』はホラーとサスペンスの境界をいくような物語です。恐怖を描くと言っても、黒沢さんの場合、超常現象が起こるものと、理不尽な暴力を描くものの二種類があります。これは決定的な違いです。超常現象は死の問題に関わるので無視できない主題ですが、実は黒沢さんにとって本当に重要なのは、超常現象ではなく暴力の主題ではないかという気がします。

黒沢 そうです。映像としての暴力、あるいは演出としての暴力的表現は、映画の根幹に関わってくることだと思います。暴力という言葉からは、いろんなことが連想されて、今は迂闊に使えない言葉だと思いますが、人間関係のある究極の形であったり、精神によらない肉体と肉体のぶつかり合いの表現であったり、暴力を表現した時に、映画っていきなり豊かになるんですね。そういう瞬間があると思いますから、暴力的表現に対して、いつも敏感でありたいと思っています。それに比べれば、超常的なことっていうのは、観念としては非常に面白いんですが、映画にしづらい。今おっしゃったように、僕の場合、ホラー映画と言っても、非常に暴力的な表現を主題にしたものと、超常的なものが主題になったものとはっきり分かれるんですが、最近は努めて、超常的な主題であっても、なんとかそれを暴力的な表現に置きかえられないだろうかという試みをやっている。時にそのことが物語的な大混乱を呼び起こし、多くのお客さんが戸惑っているのかもしれない。さらに言うと、そろそろホラーからちょっと離れて、暴力映画の方に行きたいと思っているんですよ。そう言うと聞こえが悪いですが、暴力を通してしか築けない人間関係、大きく言えば、戦争映画だってそのひとつかもしれません。もう少し娯楽的なもので言うと、ちゃんばら映画や西部劇もそうだったかもしれませんし、そういったものを今後、模索していきたいと思っていますね。

伊藤 幽霊は基本的に視線の関係が問題になりますが、黒沢さんの場合、時に身体的関係が出てきます。これで、その理由がわかりました。ところで、商業映画第一作『神田川淫乱戦争』(一九八三年)と『LOFT　ロフト』は両方とも、女性が、向かいにいる男性を覗き見ることから物語が始まります。視線が出発点なのです。黒沢さんの考える映画の原理において、見ること、視線はどのような役割を果たしているのでしょうか。

黒沢 清『ロフト』

『ロフト』 DVD発売中
¥4,700+税
発売元:NBCユニバーサル・エンターテイメント
©THE STAR OVERSEAS LIMITED & UNIVERSE ENTERTAINMENT LIMITED

黒沢 そうか、同じ構図なんですね。今指摘されてちょっと驚きましたけれど、自分でも気づきませんでした。僕は視線について厳密に研究したわけじゃないんですが、映画における視線の問題は、編集と大きく関係してくることですよね。つまり、あるカットで扱われた視線は別のカットを呼び込むことが多い。ひとつのショットはフレームで視界が切られていて、全部は映ってはいないけれど、見ている人に別の世界をなんとなく感じさせるわけですね。たとえばある画面に映っている人間の視線を感じることがある。一体この人はどこを見ているんだろうと、観客が思った瞬間、それまで想像しなかった別の世界が現われる。その分、僕にとって、映画の中の人間の視線って大きな意味を持つんですけれど、急に別な世界が出現するので、迂闊には扱えない感じはします。できればワンカットで、ある世界を描きたい。しかしそことは切り離された別の世界がもう一個あることを表現したい時に、視線の問題が出てきて、それは大きなテーマになってくる。ここぞという時にやるんですが、滅多には発動しない。ただ、確かにデビュー作の『神田川淫乱戦争』と『LOFT ロフト』で、かなり露骨にやっていますよね。

伊藤 違う種類の質問をさせてください。近年は映画のプロデューサーも、黒沢さんの映画に対して、国際映画祭での評価を期待したり、あるいは商業的な大ヒットを求めたりと、少し矛盾するような複数の期待を同時に抱いているように思われます。黒沢さん自身はどのような観客を想定して映画を撮られているのでしょうか。

黒沢 最近は、観客は想定していません。よくわからないというのが正直なところです。僕の映画を誰が見るのか、誰が見たがっているのか、見て面白いと思うのか、まったくわかりません。ただ、海外の映画祭に行った経験からなんですが、どこの国に行っても、いろいろな人たちが、僕の映画を面白がってくれる。多くはありませんが、若い人から歳をとった人たちまで。その意味では、僕の映画を面白いと言ってくれる人たちが僕の映画の観客なんじゃないか。そういう人がゼロじゃないというのが唯一言えることですね。それ以外には、観客って想定のしようがありません。

伊藤 映画が好きな人に向けて撮るという監督もいると思いますけれども、映画が好きでない人を面白がらせたり、自分の映画を見せて、目を見開かせたりしたいという、そういう気持ちもあると思いますが。

黒沢 それは、常にあります。少なくとも、映画好き、いわゆるシネフィルの人だけに向けて作っているつもりはありません。でも、これだけは言えるのは、映画っていうものの力ってまだまだ捨てたもんじゃないって思える瞬間が確かにあるんですよ。日本で撮られた日本人が出ている日本映画なんですけれど、そういう映画に英語の字幕をつけて、初めて行くような小さな国で見せる。そうすると、そんなに映画好きとも思えない、たまたま来ていた地元のおばさんとかが見て、すごく感激したという場合があるんですね。どうして伝わっているのかわからない。大いなる誤解をしているのかと思って、聞いてみると、誤解はしていないんですよ。こちらがなんとなく思っていたことを、わりと正確に把握して、そこを面白いと言ってくれる。なんでこんなものが伝わるのか。知らぬ間に、世界中でなんとなく培われている映画というもののひとつの大系、コードを、思わぬ人たちと共有しているんじゃないか。そういうふうに思える瞬間、映画ってすごいと思いますし、予想もしない形で訪れますからね。映画に元々何の興味もなかった人が、ある時急に、映画って面白いかもしれないと、僕の映画を見て感じてくれたら、どんなに幸せかと思いますよ。そういうことはあり得ると信じて撮っていますけれど。

伊藤 最後に、今活躍中の映画監督の中で、最も刺激を受けている監督を教えていただけますか。

黒沢 青山真治や篠崎誠、塩田明彦、そういう身近な人たちの作品は、非常に似た環境で映画を作っているからなんでしょうけれど、非常に気になりますし、刺激になります。それ以外ですと、答えとしては面白くないかもしれませんが、新作が気になり、毎作品刺激を受けているのは、やっぱりジャン=リュック・ゴダールとスティーブン・スピルバーグ、クリント・イーストウッドですね。

◎**黒沢　清**(**くろさわ・きよし**)…映画監督。立教大学卒。大学時代から『白い肌に狂う牙』『しがらみ学園』など8ミリ映画で注目を浴びる。一九八三年、『神田川淫乱戦争』で劇場映画デビュー。二〇〇八年、『トウキョウソナタ』で、カンヌ映画祭「ある視点」部門審査員賞を受賞。作品に『ニンゲン合格』『回路』『カリスマ』『アカルイミライ』『ドッペルゲンガー』『ダゲレオタイプの女』『散歩する侵略者』など。一九五五年生。

伊藤 ロレンスの『チャタレー夫人の恋人』には、三つのバージョンがあり、現在、一般的に知られているものは第三稿ですが、今回、映画『レディ・チャタレー』の原作として選ばれたのは第二稿です。なぜ完成稿である第三稿ではなく、第二稿を選択されたのか、その違いも含めて、お聞かせください。

フェラン 第二稿と第三稿を比べてみたときに、音楽的な表現を使えば、旋律はほとんど同じであると言えます。ただ、細かいディティールを見ると、ちょっとした違いがあります。特に重要な違いは、パーキンのキャラクターでしょう。体つきも違いますし、根本的に違う人物として描かれています。第二稿では、すごく謎めいていて、恥じらいがある男に描かれているけれども、三稿目の森番メラーズは、世間からちょっと離れたところにいて、ひねくれた感じがあり、わりと知的に武装された人物として描かれています。理屈っぽいところが多くて、コンスタンスと自分自身の関係についても、自らコメントするような、そういう説明の多い人物に描かれていて、そこが大きな違いと言えるでしょう。コンスタンスについて言えば、彼女の周りで起きるいろいろな出来事が、はじめて経験されるかのように描かれていますね。たとえばセックスについても、コンスタンスは夫との間で経験があるのかもしれないけれど、本当にはじめてパーキンと、そういった経験をするかのような印象を受けます。少なくともわたしは、第二稿には、そんな印象を持ちました。その点も含めて、第二稿には、何か瑞々しい感じがあって、新鮮で、ストーリーにも緊張感があります。そこに惹かれたのではないかと思います。

伊藤 木の下でパーキンとコンスタンスが会話をするラストシーンが素晴らしかったのですが、パーキンはここで、自分の中にある女らしさについて語っています。ジェンダーの揺らぎに関するこの告白が、とても繊細で感動的でした。これは、第三稿にはない第二稿のセリフです。この告白の存在は、第二稿を選ぶにあたって、大きな役割を果たしましたか。

フェラン ラストシーンのあのセリフはもちろん重要だと思いますけれども、それだけではありません。やはり、今わたしがお話したこと、第二稿の瑞々しさ、新鮮さということが大きな理由だと思います。もう少し付け加えれば、コンスタンスというのは、あの時代の女性ですから、ものすごく受動的な立場で生きているわけですよね。しかしパーキンと出会うことで、能動的な女性へと大胆に変貌を遂げていきます。それは肉体的にも感情的にもです。そこが第二稿にはよく描かれていて、その部分にも惹かれたと思います。彼女のその大胆さは、男性的であるとも言えますよね。それに対してパーキンは、男性だけれども、最終的に、自分の女性性みたいなものを彼女に告白します。男性であるにもかかわらず、自分はこんな感受性を持っている、こういう繊細さを持っていると訴えるのです。これは、当時の社会的な規範の中でみれば、ひとつの殻を打ち破った、深い意味での、素直な告白であるのでしょうね。

伊藤 最後の会話のシーンについてもう一点。この場面で、一連の男女ふたりのショットのあとで、はじめて、パーキンひとりのショットになると、彼は、「愛しています（ジュ・テーム）」と言います。このとき、背景の右半分を占める木の太い幹が、男の告白を力強く支えているように見えます。そしてコンスタンスのショットに切り返されると、感動に震え目を赤く腫らした彼女を、背景にある木の葉がやさしく包み込んでいます。この演出がすごく印象的でした。このような人物と自然の結びつきは、この映画の一貫した演出であり、重要な主題でもあると思いました。

フェラン 景色、つまり自然というのは、この映画では非常に重要です。だから、季節折々の自然が、この物語の中では、ものすごくたくさん出てきます。二人の背景には必ず、自然が付き添っていて、二人を追っています。それは二人の内的な感情を表わしているのです。彼らが今、どういう気分であるのか、彼らの精神的な世界がどうなっているのかを、季節の自然と融合させて描くことが重要だと思いました。

伊藤 衣装について一点。これも最後の場面ですが、ここでコンスタンスは全身白い服を着ていて、パーキンもジャケットを脱いで白シャツ姿になります。その直前に、彼女

『レディ・チャタレー』

『レディ・チャタレー』
DVD発売中　¥1200+税
発売元:ハピネット／ショウゲート
販売元:ハピネット
©Maïa Film-Saga Films-Arte France Visa d'exploitation n° 110 132-Dépôt légal 2006 Tous droits réservés

が旅行から帰ってくるとき、彼女だけでなく、夫のクリフォードも全身白い服を着ていて、召使は逆に全身黒い服です。こうした衣装の選択の理由をお聞かせください。

フェラン　衣装には、映画の中で、重要な意味合いをいろいろ持たせています。基本的には、登場人物たちが変化していくにつれて、服装も合わせて変えていきました。最初にコンスタンスが着ている服は、襟元が詰まった衣装なんですが、あの頃からみても、さらに二〇年、三〇年前の、すごく地味な服装です。身体をほとんど覆い隠すような、そんな感じの衣装ですね。それがパーキンと出会って、日を重ねるごとに、胸元が開いていきます。色に関しても、ダークなものから、明るい色の服に変わっていくのです。そしてラストシーン。もちろん季節が夏だから、白っぽい色の服を着ていることもあるのですが、それ以外に、わたしとしては、彼女の気持ちが明るい方向へ向かっていることを示したかった。つまり段々明るくなって、ついには白い色までたどり着いたっていうことですね。それと、最後に彼女が「ウイ」という言葉を発しますよね。その言葉は何に対する「ウイ」なのか。「結婚してもいいわ」という意味が含まれています。だから新婦が着る白い服を着せたということもあります。クリフォードに関しても、怪我が目覚ましく回復しており、見通しが明るいので、白い色を着せました。

伊藤　撮影についてお聞きします。本当に素晴らしい撮影で、季節とともに変化する陽の光から、セックスシーンでコンスタンスの顔が赤らむ様子まで、とても細やかに捉えられていました。撮影監督のジュリアン・ハーシュは、ジャン＝ピエール・リモザンやアルノー・デ・パリエール、ジャン＝

リュック・ゴダールの映画でも素晴らしい仕事をしています。この方を起用した決め手は何でしょうか。

フェラン ものすごく才能豊かで、すぐれた人間性を持っている人だからです。特にカメラマンの場合は、技量プラス、人間的な部分が重要だと思っています。ジュリアン・ハーシュは、映画に対する情熱が強く、自分への要求度が高い人であって、映画的な表現のレベルが非常に高い人です。今回、彼もわたしも、コンスタンスを演じるマリナ・ハンズをいかに美しく撮るかに、大きな気を使いました。そして、おっしゃられたように、自然の光や、皮膚感みたいなものを細やかに拾っていくことがとても重要でした。

伊藤 コンスタンスの南仏旅行のシーンは、ホーム・ムービーで実験映画のような映像が印象的でした。あのような映像にした理由をお聞かせください。

フェラン あれはスーパーエイトで撮りました。ひとつには節約ができるからです。資金の節約にも繋がるし、スーパーエイトで撮ることで、物語の中の時間を縮めることができます。どういうことか。あのバカンスのシーンに至るまでに、オープニングから二時間以上が経過しています。そこでコンスタンスが旅に出るシーンを撮らなければならないのですが、割ける時間は数分しかなかったわけですね。その短い時間に、彼女が旅行に行っていることを伝えるにはどうしたらいいか。観客も一緒にバカンスに行っているような気分を持てればいいかなと考えて、スーパーエイトで撮ることにしました。つまり旅行中は、皆さん、ああいうカメラで撮りますよね。だから、バカンスに行っているコンスタンスと同じような気分になることができるのではないかと。もう一点。物語の中で、登場人物たちは、時間を追うごとに、縛られたものから解き放たれて自由になっていきますね。自分も、彼女たちと同じように、既成のものではなくて、ちょっと違う、自由な捉え方をしてもいいのではないかと思い、この方法を取りました。だから実験的という印象があったとしても、それはそのとおりだと思います。

パスカル・フェラン…フランスの映画監督。一九九四年、『死者とのちょっとした取引』で長篇デビュー。同作で第四七回カンヌ国際映画祭カメラ・ドール賞を受賞。一九九六年、二作目の『a.b.c.の可能性』で第五三回ヴェネツィア国際映画祭国際映画批評家連盟賞受賞。作品に『レディー・チャタレー』『バードピープル』など。一九六〇年生。

2012.02.24

黒沢清監督との対話2

伊藤 一月二四日に、テオ・アンゲロプロス監督が、アテネ近郊でオートバイに跳ねられて亡くなりました。『エレニの旅』『第三の翼』につづく「二〇世紀三部作」の完結篇『もう一つの海』を撮影している最中のことでした。今日は、日本でもっともアンゲロプロスを敬愛されている映画監督と言える黒沢清さんにお話をうかがいたいと思います。二〇〇六年に『黒沢清の映画術』(新潮社)が刊行された時、黒沢さんにインタビューさせていただいたのですが、その時、「アンゲロプロスから強烈に影響を受けた」と話されていて、とても印象的でした。黒沢さんは、この事故死の一報を聞いて、どのように感じられたでしょうか。

黒沢 まず素直に、本当にショックでした。最初、アンゲロプロスが亡くなったというだけの情報を聞きまして、その瞬間は、「えっ?・病気だったの」「そんな噂は聞いてなかったけれど、まさか……」と、単純に人の死に接した悲しみのようなものを感じました。数時間後、病気ではなく、撮影中の事故死だったということを聞いて、単なる悲しみとは違う、なんともやるせない気持ちになりました。映画監督が撮影中に死亡するっていうことは、本当に壮絶なことだと思うんですね。これだけ重要な映画監督が、撮影中に事故死する。これまでにあまり聞いたことがない。「戦死」と言うとちょっと違うかもしれませんが、闘っている真っ只中で討ち死にしたような、そんな印象を受けました。どういう状況で亡くなったのか、細かくは知りませんけれども、アンゲロプロスほどの人になれば、撮影中といっても、通常周りに助手とか、いろいろな人がいたと思うんですね。移動するにしても、車に乗るとか、スタッフに守られながら行動するのが普通であろうと想像しますが、多分彼は、「次はあっちの撮影現場だから、先に行こう」と言って、先頭を切って、道を横切ろうとしたのでしょうか。まさに、そういう撮影の最前線の中で事故にあってしまった。彼が直前まで意気揚々と撮影をしていたということも含めて、大変な衝撃でした。

伊藤 黒沢さんが、そもそもアンゲロプロスの名前をはじめて知ったのは、どういうきっかけでしたか。立教大学で蓮實重彥さんがしていた映画講義でのことでしょうか。

黒沢 そうです。まだ日本で『旅芸人の記録』が公開される前に、蓮實さんが授業で紹介していたんですね。当時はフランス語読みで、「アンジェロプーロス」とおっしゃっていたのを、よく記憶しています。「現在最もすごい映画監督であり、日本ではまだ観ることはできないが、いずれ機会があったら是非観ておくように」と言われていました。これは是非覚えておかなければならないと思って、変わった名前でしたから、メモしておいた記憶があります。

伊藤 今おっしゃられた『旅芸人の記録』は、「現代史三部作」の第二部にあたり、日本で最初に公開されたアンゲロプロスの映画です。一九七九年のことです。その時に、『太陽を盗んだ男』で一緒だった相米慎二さんに、黒沢さんがアンゲロプロスを観るよう勧めたんですよね。

黒沢 僕の記憶ではそうです。『太陽を盗んだ男』で、長谷川和彦監督の助手を僕がやっていて、相米さんが助監督だったんですね。そのあいだ、半年ぐらい、まったく映画が観られなかった。そういう時期がつづいて、やっと撮影が終わって、とにかく映画を観たいと思っていたんです。半年間、映画館に行けなかった欲求不満もあり、最初に駆けつけたのが、『旅芸人の記録』でした。ちょうど上映していたんですね。「これだったのか、蓮實さんの言っていたのは」と思って、強烈に印象に残りました。相米さん自身も、僕と同じように、半年以上は映画を観られていなかったはずで、当時はビデオもない時代ですから、「相米さん、今観るならアンゲロプロスですよ」と言ったことを、よく覚えています。

伊藤 そうすると、ある意味で、黒沢さんを介して、アンゲロプロスのワンシーン・ワンショットの手法が、相米さんに伝わったと言えますよね。なんだか、胸が躍るような映画の影響関係ですね。

黒沢 その辺りは、相米さんが亡くなってしまったので、確かめようもないですし、相米さんもいろいろ映画を観ている方でしたから、僕に勧められなくても、アンゲロプロスの映画を観にいったでしょう。そして相米さんなりにアンゲロプロスを理解して、自分の作品になんらかの影響を与えることになったに違いないと思います。長くカメラを回す、ワンカットが長いということに関しては、自分が監督してデビューした時には、そういうやり方をやってみようと、相米さんが思っていた可能性はあります。それは神代辰巳とか、ワンカットを長く回す監督の下に、相米さんは助監督としてついていましたからね。ただ、ワンカットを長く回すということを超えて、そのカットにどれだけの要素を盛り込むことができるのか。それが単に俳優の演技を長く持続させるというだけではない、むしろスペクタクルとして、あるワンカットを長く回すという方法を、相米さんは、おそらくアンゲロプロスを観て、「このやり方でいけるぞ」と確信を持ったのではないかと想像します。

伊藤 アンゲロプロスの長回しと相米さんの長回しを比べてみると、ちょっと異質なものがあります。相米監督の方が、形式的な遊戯性が強いと思うのですが、いかがでしょうか。

黒沢 そこは僕も、なかなかうまく分析できていないんです。つまり、なぜアンゲロプロスの、あの長回しに、あれだけ自分が魅了されてしまうのか。よくわからないところがあるんですね。相米さんの長回しも、また独特ですよね。一種のスタイルとして、ワンカットを長く回す人は、かつてもいっぱいいました。そういう意味で、スペクタクル的に、形式として長くまわすことで有名だったのは、ミクローシュ・ヤンチョーだったと思います。同じくハンガリーのタル・ベーラがその系譜で、曲芸のような、人間のマスゲームを見ているかのような、非常に計算された長回しをする。それとはちょっと違う長回し。演劇的と言っていいかどうかわかりませんけれど、ある俳優の演技の持続を中心に考えることによって、結果として長く回す人、その代表は多分、溝口健二ですよね。それから、そう見られがちなのが、カール・ドライヤーでしょうか。もちろんドライヤーの場合、また全然違う要素を含んでいると思いますが、歴史的には、いろいろな長回しをする人がいて、アンゲロプロスは、どれとも違うと言うか、どの要素も含んでいると言うか、中間型と言えばいいのか。溝口健二ほど人間によってはいないんですが、ミクローシュ・ヤンチョーほど形式が全面に出ているのでもない。それ以上うまく言葉で言い表わせないんですけれども、観ていると、とにかくぐっと胸に迫るものを感じるんですね。都合のいい言い方をすれば、「これぞまさに映画的な長回しである」と言うしかない。そんな感じのものとして、僕は受け止めていました。相米さんも、感覚的には、ご自身の映画の中で、僕と同じようなものを狙っていたなという気がしています。ただ、そうした長回しを実現するには、相当綿密な計算と、プロデューサーを含めて、それを許す製作体制が必要です。さすがに相米さんがやっている日本映画の状況の中では、狙ったものがどこまで実現できたのかは、判断が難しいところだと思います。

伊藤 スタイルとしては真逆ですが、アンゲロプロスには、どこか小津安二郎の映画に似ているところがあると思います。アンゲロプロスには、ロケーション撮影の長回しにもかかわらず、画面の隅から隅まで統御しようという強い意志が感じられます。撮影のために、建物の壁の色を塗り替えたり、時には木の葉にさえ色を塗ったりするのです。ロケーションの長回しの場合、現実のドキュメント性を狙うことが多いのですが、それとは違う統御の意志があり、そこに小津的な感じがするのです。ヌーヴェル・ヴァーグにおけるロケーションの即興撮影とは対照的なのではないでしょうか。

黒沢 そうですね。たとえばフレームの中に、これ以外にないっていうぐらいに、大勢の人が綺麗に並んでいたり、あるいは絶妙のタイミングで何かがやってくるとか、そういうことは相当計算して完璧にやろうとしていると思うんですね。タル・ベーラなんかは、それをとことん追究している気がするんですけれども、では全部計算されているのかと言うと、ここがアンゲロプロスの魅力なんですが、不思議に一回限りの感じがするんですね。もちろん生々しいドキュメンタリー的な、長い切れ目のない映像とは別物なのですが、それでも二度と繰り返せない一回性を、アンゲロプロスの映画には感じますね。ある種の長回しは、完璧であるがゆえに、もう一回できるかもしれないと思わせたりすることもあります。ただ、小津の場合、一見何度でもできるように見えるんですけれども、多分一回限りである。それはアンゲロプロスも同じなんじゃないか。陽が差してくる、差してこないとか、天候の問題も関係してくると思います。典型的なのが、『狩人』の冒頭のシーンですよね。大変有名なカットですけれど、奥から狩人たちが延々と歩いて来て、死体を見つける。それだけのシーンなんですが、新雪を踏んでくるわけです。テストをしたら、足跡が残ってしまう。これは撮っている側からすると、驚異的なカットなんですよ。一〇メーターほどならできますが、一〇〇メーターぐらいにわたって歩いてくる。彼らが踏んでいる雪は、まったく新しい雪なんです。おそらく一発で撮ったんでしょう。歩く位置も含めて、完全に計算してやっているんでしょうけれど、一回限りのことだったと思います。もう一回撮るとしたら、足跡を全部消すしかない。あるいは何日か雪が降るのを待つしかない。しかし、あのワンカットで、アンゲロプロスは、狩人たちが新雪を踏んでくる、まさに今一回限りのことをやって見せたわけです。あれは二度とできない。即興性と言っていいのかどうかわかりませんが、壮大なお膳立てをした、一回限りのスペクタクルが、アンゲロプロスの作品の端々に見受けられるんです。それが強烈な魅力になっていると思いますね。

伊藤　黒沢さんの作品にも、アンゲロプロスの作品を想起させるような移動撮影が、時々登場しますね。たとえば、『よろこびの渦巻』の林の場面での長回しがそうです。黒沢さんが長回しの手法を用いる時には、今の点に関して、どのようなことを意識されるのでしょうか。

黒沢　今おっしゃられたように、『よろこびの渦巻』とか、一時期の作品は、ただひたすらアンゲロプロスをやりたいという欲望で撮っていたことが多々ありました。今でもハッと気づくと、これって単にアンゲロプロスがやりたいからやっているんだと思うことがあるぐらい、影響を受けてしまっています。僕自身、映画全篇にわたってではないんですけれど、一本の作品の中で何度か、かなり長くワンカットを回すことがあります。アンゲロプロスから受けた影響だと思いますが、やはり形式に陥ってはいけないとも思っているんですね。ただ一方で、言い方が難しいんですけれど、人間を撮っているのではないと言うと極論なんですが、そういう意識を持つことが、多分ポイントになってくると思うんですよ。もちろん人間を撮っているんです。でも、通常人間を撮っている時とは違うものを撮っている。そういう意識を持とうとしています。観る人は、単純に人間に乗っかって観ている場合が多いですよね。人間というのは俳優であり、その俳優が何を考えているかとか、主に感情に乗っかって物語に入っていく。映画は娯楽ですから、嫌でもそう観られていると思います。ただ、僕が長回しをやる場合、そうは思いながらも、違うのかもしれないと考えながら撮っていることがあるんですね。要するに、ふたつの方向があり、ひとつは、主人公はこんな人であり、こういう感情があるだろうということが画面に表わされていて、そうすると人は安心して観ることができる。しかし別の瞬間においては、この主人公は全然違うのかもしれません。そういう観点を何とか自分の映画の中に持ち込みたい、つまり観客をその登場人物から一度引き剥がすことを考えたりするんです。あるいは、その映画が始まった時に何となく感じられるテーマのようなものをだんだんとずらしていく。フィクションと現実のあいだを行ったり来たりしているうちに、そのどちらでもないものに到達したいとか。それは計算して狙っていると言うよりも、自分が一本の映画を作っている中で、ごく自然に出てくる感覚なんですね。商業映画には脚本があり、ひとつのストーリーに沿って作られます。俳優も役を演じることを了解した上で、ある方程式に則って、フィクションが作られていく。でも、そうとも言えないだろうという思いが、僕の中に常にあるんですね。頭からそうではないという方向性で作ってしまうと、商業映画としては成立しづらくなる。真っ向から否定するのではなく、なんとなく知っている通りの映画のふりをしつつ、このシーンは違うものにしたいと思う時、少し幅を広げてみたいと思った時に、気がつくと、アングロプロス的長回しをやっていることが多いですね。これは結果論であって、最初から計画してやろうと思っているわけではありません。ただ、ここは、なかなか人に説明しづらいところですね。

伊藤 普通にアンゲロプロスの映画を考えると、人間を描いているようでいて、人間を超えた宿命や歴史の流れが描かれていて、それがスケールの大きさになっているというふうになります。でも、今の話をうかがっていると、それともちょっと違いますよね。心理や感情、理性といった意識では規定できない人間。人間なんだけれど、いわば人間の幽霊的あるいは怪物的側面。そういったものを問題にされているのでしょうか。

黒沢 もちろん、アンゲロプロスの映画の場合、単に人間というだけでは済まされない、そこからはみ出たものを、歴史や運命に置き換えたりして、人は観るわけですよね。僕の場合、物語の内容も関係してきますが、そうやってはみ出てしまったものに対して、「幽霊」とか言われたりすることもあります。アンゲロプロス自身は、歴史や運命を扱っていることを否定しないでしょう。本人もインタビュー等では、そのようなものを扱っていると言っていたかもしれません。そこに嘘はないと思います。ただ、本当に撮影現場で、あるカットを撮ろうとする時って、僕なんかとそう変わらない気持ちでいるんじゃないか。普通のお客さんが映画を観る時の感覚の幅を広げたい。普

そうするためには、どうしたらいいのか。それはひとつの映画表現の実験と言えるかもしれませんし、そこに映画というものの、まだ開発されていない力みたいなものがあって、それを探りあてたいという欲望が、強烈なワンカットを撮らせていると思うし、文句を言う俳優や、「なんでそんなことするんだ」と言うプロデューサーを説き伏せる原動力になっていると思いますね。以前、ご本人に聞いたことがあるんですが、アンゲロプロス自身は、脚本というものを、きちんと書かないそうですね。頭の中ではいろいろ考えているんでしょうけれど、自分の意図であったり、俳優の役の心理みたいなものを、全部文字にして書いて、説明するのではない。彼はそれを音楽的なものと言っていましたが、いわゆる即興演出ではないし、あるプランに沿ってやっているんですが、たとえば、この街角ならこうしてみようとか、ここでならこうやって撮ったら面白いんじゃないかとか、現場の感覚で演出方法が浮かび、それに基づいてやっていたみたいですね。どういうふうに撮るかは、最終的に決まるまで、周りの人にはまったくわからない。

伊藤　前に黒沢さんにお話をうかがった時に、「トビー・フーパーからは、心意気といったものに影響を受けた」と言われていましたが、アンゲロプロスの影響に関しては、スタイルの影響を超えた、心意気も含めて、あらゆることを含んだ、もっと本質的な影響を感じます。

黒沢　おっしゃる通りですね。ひとつには、アンゲロプロスに出会った時の、自分の年齢も関係しているんだと思います。まだ二〇代で、商業映画なんてやっていない、学生映画を作っていた頃でした。これからどういう人生になっていくのか、何もわからない時代に、アンゲロプロスの作品が次々と日本で紹介されていった。その時に、これだと飛びついたっていう個人史的な理由もあるでしょう。映画を作ることに関して、撮影現場で自分が映画監督として、どういうものを欲望するかということに関して、もっとも強い影響を受けたのは、アンゲロプロスです。それは間違いないですね。アンゲロプロス的なものをやりたいという欲望が常にあって、そうした思いがあるから、今日まで僕は映画を作りつづけてきている。そのことは隠しようのないことです。

伊藤　黒沢さんにとって、一九八〇年代は、アンゲロプロスの時代だったわけですよね。

黒沢　そうですね。ただ、僕にとってというだけでなく、アンゲロプロス的なものが、それ以降の映画に強烈な影響を与えたと思っています。すべての映画ではないかもしれませんが、僕の個人的な見解では、不思議なことに、欧米よりもアジア映画に与えた影響は計り知れない気がします。直接影響を受けたかどうかは調べていませんし、実際に聞いたわけではありませんけれども、アンゲロプロスがいなければ、絶対に登場していなかった監督がいます。たとえばホウ・シャオシェン、エドワード・ヤン、今で言えばジャ・ジャンクー。彼らがアンゲロプロスの映画を観て、「こんなことができるのか」「これで映画が撮れるんだ」と思った。かつ、アンゲロプロスの作品にかなりの人たちが驚いて、国際映画祭などで評価されていましたから、「このやり方で映画を撮っていいんだ」という確信を持てたのは、アンゲロプロスがいたからだろうと思います。

伊藤　エドワード・ヤンの『牯嶺街少年殺人事件』などは、とてもアンゲロプロス的ですね。

黒沢 あれは正直、やられたと思いました。実は僕も、ああいったことをやりたいと常々思っていたんです。でも、同じようにはできないし、アジアでやっても違うだろうなとか、うだうだしていたら、先にやられてしまいました。逆に言うと、僕もできるはずだ、やっていいんだと思ったんですよね。アンゲロプロス的なものは、やっぱり間違っていない。「エドワード・ヤンを見よ」という感じでした。

伊藤 日本では一九九〇年に公開された『霧の中の風景』が結構好きなのですが、それまでワンシーン・ワンショットだったのが、この映画ではカット割りがされていて、公開当時そのことにすごく驚きました。相米慎二監督も、一九九三年公開の『お引越し』から、シーンをカットで割りはじめましたよね。この変化に、八〇年代から九〇年代への時代の変化のようなものを感じたのですが、こうしたスタイルの変化については、どう思われますか。

黒沢 『霧の中の風景』を観た時に、カットが割れていることに驚いたのを、僕も覚えています。同時に、カットを割ってもうまいんだなと思いましたね。個人的には、初期のアンゲロプロスのように、あるやり方で全篇貫いているものが印象に強く残っているんですけれど、映画には編集という技術もありますからね。たとえばカットをどんどん長くしていくと、かつてヒッチコックが『ロープ』でやったように、全部ワンカットで撮ることもできる。九〇年代の後半になって、ビデオカメラが出てくると、長回しのシーン自体は、さほど驚くべきものではない時代になりました。そうすると、ひとつの映画の中で、編集によって何かが語られたり、別なシーンでは、長いワンカットがあったり、そこは自由に使い分けていいんだろうと、僕自身は思えるようになったということはあります。

伊藤 アンゲロプロスは、彷徨う人々の物語をいつも描いています。そうすると、いつかどこかで国境の主題が登場するのはなかば必然的です。八〇年代から九〇年代にかけての「国境三部作」(『シテール島への船出』『こうのとり、たちずさんで』『ユリシーズの瞳』)については、どのように考えられていますか。

黒沢 物語的なレベルの話で言えば、確かに強烈でした。それと、初期の『旅芸人の記録』や『狩人』などでは、特定の主人公がいるのではない、群像劇になっていたんですが、主人公がはっきりいる、もう少し親しみやすい物語になってきていたように思いますね。アンゲロプロス自身、有名になったこともあり、お金もかけられるようになり、それなりに名のある俳優を使って企画を成立させることができたということもあるのでしょう。また、年齢や性別を超えて、自分自身が主役であるような物語を指向してみたというのもあるかもしれません。ただその分、作品にもよりますが、ものすごい大仕掛けになったりしましたよね。主人公ではない、その他の人々が傘を差して、異様にずらっと並ぶとか、画面に映るのが主人公たったひとりであることへの欲求不満が時々爆発して、とんでもない群集が出てきたり、巨大なものが出てきたり、いろいろな試みをやっていたように思います。「国境三部作」とは少しずれるのかもしれませんが、ギリシャ人ではない俳優を使うようにもなりましたよね。

伊藤 『ユリシーズの瞳』では、アメリカの俳優が映画監督を演じました。

黒沢 ハーヴェイ・カイテルが主演でしたよね。アンゲロプロスが選んだのか、プロデューサーから「海外の人気俳優を使え」という要請があったのか、ギリシャから少しはみ出たようなところで挑戦していっている印象はありました。

伊藤 個人に焦点をあてるような映画を何本か撮ったあと、いよいよ「二〇世紀三部作」に入り、『エレニの旅』を撮ります。まさに傑作であり、二〇世紀から二一世紀へと世紀が変わっても、アンゲロプロスが世界の映画の頂点にいつづけていることを証明した作品だと思います。

黒沢 本当に、すごい映画でしたね。僕の印象では、物語的なものと、物語からはみ出た要素とが、実にうまく融合している作品だという感じがありました。普通に観ても面白い。三部作ですから、そのあと二本つづくはずなんですが、二本目もまだ観ていませんし、三本目の撮影の最中だったわけです。途中まででもいいから、観たいという思いが強いですね。

伊藤 まるで西部劇のような荒野の一軒家が登場し、大量の家畜の死骸が木に吊るされ、家の中に石が数多く投げ込まれます。石の投擲は、黒沢さんの『LOFT　ロフト』でも登場しましたね。中谷美紀が部屋にいて、男の投げる石が窓を割りました。

黒沢 『LOFT　ロフト』では、アンゲロプロス的なものをやろうという意図はまったくなかったんですが、よく覚えているのは、湖みたいなところで撮影していたんですけれど、ある日、一面に霧が出たんですね。僕だけではなく、カメラマンも含めて、「アンゲロプロスだ。こんな霧って出るんだ」と言って、嬉々として霧の中で撮影していました。実際にすごくいい映像が撮れたんですけれど、偶然にもアンゲロプロス的なものを呼び寄せてしまったと思って、狂喜していたことを今思い出しました。

伊藤 「二〇世紀三部作」の第二部『第三の翼』が未公開ですので、公開がとても待ち遠しいのですが、さらに気になるのは、完結篇の第三部『もう一つの海』がどうなるかということです。一九二八年のギリシャを舞台とする、『三文オペラ』を演じる劇団の物語で、劇場で上演できずに、路上で演じ出すそうです。これは脚本があるわけですし、誰かが完成させなければなりません。アンゲロプロスがわかっている人でなければ受け継ぐことはできませんが、先ほどおっしゃられたように、アジア

『旅芸人の記録』(写真協力:公益財団法人川喜多記念映画文化財団)

の映画監督に与えた影響が大きいことを考えると、最終的には黒沢清さんがやるべきだと思います。

黒沢 いや……。喜んでやりますとも言えますし、そんな恐れ多いことはできませんとも言えます。本人がいらっしゃらないわけですから、たとえばプロデューサーから、まずタル・ベーラあたりに話がいくかもしれませんね。ペドロ・コスタが、「自分がやる」と言い出すでしょうか。それからジャ・ジャンクーにいって、そこで断られたら、僕がやりましょうか。あまり冷静に反応できませんが、実現したら、自分の中のアンゲロプロス的なものを、最近はそれほど前面に出してはならないと、少なくとも日本の商業映画を撮る上では、やや抑圧している部分があるんですけれども、それを可能な限り解放して、アンゲロプロスの魂に乗り移られたかのように、誰が見ても、これはアンゲロプロスだと思えるものを撮れたら、映画人生の最大の喜びかもしれませんね。

2013.11.01

ギヨーム・ブラック監督との対話1

伊藤 『遭難者』と『女っ気なし』は、フランス北部のオルトという海辺の町が舞台となっています。『遭難者』は冬の曇り空が印象的で、『女っ気なし』は夏の話ですが、南仏の海岸の陽光とはまったく違います。監督はこの町を偶然知ってその魅力に取りつかれたそうですが、どこに一番魅力を感じたのでしょうか。

ブラック その質問に答えるのは大変難しいですね。たとえばある人を好きになった時、どこに惹かれたのかを具体的に考えてみると、すぐには答えられません。それと同じことです。ただ、初めてこの町を訪れた時に、場所の雰囲気そのものが映画的だと思いました。海や崖があり、ビーチがある。裏には田舎風の景色が広がり、いろんな風景を兼ね備えていて、どこにいるのかわからないような感覚にとらわれました。映画を撮るうえですべてが揃っている完璧な場所だと思いました。私自身が作る個人的な話を、このオルトという場所に移し替えて映画を撮れば、よりリアルな世界を描くことができるのではないかと思いました。町はどちらかと言うと閉鎖的であり、一種の大きなスタジオのような場所とでも言えばいいでしょうか。この「映画スタジオ」にいる人たち(それは現地の人たちのことですけれども)、彼らは私の映画に出演するのを、前もって納得しているかのようでもありました。

今回の映画のひとつのテーマは、人間の孤独です。オルトという町は、二〇世紀前半にはとても賑わった場所でした。現在は南仏に観光客は流れていってしまい、夏でも人がとても少ない場所です。このみんなから忘れ去られてしまった町で、ひとりで生活している男。女性からも見捨てられているような主人公を描くうえで、ここがぴったりだと思ったのです。

伊藤 『遭難者』の主人公リュックについて質問します。彼は好感の持てる人間とは言えません。ひとりでいるのが好きなのか、他人を警戒しているのか、感じのよくないところもあります。ただ、台詞を聞いていると、性格が悪いというよりも、たまたま嫌な出来事が重なってしまって、そうした感じになっているように見えてきます。とはいえ、このような人物を主人公にして映画を撮るのは勇気のいることなのではないでしょうか。

ブラック　リュックを演じたジュリアン・リュカのことは、かなり前から知っていました。『女っ気なし』の主人公シルヴァン役のヴァンサン・マケーニュと同じように、昔からの友人です。実生活のジュリアンも、ちょっと変わったところがあるかもしれません。独立心が強いわりには、繊細で性格もやさしく人懐こい。そうかと思えば、急にいきり立ったりして、難しい面もあります。映画の中のリュックの人物像は、ジュリアン自身が持っている生のものを素材にしたと言っていいと思います。ジュリアン・リュカとヴァンサン・マケーニュ、ふたりの俳優を一緒に出演させることが面白いと、私はまず考えました。彼らは国立演劇学校で一緒に学んだのですが、性格は正反対で、仲もあまりよくありません。喧嘩もあったそうです。そういうことを知っていたので、このふたりを一緒に演じさせることを考えました。映画の中でも最初は仲が悪い。でもそこを超えて次第に仲がよくなっていく。そういうストーリーにしました。

伊藤　シルヴァンは見るからに好人物で善人ですが、ちょっとおせっかいなところがあります。少なくともリュックはいい印象を持っていません。俳優の演技によっては、かなり嫌な人物にもなりえたでしょう。ヴァンサン・マケーニュの素晴らしい演技によって、シルヴァンの性格に絶妙なバランスが与えられたのです。マケーニュさんに対しては演技面でどのような指示を出したのでしょうか。

ブラック　実生活のヴァンサン・マケーニュも、シルヴァンにとても近い側面を持っています。その反面、遠いところもあります。おしゃべりですし、舞台の演出もやっているので、強い性格も持ち合わせています。ただ私が好きで興味を持ったのは、ヴァンサン・マケーニュのやさしく、親切なところですね。それを映画にしたいと思ったわけです。だから演出面で私が指示したのは、主に話し方、身振り、体の姿勢についてです。少し背中を丸める感じで、厚めのシャツを着て、体がふくよかに見えるようにする。そうした姿勢のとり方、歩き方について指示をしました。ヴァンサン・マケーニュ自身は、自分の普段の性格を出さない役を演じることがとても大変だったようです。なぜかというと、たとえば相手役のロール・カラミーは感情を表面に出す演技をしてくるわけですね。そういう人たちに囲まれて、「自分はこんなに控えめな演技でいいのだろうか」と、ある時怖くなったそうです。こんなに癖のない、静かで控えめな演技をしていること。それが大きな疑問になったのです。「シルヴァンはこういう人間だから」と、何度も彼を説得し、最後には理解してくれました。彼ほどの素晴らしい俳優でも、このタイプの役を演じるのは難しかったのです。

伊藤 マケーニュさんの演技では、『女っ気なし』の、クラブでのダンスが忘れられません。あれは演技なのですか。それとも、もしかして本当にああいう踊り方しかできないのでしょうか。

ブラック あの場面は、彼の即興です。実生活ではあんなふうには踊らないと思います(笑)。彼なりにシルヴァンの人物像を考えて、即興で踊りました。あの撮影は、オルトの近くにあるディスコで、金曜日の夜に行なわれました。実際に現地の人がお客さんとして集まっている、生き生きとした雰囲気の中で撮りたかったからです。私自身は、ディスコの雰囲気を映像にすることに集中していたので、役者は人物像をそれぞれ自由に思い描いて、あの場で踊っていました。

伊藤 カメラについて質問します。『遭難者』は『女っ気なし』よりもカメラと被写体の距離が近く感じられます。二人の人物間で切り返す時も顔のクロースアップが多い。一方、『女っ気なし』では、海辺の光景を撮るかなり引いたロングショットがあります。シルヴァンがジュリエットと一緒にいちごを食べる場面では、カメラは男に寄りますが、それでも『遭難者』ほどには寄っていません。この違いはどこから来るのでしょうか。それからブラック監督の映画ではカメラがあまり自己主張せず、構図が決まり過ぎることもなく、とても自然です。撮影に関して、どのようなことを注意されたのでしょうか。

ブラック『遭難者』は私にとって一本目の映画と言っていい作品でした。そこから学んで成長しているのだと思います。『遭難者』では、演出もややぎこちなさが残っています。『女っ気なし』のほうがスムースに演出もできています。私の考えにあったのは、二人の登場人物を撮影する場合に、ひとつのカットに入れたいということです。そして、できれば可能な限り長回しで撮りたかった。俳優たちには、その場所に馴染む時間を与え、実際の雰囲気を自分の中に取り込んで、俳優同士の相互作用が表われるようにしました。時間をかけて長回しをすることによって生まれるものがあると思うんですね。シナリオにないことが生まれたり、身振りや眼差し、咄嗟にぱっと出る言葉があったり、そうしたことが長回しで撮ることによって表われます。私はそういうことを常に期待しています。長回しで撮ると、その周囲にあるものも映りますね。ビーチにいる人々や風景、光、そういったものを登場人物と一緒に入れ込むことも、私は望んでいました。

『女っ気なし』は、夏ということもあり、ほとんどの撮影が屋外でした。『遭難者』は冬の撮影で、どちらかと言えば、屋内の撮影が多かった。フレームの取り方が違うのは、そのためだと思います。おっしゃったように、カメラが自己主張していないというのは、確かにそうだと思います。自分の好きな場所で、好きな俳優を使って撮っているわけですから、その人たちに自由を与えて、そこから出てくるものを撮りたいと思っているのです。ある瞬間の、とてもリアリティのある現実、そうした一瞬を映画の中に残したいと思っています。だからフレームを不自然に決めたり、カメラを動かしたりすることはしません。観客が、その場にいるような臨場感を持ってくれるようにしたいのです。

伊藤『女っ気なし』を観る人の多くが、ジャック・ロジエの映画を思い出すのではないでしょうか。夏のバカンスの物語というだけではなく、登場人物たちが海で海老を獲るのは『オルエットの方へ』を想起させます。二本の映画に登場する、地元の人たちがいるバーは『メーヌ・オセアン』のバーのようです。また海辺でのナンパは『ブルー・ジーンズ』を思い起こさせます。こうしたことは撮影時から意識されていたのですか。

ブラック　確かにジャック・ロジエは大好きな監督です。『オルエットの方へ』は一番好きな彼の映画で、若い時に観ました。初めてこの映画を観て、映画を撮りたいと思うようになったのです。ただ、『女っ気なし』を撮っている時、『オルエットの方へ』のことはあまり考えていませんでしたから、オマージュというわけではありません。同じようなシーンがあったのは偶然です。オルトという小さな町で一番重要な活動が、ビーチでの海老獲りなんです。バーのシーンも『メーヌ・オセアン』を意識したわけではなく、ああいうバーはフランスの田舎町に行けばどこでもありますからね。海辺でのナンパについても、昔からある人類の基本的行為のひとつですから、特に『ブルー・ジーンズ』を意識してはいません。確かに似ているところはありますが、ロジエと私の映画ではストーリーの構築方法が違います。演出も違うと思います。彼の映画はもっとカットが多い。私の場合、よりシンプルな作り方をしています。むしろ撮影中にヴァンサン・マケーニュとよく話題にしていたのは、『トゥー・ラバーズ』（ジェームズ・グレイ監督）のホアキン・フェニックスや、『40歳の童貞男』（ジャド・アパトー監督）のセス・ローゲンです。私たちのモデルにあったのは、このふたりです。

伊藤　今回の映画のひとつのテーマは「孤独」であるとおっしゃいました。確かに登場人物は、みんな孤独です。物語も本質的には暗い。しかしいつもユーモアがあり、監督の登場人物を見つめる温かい眼差しが感じられます。根底には、人間の孤独を突き詰めて解明するのではなく、孤独な人間をいかに肯定していくかという問いが、監督にはあるのではないでしょうか。

ブラック　この二本の映画は私自身を反映していると思いますが、とても暗く、登場人物が何かの壁にぶち当たって何もできないという、不可能性を語っています。ただし映画を通して、暗い部分とユーモアのある部分、二つの面をコントラストを持って描いていくことに興味があります。深刻なテーマの中にもユーモアを交えて語ることに拘っています。なぜそのような映画を撮ることになったのか。映画学校の学生時代に撮った映画が、とても悲しい深刻な映画だったんですね。ユーモアもまったくない。その映画がトラウマになって、二度とこのような映画は作らないと決めたんです。
また「いかに孤独な人間を肯定していくか」ということですが、まず登場人物たちは孤独から逃れようとしているわけですね。『女っ気なし』のシルヴァンも、孤独から逃げ出したくて、二人の女性と関係を築こうとする。娘のジュリエットもそうです。孤独な性格かもしれませんが、人間的な温かみを求めてシルヴァンの方に向かう。

『女っ気なし』
© Année Zéro - Nonon Films - Emmanuelle Michaka

『遭難者』 © Année Zéro - Kazak Productions

唯一母親のパトリシアのみが孤独ではないのかもしれません。自分自身のことを考えてみると、このまま誰かとずっと一緒にいられるのだろうかとか、その人と一緒にいて幸せな状態がつづくのだろうかとか、そうした不安に駆られることがあります。その思いが映画に反映しているのかもしれません。人間関係はいつまでもつづくものではないという人生のはかなさが、もうひとつのテーマになっている。いずれにしてもペシミスティックな映画ですね。

伊藤『遭難者』と『女っ気なし』で素晴らしいのは、説明的な描写が一切ないことです。登場人物の過去が台詞によってほのめかされますが、過去自体は決して描写されません。ただ現在だけが描かれ、登場人物たちが生きる生の現場に観客は一気に連れて行かれます。こうしたスタイルを今後も守っていかれるのでしょうか。たとえばフラッシュバックの技法が二本の映画には一切使われていませんが、今後は使っていく可能性もあるのでしょうか。

ブラックご指摘の通り、説明的なシーンはなく、私の映画は現在のみを語っています。最新作の長篇『トネール』（日本公開時のタイトルは『やさしい人』）も同じスタイルを保持していますが、一部は違っています。いくつか過去を語るシーンもあります。昨日東京で久しぶりに『女っ気なし』を観ましたが、新作はもっと小説的でロマネスクな内容になっています。今後どういうスタイルで映画を撮っていくのかは、今悩んでいるところです。

伊藤 ブラック監督の映画のスタイルは、大きく言えばリアリズムだと思います。ただ、リアリズムと言っても幅は広く、フランスの映画作家を考えると、ジャック・ロジエはとても自由で、その一方モーリス・ピアラは厳格で、大分違いがあります。ブラック監督は、その中間のどこかにいるのではないでしょうか。

ブラック 私の映画を「リアリズム」と言われると、決してそうだとも言い切れないのではないでしょうか。私の映画は、ここにある事実・真実を撮るもの、「シネマ・ヴェリテ」に近いと思います。私が避けているのは作り上げられた何かを描くことです。作り上げるのではなく、とてもシンプルに、そこにある現実を見せる。ただ、そうは言いながらも、『女っ気なし』では、衣装や小道具、美術はそのままではありません。様式化を求めて手を加えたものを使っています。『トネール』では、特に光に関して、様式化された、推理小説の中に出てくるような光を使っています。一方でドキュメンタリータッチの光の使い方もしました。だから、ひと言でリアリズムとも言い切れません。私が一番拘っているのは、人物像が本物そのものであるということです。もうひとつ拘っているのは、端役の人でもプロのエキストラは絶対に使わないということです。主に二人から四人ぐらいのプロの俳優を使って、あとは素人を使っています。そのスタイルは最新作でも変わりません。脇役にプロの俳優を使うことが考えられないのです。

◎ギヨーム・ブラック…フランスの映画監督。映画の配給や製作の研修生として映画に関わった後、フランス国立映画学校に入学。専攻は監督科ではなく製作科だったが、在学中に短篇を監督している。二〇〇八年、僅かな資金、少人数で映画を撮るため、友人と製作会社を設立。この会社で『遭難者』『女っ気なし』を製作。二〇一三年、長篇第一作『やさしい人』が第六六回ロカルノ国際映画祭コンペティション部門に出品される。同作は二〇一四年にフランスで劇場公開される。一九七七年生。

2014.10.24

ギヨーム・ブラック監督との対話2

伊藤 ギヨーム・ブラック監督の新作『やさしい人』は、全篇にわたって降る雪や雨が印象的です。フランスのブルゴーニュ地方にある町トネールが舞台となっていますが、実際にトネールの冬は、毎年こんなに多くの雪が降るのですか。

ブラック そうではありません。毎年このトネールという町に雪がこれだけ降るわけではないのです。ただ私が今回の映画を撮るにあたっては、季節を冬にすることに大変こだわりを持っていました。しかし雪が降るかどうかは確実ではありませんでした。撮影中に雪が降ったことはとてもラッキーだったと思います。まるで奇跡のようでした。私自身、ここまで雪が降るとは想像もしていませんでした。たとえば主人公のマクシム(ヴァンサン・マケーニュ)がダンス教室に行き、メロディ(ソレーヌ・リゴ)を見つめるシーンがありますね。あのシーンの撮影時も雪が降るとは想像していなかった。私たちは、最初は室内で撮影をしていました。そしてふっと外に出たときに、雪が降りはじめたんです。作り物の雪のように降ってきて、とても驚きました。また湖のシーンに関しても同じようなことが言えます。毎晩撮影をして、翌朝起きると雪がかなり降っていて、一面が真っ白だった。そういう状況がつづきました。現地ではこれもとても珍しいことだそうです。本当に奇跡だったと思います。その証拠に、前年も次の年もこんなに雪は降っていないと聞いています。映画のマジックとしか言いようがない。大変ラッキーなことだったと思います。

この映画の中で「寒さ」というのはとても重要な点です。映画を観ている人が、登場人物が感じている寒さをきちんと感じてくれるかどうか。これが大切な点なのです。主人公のマクシムはいつもひとりで孤独な立場にいて、その中で人肌を求めているわけです。しかもトネールという自分自身はよく知らない町に滞在している。そして常に外を歩き回っている。そんな状況にいて、寒さが彼にとっては暴力のようなものになるわけです。

劇中ではいくつかのコントラストも描いています。外の寒さの暴力と、父親の家での暖かい雰囲気。それから山小屋の中と外というコントラストもあります。またこの寒さや雪というのは、映画をおとぎ話のように作り上げるのにも役立っていると思います。映画の最後で、そのおとぎ話が終わり、雪が降らなくなってしまう。ただ雨が降るだけになります。

伊藤 映画を観ていて、戸外のシーンでマクシムの鼻や頬が赤くなるので、本当に寒いことがよくわかりました。今、雪が降ったことは「奇跡のようだった」と話されました。そうすると、メロディがダンス教室から出たあと、夜道でマクシムと雪を投げ合うシーンは即興撮影だったということでしょうか。

ブラック ノーメイクなので赤くなるのですね。ダンス教室の外のシーンは、その通りです。偶然、雪が降りはじめ、素晴らしい夜の雪の情景をこのままにしておく手はないと思って、撮影することをすぐに決めました。子ども心に戻って遊んでいるかのような、そういうシーンを即興で幾つか撮りました。最終的に残ったのが実際に使われているシーンです。

伊藤 たとえば雪が降る湖畔にマクシムとメロディが歩いていくショットがあります。地面に雪が降り積もっているシーンを撮影する場合、足跡がついてしまうのでリハーサルや撮り直しがしにくいですよね。そういう点で演出は難しくなかったですか。

ブラック おっしゃるように、雪のシーンですので、あらかじめかなり考えて撮影に臨みました。ただ、あのシーンは主人公が歩くだけのショットですから、何度も繰り返し撮り直すということはありませんでした。また私自身は、できる限り一回のテイクで決めていくことを心掛けています。撮り直していくうちに内容が変わってきてしまって、失うものがあるからです。

伊藤 ダンス教室のレッスン場についてですが、室内にいるメロディをマクシムが窓越しに外から見つめているショットがあります。そのときに、カメラはメロディを最初からとらえるのではなく、まず鏡に映った彼女の姿をピンボケでとらえます。それからパンしてメロディをとらえる。とても綺麗なショットです。こうしたカメラワークは、現場に入る前から決めていたのでしょうか。

ブラック ダンス教室には撮影監督と一緒に、あらかじめロケハンに行っています。そのときに鏡があることを確認しました。鏡に映る人物を、カメラを通してとらえると、若干ぼやけて見えることがわかりました。直観的に、鏡を通して撮影することを決めたわけです。今になって考えると、こういうことが言えると思います。メロディという少女のイメージは、ひとつのぼやけた存在である。彼女がどういう人間かはわからない。そうしたぼやけた存在を、カメラを通して描きだすことができる。これは今になってみてわかったことです。撮影中は直感的な演出でした。とても美しいので、鏡に映る彼女の姿をカメラで撮影しました。姿が美しいということだけで決めたのです。

伊藤 マクシムが窓越しにメロディを見つめるという行為は、映画の後半でも繰り返されます。レストランのシーンです。こうした視線はブラック監督の短篇『遭難者』にも登場していました。窓越しの視線というものは、監督の映画的発想を刺激するのでしょうか。

ブラック 実は『女っ気なし』でも同じようなショットがあったんです。最終的にカットされて映画の中では見られないんですが、主人公のシルヴァンが、カフェの中で話している女性を窓越しに見つめます。私がＦＥＭＩＳ(フランス国立映画学校)に在学中、一番はじめに撮った短篇でも、主人公が、自分の好きな人が他の男の腕に抱かれているのを、窓の外から見つめるシーンがありました。確かに窓越しに何かを見るという行為は、映画的モチーフになりますね。ただそれは私だけが使っているのではありません。一番有名なのはヒッチコックの『裏窓』です。窓という存在、これは壁でもいいんですけれども、何か映画的想像力を刺激するものがあります。窓のほうが向こう側が目に見えますから、手が届きそうなのに届かないという感情をよりよく表わすことができます。壁の場合よりも、もっと冷酷な印象を与えることができます。また窓は、ひとつの境界線のような役割を果たしていると思います。映画の中には男(マクシム)と女(メロディ)がいて、男と女は結局わかりあえない、そのあいだにある境界線を窓が表現しているということです。そして主人公が窓の外側にいることで、窓の内側にある幸福に自分は手を伸ばすことができない、その幸福から排除されているという感じを出すこともできます。主人公マクシムはひとりで孤独を味わっていて、窓の向こう側にある幸せには手が届かないということです。

伊藤 ふたりがはじめてキスをするシーンがあります。とても美しいシーンです。特にキスをする前のメロディのクロースアップが素晴らしいですね。このロケ場所がちょっと不思議な独特の雰囲気があって、かつての監獄という設定で、地下に広がる空間であり、祭壇のある部屋もあります。ここは実際にはどういう場所なのですか。

ブラック まずトネールの町自体が、すごく魅力的で謎の多い町なんですね。たとえばあの地下壕もそうです。神秘的で町の人もよく知らない。そういう場所です。あの一帯の土地を個人がすべて所有しているから、周囲の住民もまったく知らないわけです。メロディが映画の中で話していますが、十年ぐらい前に、あそこでちょっと怪しい集まりがあったそうです。まるでキューブリックの映画『アイズ　ワイド　シャット』で描かれていたような会が開かれていた。トネールには昔監獄だった建物があり、その中には礼拝堂がある。礼拝堂というのは神聖な意味合いがありますよね。最終的にマクシムとメロディは結婚しませんが、結婚するかのような雰囲気を持たせたかった。昔監獄であった場所で、マクシムはメロディの魅力に魅せられて、囚われの身になってしまう。そうした意味合いもあります。だからあのシーンでは少し象徴的な雰囲気を出そうとしました。もちろん牢獄だった場所ですから暗く湿っており、決してロマンチックとは言えませんが、意味深長な場所だったと思います。今、メロディのクロースアップを褒めてくださいましたが、私自身もとても好きなショットです。彼女のまなざしは特別で官能的です。なおかつ不安を感じさせるような雰囲気を持っています。

伊藤 このシーンの初めてのキスは、ベッドシーンに直接繋げられています。この編集も素晴らしいですね。これまでのブラック監督の映画にはないタイプの繋ぎなのではないでしょうか。こうした編集は脚本の段階から頭にあったことなのですか。

ブラック 今おっしゃったようなショットの繋ぎは、たとえば『アデル、ブルーは熱い色』(アブデラティフ・ケシシュ監督)でも見られますね。同じようにキスシーンからベッドシーンに繋がるシーンがあります。ただ私が『やさしい人』を撮っているときは、まだケシシュの映画は観ていませんでした。私の映画の場合、編集の段階で多くが作られていく部分があると思います。撮影したフィルムをもとにして、そこから彫刻を作っていくかのようにどんどん削って洗練されていくわけです。だから前もって脚本の段階で、そういう演出が書かれていたのではありません。編集の段階でできた演出です。映画の中であのキスシーンは一回目のキスシーンになっていましたが、当初は一回目ではなく、もっとあとになって出てくるはずでした。脚本ではそうなっていたのです。しかし実際に脚本で書かれていた初めてのキスシーンよりも、こちらのシーンのほうが重要性を持っているように感じたんですね。先ほど言ったように象徴的な意味合いがありますから、編集の際、最初のキスシーンをカットして、このシーンを一回目としました。他にもいくつかカットしたシーンがありますが、それはマクシムが、もっとせっかちに彼女との関係を進めていきたいと願う、そういう彼の意志を映画に強く出したかったからです。

伊藤 サッカー場のシーンについておうかがいします。ここはまともに撮影するとかなりのお金がかかるのではないでしょうか。どのようにして撮られたのですか。

ブラック ああいうシーンを人工的に作り上げるのは、私には不可能なことです。やりたくないことでした。このシーンはドキュメンタリー風に撮りたいとはじめから考えていました。残念だったのは、スタンドにそんなに観客が入っていなかったことです。試合の行われた日が真冬の寒い日で、あまり人が入っていなかった。ただエキストラを入れて人工的にこういうシーンを作ることには、とても抵抗があるんですね。今後そういうことをすることがあるかもしれませんが、今現在は抵抗があります。ですから二時間の試合のあいだに、すべてを撮ることを考えました。私にとってはひとつの挑戦でもありましたし、撮影中は興奮していました。撮り直しがきかないわけですから。映画の中に出てくる、ふたりの警備員がいますね。あのふたりもプロの俳優ではなく、実際の警備員に出演してもらったんですよ。試合の前に何人かの警備員に会って、一番遊び心があるように感じられたあのふたりを選びました。彼らも即興で自発的にああいう演技をしてくれました。

伊藤 駅のホームでマクシムがメロディを待っている長回しのシーンがあります。乗客が大勢出てくるんですが、あのシーンもエキストラは使っていないのでしょうか。

ブラック 実はあのシーンは一番好きなシーンなんです。まったく許可をもらわずに撮りました。フランス国内の駅のホームで撮影すると、とても高くつくんですね。だから無許可で撮影しました。撮影したのは日曜日です。フランス国鉄の従業員のひとりに協力してもらって撮影したのです。やってくる電車も一本しかありませんでしたし、とにかく一回しか撮影できませんでした。本当にマジックのようなシーンでした。タイミング的にもちょうど日が暮れていく時刻であり、光がとても美しく、細かい雪も降ってきて、素晴らしいシーンになりました。

余談ですが、マクシムが花束を持ってメロディを待っていますよね。あの花束は脚本の中では書かれていませんでした。本番の数分前に、彼に花束を持たせることを決めたんです。ただ日曜日ですから花屋が一軒も開いていなかった。偶然なんですが、映画に協力してくれた女性に、その日の撮影前に花束を贈っていたんです。彼女から花束を取り返して、マクシムに持たせました(笑)。やはりあそこもエキストラを使っては撮れなかったと思います。大勢の乗客の自然な動作をすべて演出することはできません。ですから乗客の人たちがどういうふうに動いていくかに関しては、まったく予想ができませんでした。そして一回しか撮れない状況の中で、ヴァンサン・マケーニュの演技は完璧でないといけませんでした。二度と撮り直しができないわけですから。結果的に彼は、素晴らしい集中力をもってあの場面を演じてくれました。

伊藤 カニバルというかわいい犬が出てきますね。マクシムがその犬にクロロフォルムのようなものをかがせるシーンがあります。長回し撮影で、最後にマクシムが立ち上がる時だけカットが割られています。動物に演技をさせるシーンで長回し撮影をするのは、かなり大変だったのではないですか。

ブラック まず、そのシーンが長回しだと気づいていただいて大変嬉しく思います。これはアンドレ・バザンの教訓でもあるんですが、動物を使うシーンでは編集が禁止されているということです。そしてあの犬は、普段から映画に出ているプロの犬ではありません。映画に出演したのも初めてです。ただ飼い主からとてもよく調教されている犬でしたから、撮影するにあたっては助かりました。たとえば犬を眠らせるこのシーンを撮っているときも、うまく寝ているふりをしてくれるんですね。犬自身もそのシーンが気に入ったようで、翌日もヴァンサン・マケーニュのところに近づいていって、足元で寝たふりをしていました(笑)。だから撮影は大変スムーズにいきました。また長回しで撮ることによって、実際に犬を寝かせようとする、その時間自体の長さを感じることができます。そこからは不安というか不安定な危ない感じが伝わってきて、よかったと思います。もちろんアクシデントも起こりました。犬がマケーニュの手から一度逃げてしまったんです。そこはヴァンサン・マケーニュの素晴らしいところで、彼はそのまま演技をつづけました。それが最終的に映画に残っている。いいシーンになっています。同じように『遭難者』のときも、本番で車のドアが開かないことがあったんですよ。警官がドアを開けようとしてもなかなか開かない。映画としては失敗といえば失敗なんですが、そのまま撮りつづけて、最終的には最高のシーンとなりました。

伊藤 最後の質問になりますが、映画のラストに父親がマクシムにこう言います。「お前は人を理解しようとさえしない。判断を下すだけだ」。別のシーンでメロディはマクシムに「あなたも彼と同じ、私を所有したいだけ」と言います。こうした言葉はマクシムの欠点を指摘しているだけではなくて、映画の重要な主題を示しているように見えます。つまり「他者を理解すること」が、『やさしい人』という映画の大きなテーマになっているのではないでしょうか。

ブラック とてもいい質問だと思います。確かに映画の中では、自分の不安や悲しみに閉じこもらず、殻を破り心を開いて他人に近づいていく、他人と付き合っていく、そういう難しさが語られていると思います。マクシムも自分の欲求や個人的な問題にとらわれ過ぎて理性を失ってしまう。メロディを誘拐し、彼女から「どうしてこんなことをしたの?」と問われますが、結局はメロディを理解するためなんですね。最終的にマクシムは、それまで理解しあえなかった父親のことを理解できるようになります。こうした問題は、私自身も含めてすべての人が抱える問題なのではないでしょうか。誰もが自分の世界に閉じこもってしまい、他の

『やさしい人』
© 2013 RECTANGLE PRODUCTIONS - WILD BUNCH - FRANCE 3 CINEMA

人の立場に立ってその人を理解することはなかなかできないし、難しいことだと思います。他人だけではなく、ある場所や町についても同じことが言えるでしょう。自分以外の人を理解することは、大変重要な主題です。それに気づいていただいたことを、私は大変嬉しく思います。大事なことは理解することであり、判断を下すことではないのです。最後のシーンに登場する警官も、ふたりのあいだで何があったかを理解しようとしています。そこで判断を下してはいません。やはり人間の魂を理解するということが大切なんだと思います。

2016.06.10

ペドロ・コスタ監督との対話

伊藤　『ホース・マネー』は、ヴェントゥーラという人物の「入院」の物語を語っていますが、病気による実際の入院というよりも、彼がポルトガルに来て過ごした何十年にも及ぶ苦しい年月の隠喩のように感じられました。

コスタ　ヴェントゥーラ自身がポルトガルで過ごした歴史だけではなく、この社会そのものの比喩にもなっていると思います。現実の世の中は、人を狂わせてしまうものである。そのことを描いたのです。確かにヴェントゥーラは、とても困難な人生を送ってきました。しかし世界には、多くの「ヴェントゥーラ」がいる。彼等もまた実在のヴェントゥーラと同じように生きてきたのだと思います。日本にもヴェントゥーラはたくさんいます。街を歩いていると、少し気が狂っているのではないかと思われるような人を見かけたりします。彼等の気が狂ってしまう理由は、この世界がおかしくなっているからです。おっしゃるように、病院というのは監獄でもあります。ヴェントゥーラは犯罪人であったかもしれない。そう考えるとすれば、彼は刑務所にいるという考え方も成立します。病院や刑務所、そして学校も、同じように収容の場所です。この映画は、それらすべてを象徴しているのかもしれません。

日々暮らしながら、自分たちの人生、生活、生き様を証明することを強いられている人が大勢います。自分は何者か、そのことを常に証明しつづけなければならない。フランス語には「サンパピエ」という言葉があります。「紙＝身分証明書」（パピエ）の「ない」（サン）人たち、つまり不法滞在者を示す言葉です。自分の存在を証明するために、いつも紙に頼って説明しなければならない。シュールな世界だと思いませんか。まさに不条理な世界です。こうした身分証明書のない人たちを代表しているか、象徴しているのが、この映画の登場人物たちだと思います。

伊藤 映画の冒頭、ヴェントゥーラは階段を降りて、地下の暗い通路を無言で歩きます。病院の地下とは思えない、まるで地下牢のような空間です。ヴェントゥーラが不法移民として、ポルトガルで密かに過ごしてきた人生の中には、決して語られない闇の部分がある。この空間はその闇の部分を象徴しているように思いました。

コスタ この地下の廊下は、奴隷時代から存在していた空間じゃないでしょうか。一五世紀からそこにずっとあった。私たちポルトガル人や、スペイン人、イギリス人は、アフリカやアジアに行き、とても野蛮な歴史を刻んできました。植民地化の歴史、奴隷化の歴史を振り返ると、とても暴力的な歴史が浮かび上がります。ヴェントゥーラが歩く古びた石畳の廊下は、そうした時代にはじまる。かつては裸の死体が累々と積み重なっていた場所です。そして廊下の行き着く先にはエレベーターがあります。現代にも繋がっているわけです。奴隷と拷問の歴史には終りがない。今もつづいているということです。

伊藤 少し違う質問をします。この映画では、屋内のフィックスショットでも、広角レンズが使われています。さらに、部屋の角を画面の中に入れる斜めの構図が多用されていますね。そのため画面の歪みが強調されていますね。たとえば大きな食堂の場面での歪んだ深い奥行きは、一度見たら忘れられません。ヴェントゥーラの病室をたくさんの男が訪れる場面も、カット割りは細かいのに、すべてのショットが斜めの構図で歪んでいて印象的でした。このような撮り方をしたのはなぜですか。

コスタ 空間の歪みというのは、視覚の歪みです。空間が歪んでいるのではなく、目が歪んでいる。そして頭の中が歪んでいるわけです。ヴェントゥーラと登場人物たちは、肉体的・物理的には、空間との関係性がなくなっている存在です。歩いている時でも、まるで宙に浮かんでいるような、あるいは夢遊病者のようにふらふらしている感覚の状態でいる。決して地に足がついていない。そうすると空間がより大きく、また伸び縮みするような感覚になるのではないでしょうか。

この映画は時間と空間についての映画だと思います。「すべての映画はそうだ」と言う人がいるかもしれませんが、特に時間と空間を意識した映画なのです。空間を描写するには苦労が伴います。だから広角レンズを使って、あるワイドな感覚を伝えようとしました。この巨大な白い空間の中で、人間がちっぽけに見えるような撮り方をしたのです。巨大な黒い空間、暗闇の中で、ヴェントゥーラの姿が見えないぐらいのショットもあります。

時間と空間を特に意識したと、今言いました。空間を切り取ると同時に、時間をも表現していく。この歪んだ空間の中で、前進したり後退したりすることができる。その時に、時間も超えることができるわけです。たとえばヴェントゥーラは、年配にも拘らず、最初医者に質問されると「十九歳と三ヶ月」だと答えます。そういう時間の歪みも描かれているということです。時間も空間もすべてが歪んでいる、幻惑されるような映画だと思います。一九四〇年代にあった古典的なアメリカのホラー映画の手法を利用して、そのような歪んだ空間を作り出そうとしたのです。

伊藤 画面の歪みや影の多用は、ドイツ表現主義の映画に通じているように感じました。たとえばラストでヴェントゥーラが退院する時も、病院の外観がひどく歪んでいて、ムルナウのある映画を思い浮かべました。しかし、そうしたドイツ表現主義の映画よりも、むしろハリウッドの古典的なホラー映画を参照したのですか。

コスタ ハリウッドの古典的ホラー映画は、ドイツ映画から影響を受けていますし、私は両方から影響を受けています。それを隠すつもりはありません。あるいは、この映画にはたくさんの本の引用が出てきます。チェーホフやベケットの引用もあります。いわば私が好きなものを、全部この映画の中に注ぎ込んだと言えるでしょう。

伊藤 時間の歪みについておうかがいします。先程おっしゃった、ヴェントゥーラが「(自分は)十九歳と三ヶ月」だと答えるのは、医者による問診の場面ですが、むしろ警察による尋問のような感じを受けます。一九七五年に、スピノラ将軍がクーデターを起こして失敗しました。その時に、若き日のヴェントゥーラが実際に受けた尋問を、この場面は再現していると考えてもいいのでしょうか。

コスタ 直接の答えになるかどうかわかりませんが、尋問の場面については、友人の精神科医に相談しました。少し気の動転している人が病院に診察にやってきた時、どういう質問をするか、と。彼の話では、世界中共通の質問表があるそうです。そして実は、医者が持っている質問表と警察が持っている尋問表には、まったく同じ質問が並んでいるのです。「あなたの名前は?」「出生地は?」といった質問ではじまって、後半では、その人は気が狂っているのかそうでないのかを判断するための質問になる。精神科医も警察も同じ質問をするわけですね。ただ、ヴェントゥーラの実体験を再現しているかどうかに関しては、映画をご覧になった方の判断にお任せします。

伊藤 この診察室の問診の場面で驚いたことがあります。最初はフィックスショットの長回しで、ヴェントゥーラひとりが示されています。次のショットで、カメラがヴェントゥーラに寄るのですが、この時、画面が突然暗くなるのです。なぜこのような演出をされたのでしょうか。

コスタ そのことに気付いて欲しい、なぜこのようなことが起きたのかと、引き付けられて欲しいからです。もちろんあのシーンは意図的に撮られています。とても暴力的なことが起こって欲しいと思って、あそこで暗闇にしています。ヴェントゥーラが尋問に疲れてベッドに横になっている。そこで彼は、夜になって欲しい、暗闇の中で心安らかに過ごしたいと思う。光というのは、尋問室で当てられる電球の明かりがそうですが、何かを追及するような暴力性を秘めていませんか。私は、個人的には暗闇がいいと思っています。暗闇では、心が穏やかになります。ヴェントゥーラも同じように感じているのではないでしょうか。

伊藤 別の場面でも、驚くことがありました。ヴェントゥーラとヴィタリナが初めてふたりで話をする場面です。ヴィタリナの顔のアップにつづいて、ヴェントゥーラが示されます。これが、ヴェントゥーラを背後から捉える後頭部のアップなのです。普通はこういう編集をしないので、驚きました。その時は、ふたりは向い合って話しているのかなと思ったのですが、実は並んで座っていることが、後のショットで分かります。このような奇妙なカット割りにした理由をお聞かせください。

コスタ 先ほどの話とも関連しますが、人と人とのあいだに、ある距離を作りたいと思ったのです。ヴィタリナという女性は、この映画の中に存在しない人なのかもしれません。私自身の個人的な意見では、彼女は人間として存在していないんじゃないかと思っています。ヴェントゥーラは長い期間収容されている。そういう人にありがちなことですが、誰か話し相手を創造するようになる。だから「こんにちは、ヴィタリナ」と言った途端、彼女がそこに生まれる。その意味では、私にとって彼女は実在するキャラクターではなく、幽霊のような、幻影のような存在です。ヴェントゥーラに対峙させる何かとして存在が生じるのです。

彼女が象徴しているのは、こういうことだと思います。私がいつも怒りを感じることですが、移民というのは男性であることが多いですね。家族を故郷に残して、単身でやって来る。最初は労働して金を稼いで、家族を呼び寄せようと頑張る。しかし残念ながら、残してきた妻のことを忘れてしまうケースが多い。国に残されて、そのまま忘れ去られていく女たち。移民の問題を考える上で、彼女たちの物語が重要なトピックになると思っています。ヴィタリナがヴェントゥーラに突きつけるのは、彼が忘れてしまったことです。「私はここに存在している」ということを追及するために、彼女はヴェントゥーラの前に現われるのです。いずれにしてもヴィタリナは、私の中では実在するわけではありません。だから映画の中で、ヴェントゥーラは、都合のいい時に彼女を消し去ってしまう。いわば溝口健二の映画に出てくるような幽霊と同じじゃないかと思います。溝口映画の女性そのものではないでしょうか。「あなたはひどい男ね。私が苦労したのは、あなたのせいなのに、私たちのことを忘れてしまった」と、この世に言いにやってくる女性たちと同じです。ただしこれは、あくまでも私自身の考えですから、映画をご覧になってくれた方が、どう考えるかは自由です。しかし私としては、彼女は幽霊であるから、いつどこで現われても消えてもおかしくない。私にもっと度胸があれば、壁を通過するぐらいの登場・退場の仕方をさせてもよかったと思います。あるいは首を三六〇度ぐるっと一回転させるとか(笑)。

伊藤 初めてふたりが話す場面では、出会うのは病院の中ですが、何故かその後すぐに外に出て、夜の闇の中で会話をはじめるように見えます。とはいえ、これもヴェントゥーラの妄想かもしれないと考えていいのですね。

コスタ 私はそう考えますが、自由に解釈してもらっていいと思います。

伊藤 ヴィタリナという女性は、常にささやき声で話し、その声がとても魅力的です。女優自身が普段からよくこういう声で話すのでしょうか。それとも、あえてそうするように、監督が指示を出したのでしょうか。

コスタ 彼女との出会いからお話しします。映画の中で、いろんな人々が暮らす生活空間を映していくモンタージュがありますね。ロケハンをしていると、なかなか素敵な家を見つけました。近所の人に尋ねると「何年も空き家になっている」と言われました。その途端、この家のドアが開いたんです。そして中からヴィタリナが現われました。家の中に入れてもらって、会話をするようになり、友だちの関係が段々出来ていきました。それで映画に出演することをお願いしてみたのです。

彼女は初めて玄関先で出会った瞬間から、ささやき声で話しかけてきました。ポルトガルに着いたばかりで、身分証がない立場で滞在していたので、警察を恐れていたのでしょう。だから、ひそひそ声で話すようにしていたんじゃないか。そのヴィタリナの声が印象的で、全部ささやき声で話したらどうかと、撮影の時に提案してみたんですね。彼女のささやき声は、警察を恐れる不法滞在の移民の喋り方だと思います。とても人工的で奇妙な話し方であり、演劇的と言ってもいいかもしれません。ささやき声で話すのは、実際の社会でも、何かを恐れている場合にそうなるのだと思います。そこに存在してはいけない、不法の存在であることを示すのには、ささやき声が有効だと思ったわけです。

伊藤 この映画の中で重要な役割を果たす手紙について質問します。まず「告白しろ」と、ヴィタリナの夫らしき赤い服の男に言われて、ヴェントゥーラは手紙を書きはじめ、それを最後にヴィタリナに渡す。その時に、自分が書いた手紙ではなくて、ヴィタリナの夫が書いた手紙だと、嘘を言って渡します。なぜこんな嘘をついたのでしょうか。

コスタ 私にもわかりません(笑)。でも人間は嘘をつくものですよね。しかし、どうして嘘をつくか、わからないことが多い。私が想像するには、恐怖と愛から人は嘘をついてしまうのではないか。何かを失うことを恐れて、人は嘘をついてしまう。自分を救うためにはそれしか方法がない場合、嘘をつくしかない。これも私だけの考えを言っておくと、この映画で、ヴェントゥーラは自分の「映画」の脚本を書こうとしているんじゃないかと思うんですね。場面設定や台詞を書こうとしているんじゃないでしょうか。ヴェントゥーラはヴィタリナを見つめ、手紙を渡す。そしてヴィタリナはいなくなる。そんな脚本なんじゃないか。実はこの手紙はラブレターではないと、私は思います。偽のラブレターです。彼が書いたラブレターだけれども、書いた人はヴィタリナの亡き夫という設定です。あまり説明のしようがないのですが……、いずれにせよ複雑な映画だということは確かですね(笑)。

伊藤 後半の建設現場の場面について質問します。ヴェントゥーラは、廃墟となった工場の明るい内部を歩きます。ショットが替わると突然照明が暗くなり、壊れている電話で管理課の人と話をする。そうすると彼の「名付け子」という男が、暗がりの中に現われます。壁の感じが前とは変わっていて、綺麗です。ここは同じ建設現場の中だと捉えていいのでしょうか。そして、この後ヴィタリナに手紙を渡す廊下も、同じ建物の中でいいのでしょうか。それとも建物は複数あるのでしょうか。

コスタ 私にとっては同じ建物なんですけれども、時間・時系列が変わっているということです。一方は荒廃化が進んでいる時間帯の建物であり、もう一方は、まだ使われていた時代の建物である。そこで四十年前に時間がジャンプする。もちろん解釈は自由ですから、そうではないと考えていただいても結構です。過去に遡行するのは、私にとって非常に苦しい体験です。自分が生まれた場所をもう一回訪れるとか、過去に愛した人と一緒に過ごした場所を訪問するとか、幸せな時間を共有した、そういう空間を訪ねるのは苦しい体験です。それが今、まったく違う場所になってしまっている。あるいは何も変わっていないと言うこともできるでしょう。本当に複雑なことを、この映画は描いています。時間と空間の歪みについて描いた映画であると言いましたが、すべては感覚で繋がっていると思うんですね。たとえば道を歩いている時、「かつてここに来たことがある。でもそれは今の自分ではないかもしれない」と、そんな感覚を持つことはありませんか。幼い頃のことだから、空間感覚や距離感がすべて違って体験されている。感情の規模も、人間の成長と共に変わっていく。変わるのは空間と時間だけではない。感情も変わってしまうわけです。そこが一番苦しいところであり、心を揺るがされるところだと思います。

伊藤 もうひとつわからないことがあって、ヴィタリナの夫とヴェントゥーラのあいだには諍いがあり、この映画の物語の鍵のように感じられます。しかしその内実は明確には描かれていません。エストレラ公園では、一体何が起こったのでしょうか。

コスタ いつの時代でも、すべてのドラマが語ってきた同じ物語があります。たとえば古代のギリシア悲劇が同じような物語を語っていました。誰かが誰かと寝てしまい、そこで憎しみが生まれ、殺意や復讐への欲望が生じたりする。これはとても本能的な衝動ではないでしょうか。当然ながら女性問題が絡んでいて、この女性をめぐってナイフを取り出し、もう一方もナイフを持つでしょう。このような感情がフィクションを駆動していく動機となります。こうした物語は古代ギリシアからはじまり、現代まで脈々と語り継がれてきました。復讐と嫉妬と愛、そして恐怖、そのような強い気持ちがモチベーションとなり、映画という素晴らしいものが生まれました。だから私が説明する必要はないんです。人々は何千回とそういう物語を消費してきていますから、あえて映像で説明しなくてもいいわけです。起こっただろう出来事を具体的に描こうとは、私はまったく思いません。また実際に起こったかどうかさえも定かではありません。たとえばヴェントゥーラの額には傷跡があります。本物の傷です。彼と知りあって二十年ぐらいになりますが、その傷について尋ね

『ホースマネー』 ©シネマトリックス

る度に、「少し話が長くなるから」とひと言で済まされてしまう。非常に謎めいてはいるけれど、そこに物語があることは確かです。そのことを映画で描く必要はないと思います。ヒッチコックの映画によくありますよね。この箱の中には、何か秘密のものが入っている。でも何が入っているかは知らされない。中身はどうでもいいことなんです。そこからドラマが生じるための箱であり、ディテールまで説明する必要はありません。

伊藤 最後の質問です。監督はいつも移民の物語を映画に撮っています。人は単に生き物として人であるだけではなく、社会的な存在としてこの世に生まれてきます。監督が描く人物は、そのような社会的な生を奪われた、つまり社会から追い出された人たちです。不法滞在者のそうした剥き出しの生を、監督は描いているのです。ヴェントゥーラの手が、映画の中でずっと震えているのは、このような生の典型的な表れと考えていいでしょうか。

コスタ たとえばムルナウのサイレント時代の映画を思い出してください。男と女が苦しんでいる時、空を見上げるような形で震えていませんでしたか。そういう映画を私は思い出したんです。苦難にある人々は震える所作をするのではないか。だからパーキンソン病とか、そうした病気のために震えているのではありません。そして実際に、彼は手が震える人なんです。演技ではありません。心の中の悪魔たちが、ヴェントゥーラを震わせている。繊細な人であればあるほど、そうなるのではないでしょうか。今はそういう映画は少なくなりましたけれど、かつては、そういうふうに苦難が表出される映画がありました。成瀬巳喜男や小津安二郎の映画を見ていると、震えている人が出てきます。非常に微妙な震えです。その震えを見ると、彼らがたいへん苦しんでいることがよくわかります。もちろん今おっしゃったように、そこに彼らが生きていることの実感を見て取ることができます。生きていることが苦しみなんです。

■**ペドロ・コスタ**…ポルトガルのリスボン生まれの映画監督。リスボン大学で歴史と文学を専攻し、リスボン映画国立学校に学ぶ。一九八九年、長篇映画第一作『血』を発表。『ヴァンダの部屋』によりロカルノ国際映画祭や山形国際映画祭で映画賞を受賞。作品に『溶岩の家』『骨』『コロッサル・ユース』『何も変えてはならない』など。一九五九年生。

第3部

2004–2016年の映画本回顧

◈二〇〇四年回顧

二〇〇四年は私にとって、ガス・ヴァン・サント(『エレファント』、旧作『ジェリー』)とホン・サンス(『気まぐれな唇』、未公開の新作『女は男の未来である』)に振り回された一年だった。他にも数多くの素晴らしい新作に出会えたが、この二人の作品が頭から離れることは決してなかった。

世界的な傾向を見れば、ガス・ヴァン・サントらアメリカ勢の変わらぬ充実の一方で、韓国のホン・サンスなど東アジアの映画の隆盛が目立っている。細かく見れば、アルゼンチン映画の面白い動きなど色々あるのだろうが、大きく見れば、明らかに東アジアの映画が突出しているのだ。本気で映画と向き合おうとする者ならば、韓国映画の急激な躍進や香港映画の底知れぬ活力などに目がいかないはずがない。

東アジアの一員である日本の映画も充実している。森崎東の『ニワトリはハダシだ』などベテランも元気であるが、むしろ井口奈己の『犬猫』(三五ミリ版)や山下敦弘の『リアリズムの宿』など若手の活躍が目立つ一年だった。五、六年前にはまだほとんど名前も知られていなかったような若手がトップ・レベルの仕事をして、日本映画の作家地図は急速に変わりつつある。

このような映画の状況の変化に日本の映画評論が的確に対応しているとは残念ながら言えない。そもそも、この二〇年ほどの間に映画美学もシネフィリーも大きく変わってしまったのに、いまだに前世紀末の映画批評を引きずった言説ばかりが溢れている。特に、読者との関係性を見失ったような一部の文章にはつらいものがある。堀潤之や木下千花などの動向が気になるとはいえ、まだ二一世紀の映画批評は本当には始まっていないのだ。

そうは言っても、いくつか注目すべき本が二〇〇四年に出版されたことは確かだ。例えば、中島貞夫著、河野眞吾編『遊撃の美学　映画監督中島貞夫』(ワイズ出版)や木村威夫著、荒川邦彦編『映画美術　擬景・借景・嘘百景』(ワイズ出版)などインタビューの分野でレベルの高い仕事が見られた。本格的な映画論では、加藤幹郎の『『ブレードランナー』論序説』(筑摩書房)が挙げられるだろう。ひとつの作品を詳細に分析しながら映画の根本的な問題の考察にまで至ろうとするこの書物には、おおいに興奮させられた。

◈二〇〇五年回顧

二〇〇五年は東アジアの映画の勢いが目立つ一年だった。山下敦弘の日本映画『リンダリンダリンダ』とホン・サンスの韓国映画『女は男の未来だ』が飛びぬけて素晴らしく、香港のジョニー・トーの作品が三本公開されたことも強く印象に残った。

映画批評でも、東アジアの映画を論じたものに優れたものが多かった。まず取り上げるべきは、蓮實重彥・山根貞男編『成瀬巳喜男の世界へ』(筑摩書房)だろう。二〇〇五年は、成瀬巳喜男、中川信夫、稲垣浩、豊田四郎など何人もの重要な日本の映画監督が生誕百年を迎えたが、特に成瀬にはおおいに注目が集まり、映画の上映や関連書籍の出版が相次いだ。『成瀬巳喜男の世界へ』は、フィルムセンターでの成瀬特集と並んでその最も重要な成果である。この本は、作品論や関係者へのインタビューなどを集めて多面的に成瀬に迫っている。前者に関して言えば、日仏を代表する映画研究者の成瀬論が並んでいるのが圧巻だ。日本の若手の論考も力のこもったものばかりで、ベテラン勢の仕事と並べても決して見劣りしていない。成瀬の研究書をもう一冊挙げるならば、阿部嘉昭の『成瀬巳喜男　映画の女性性』(河出書房新社)だろう。近年の日本映画を論じて力のある批評家が、日本映画の巨匠に真正面から取り組んだ力作である。

香港の大衆映画を情熱的に論じて素晴らしいのが、野崎歓著『香港映画の街角』(青土社)だ。この本で野崎歓は、論文調の文体ではなく享楽的な語り口をあえて採用して、香港映画への愛を語りきった。この本を読む誰もが、香港映画を観たくてたまらない気持ちになるだろう。映画批評の停滞が言われて久しいが、どんな時代においても映画批評に真の力を与えるのはシネフィリーである。シネフィリーなしに映画批評はありえないという当たり前の事実を、この本は改めて教えてくれる。

他にも、山田宏一著『何が映画を走らせるのか?』(草思社)、大寺眞輔編著『現代映画講義』(青土社)、中原昌也著『続・エーガ界に捧ぐ』(扶桑社)といった本が二〇〇五年の収穫に挙げられるだろう。誰もが気楽に映画を語れるように見えながら、映画を語るということは、本当は極めて困難な行為だ。ここに挙げたのは、どれもこの困難に正面から向かい合った者たちの文章ばかりである。

◈二〇〇六年回顧

二〇〇六年は素晴らしい映画が数多く公開された。特に、黒沢清の日本映画『LOFT　ロフト』、ツァイ・ミンリァンの台湾映画『楽日』、ジム・ジャームッシュのアメリカ映画『ブローク ン・フラワーズ』は傑作であり、真剣に論ずるに値する作品である。この三本が示すように、日本を含む東アジアとアメリカに見ごたえのある映画が多かった。ヨーロッパもレベルは高いのだが、本当に重要な映画が日本では公開されていないように感じられる。例えばフランス映画では、セルジュ・ボゾンの『モッズ』も、オリヴィエ・アサイヤスの『クリーン』もいまだに公開されていない。

映画批評もまた実り多き一年だったと言える。やはり最初に挙げるべきは、ドゥルーズの翻訳だろう。まるで、紛失したと思われていた手紙が長い年月を経て突然ふと配達されてきたかのように、ジル・ドゥルーズの『シネマ2＊時間イメージ』(法政大学出版局)が出版された。『シネマ1＊運動イメージ』も二〇〇七年に出版される予定だ。遅すぎる翻訳である。日本の映画研究者は皆この必須の研究書をすでに原語で読んでしまっている。しかし、一般の映画好きにとっては、これは格別の喜びだろう。日本におけるドゥルーズの映画論の大衆的な受容がいよいよ始まるのだ。

ドゥルーズは、「もし現代の映画が、感覚運動的図式あるいは行動イメージの廃墟の上に構築されたとすれば、(…)」(二七五頁)や、「現代的映画は感覚運動的図式の崩壊をもたらすということが正しければ、(…)」(三三四頁)など、仮定表現を繰り返す。彼は古典映画から現代映画への移行に感覚運動の図式の崩壊を見出し、古典映画に運動イメージを、現代映画に時間イメージを対応させた。こうしてイメージの分類学は映画史を見事に描き出すことになったのだ。しかしながら、ドゥルーズがその根本で仮定表現を繰り返すのは、彼自身、この議論がフィクションであることに気づいているからである。ここに、彼の『シネマ』の大いなる可能性と限界の両方があるのだ。

上島春彦の『レッドパージ・ハリウッド』(作品社)も、今年最大の収穫のひとつである。かなりの映画好きでも、映画史を語ろうとすると、歴史家となって映画好きであることを忘れてしまうことがある。しかし、上島春彦は書きながら決してシネフィリーを忘れることがなく、その記述は映画的な面白さに常に溢れている。ハリウッド映画史上最大の事件である赤狩りには、いまだに多くの解明されない謎が存在するが、赤狩りをこんなふうに映画的に語った本は、世界的に見ても珍しいのではないだろうか。

インタビューの分野で二冊優れた本が出版された。『映画の呼吸　澤井信一郎の監督作法』(澤井信一郎＋鈴木一誌著、ワイズ出版)では、インタビュアーの映画に対する誠実さと勤勉さが、澤井監督から詳細な語りを引き出すことに成功している。『黒沢清の映画術』(黒沢清著、新潮社)でも、黒沢監督が二人のインタビュアーを信頼していることが、読んでいて良く分かる。どちらも、監督が実に率直に自身の映画人生を語った貴重な本だ。

最後に、『キングス&クイーン』の公開をめぐる樋口泰人の奮闘に敬意を表したい。その姿は本当に感動的だった

◈二〇〇七年回顧

二〇〇七年に公開された映画では、クエンティン・タランティーノの『デス・プルーフinグラインドハウス』とジョニー・トーの『エレクション』が群を抜いて面白かった。また、萩生田宏治の『神童』や堀禎一の『妄想少女オタク系』など、日本の若手が特筆に値する仕事をしたことも強く印象に残った。とはいえ、二〇〇七年の最大の収穫は間違いなく、特集上映でひっそりと上映されたマルコ・ベロッキオの『結婚演出家』だろう。

一方、映画批評は残念ながら低空飛行を続けていると言わざるを得ない。一九八〇年代に活況を呈した日本の映画批評は、バブル崩壊後急速に衰退し、九〇年代中頃から今に至るまで不毛の時代が続いている。このことは、経済的条件が人間の活動を本質的に決定していることの証拠であるが、では思想の力とは一体何なのかという問いも、生まれざるを得ない。シネフィルも随分数が減り、狭い世界に閉じこもるようになった。インターネットは可能性を持つメディアだが、映画批評に関してはまだあまり良い結果を生み出していないようだ。ネット上には単なる趣味的な批評が多く、シネフィルのサークルの内部で交わされるような閉鎖的な言説が溢れている。

二一世紀の映画批評はまだ始まっていない。真に新しい映画批評が日本に登場するのは、おそらくまだかなり先のことではないだろうか。そのような批評の絶対的な条件は、一九八〇年代の批評と完全に縁を切っていることである。この十年強の間に、映画の美学は驚くほど変わってしまった。しかし、今の日本の映画批評は八〇年代の美学をまだどこかで引きずっており、新しい時代の美学に対応できてはいない。

二〇〇七年における映画の本の収穫として、たむらまさきと青山真治の『酔眼のまち―ゴールデン街　１９６８〜９８年』(朝日新書)と黒沢清の『映画のこわい話　黒沢清対談集』(青土社)が挙げられるだろう。映画批評家の文章より映画人の語りのほうが面白いという状況が生じている。前者は映画の本らしくないタイトルだが、カメラマンのたむらまさきによる映画人外伝であり、短いけれど充実した読書体験を与えてくれる。この十年間で最も重要な日本の映画批評家は青山真治監督ではないかと思うことがあるが、やはりこれは正常な事態ではないのではないか。

翻訳では、デイヴィッド・ボードウェルとクリスティン・トンプソンの『「フィルム・アート」映画芸術入門』(名古屋大学出版会)とコリン・マッケイブの『ゴダール伝』(みすず書房)が目につく。どちらもかなり厚い書物で、内容が充実している。ただし、二一世紀の映画批評の始まりというより、二〇世紀の映画批評の総括という位置付けがふさわしいだろう。

日本人による映画論としては、大野裕之の『チャップリン・未公開ＮＧフィルムの全貌』(ＮＨＫ出版)と吉本光宏の『イメージの帝国／映画の終り』(以文社)が印象的だ。大野裕之の丹念な仕事は日本におけるチャップリン研究の重要な成果のひとつである。最後に、イタリアの偉大な映画監督に敬意を表して、矢澤利弘の労作『ダリオ・アルジェント　恐怖の幾何学』(ＡＢＣ出版)を挙げておこう。

◈二〇〇八年回顧

二〇〇八年に公開された映画では『パラノイドパーク』が群を抜いていた。ガス・ヴァン・サント監督は『ジェリー』で物語と画面の関係を大きく変えたが、『パラノイドパーク』は、『ジェリー』以降の彼の映画的探求が新たな段階に入ったことを示す傑作である。もう一本今年の収穫として、韓国のイ・チャンドンの『シークレット・サンシャイン』を挙げておこう。日本でも、井口奈己や黒沢清、堀禎一が世界のトップ・レベルの仕事をした。

映画批評では、まず何よりジル・ドゥルーズの『シネマ1＊運動イメージ』(法政大学出版局)の出版が挙げられるだろう。一昨年の『シネマ2＊時間イメージ』の出版に続いて、これで『シネマ』二巻の翻訳が出揃ったことになる。『運動イメージ』の原著の出版からすでに四半世紀が過ぎている。年月の経過とともに、賞賛の声だけでなく、書物の限界を指摘する声も多く発せられるようになったが、重要なのはこの翻訳を機に、虚心坦懐にこの名著を読み直すことではないだろうか。

次に、蓮實重彥の近年の仕事が次々と本にまとめられたことも重要だ。『映画崩壊前夜』(青土社)と『映画論講義』(東京大学出版会)だけでなく、『ゴダール　マネ　フーコー――思考と感性とをめぐる断片的な考察』(NTT出版)も映画論として読まれうる書物である。これらの本を読んでいると、一九七〇年代と八〇年代に圧倒的な影響力を持っていた蓮實重彥の言葉が、二〇〇八年においてもなお映画批評のトップ・レベルにあることが良く分かる。蓮實重彥のこれらの著作に山根貞男の『マキノ雅弘　映画という祭り』(新潮選書)を加えれば、二〇〇八年はベテランが活躍した年だったと断言できるだろう。

こうした事柄は、逆に言えば、若手がまだ蓮實重彥の地平を超えていないことを示してもいる。多くの若手批評家が影響の不安から蓮實重彥との差異化を試みてきたが、いまだにそのほとんどが相対的に小さな差異にとどまっている。勿論、若手が活躍していないというわけではなく、例えば吉田広明の『B級ノワール論』(作品社)のような素晴らしい書物も出版された。だが、こうした若手の批評はまだ状況を変えるような大きな力となっていない。ベテランの活躍は頼もしいことだが、新しい時代の新しい批評は若い世代から生まれる筈だ。日本経済のバブル崩壊以降、映画批評は縮小の道をたどり、ますます狭い世界に追いやられて、社会との有効な接点を見失っている。デジタル革命以降、映画美学は急速に変容しているが、映画批評はそれに全く追いついていない。

二一世紀に相応しい新しい映画批評は、映画批評の世界の内部における位置関係からは生まれない。こうした観点から生まれる差異は相対的に小さなものでしかありえない。新しい映画批評は、映画との、また世界との新しい関係からしか生まれないだろう。勿論これは、テクスト分析をやめて、映画と現実の関係を論じろといったことでは断じてない。

他にも何冊か、注目すべき映画の本を挙げておこう。土本典昭、石坂健治の『ドキュメンタリーの海へ　記録映画作家・土本典昭との対話』（現代書館）、黒沢清の『恐怖の対談　映画のもっとこわい話』（青土社）、中原昌也の『映画の頭脳破壊』（文藝春秋）、榎並重行の『異貌の成瀬巳喜男　映画における生態心理学の創発』（洋泉社）である。

◈二〇〇九年回顧

残念ながら、日本の映画批評はこの二〇年間、衰退の一途を辿ってきた。八〇年代、空前の好景気の時代に、映画は様々な文化のなかでも最もオシャレなもののひとつだった。映画批評も繁栄を極め、その王位にあったのは蓮實重彦だった。若いシネフィルは皆、彼の映画批評の圧倒的な影響下にあった。

ところが、九〇年代に入るとバブル崩壊とともに映画を巡る状況が変わり、映画は文化の最前線から遠ざかっていった。それとともに、若い映画批評家のオタク的な側面が目立つようになるが、その言説は、映画に興味のない他者に伝わるような力を持てず、映画批評は次第に読者を減らしていった。表層を重視するという蓮實重彦の映画批評の一側面が、表層さえ見ていれば良いかのような錯覚を若い人に与え、映画と自分という狭い世界に安住させる口実を与えたのかもしれない。ヴィデオの普及により細かいショット分析が容易になったことも、それを助長したのだろう。実は九〇年代以降、オタクは社会的に注目され市民権を得るようになるのだが、映画批評はそうした波にも完全に乗り損ねてしまう。

九〇年代以降、映画批評は自身のオタク性に危機感を覚えたのか、映画と観客の狭い世界の外部に拡がる現実をしばしば問題にするようになる。しかし、いくら現実を論じても、現実という語の観念性が際立つばかりで、結局小さな差異しか生み出せなかった。やがて、より徹底的に現実に関わろ

う と政治的、社会的な問題意識を前面に押し出す映画批評が復権してくる。これこそ八〇年代の映画批評が抑圧していたものなのだが、その主流は六八年の世代とあまり変わらぬ政治姿勢を示し、時代の変化から取り残されているため、社会に対する実効性を持てないでいる。

一方、オタク的な映画批評を、八〇年代的な映画批評と決別した地点で追求する批評家たちも登場する。インテリの上品な趣味に反発し、下品な映画をことさら好む一派のことで、読者の獲得にそれなりに成功したが、行き詰まりが見えるのも事実である。

映画のみにこだわる「純粋」な批評から、映画外の要素を重視する「不純」な批評まで、様々な批評が細々と併存するのがゼロ年代の実態だ。どちらが正しいかということではない。問題なのは、映画に興味のない他者にどれだけ通じるかだ。これから大人になる新しい世代を読者に取り込めるか。一〇年代の映画批評の鍵はここにあるだろう。

こうした意味で、二〇〇九年は映画批評にとって不作の年だった。ただ、そのなかで注目すべき本を挙げるならば、フェーリクス・メラーの『映画大臣　ゲッベルスとナチ時代の映画』(白水社)だろう。こういう地道な仕事が一番光るというのが、今の時代なのだろうか。また、映画的感覚が全篇に溢れる万田邦敏の『再履修　とっても恥ずかしゼミナール』(港の人)と、着実に仕事を続ける北野圭介の『映像論序説　〈デジタル／アナログ〉を越えて』(人文書院)も刺激的だった。

◈二〇一〇年回顧
二〇一〇年で最も感動的だった映画の本は、鈴木則文の『トラック野郎風雲録』(国書刊行会)だ。鈴木則文が東映東京撮影所で『トラック野郎』シリーズ全十作を監督したのは一九七〇年代後半のことだが、それから四半世紀を経て監督はある雑誌に連載を始めた。これをまとめたのが、監督初のエッセイ集『トラック野郎風雲録』である。連載されたのは映画雑誌ではなく、アート・トラック専門誌『カミオン』だ。映画が特に好きな訳でもない一般の読者に向けて書かれた文章に、驚くほど映画的な言葉が詰まっている。映画マニアに向けてではなく、ごく普通の人々に向けて映画を撮る鈴木則文ならではのことだ。だが、そもそも映画批評とは映画マニアの間で交わされる内輪の言葉ではなく、他者に向けて語られる言葉である筈だ。だから、この書物で監督は極めてまっとうなことを実践しただけなのかもしれない。誰にでも分かる言葉で映画の真髄が語られる痛快極まりない文章。今、映画批評が必要としているのはこのような言葉ではないか。さらに言えば、今、映画界が必要としているのは鈴木則文のような監督ではないだろうか。

映画批評が危機に瀕していることを、一体どれくらいの人々が認識しているのだろうか。中原昌也が、これまた映画と無関係な男性ファッション誌『HUGE』にしていた連載は、映画について多くのことが書かれてとても面白かったが、九月号で唐突に終わった。その最終回で中原昌也は、「もう絶望するしかない」と書き、「好きでもない、ロクでもないもの、どーでもいいものを好きと言ってしまう芸風。それを身に付ける以外、もはや自分が生き長らえる術はない」という言葉で連載を締めくくった。インターネット上には映画の感想を語る素人の無責任な言葉が氾濫しているが、その一方で映画批評は仕事として全く成立していない。雑誌に映画評を載せても、原稿料を踏み倒されることなんかざらだ。映画会社も結局のところ、映画評を批評ではなく宣伝とみなしている。批評家が都合の悪い記事を書くなら、映画会社は試写状を送らなければいい。試写状が来なければ、批評家は映画評を書くことができない。映画について批判的な記事を雑誌に載せたら、映画会社が雑誌社にクレームを入れ、批評家がその雑誌に記事を書けなくなったなんて話も時々囁かれる。批評と批判を取り違えている人は恥ずかしいが、批評は単なる宣伝では決してない。

とは言え、映画の本に関して言えば、二〇一〇年は豊作だった。黒沢清の『21世紀の映画を語る』(boid)において、読者は映画に関する本質的な考察に出会うことができる。黒沢清と蓮實重彦の『東京から 現代アメリカ講義 イーストウッド、スピルバーグ、タランティーノ』(青土社)と青山真治の『シネマ21 青山真治映画論+α集成2001-2010』(朝日新聞出版)も素晴らしく、映画監督による書物が目を惹いた一年だった。山田宏一の『ゴダール、わがアンナ・カリーナ時代』(ワイズ出版)や四方田犬彦の『俺は死ぬまで映画を観るぞ』(現代思潮新社)、加藤幹郎の『表象と批評　映画・アニメーション・漫画』(岩波書店)等、ベテランの映画批評家たちも充実した活動をした。

最後に、二〇一〇年に公開された映画から特に優れたものを二本挙げておこう。ロウ・イエの中国映画『スプリング・フィーバー』とヤン・イクチュンの韓国映画『息もできない』である。

◈二〇一一年回顧

富田克也の『サウダーヂ』公開を記念してフリーペーパー『スモールパーク』に掲載された対談が興味深い。そこでカプリコンフィルムの吉川正文は、今の日本における映画批評の不在について次のように語っている。「同時代の作家と伴走して刺激し合うような批評家はいないですね。映画研究者は沢山いますが」。さらに彼は言う。「ただそういう映画研究者がかつての批評家のような役割を果たしてはいないですね。映画の研究は盛んになったかもしれないけど、研究者がある現在の映画を推して、それでお客さんが来るってことはまずない」。筆者自身も大学人なので、痛い言葉だ。

それにしても、映画を語る言葉はどこへ行ったのか。八〇年代には映画批評は大きな力を持っていた。研究者や批評家は、今も基本的には当時の批評の延長線上で映画について語っているが、時代は変わり、もはや観客にも映画の現在にもその言葉は届いていない。デジタル革命以降、不況にも拘らず若い映画の作り手はかなり増えている。そのなかで、真利子哲也の『NINIFUNI』など、新しい時代を切り開く映画も登場している。しかし、こうした映画と観客が繋がっていない。それはある面では宣伝会社の問題であるが、別の面では映画批評の問題である。

批評家や研究者の言葉が観客との絆を失っているとすれば、今一番刺激的なのは現場の映画人の言葉だろう。筆者も、堀禎一監督や鎮西尚一監督、黒川幸則監督を大学の講義やゼミに招いたことがあるが、研究者の言葉とは本質的に異なる言葉が聞けて滅法面白かった。しかし、監督たちだけに映画の言葉を任せておくわけにはいかない。批評家が本来の役割を果たすことが、今求められている。

二〇一一年に出版された映画の書物を見渡してみても、映画監督の言葉が圧倒的だ。まず取り上げるべきは、土本典昭、鈴木一誌編『全貌フレデリック・ワイズマン　アメリカ合衆国を記録する』(岩波書店)だろう。六百頁を超える大著の第一章で、映画監督船橋淳によるワイズマン監督へのロング・インタビューが堪能できるだけでなく、第四章では、映画監督の土本典昭と録音技師の久保田幸雄、キャメラマンの大津幸四郎によるワイズマンについての鼎談が楽しめる。本当の労作だ。

ジョナス・メカスによる『メカスの難民日記』(みすず書房)も素晴らしい。リトアニアからドイツの強制労働収容所を経てアメリカに亡命した映画監督の、一九四四年から一九五五年までの日記だ。純粋な映画本ではないなどと言わないでほしい。これは本当に偉大な、映画と人生についてのレッスンである。

蓮實重彥、黒沢清、青山真治の『映画長話』(リトル・モア)も楽しい。八〇年代の映画批評を牽引した批評家の蓮實と彼に決定的な影響を受けた二人の監督による鼎談だ。面白いことにここで蓮實は、ミシェル・シマンの言葉「いま、映画は年老いた人たちの表現媒体として完璧に機能している」を引用している。本当は、若い世代が彼らを越える言葉を見つけなければならないのだ。

◈二〇一二年回顧

インターネットでの素人の口コミが、プロの映画評論家の批評よりも一般の観客に対して影響力を持つようになって久しい。映画好きの観賞ブログが乱立し、ツイッターの評判で人々が観に行く映画を決める時代に、読み手に金を払わせるプロの評論家はどうすべきか。結局のところ、中身で勝負するしかない。

そうした意味で、二〇一二年の映画本で注目に値するのは、吉田広明の『亡命者たちのハリウッド　歴史と映画史の結節点』(作品社)、三浦哲哉の『サスペンス映画史』(みすず書房)、御園生涼子の『映画と国民国家　1930年代松竹メロドラマ映画』(東京大学出版会)の三冊だ。どれも一つの主題を何年間もかけて追究した研究書で、ブログやツイッターでは端から不可能な内容を有している。吉田広明の仕事には敬服という言葉しか思いつかない。個人的には、筆者はジョン・ベリーの『小さな愛の日』や『テンション』に思い入れがあるので、ジョン・ベリーとサイ・エンフィールドを論じた第二部第二章は特に感慨深かった。三浦哲哉と御園生涼子の書物はともに東大表象文化論の博士論文である。前者はアメリカのサスペンス映画史を野心的に縦断し、後者はネットの口コミにはほぼ存在しないような映画史の一ジャンルを探求している。また、この三冊とは性格が異なるが、山田宏一の映画愛に溢れる『トリュフォーの手紙』(平凡社)も今年の貴重な収穫である。

映画の研究書の翻訳出版も充実していた。特にフランスの研究書の翻訳が目立ち、アラン・ベルガラの『六〇年代ゴダール　神話と現場』(筑摩書房)、ジャン・ルイ・シェフェールの『映画を見に行く普通の男　映画の夜と戦争』、ニコル・ブルネーズ『映画の前衛とは何か』(ともに現代思潮新社)が主要な収穫である。この三冊の研究姿勢はかなり異なっているが、この多様さがフランスの映画研究の豊かさを示している。だがそれにしても、『六〇年代ゴダール』は消費税を含めると一万円を超える値段だ。これは、一般の読者に買って貰おうという設定ではない。低価格競争の時代に本の値段ばかりが高騰することは、出版社の深刻な現状を示している。

映画時評はその短さなどネットの口コミと競合する要素の多いジャンルだが、蓮實重彥の『映画時評　2009-2011』(講談社)、中原昌也の『エーガ界に捧ぐ　完全版』(boid)、山根貞男の『日本映画時評集成2000-2010』(国書刊行会)という三冊の貴重な時評集が出版された。詳細なテクスト分析で一世を風靡した蓮實重彥と実人生を曝け出す中原昌也では時評のスタイルも対照的だが、愛情と厳しさの両方を用いて読者を映画へ駆り立てているという点で一致している。

このように、二〇一二年は映画本が充実した一年だった。しかし、その一方で人々の映画館離れが進み、映画上映にデジタル化の波が押し寄せるなか、次々と貴重な映画館が閉館していった。音楽業界に起こったことは、数年遅れで全て映画業界にも降りかかる。このままでは映画本の頭打ちも必至である。

◈二〇一三年回顧

二〇一三年の映画批評を振り返るならば、まず宮崎駿の『風立ちぬ』をめぐる知識人の言説の稚拙さがどうしても思い出されてしまう。勿論、全ての批評が低水準だったという訳ではない。例えば、岡田斗司夫&FREEexの『風立ちぬ』を語る　宮崎駿とスタジオジブリ、その軌跡と未来』(光文社新書)はいかにも即席めいた作りだとはいえ、作品を前にしての慎ましさは忘れなかった良書である。しかし、その他の批評や発言のほとんどは単に的を外しているか、自分勝手な尺度を押しつけて作品を蔑ろにしているかどちらかであった。これは日本の知識人と映画批評の失墜を示しているのか、それとも『風立ちぬ』が同時代の言説の遥かに先を行く傑作であることを示しているだけなのか。ただ、ごく普通の学生たちから直接聞いたいくつかの感想のほうが、おおかたの知識人の批評より真摯なものだったと、ここに記しておきたい。

改めて二〇一三年の映画本を振り返るならば、やはり不調だったと言わざるを得ない。ただそのなかで、四方田犬彦の『ルイス・ブニュエル』(作品社)という、三〇年の年月をかけて纏め上げられた七〇〇頁近い大著が刊行されたことは、二〇一三年という一年を救ったと言えよう。四方田氏はこれまで単著だけでも相当な数の本を執筆してきたが、その上になおこれほどの書物を完成させたことは驚嘆せざるを得ない。氏の代表作となるだろう。他にこのような本格的な映画論として、李英載の『帝国日本の朝鮮映画　植民地メランコリアと協力』(三元社)と赤塚敬子の『ファントマ　悪党的想像力』(風濤社)を挙げておきたい。二冊とも、博士論文ではなく修士論文がもとになっているというのだから驚かされる。しかしどちらもその内容に相応しい反響を得たとはとても言えない。今や時間をかけて書かれた本格的な書物より、ネットの即時性のある言葉のほうが重視される時代なのだろうか。

他には、映画上映と連動して刊行される本が目立った。なかでも、遠山純生編・著の二冊、『ロバート・クレイマー　1964／1975　ヴェトナム戦争時代のニューレフトとラディカルシネマ』(シネマトリックス、ソリレス書店)、『マイケル・チミノ読本』(boid)と土田環編『ニコラス・レイ読本　We Can't Go Home Again』(boid)が印象に残った。ただし、帯に短し襷に長しの感は歪めない。もっと本格的な書物にするか、重厚なカタログにとどめるべきではなかったか。その意味では、監督作品の特集上映に合わせて出版された倉田剛の『曽根中生過激にして愛嬌あり』のほうが、本としては幸福だったのかもしれない。遠山氏と土田氏は今の日本の最も優れた映画研究者に数えられるのだから、もっと本格的な研究書の執筆にその才能を費やすほうがいいのではないか。

最後に、溝口健二著、佐相勉編『溝口健二著作集』（オムロ、キネマ旬報社）と野崎歓編『文学と映画のあいだ』（東京大学出版会）も、今年の収穫として挙げておきたい。

◈二〇一四年回顧

二〇一四年の映画本最大の収穫は、曽根中生著『曽根中生自伝　人は名のみの罪の深さよ』（文遊社）の出版だ。様々な議論が起こったが、自伝というのも結局はフィクションであり、映画は虚実ないまぜの面白さを根本に抱えている。一九七一年から八八年まで、日活ロマンポルノの歴史と正確に同じ期間、曽根中生は数多くの名作、快作、珍作を撮り、平成の始まりとともに忽然と姿を消し行方不明となった。この書物はそんな伝説的映画監督の遺言であり遺作である。これを読まずに日本映画史はもう語れない。

曽根中生の傑作『わたしのSEX白書　絶頂度』の脚本を書いたのはスクリプターの白鳥あかねであるが、彼女の自伝『スクリプターはストリッパーではありません』（国書刊行会）も滅法面白い。珍妙な題名の由来は、彼女の「人生観を変えた作品」（一五五頁）だという神代辰巳の『濡れた欲情　特出し21人』の撮影現場について語ったくだりで明らかになるが、著者の語りの魅力が最高潮に達する箇所のひとつだ。スクリプターという極めて地味なスタッフの目を通して、日本映画史がこの本でもまた鮮やかに描き出されている。

海外の映画に目を向けるならば、山田宏一と蓮實重彦の『トリュフォー最後のインタビュー』（平凡社）が最大の収穫だ。一九七九年及び八二年、八三年に行なわれたインタビューで、『季刊リュミエール』などに掲載されたものが、三〇年の歳月を経て突如書籍化された。『季刊リュミエール』の時代の映画的熱狂が読むと思い出されて、胸が震える。だが、単に過去を懐かしく振り返らせるのではなく、二一世紀初頭でもなおフランソワ・トリュフォーが再発見されるべき監督であると教えてくれることが、この書物の重要な意義である。

マック・セネット著『〈喜劇映画〉を発明した男　帝王マック・セネット、自らを語る』(作品社)も必読だ。時代はサイレントの頃に遡り、原著が刊行されたのさえ今から六〇年前の一九五四年である。だがそれでも、これは過去を懐かしむための書物ではない。私たちの知らない多くの事柄を教えてくれるのだ。

映画人の言葉ばかりが面白いという一年にも見えるが、批評、研究書として伊藤彰彦の『映画の奈落　北陸代理戦争事件』(国書刊行会)を忘れてはならない。深作欣二の『北陸代理戦争』をめぐるこの衝撃的な書物もまた、映画製作の暗部を抉り出しながら、映画史にはいかに未知の領域がたくさんあるかを教えてくれる。

映画をめぐる状況は非常に悪い。二〇一四年もまた、貴重な映画館が次々と閉館していく一年だった。しかし希望もある。ジョン・フォードの『香も高きケンタッキー』がフィルムセンターで上映された時、『季刊リュミエール』の頃の熱狂的なシネフィルたちが集結する一方で、瞳を輝かせる若きシネフィルたちの姿も多かったからだ。優れた映画の書物が過去の歴史を探りながら未来への道を示すように、映画館でも過去から未来への伝達が確実に行なわれているのだ。

◈二〇一五年回顧

二〇一五年の映画本最大の収穫は、野崎歓著『アンドレ・バザン　映画を信じた男』(春風社)である。実を言えば、筆者のバザンに対する評価は野崎歓の評価と大きく異なる。バザンの映画批評には弊害が多すぎるというのが筆者の考えだ。そのためこの書物とは不幸な出会いが予感された。しかし、読み終えた今ではこの本の重要性を認めることに何の躊躇いも感じない。野崎歓はバザンに対して一貫して強い敬意を表しながら、バザンの批評を巧みに読み替えて、映画の現在と未来へそれを繋げていく。その並々ならぬ敬意は愛と呼ぶしかなく感動的だ。だが、この書物の真の意義は議論の内実にある。

有名な「写真映像の存在論」で示されたカメラによる機械的リアリズムが、バザンの映画理論の根幹にありながら明白な理論的限界を持つことは、今さら指摘するまでもない。そこで、野崎歓はこのリアリズムを巧みにずらしていく。彼は第二章で、ロベルト・ロッセリーニの映画を通じてバザンが追求したのは、「映画という虚構が、その虚構性を支える制度を問い直すことを通じて開く別のリアリズムの可能性」(八一頁)だと指摘する。リアリズムはフィクションの一形式に他ならないのだ。そして野崎歓は最終章で、宮崎駿のアニメ映画の「新鮮でリアルな表現」(二〇〇頁)をバザン的観点から称賛する。いくつか留保がつけられているにせよ、ここに至ってバザンのリアリズムはカメラという機械から解放される。結局のところ、人は実在世界を生きているが、リアリティというフィクションによって他の人々との絆を確認しているのだ。

アンドレ・バザンの『映画とは何か』(岩波文庫)も野崎歓他の訳により出版された。この原稿が掲載される頃には、バザンの『オーソン・ウェルズ』(インスクリプト)も刊行されている筈だ。また、エリック・ロメールとクロード・シャブロルの『ヒッチコック』(インスクリプト)も話題を呼んだ。これはバザンの弟子たちによる書物だが、彼を超える視点も提示している。まさにバザンの評価が改めて問われた一年だった。

二〇一五年の収穫として、岸松雄の『映画評論家　岸松雄の仕事』(ワイズ出版)も忘れてはならない。山中貞雄の失われた映画についての詳しい記述や、小津安二郎、溝口健二、伊藤大輔、成瀬巳喜男、マキノ雅弘、清水宏といった名監督たちへのインタビューなど、どの頁をめくっても面白い。自分は映画をいかに知らないかを思い知らされる本である。また若手の著作として、田村千穂の『マリリン・モンローと原節子』(筑摩選書)を挙げておこう。偉大な映画作品と女優の魅力を言葉で生き生きと描こうとする試みだ。そして最後に、若尾文子述、立花珠樹著『若尾文子　〝宿命の女〟なればこそ』(ワイズ出版)も挙げておきたい。正直に言えば、何故この映画に触れてくれないといった思いもない訳ではない。だがそれでも、映画館で若尾文子の特集が組まれ、この本を片手に彼女主演の映画を観返すことができたのは、今年の最も幸せな思い出である。

二〇一六年の映画本は、木下千花著『溝口健二論　映画の美学と政治学』(法政大学出版局)に尽きる。六百頁の大著で、しかもどの頁にも興味深い指摘があるので、読書の楽しみが尽きない。この書物の最大の意義は、溝口健二の作品群の美学を共同体的な善との複雑な関係において分析することによって、映画における演出の美学の探究を極めたことである。重要なのは、演出の美学が徹底して問われていることだ。カントは『判断力批判』のなかで映画における撮影の美学を予見したが、この美学を的確に語ることのできる現代日本の映画批評家など一人もいない。三浦哲哉が果敢に肉薄しているが、撮影の美学は演出を通じてしか露にならず、それ故、演出の美学こそが根源的であることを、彼の研究は図らずも示している。

正当にも、木下千花は完全に演出の美学の側に立つ。第七章があると言わないでほしい。スティーヴン・シャヴィロの「受動的なイメージの領域」という厄介な概念を持ち出しながらも、彼女がこの章で語るのは、彼女自身の意図とは異なりあくまで演出の美学である。演出の美学と異なり、撮影の美学は本質的に超越性に関わる。だが彼女は映画製作の過程や背景には豊富に言及するが、経験として認識できるものの地平から足を踏み出すことはない。しかし、それでいいのだ。そもそも、演出のない画面など映画には一切存在しない。完全に「受動的なイメージの領域」など存在しないのだ。

木下千花は二〇世紀に始まったある映画研究の潮流を演出の美学の側から総括した。学際的な横断は映画研究を新たな地平へと開く可能性さえ示している。ただし、あえてこの偉大な書物の限界を指摘するならば、それはあくまでひとつの狭い潮流に過ぎないということだ。ここには、プラトンの洞窟の比喩が映画の問題を先取りし、ライプニッツのモナド論こそが偉大な映画論であるというような視点が欠けている。映画論の歴史は想像以上に長い。もっとも、木下千花はそれを分かったうえであえて、今回は二〇世紀の映画論に決着をつけることに射程を絞ったのだろう。

もう一冊の重要な映画本は岡田秀則著『映画という《物体X》　フィルム・アーカイブの眼で見た映画』(立東舎)だ。ドミニク・パイーニが著書のなかでシネマテーク・フランセーズに関する素晴らしい議論を展開したのはもう二〇年近く前だが、それ以来の優れたフィルム・アーカイブ論である。パイー二同様、岡田秀則は映画を「良い」と「悪い」の対立から解放し、「すべての映画は平等である」と宣言するが、この考えは極めて大事だ。ところで、この書物の最大の特徴は何より映画を物質として捉えていることである。ヘーゲルに代表されるような、精神を重視して物質を否定する立場に対する反発がこの本の姿勢の前提にあり、これは木下千花の論考も共有している。岡田秀則の立場は言ってみれば素朴実在論だが、これはフィルム・アーキビストとして当然のことだ。とはいえ、もっと巧妙な実在論に基づいて、ヘーゲルによるカントの物自体の解釈を否定することから出発する映画論も、誰かが書いてくれないものか。

二〇一六年の収穫として、山根貞男著『日本映画時評集成1976-1989』(国書刊行会)、佐々木敦著『ゴダール原論　映画・世界・ソニマージュ』(新潮社)、アンヌ・ヴィアゼムスキーの自伝的小説『彼女のひたむきな12カ月』(DU BOOKS)、文学と映画を交錯させる樫原辰郎著『『痴人の愛』を歩く』(白水社)も忘れられない。

第4部

映画ベスト三〇〇
（青山真治監督との対話）

映画ベスト三〇〇

2017.09.01

伊藤 今回は、対談を引き受けてくださって、ありがとうございます。経緯を説明しますと、『週刊読書人』での映画時評をまとめて刊行するにあたって、「映画ベスト一〇〇」のリストとコメントを巻末に付けないかという提案を最初にいただきました。引き受けたものの、正直、最初は悩みました。ひとつには、そういうリストを作ると、カノンとして機能してしまい、良くないんじゃないかと思ったんですね。とはいえ、時間をかけて一旦百本まで絞り込んだんです。四〇本ぐらいまでは、コメントも付けました。けれども書いているうちに、絶対にダメだ、こんなことはやっちゃいけないと思いだしたんです。

青山 それは、百本に絞るのは無理だということなのか、あるいは、世の中に対して示すのが嫌だということなのか、どちらなんでしょう。つまり、いみじくも今仰ったけれど、伊藤さんが作ったリストがカノンとして教育的な効果を果たしてしまう。そのことに抵抗があったとか？

伊藤 カノンの危惧は今もありますが、何よりも、百本は数として不可能だったということです。無理矢理百本にはしてみたんですが、重要な映画がいっぱい抜け落ちていました。ただ、一度引き受けた以上、やりとげねばなりません。途中でやめるなら、最初から断るべきです。そこで、一回全部をチャラにして、百本に拘らずに、完全に自分の好みで選び直そうと思ったんですね。あくまで個人的に好きな映画ということで選ぶのであれば、なんとか許されるんじゃないか。そうすると、七百本を超えてしまいました(笑)。この数ではさすがに許されないので、そこから絞り込むための基準を考えました。そこで考えついたのは、できるだけ映画史的にばらつきがないように、一年に数本ずつ選ぶということです。映画が誕生した頃は別にして、抜けている年がないとか、ひとつの年に偏りすぎないとか、そういう枷を設ければ、ある映画を落とす理由になりますから。

青山 一九三六年から三九年ぐらいまでは、絶対に複数本になりますよね。落とすのが難しい。

伊藤 そうやって一年に五本までにすると決めたりするうちに、かなり重要な映画が落ちていきました。最終的には三百本まで絞って、これで許してもらうことにしました。単行本の他の作業もあったので、結果的には一年かかってしまいました。

青山 この話をいただいたとき「僕も三百本選ばせてください」と恐れ知らずに申し出たんですが、伊藤さんのように厳密に選んだというよりは、作家ごとにまとめて、ひとり三本までと決めて選んでいきました。上から順番に三本ずつ、同じ監督が並んでいるのが、最初の百本ぐらいです。その後二本になったり一本になったり、結構自由に選んでいった感じです。

伊藤 最初が、フォード、ムルナウ、ルノワールですね。

青山 僕の場合、去年まで京都造形芸術大学の映画学科で、実際に映画を作ろうという人たち向けの授業をしていて、必ず一年に二回は見る作品は何かという基準で考えて、最初に『駅馬車』をパッと書いちゃったんです。それでフォードで三本ということで、あとは『長い灰色の線』と『太陽は光り輝く』が出てきた。じゃあ次にムルナウ、ルノワールという感じで選んでいきました。選んでいく中で、そう言えばグリフィスを入れてなかったなと時代を遡ってみたり、思いつきで挙げていきながら、ある監督が現れては、その作品を三本残していく。だから年代もバラバラです。

伊藤 ジョン・フォードに関しては、まったく重なっていないんですよね。僕は『誉の名手』『香も高きケンタッキー』『荒野の決闘』『静かなる男』の四本を選びました。

青山 『静かなる男』も、授業で必ず見せます。最初にふたりが出逢うシーンのカット割りを、「なんだこれって思わない?」と、学生に問いながら見せる。

伊藤 僕も、授業で同じシーンを見せるんです。大学一年生のとき、蓮實重彥さんのゼミで、そこを見せてもらって、その体験が強烈だったんです。『長い灰色の線』は、少し意外でした。タイロン・パワー主演ですね。

青山 これは、本当に個人的な理由から入れたものです。多分、一生涯で、あんなに泣いたことはないというぐらいに泣いた映画なんです。

伊藤 『太陽は光り輝く』は順当ですよね。

青山 『プリースト判事』のリメイクですね。後半に出てくる、葬式の楽団のシーンがたまらない。ステピン・フェチットという黒人俳優が出ているんですが、彼のファンなんです。それと冒頭の裁判のところで、息子だったか孫だったかが、バンジョーを弾くんですよね。あれが又素晴らしいので、フォードというと、この三本にしちゃいますね。

伊藤 迷う余地がまったくないわけですね。

青山 ええ。伊藤さんは、ムルナウが結構多いですね。

伊藤 ムルナウは、青山さんが挙げられたのとまったく同じです。『吸血鬼ノスフェラトゥ』『サンライズ』『都会の女』。『都会の女』を挙げてくださったのは嬉しかった。

青山 『都会の女』には近年になって衝撃を受けました。こんなにすごい映画が、今まで観られていなかったのはまずいぞと思ったな。

伊藤 男女が草原を走っていくのを、横移動で撮るんですよね。あれが本当にいいですね。

青山 『吸血鬼ノスフェラトゥ』については、これも授業の関係から選びました。この映画がいかに変なのか、学生に説明するんですね。カットの寄り引きも含めて、なぜここで俯瞰に入るかとか、逆側に入るかとか。つまり怪奇映画という形式におけるカット割りとは何なのかということです。その授業の趣旨は「クローズアップをどう撮るか」ですが、それを説明するために『ノスフェラトゥ』は、毎年一回は観ます。

伊藤 是非その授業を受けてみたい。僕の場合、文学部や経済学部の学生に教えているせいか、なぜここでこのショットが入るのか説明しても、みんなポカンとしちゃうんですよ。本当に映画をやりたい学生には、青山さんの授業はたまらないでしょうね。

青山 これくらいは知っておかないといけない。それを教える題材としては、『駅馬車』の最初の二十分と『吸血鬼ノスフェラトゥ』の導入部分はベストなんです。

伊藤 次のルノワールが、青山さんは『ゲームの規則』『素晴しき放浪者』『十字路の夜』です。

青山　『十字路の夜』はごく最近観たんですよ。あれは途中、何巻目かが消失しているんですよね。だから話がよくわからないんだけど、世界で一番凄いノワールだと思います。

伊藤　『十字路の夜』は挙げなかったんですが、『素晴しき放浪者』と『ゲームの規則』が重なっています。それから『ピクニック』『恋多き女』と、僕はルノワールで四本挙げました。実は『十字路の夜』も考えたんです。パリのシネマテーク・フランセーズで観たんですが、そのちょっと前に、日本で上映されたらしくて、三、四時間並んだという噂が流れてきました。これはまずいと思って、一時間前にいったら、誰もいなかった。結局は、ガラガラの中で観ました(笑)。

青山　シネマテークの話で思い出しました。ドン・シーゲル特集をやっているとき、観ていない作品をまとめて何本か観たんです。『殺し屋ネルソン』は、多分伊藤さんと一緒に見ている(笑)。

伊藤　ドン・シーゲルの全作上映は通いつめて、すべて観ました。初期の『暗黒の鉄格子』や『中国決死行』、『USタイガー攻撃隊』なども良かった。

青山　パリにお住まいらしき日本人が、場内に三人くらいいて、そのひとりが伊藤さんだった。以前お会いしたとき、あぁ、あの時の『殺し屋ネルソン』の人だと思った(笑)。

伊藤　留学中は、シャイヨー宮ともう一箇所にあったシネマテークのどちらかに、上映のない月曜と火曜以外は毎日いました。

青山　僕はあそこが好きだったんですが、今はもうなくなりましたね。

伊藤　ベルシーに移りました。ルノワールに戻ると、僕は『ピクニック』も大好きなんです。

青山　『ピクニック』を入れなかった理由は、特にないんです。ひとり三本という鉄則のために、『十字路の夜』を入れることによって、はずれただけです。だから、実質的には重なっているとも言える。『ゲームの規則』は、逆に授業では見せたくないんですよ。あの字幕と映像では、あまりいい体験にはならない気がするからです。たとえば「コロニー」にいくと書いてある。おそらく「領地」だとわかるけれど、なかなか学生には意味が通じない。地名のように見えて、でも説明するのも面倒だし、それ以外も凄い台詞がたくさんあるのにどうも意味が取りにくくて、これではよくないなということで見せたくないんです。

伊藤 そういう場合、僕は字幕にダメ出ししながら話します。アルドリッチの『キッスで殺せ』にも、いいところで変な字幕がありますよね。僕が授業でよく取り上げるのは、『素晴しき放浪者』です。川に二回落ちたり、窓越しの望遠鏡による出会いがあったりして、話を膨らませやすいので、繰り返し見せています。

青山 大学では、「最初の二十分」という授業を、何週間かにわたってやっていました。第一週目が『駅馬車』で、その次が『市民ケーン』。本当は『ゲームの規則』を見せて同じ年に撮られた二本の映画の「最初の二十分」が、ほぼ同じ構造になっているのを立証してみせたかったんですけどね。単に自分がエバりたいだけかもしれませんが(笑)。『ゲームの規則』は、最初ラジオから入りますよね。『駅馬車』も、「ジェロニモによって電線が切られた」という情報が流れるところからはじまる。そして次から次へと登場人物が出てくる。そうした順番も似ているんです。二十分で切って観ると、編集といい、台本といい、そっくりなんですね。冒頭二十分で登場人物をすべて紹介するように、全世界的に規則として決っていたと思えるぐらい似ている。

伊藤 よくそんなことに気づきますね。面白いなあ。どちらも一九三九年ですよね。それで、ルノワールのあとが小津安二郎です。ここはまったく重なっていません。青山さんが『その夜の妻』『早春』『秋日和』。僕が『晩春』『東京物語』『小早川家の秋』。本当は、僕は『早春』がメチャクチャ好きなんです。お好み焼き屋のシーンなんか素晴らしくて、授業でいつも見せています。『早春』は悩んだのですが、個人的な思い入れがあまりに強いかなと思って、あえてはずしました。

青山 僕は逆に、『小早川家の秋』には個人的な妄執みたいなものがあって、はずしました。京都に去年一年住んだんですが、京都にいくことも全部ひっくるめて、『小早川家の秋』のあのノリ、中村鴈治郎のあり方が、自分の体に密着しているぐらい好きすぎて、はずしました。それよりは小津だったら『秋日和』だなと思って、こちらを入れたんです。

伊藤　中村鴈治郎が素晴らしいし、新珠三千代もいいですよね。『秋日和』は、みんながあまりに褒めるので、ちょっと怖くて挙げられませんでした。僕はまだ、この映画を本当にはわかっていないいんじゃないかと思ってしまって。本当は『東京暮色』も入れたかったんですが、こちらも勇気がなくて、この三本にしました。有馬稲子がいいんですけど。

青山　リストを作るとき、僕は、意外に女優に拘って選んでいた気がするんですね。で、ここでもう岡田茉莉子さんを出してしまおうと、ふと考えて『秋日和』があがってきました。それに並んですぐ思いついたのが、次に挙げたグリフィスの『スージーの真心』です。岡田さんとリリアン・ギッシュが、自分の中でオーバーラップしたせいで、すらすらと書き込むことができた。

伊藤　グリフィスだと、僕は『散り行く花』ですね。

青山　グリフィスは、『東への道』が重なっていますね。

伊藤　それと青山さんが挙げているのが『スージーの真心』と『嵐の孤児』。僕は二本だけです。『東への道』は、最後にリリアン・ギッシュが流氷にのって流されていくのが、たまりません。『散り行く花』と『東への道』は、リリアン・ギッシュが魅力的な二本です。

青山　『嵐の孤児』は、多分最初に観たグリフィスですね。アテネの特集だったと思います。いまだに映画の中の雨の描写が結構好きなんですが、あの映画では、パッと傘を差したら、その乾いた黒いこうもり傘に、巨大な雨粒がボタボタボタって降り注ぐ。一瞬で終わってしまうロングショットなんですけど、あんな描写があり得るんだと感心した記憶があります。

伊藤　それはすごいことを聞いたなあ。観直さないといけない。

青山　そんなことを言いはじめると、僕は、観なければいけない映画がたくさんある。伊藤さんが最初に挙げられた、映画草創期の十八本、これはほとんど観ていませんから。観ているのは、『誉の名手』『男性と女性』『散り行く花』くらいですよ。完全な勉強不足です。

伊藤　いやいや、青山さんの挙げられた三百本のリストを見て、僕は本当に感心したんです。全然知らない題名がいくつもありましたから。特に最後のほうに。話を戻すと、グリフィスのあとが、シュトロハイムです。『グリード』が唯一重なっています。僕はその一本しか挙げていません。青山さんは、加えて『愚なる妻』と『クィーン・ケリー』を挙げています。

青山　『クィーン・ケリー』は、『サンセット大通り』で引用されていますよね。あれを観て、その全体像がいつか知りたいと思っていたんです。超ロングバージョンを観て、度肝を抜かれました。この人は頭がおかしいと思った（笑）。

伊藤　一本一本すごい記憶力ですね。

青山　今日は、おうかがいしようと思ったことがあるんです。『読書人』で堀禎一君と対談をされていましたよね（六月三十日号）。すごく面白い話があって、ドゥルーズ批判をしている。伊藤さんは、こんな発言をされています。「ドゥルーズが称揚するのは、常に表象以前のもの、潜在的なもの、画面に映っていないものです。彼の『シネマ』が提示するのは、反表象の反シネマであり、僕らはこれをそのまま認めるわけにはいきません。でもこうした問題に対処できなかったから、日本のシネフィルは、この二〇年間影響力を失い続けてきたのです」。まさに、そういうことだったんだろうと思います。つまり、ショットの記憶というものが、あたかも必要ないと考えられるようになってしまったということですよね。

伊藤　特にこの二〇年間は、そちらの方向になっています。

青山　蓮實さんが「ショット」について強調していたけれど、それが何のことか、最早わからなくなってしまっているわけですね。

伊藤　ただ、僕も若い頃は、「ショットの記憶」で勝負していたんですが、今はそれもかなり怪しくなっています。記憶がごちゃ混ぜになってしまっているところがあって、もしかしたら違う映画を挙げている可能性さえあります。

青山　逆に言うと、伊藤さんみたいにシネマテークに通いつづけて、どの映画のどのショットだったのかが最早わからないという、すべての記憶がごっちゃになるぐらいの経験こそが必要だと、僕は思うんですよ。それと、伊藤さんのリストを見ていると、最初にサイレント作品がバーンと並んでいますよね。自分はそういう体系化ができていない。僕の場合、大まかに言って、最初の方は、サイレント時代からやっている人たち、次はサイレントをやらなかったけれど大きな存在の人たちみたいな括りで挙げていったんです。そこから徐々に現在に近づいていく。

伊藤 リュミエール兄弟から年代順に並べていますから、体系的に見えるだけだと思います。最初に挙げた一九一〇年代までの十八本のサイレントは、パリで観たものが多いですね。当時は、帰国したらもう観られないだろうと思っていましたから、上映があれば、何をおいても観にいっていました。

青山 堀君と話していたマリオ・カゼリーニの『されどわが愛は死なず』、これはどういう映画なんですか。

伊藤 ある女優が御曹司と恋に落ちるんだけど、彼女の生い立ちには秘密があって、という話です。確か蓮實さんも、『批評空間』で昔、絶賛していました。

青山 手紙を書くシーンの描写の仕方について論じていたものかな?

伊藤 それです。駅のカフェのシーンですが、ホームの縦構図で、ヒロインが画面の手前に座って、テーブルで別れの手紙を書いている。このショットを蓮實さんが大絶賛していました。

青山 それは、いい話を聞いた。僕は観ていないので、頭の中で、どんなショットなのかなと思い描いていたんです。そう言えば、今年に入ってから、ゴダールの『コケティッシュな女』がYouTubeに上がったんですよね。あの冒頭が、部屋の中で手紙を書く女だった。その撮り方が、メチャクチャうまいんです。最初の劇映画のはずですが、新人ゴダールはすごくうまい。

伊藤 『されどわが愛は死なず』の手紙のショットは、最後の方に出てくるんですが、あのショットだけ異質な構図で、びっくりします。蓮實さんが注目したのはよくわかります。ただ、ああいう突出したショットだけでなく、室内の何気ない引きの固定ショットがどれも完璧で、映画のどの瞬間も素晴らしいんですよ。

青山 イタリア映画というと、僕は、完全にロッセリーニ以降なんです。それ以前はまったく観ていないと思います。その辺りのイタリア映画が、どんなに強力なものだったのか、是非知りたいですね。

伊藤 すごいディーヴァが三人いますよね。『されどわが愛は死なず』のリタ・ボレッリは抑制のきいた演技がよくて、素晴らしい。次に、フランチェスカ・ベルティーニは『アッスンタ・スピーナ』の主演だけでなく、共同監督と共同脚本もしています。あとはピナ・メニケリ。彼女はジョヴァンニ・パストローネの『王家の虎』や『火』で圧倒的な演技をしました。『火』は淀川さんが絶賛していましたね。やはり、この三人でしょうか。

青山 淀川さんと山田宏一さんと蓮實さんの鼎談でも、淀川さんが、イタリアのディーヴァたちがどんなに素晴らしかったかという話をなさっていましたよね。蓮實さんも観てはいるんでしょうけれど、あまり直接的な体験とはおっしゃらず、アンナ・マニャーニ辺りからの話ではじまる。

伊藤 蓮實さんと話していたときも、「あの頃のイタリア映画は、あまり観ていません」と謙遜しておっしゃっていました。僕もほんのわずかしか観ていませんよ。

青山 さっき岡田茉莉子さんの話をちょっとしましたが、岡田さんを皮切りに、「女優の映画」を考えているうちに、中盤ぐらいから、アンナ・マニャーニ特集になってしまったんです。一四八番のヴィスコンティ『われら女性』、その次のパゾリーニ『マンマ・ローマ』とか、次々にマニャーニの映画が頭に浮かんだ。それで一旦戻って、ルノワールは『黄金の馬車』にしようかなとか、マニャーニだけで随分迷いました。

伊藤 アンナ・マニャーニは『噴火山の女』というウィリアム・ディターレの映画に出ていますが、この映画って、ロッセリーニがバーグマン主演で撮った『ストロンボリ　神の土地』に対抗して製作されたんですよね。バーグマンに嫉妬して。同時期に撮影して、ロケ地もすぐそばだったんですよ。『ストロンボリ』と比較するとさすがにつらいんですが、ディターレ版もなかなかいいです。

青山 彼女の映画は、イタリア時代とアメリカ時代と両方観たくて、いろいろ探しているんですが、なかなか日本版DVDがないんですよね。ディターレのは観たいなあ。アメリカだと『蛇皮の服を着た男』くらいか。『バラの刺青』なんて早く出ないものか。

伊藤 ディーヴァに戻りますが、『されどわが愛は知らず』のリタ・ボレッリは、ニノ・オクシリアの『サタンのラプソディ』も主演しています。これが妖艶な演技で、素晴らしいんです。シネマテーク・フランセーズで修復された綺麗なプリントで観たんですが、本当によかった。日本では誰も話題にしてくれないので、悔しい思いをしているんです。ニノ・オクシリアの映画では、『青い血』がフランチェスカ・ベルティーニ主演で、『パパ』がピナ・メニケリ主演で、どちらもいいんです。

青山 観たいなあ……。このアウグスト・ジェニーナの『さらば青春』も、イタリア映画ですか。

伊藤 そうです。これは学生時代に、竹橋のフィルムセンターで観ました。「発掘された名画たち　小宮登美次郎コレクション」という特集上映に毎回通って、そこで観た一本です。学生と下宿先の娘の恋の話で、愛する男の乗る汽車を女が陸橋の上から見送るラストが切なくて、泣きました。女優はマリア・ヤコビーニ。ジェニーナは後に別のキャストでリメイクしていますね。ジェニーナの監督作では、『ミス・ヨーロッパ』も大好きです。

青山 そのあとのエドゥアルド・ベンチヴェンガ『マリューテ』もイタリア映画？

伊藤 これは十分にも満たない短篇ですが、どのショットも強烈で、シネマテークで観て衝撃を受けたので入れました。やはり、主演のフランチェスカ・ベルティーニが素晴らしいんです。こういう映画を、日本でちゃんと上映して欲しいんですね。

青山 日本ではほとんど知られていないと思いますから、大いに喧伝すべきですよ。

伊藤 ただ、最近はインターネットにあがっていたりするんですよね。当時は、これを逃したら一生観られないと思っていたので、なんとしてでも上映に駆けつけました。それが今では、ネットであっさり観て語られたりして、悔しいです(笑)。

青山 伊藤さんは、ルビッチは何を挙げてらしたんでしたっけ？

伊藤 『結婚哲学』『陽気な巴里っ子』『街角』と、変な選択ですね。

青山 僕は悩みに悩んで、結局『生きるべきか死ぬべきか』『天使』『天国は待ってくれる』の三本にしました。サイレントを入れられなかった。

伊藤 僕はルビッチをわかっていないのかもしれませんが、サイレントの方が好きなんです。

青山 自分もサイレント時代が好きなはずなんだけど、なぜか選びきれなかった。

伊藤 『結婚哲学』と『陽気な巴里っ子』は学生の頃、アテネフランセでいつもやっていました。こんな面白い映画があるのかと思いました。

青山『陽気な巴里っ子』は最高ですよね。その辺りどうもあきらめて、この三本になってしまったんだな。『結婚哲学』と同年に撮られた『ボリシェビキの国におけるウェスト氏の異常な冒険』、これはボリス・バルネット主演ですよね。僕もバルネットで探っていって、『ミス・メンド』と『青い青い海』を挙げたんだ。

伊藤『ミス・メンド』はフョードル・オツェプとの共同監督作ですよね。バルネットの処女作でしょうか。

青山 最初の監督作品だったと思います。やたら長いんですよね。しかも異常な活劇で、これ絶対に人死んでるよっていうぐらい激しいものだった(笑)。

伊藤 僕は、バルネットでは『帽子箱を持った少女』と、青山さんと同じく『青い青い海』です。

青山『青い青い海』は絶対に重なりますよね。

伊藤 ボリス・バルネットは、一九四五年に『ダーク・イズ・ザ・ナイト』というのを撮っていて、これもすごく面白いんです。ドイツ軍占領下の村で、ヒロインが兵士たちを屋根裏部屋に匿う話で、兵士の呻き声が聞こえないように娘が大声で歌ったりするんですね。

青山 二〇〇〇年代に入ってからだったと思いますが、ロカルノ映画祭で、戦後のロシア映画の特集があって、バルネットのカラー作品を観た記憶があります。コルホーズを舞台にしていて、ものすごく変な映画です。あのときに驚いたのが、ロシアのスタンダードサイズが、正方形よりちょっと横が短いんじゃないかっていうぐらい縦長に見える画面だった(笑)。もちろん個人的な印象ですが、スクリーンがおかしいんじゃないかと疑いました。藁を積んだ馬車が走るのをパンでずっと追っかける。雄大な景色なのに、なぜか縦長なんです。おかしいなこれと思いながら観ていました。伊藤さんが次に挙げられた『香も高きケンタッキー』、これが自分の中での欠落としては一番痛い。二年ほど前に上映がありましたよね。でも、他に予定があっていけなかった。

伊藤 二回やって、そのうちの一回が丁度大学の仕事のない日だったので、観られました。

青山 あのときは、わが身を呪いましたよ。なんでこんな時に限って予定が入っているのか。

伊藤 馬が語る映画なんですよ。見逃したらいけないと思って、何時間も前にいったら、一番でした(笑)。

青山 伊藤さんは、そのパターンが多いですね(笑)。パリのシネマテークで何度かお見かけしたときも、大抵一番前に並んでいる。

伊藤 それで、青山さんが次に挙げられているのが溝口健二で、『浪華悲歌』『残菊物語』『雨月物語』です。僕は『祇園の姉妹』『西鶴一代女』『近松物語』で、ここは一本も重なっていません。

青山 丁度逆にいっているんですよね。

伊藤 客観的には『浪華悲歌』のほうがいいのかなと、僕も思うんですけれど、どうしても『祇園の姉妹』を挙げたかったんです。

青山 これは、どっちがいいとも言えないですよ。

伊藤 『祇園の姉妹』の山田五十鈴はよかったなあ。もちろん『浪華悲歌』の山田五十鈴も素晴らしいんですが。

青山 いずれにせよ女優・山田五十鈴が最高です。

伊藤 僕は溝口だと、『近松物語』に一番思い入れがあります。『雨月物語』で溝口を初めて観て、それで好きになりました。だから『雨月物語』でもよかったんですが、大学生のとき、『近松物語』の香川京子に感動してしまって、それでこちらを入れました。

青山 本当は僕も、『近松物語』の方が好きかもしれません。ただ『雨月物語』には異常な拘りを持ったシーンがいくつかあるんです。授業でも『雨月物語』を取り上げていますす。『近松物語』に関しては、あまりにも思い入れがあり過ぎるから、自分が何を言えばいいか忘れてしまうだろうなと思って、『雨月物語』にしているところもあります。もちろん『残菊物語』も、自分が何を言っているかわからなくなる代表格の映画です(笑)。あの女優、森赫子はすごいですよね。花柳章太郎にバーンと殴られて、パッと倒れるんだけれど、すぐに起き上がる。またバーンと倒れて、すぐ起き上がる、それを二回か三回か繰り返す。一体どんな映画なんだと思って、ボロボロ泣きながら観てました。

伊藤 溝口の次がヒッチコックです。『めまい』は当然重なっています。あとは青山さんが『汚名』と『マーニー』で、僕は『疑惑の影』。

青山 ヒッチコックについても、どれを入れてもいいですよね。僕は『疑惑の影』を一回入れて消しているんです。『汚名』に変えた。たぶんバーグマンの最良作としてかな。

伊藤 青山さんの選ばれた三本は、「男女の異常な愛」の物語ですよね。『マーニー』のラブストーリーはすさまじい。

青山 ぶっ壊れている映画だなと思っちゃいますよね。破綻しているかもしれないけれど、やっぱり忘れられない。

伊藤 強烈ですよね。それから、ハワード・ホークスは『赤ちゃん教育』が重なっています。あとは青山さんが『コンドル』と『脱出』、僕は『港々に女あり』『モンキー・ビジネス』『リオ・ブラボー』です。ホークスは、実はジョン・フォード以上に好きかもしれない。とても肌が合うんですよ。

青山 縛りがあるから三本にしていますが、ホークスこそ選べない。どれを挙げても、それが一番好きだと言いたくなる。このあいだDVDで初めて観たんですが、『暁の偵察』、あれもすごい映画だった。

伊藤 『今日限りの命』もいいです。僕はわりとホークスのコメディが好きなんですが、西部劇から挙げるとすれば、『リオ・ブラボー』ですね。

青山 『コンドル』を入れた理由は、直前に挙げた『汚名』からの影響だと思います。やっぱりケイリー・グラントっていいよなあと思って、『コンドル』にした。『赤ちゃん教育』も、ケイリー・グラント繋がりで思いついた一本です。

伊藤 ケイリー・グラントだと、僕はコメディなんです。

青山 コメディを『赤ちゃん教育』一本に絞って、『コンドル』と『脱出』を入れてみたということになるのかな。後々までずっと続くあのチーム性、ハワード・ホークスの持っているチームの魅力が、最初に現われたのが『コンドル』だった気がするんですよね。もちろん、もっと前にもそれがあって、僕が観ていないだけなのかもしれませんが。

伊藤 次は、ラオール・ウォルシュで『港の女』。ヒロインのサディ・トンプソンをグロリア・スワンソンが演じています。

青山 ウォルシュ自身も出ていますね。相当野蛮な映画です。

伊藤 すごいところを挙げてきたなと思いました。ウォルシュは『いちごブロンド』が重なっていて、他に青山さんが『鉄腕ジム』、僕は『バワリイ』と『白熱』です。

青山 『バワリイ』は記憶が薄すぎて、挙げられませんでした。

伊藤　『鉄腕ジム』と『バワリイ』は迷いますね。両方入れるのもありなんですが、どちらか選ぶとしたら、やっぱり『バワリイ』だなと思いました。

青山　ここでもあえて僕は、ウォルシュからギャング映画と西部劇を抜いているんです。この人はニューヨーク生まれで、本当は都会人である。その意味では、『バワリイ』を入れるのが大正解だと思います。あれはニューヨークの話ですからね。『いちごブロンド』も確かニューヨークの話だと思いますが、都会のあんちゃんであるウォルシュという感じを、この三本を入れることによって出したかった。

伊藤　ウォルシュの映画はパリでかなり観ました。『大雷雨』も素晴らしいし、一九一五年のサイレント映画『更生』、これが見事なんです。ギャングがある女に出会って更生するという物語ですが、とても端正で、簡潔に描かれています。

青山　やっぱりシティボーイ、都会派なんですよ、ウォルシュという人は。後期になると西部劇ばかり撮るけど、実は仮の姿なんじゃないか。

伊藤　前期の作品は、『漂白ひ人』や『紅の踊』『藪睨みの世界』『再生の港』『美しき野獣』と、どれもいい。

青山　僕は観にいけませんでしたが、フィルムセンターのウォルシュ特集で、『藪睨みの世界』はやっていましたね。

伊藤　『セントルイス・ブルース』とか、この辺りはシネマテーク・フランセーズのレトロスペクティブで観ました。残念ながら、全制覇はできなかったんですけれど。

青山　作品数が多すぎますからね。僕も一九二〇年代のものは、ほとんど観ていません。観ているのは、二八年の『港の女』以降ですね。翌年に『懐しのアリゾナ』があって、そこで目を怪我して、次から完全にトーキーになった。片目になってからのウォルシュ、そこから先の作品をもう一回全部観直そうとしているところです。

伊藤　キング・ヴィダーは重なっていませんね。『群衆』『ステラ・ダラス』『摩天楼』を挙げた青山さんに対して、僕は『ラ・ボエーム』と『北西への道』です。

青山　この前、『群衆』を観直したんですよ。ド傑作でした。これはすごい。

伊藤　僕もヴィダーが大好きなんですが、『群衆』『摩天楼』の社会派ラインとは違うものを選びました。

青山　『北西への道』は、スペンサー・トレイシー主演で、山を船で越えていく映画ですよね。

伊藤　僕の選択は変ですね。ヴィダーは他にもいいものがたくさんあります。サイレントの『活動役者』も素晴らしかった。

青山　最近もアテネフランセでやってました。又しても都合が悪くていけませんでしたが。

伊藤　『ステラ・ダラス』は、ヘンリー・キングのサイレントに続く二度目の映画化ですね。主演のバーバラ・スタンウイックが最高でした。

青山　号泣した映画の三本を挙げたら、これが一本入ります。ヴィダーの『ステラ・ダラス』は圧倒的に泣けた。

伊藤　本当にいいですよね。あと、『結婚の夜』や『ルビイ』もいい。

青山　ヴィダーのあとに、なぜ僕はブレッソンがきてるんだろう？

伊藤　ルノワールについで、フランスの監督です。

青山　なんでここに挙げているのかがよくわからない（笑）。順番からすると、その次にくるジャック・ベッケルの方が先に挙げられるべきですよね。

伊藤　ブレッソンは『少女ムシェット』と『ラルジャン』が重なってい て、青山さんがもう一本『バルタザールどこへ行く』、僕は『やさしい女』と『たぶん悪魔が』です。バスのシーンの細かいカット割りやラストの拳銃の音に圧倒されたので、『たぶん悪魔が』を選びました。

青山　『たぶん悪魔が』は、僕はＤＶＤでしか観られていないんです。巡りあわせもあって、なぜだか縁遠い映画ってありますよね。そうした一本です。

伊藤　僕はシネマテークの全作上映で観ました。『やさしい女』は、高校生のときに有楽町の映画館で観て、冒頭の女性の飛び降り自殺でいきなり打ちのめされました。なので、ブレッソンの原体験は『やさしい女』なんです。

青山　女性のショールが飛ぶ映画っていくつかありますけど、『やさしい女』がベストですね。『黒衣の花嫁』とかよりも、『やさしい女』が一番いい。ただ、三本限定にしているので、残念ながら入れられませんでした。僕は『バルタザールどこへ行く』という映画に、妙に惹かれるんです。

伊藤　主演のアンヌ・ヴィアゼムスキーにですか。

青山　ヴィアゼムスキーなのか、ロバなのか（笑）。多分ロバにやられたんだな。「ブヒブヒブヒ」って、あの鳴き声が忘れられない。あれに尽きますね。

伊藤　次のジャック・ベッケルも重なっていませんね。『現金に手を出すな』『肉体の冠』『穴』と挙げられていて、僕が『偽れる装い』と『エドワールとキャロリーヌ』。

青山　ベッケルはホークスと一緒で、僕の場合、どれを選んでもいい。

伊藤　『現金に手を出すな』と『穴』、これは男性的な選択ですよね。やっぱり青山さんの三百本を見ていると、男を感じますね。

青山　だから、あえて「女優、女優」と考えながら選んでいったんです。そうでなければ、もっとマッチョなリストになっていた(笑)。『現金に手を出すな』も、はっきり覚えているのが、蓮實さんの授業ですね。『大砂塵』と合わせて取り上げて、「この二本には、どんな共通点があると思いますか?」という質問があった。多分四十分間だったと思いますが、ほとんど時間的省略がないという指摘だったと思います。『現金』ならば最初の一夜、『大砂塵』なら、襲撃犯の一味がやってきてから帰るところまで、ほとんど省略なしで時間が流れる。

伊藤　『現金』はわかるのですが、『大砂塵』はどうだったかな。よく覚えていません。

青山　最初、鉄道工事の崖を発破で吹っ飛ばすところからはじまるんですが、スターリング・ヘイドンが慌てていると、今度は崖の下で馬車が襲われている。そのまま崖を降りていって、ジョーン・クロフォードの店にたどり着く。そこから夜までが、ほとんど時間的省略がない。

伊藤　それは気づきませんでした。

青山　僕もわからなかった。誰も答えられなかったんじゃないか。映画っていうのは省略で成立しているはずなのに、この二本には時間的省略がほとんどない。それが、あの授業の主眼でした。

伊藤　その『大砂塵』も、挙げていらっしゃいますね。ニコラス・レイでは、あとは『危険な場所で』と『ラスティ・メン』。『ラスティ・メン』を挙げてくるとは思いませんでした。

青山　『さすらい』のヴェンダース繋がりと言ってしまうと変ですが、床下に潜って、缶を開けて懐かしのものを見るシーンがありますよね。僕は『月の砂漠』の中で、床下にまでは潜らせなかったんだけれど、戸棚を開けると、子どもの頃の缶が出てくるシーンで引用しているんです。『危

伊藤　険な場所で』は、押しも押されぬ大傑作だと思います。『危険な場所で』は、アイダ・ルピノがよくて入れたかったんですが、結局『夜の人々』になりました。僕は「犯罪者逃亡もの」が大好きなんです。ラングの『暗黒街の弾痕』とか、ルイスの『拳銃魔』とか。なので、どうしても『夜の人々』がはずせませんでした。

青山　『夜の人々』に関しては、十年ぐらい前から、授業で取り上げてきたんですよ。最初に主人公が刑務所を脱獄して、兄貴の家にいく。あのシーンの全カット分析をやりつづけてきました。学生にはこう言うんです。「君たちの映画は、なんで人が座ったり立ったりしないのか」と。

伊藤　ニコラス・レイって、その演出がうまいですよね。それだけで切り返しが面白くなる。『暗黒街の女』にもそういう場面があります。足の怪我を使ってやるんですよね。

青山　一番顕著なのは、『夜の人々』の中で、ファーリー・グレンジャーがストーブに火を点けるシーンですね。ボウイとキーチでストーブに火を点けようとしている。テーブルに一人、立っている人が一人、基本的に三つの視点が高低差を作る。これが豊かな演出というもんじゃないかと、学生に向かって話すわけです。

伊藤　目の高さを変えるだけで、室内の会話のシーンが生き生きとしてくるんですよね。今言われて思い出しました。今日はその話を聞けてよかった。青山さんは、批評家よりもずっと映画をきちんと観ていて、分析も本当に素晴らしい。それに比べると、日本の映画評論家は、どれだけ映画を観ているのか。これでは、まったく敵わない。

青山　映画美学校で教えはじめたときから、そのことは話していました。ただ僕の場合、批評家の目線というよりも、あくまでも作り手として考えているだけだから、ちょっと違う分析の仕方になるんだと思いますね。

伊藤　ニコラス・レイも、シネマテークで全作上映をやったときにすべて観ましたが、こうやって指摘されるまで、なかなか細かいところを思い出せません。『孤独な場所で』『マカオ』『追われる男』『理由なき反抗』『黒の報酬』『無法の王者ジェシイ・ジェイムス』『にがい勝利』『エヴァグレイズを渡る風』、全部いいなあ。

青山　『にがい勝利』で思い出しました。僕が挙げたリストのニコラス・レイ近辺の監督で言うと、その前に、ジョセフ・

ロージーが三本並んでいますね。『風景の中の人物』『銃殺』『召使』。『にがい勝利』と『風景の中の人物』、それとアルトマンの『クインテット』、あの三本に共通する技があるんです。後ろから襲って、顎を上げて、ナイフで喉元を切り裂く。三本とも、この殺し方をやるんです。これは今のアメリカ映画では、倫理上禁止されているそうです。時代劇でもダメみたいですね。『クインテット』は、ヴィットリオ・ガスマンが切るんじゃなかったかな。アルトマンは『クインテット』ではなく、僕は変な作品を入れてますね。『バード★シット』と『突撃！O・Cとスティッグス／お笑い黙示録』(笑)。本当に傑作だと思いますが、誰も信じてくれない。

伊藤 『バード★シット』はいいですよね。僕はもっと変なものを入れています(笑)。『フール・フォア・ラブ』。高校生のときに観ました。主演のサム・シェパードとキム・ベイシンガーがいいんですよ。

青山 その辺りの伊藤さんが挙げられた八〇年代のリストを見ていると、まさに一緒の時間を過ごした感じがしますね。アルトマンは、この前PFFで特集をやったとき、『わが心のジミー・ディーン』が上映されたんです。あれも素晴らしかった。もう一回観たいですね。

伊藤 いいですよねえ。アルトマンは他に、『ロング・グッドバイ』『ボウイ&キーチ』『ナッシュビル』『三人の女』と、一九七〇年代が特に好きです。『ボウイ&キーチ』は犯罪者逃亡ものですね。この辺りは普通の選択かな。

青山 アルトマンは得意なものと苦手なもの、両方あるんです。乗れたなと思うものと、全然乗れなかったもの、様々です。

伊藤 少し順番を戻ると、カール・ドライヤーは『吸血鬼』が一緒で、『奇跡』『ゲアトルード』を青山さんは挙げてらして、僕は『吸血鬼』のみです。やっぱりいっぱい落ちてしまうんですよね。三百本では足りない。もし六百本だったら、ドライヤーは全部入れます。

青山 『吸血鬼』は絶対にはずせないし、『奇跡』にも、僕はどうしようもなく惚れ込んでいます。三本にしたけれど、『怒りの日』だって傑作ですよ。ドライヤーは、三本縛りがなければ、伊藤さんと一緒で、すべてはずせない。

伊藤 その次のフリッツ・ラングは、『死刑執行人もまた死す』だけが重なっています。青山さんはその他に『スピオーネ』と『M』を挙げていて、僕は『飾窓の女』を入れています。ノワール寄りですね。ラングはアメリカ時代かなと思って。『スピオーネ』はちょっと驚きました。

青山 もちろん僕も、ラングはアメリカ時代だなとは思っているんです。ただ、最近観直したこともあって、『スピオーネ』と『M』、こっちのラインで攻めたかった。特に『M』ですね。これだけ余裕を持って、こんな犯罪映画を撮るなんて、今や絶対に望めないような豊かさがある。

伊藤 でも、やっぱり『飾窓の女』のジョーン・ベネットが好きだなあ。

青山 彼女は悪い女のイメージがあって、僕はどこかで敬遠しているのかもしれませんね。怖いな、この女って(笑)。

伊藤 ああいう悪い女に騙されてみたいなっていう。悪女の映画が好きなんですよ。それから、次の成瀬巳喜男が、不思議と重なっていないんですよね。青山さんが『夜ごとの夢』『流れる』『晩菊』。僕は四本挙げていて、『鶴八鶴次郎』『歌行燈』『浮雲』『乱れる』。

青山 これまた、そっちの路線でも全然OKという世界ですね。

伊藤 この四本が、僕にとっては成瀬の鉄板です。

青山 『鶴八鶴次郎』と『歌行燈』は、普通に選べば絶対に入りますね。でも僕は『夜ごとの夢』をどうしても入れたかった。このあいだ観直してみて、本当にいいと思えたんです。『夜ごとの夢』と『流れる』については、水を撮らせたら天下一品の監督であることを感じられた二本です。『夜ごとの夢』は港、『流れる』は隅田川です。あの川の描写が素晴らしい。もし自分が川や港を撮るとなったら、こういうふうに撮りたいと思いました。『デデという娼婦』も港からはじまるドラマで、『夜ごとの夢』もそれに近いような話ですよね。確か横浜だったと思いますが、あの港の感じが欲しいなと、今思っているところです。

伊藤 イヴ・アレグレの『デデという娼婦』を僕は挙げていて、まさにあの港のパンショットにやられたんです。そうすると、次に挙げられた清水宏の『港の日本娘』も、その繋がりですね。

青山 この辺は、成瀬と言えば清水宏でしょうという感じで、ポンポンと繋がりました。

伊藤 清水宏は、あと『風の中の子供』と『小原庄助さん』ですね。僕は、入れるとしたら『港の日本娘』ですが、伊藤大輔と比べちゃって、結局、『忠治旅日記・御用篇』と『御誂次郎吉格子』を入れてしまいました。青山さんは、伊藤大輔は入れていらっしゃらなかったですね。

青山 単純な理由で、『忠治旅日記』に縁がないんですよ。必ず何か予定があって観られない。それを繰り返している。

伊藤 僕は竹橋で三時間以上並んだのかな。大学生の頃って暇だから(笑)。

青山 そうやって観にいくしかないんだけど、あの特集上映のときは、時間がなかった。大学を卒業して助監督になった頃に、竹橋のフィルムセンターで初めて伊藤大輔の特集が組まれた。その時期には、完全に現場にいましたから、まったく時間が取れませんでした。

伊藤 次のマキノ正博の『阿波の踊子』ですが、これは、僕は観ていないんです。

青山 京都映画祭でマキノ特集をやったときに観たんだと思います。これは、日本映画史上最大のモブシーンだと思います。街中で阿波踊りを踊る。ものすごい迫力だった。

伊藤 それとマキノは、『婦系図』と東宝版『次郎長三国志』シリーズを挙げています。

青山 『婦系図』は、個人的な「新号泣三本」の中の一本ですね。二、三年前に観ました。池袋の新文芸座でやっていた。観ながら涙が止まらなくなってしまって、家に帰りにくかった(笑)。三隅研次のも観たけど、最後は普通に終わる。マキノの映画は、男がどこか最果ての地に勤めにいく、そこに女が幽霊として現われる。あそこを観ていて、バーッと涙が出てきて止まらなかった。『婦系図』のあの話で、最後は幽霊ですよ。これは、すごい。実は、マキノのところは、ちょっとズルしてるんです。シリーズとして『次郎長三国志』を一括して取り上げている。これは圧倒的に越路吹雪の芝居にやられました。

伊藤 僕はごく普通に、『昭和残侠伝・死んで貰います』を入れました。『次郎長三国志』シリーズで入れるなら、第八部の『海道一の暴れん坊』ですね。

青山 伊藤さんは、任侠映画に対する思い入れってありますか。

伊藤 大学生の頃、それぱかり観ている時期がありました。加藤泰の『明治侠客伝　三代目襲名』を入れましたが、授業でいつも取り上げています。『緋牡丹博徒』シリーズや『日本侠客伝』シリーズ、山下耕作の『博奕打ち・総長賭博』も大好きです。ただ、実録やくざ路線をまったく選べませんでした。七〇年代の日本映画で選んだのは、日活ロマンポルノがほとんどです。実録やくざ路線で選ぶなら深作欣二の『仁義の墓場』でしょうが、監督としては中島貞夫の方が好きですね。両方入れればいいんでしょうが。

青山 任侠映画の話をつい聞いちゃったのは、堀禎一君の新作『夏の娘たち』を観ていて、この人の芝居に対する思い入れの仕方が、加藤泰みたいだと思ったからなんです。普通に俳優を撮っているんじゃない。この人たちから、一所懸命何かを引き出しそうとしている。この男はこういう男、この女はこういう女だって、すごい腕力で引き出している感じがするんですね。こんな演出は近年見たことがない。観ながらずっと加藤泰を思い出していました。ローアングルで入るわけでもないし、望遠を使うわけでもないのに、なぜか加藤泰的なものを感じながら観ていました。

伊藤 僕と堀君が大学生の頃に旧ユーロスペースで加藤泰特集が組まれて、かなり盛り上がりました。だから、強い影響を受けているはずです。そう言えば、この前話したとき、言っていましたね。加藤泰の『明治侠客伝　三代目襲名』を、十代の頃、テレビで観たんだけど、シネスコの両端がトリミングされていて、何も映っていないショットが続いたって（笑）。だから、加藤泰は絶対に好きだと思いますよ。

青山 そうだと思うな。

伊藤 六〇年代の日本映画だと、僕の場合、やっぱり東映の加藤泰、大映の三隅研次、日活の鈴木清順、この三人です。

青山 増村保造は入ってきませんか。

伊藤 初期の『青空娘』と『最高殊勲夫人』が大好きです。六〇年代なら、『赤い天使』かな。あれは素晴らしかった。あとは、晩年の『大地の子守歌』。でも、今挙げた三人とはちょっと毛色が違いますよね。

青山 僕は、『暖流』『赤い天使』『「女の小箱」より　夫が見た』を入れている。

伊藤 増村も好きなんですけど、たとえば徳田秋声原作の『爛（ただれ）』を撮っていて、これがよくわからないんです。なんでここにカメラを置くんだろうとか、思ってしまうんですよね。川島雄三の『女は二度生まれる』にも同じことを感じました。

青山 僕もダメなんです。みんなが川島雄三を好きなのはわかるんだけど、どうもそこじゃないはずだと思ってしまう。

伊藤 そう言っていただいて、よかった。僕が言うのもおこがましいのですが、そうじゃないだろうという感じがあるんですよね。それを増村の『爛』にも感じて、三百本のリストからは漏れてしまいました。

青山 意外だなというか、面白いと思ったのが、マックス・オフュルスの『永遠のガビー』を挙げてらっしゃいますね。非常に不思議な映画ですよね。

伊藤 階段と車椅子の場面が素晴らしくて、大好きなんです。

青山 あの映画は、あまりにも不思議すぎて、きょとんとしちゃいましたね。

伊藤 僕は、メチャクチャはまってしまった。青山さんは、オフュルスでは『快楽』を選んでいますね。

青山 いろいろ考えているうちに、『快楽』しか残らなかったのかな。

伊藤 僕は『歴史は女で作られる』も入れました。『忘れじの面影』もいいし、初期の作品に『売られし花嫁』というのがあって、これが素晴らしい。『永遠のガビー』とは雰囲気が違って楽しいけど、やはり不思議なところがあるから、合わないかもしれませんが。

青山 合わないというか、きょとんとしちゃうんですよ。『歴史は女で作られる』は、もちろん凄い映画だと思いますけど。

伊藤 『売られし花嫁』は、男女が小川を下るシーンや、馬に乗った男が掛け合いで歌うシーンが素晴らしくて。愛する男が金で自分を売ったと知って、娘が動揺する。その時の表情がすごいんです。幸せな気持ちになる映画です。

青山 『永遠のガビー』は、表情がすごいなと思いながら観ていました。女優にこういう顔をさせる。そこまで持っていく演出力は、どうやって身につけたんだろうと、観る度に感じますね。オフュルスは、ハリウッドでフィルムノワールを何本か撮ってますよね。その辺りはほとんど観てなくて、実際にどうなんですか。

伊藤 今回は挙げられませんでしたが、面白いですよ。

青山『魅せられて』と『無謀な瞬間』ですか。

伊藤ええ、その二本です。

青山『無謀な瞬間』は観たはずなんですが、よく覚えていない。確かジェームズ・メイソン主演でしたよね。

伊藤ジョーン・ベネットが男の死体を発見してからのシーンが、台詞も音楽もなくて、緊張感が高いんです。『魅せられて』もジェームズ・メイソン主演で、大金持ちだけど神経症の男を演じるんです。でもほんとは、『風雲児』のほうがいいですね。青山さんのリストで、ちょっと意外だったのが、ウルマーの『青ひげ』なんです。僕はウルマーでは、『奇妙な女』を選びました。

青山それも多分観てないんじゃないかな。

伊藤ヘディ・ラマールがいいんですよ。ただ、これはかなり悩んで、『恐怖のまわり道』か『奇妙な幻影』『野望の果て』『裸の夜明け』にすべきだったかもしれません。『裸の夜明け』はアーサー・ケネディ主演で、ハリウッドB級映画の代表作の一本ですね。

青山『青ひげ』を入れたのはたまたまですが、黒沢清さんの『ダゲレオタイプの女』を観ていて、これってウルマーじゃないのって思ったんですよ。数日経ってウルマーを観直してみると、そっくり同じフレームの画があって、ちょっとびっくりしました。本人にはまだ聞いていませんから、「知らない」と言われるかもしれませんが(笑)。それとプレミンジャーが一本重なっていますね。『堕ちた天使』は傑作ですよね。

伊藤詐欺師が田舎町の食堂で女に出会うんですよね。『歩道の終わる所』や『天使の顔』『バニー・レークは行方不明』もいいんですが、なぜ挙げなかったんだろう。

青山僕はもう一本『黄金の腕』を挙げています。たまたま大学がアメリカ文学科だったので、原作を先に読んでいたんです。それで観にいって、こんな映画になるのか、すっげえなあと思った。長ったらしい陰惨な小説なんですけど、映画の方が輪をかけて陰惨だった。ウルマーやジョセフ・H・ルイス、フレミンジャー、この辺の四〇年代ぐらいのノワールものはたまらなく好きですね。

伊藤青山さんの方が詳しいと思いますが、ジョゼフ・H・ルイスは『暴力団』が素晴らしいですよね。ルイスでは、『拳銃魔』が重なっています。

青山 ジョセフ・H・ルイスに、フリッツ・ラングの『暗黒街の弾痕』の銃撃シーンを、そのまんま流用している作品があるんですよ。それが『暴力団』だったのかな。どこかで観たことがあるなと思って、『暗黒街の弾痕』を観直しにいったら、まさにそれだった(笑)。

伊藤 『暴力団』も『拳銃魔』も大好きで、両方挙げました。『私の名前はジュリア・ロス』や『ソー・ダーク・ザ・ナイト』もいい。

青山 学生に一回『拳銃魔』を見せたことがあるんです。これがもっとも低予算のアメリカ映画の撮り方だったんだよと説明したんですが、あまりピンとこなかったみたいですね。そんなに面白い映画だとは思わなかったのでしょう。

伊藤 車の中のワンショットで銀行強盗を撮っていて、あれには衝撃を受けました。

青山 メチャクチャいいですよね。でも残念ながら、いまの若い人たちには全然通じないんだと思いました。

伊藤 二度目の銀行強盗の場面では、すごいパンショットがあって、これにも驚いたなあ。しかも、悪女にたぶらかされる犯罪者逃亡ものだからドンピシャで(笑)、一番好きなタイプの映画です。

青山 それで言うと、僕はさりげなくというか、そうでもないけど(笑)、七三番から七七番にかけて、オーソン・ウェルズとジャック・ターナーを並べているんですよ。ターナーの『過去を逃れて』はどうですか。

伊藤 好きですね。ロバート・ミッチャムがいい。オーソン・ウェルズは『上海から来た女』と『黒い罠』、この二本が好きすぎて、他のものは入れられませんでした。もちろん青山さんの挙げられた『偉大なるアンバーソン家の人々』『ミスター・アーカディン』『オーソン・ウェルズのフォルスタッフ』もいいんですが、『黒い罠』の冒頭の長回しがすごくて、これは授業で学生に見せても受けがいいですね。

青山 「観ておきなさい」的な映画ですね。ターナーはもう一本『キャット・ピープル』を入れました。それまでターナーの映画自体、あまりピンとこなかったんです。ただ、その前の『インディアン渓谷』を観て、これがすごい映画だった。何がすごいのか。何もすごくないんだけど(笑)、観た瞬間に、今ジャック・ターナーがわかったという瞬間がやってきた。そんな記憶に残る映画です。

伊藤 『キャット・ピープル』は僕も選びました。間もなく日本で公開されるマルコ・ベロッキオの『甘き人生』に出てきますね。ベロッキオもターナーが好きなんだなと思いました。いいですよね。『管理人の娘たち』や『ベルリン特急』も面白かったし。ジャック・ターナーって、『キャット・ピープル』や『ブードゥリアン』が有名だから、ホラーの監督のイメージがあるんですが、そうじゃないですよね。

青山 そこが面白いところですね。僕は、ベロッキオは何を入れてたかな？　『父の名において』ですね。

伊藤 僕は迷いに迷って、『虚空への跳躍』を入れました。『父の名において』は、カトリックの学校が舞台の映画ですよね。『甘き人生』も、主人公が子どもの頃、カトリックの学校に入れられて、そこで反抗していました。カトリックと政治への反抗というのが、ベロッキオの映画のパターンですね。

青山 ルノワールの『のらくら兵』のパターンですね。『のらくら兵』は軍隊で、『父の名において』は寄宿学校という違いはあるけど、同じパターンだなと思いました。確か『父の名において』も、最後は芝居のシーンがあって、ムチャクチャになって終わりますよね。ウェス・アンダーソンが『天才マックスの世界』で、そのパターンを踏襲している。

伊藤 そんなふうに結びつけては、まったく考えていませんでした。すごい気づきですね。記憶力が半端ではない。映画監督にこれをやられたら、批評家はどうすればいいんだろう……。

青山 偶然、これだと思っただけですよ。

伊藤 ここらへんで、七〇年代から八〇年代くらいのアメリカ映画に移りましょうか。青山さんはゲイリー・シャーマンの『ゾンゲリア』を挙げられています。すごいなと思いました。僕のリストにはありませんが、ゾンビ映画の中でも、かなり好きなやつなんです。ジョン・ハフの『ヘルハウス』も入れてらして、これが出てくるとは思いませんでした。

青山 この辺りは、変に記憶に残ってしまっているんですよ。ジョン・ハフも、いろんなタイプの映画を撮っていますよね。

伊藤 普通なら、『ダーティ・メリー　クレイジー・ラリー』辺りを挙げるのかな。

青山 あの映画は、あまり評価していないんです。みんな好きなんだろうけど、もう一回観直しても、ダメなんじゃないか。ところが『ヘルハウス』と、もう一本は『アメリカン・

ゴシック』、それとファンタジー系の『呪われた森』は傑作だと思っています。ホラー系の『アメリカン・ゴシック』もいいですよね。ロッド・スタイガーが主演で、変な奴らに拉致られる系の話です。『ゾンゲリア』もいいし、あとはラリー・コーエンの『ディーモン』も、未だに忘れられないワンシーンがあります。ちょっと言いづらいので、やめておきますけど(笑)。

伊藤 ラリー・コーエンでは、『ブラック・シーザー』という黒人ものが好きでした。

青山 八〇年代だと、ポール・バーテルの『スキャンダル・スパイ』もいい。バーテルは『デス・レース2000年』ばかりが話題にされますけど、『スキャンダル・スパイ』がベストだと、僕は思います。

伊藤 ナンシー・アレン主演のやつですね。僕はバーテルでは、『ビバリーヒルズの階級闘争の諸場面』というのが好きです。『プライベート・パーツ』と『シークレット・シネマ』も面白い。

青山 残念ながらその辺りは観てませんね。二〇〇番台の後半に挙げた中では、スティーヴ・カーヴァーの『サンダー・ブラスト／地上最強の戦車』もお薦めです。普通ならば『ビッグ・バッド・ママ』を挙げそうなものなんですが、僕の場合、なぜか『サンダー・ブラスト／地上最強の戦車』(笑)。もちろん『テキサスSWAT』も素晴らしいのだけど。

伊藤 『ビッグ・バッド・ママ』か『超高層プロフェッショナル』ですよね、普通は。それを『サンダー・ブラスト』にしている。すごいなあ。この辺りは、青山さんの独壇場ですね。

青山 『サンダー・ブラスト』は、原題は『バレットプルーフ』だったかな。ゲイリー・ビジーが主演で、体中に弾痕がある刑事を演じている。拳銃で撃たれながらも、決して死なない。最近『ローガン』という映画が公開されましたが、あれは完全に『サンダー・ブラスト』ですね。

伊藤 二九五番目に『ナイト&デイ』を挙げられています。僕は入れなかったのですが、ジェームズ・マンゴールドなら、どうしたって『ナイト&デイ』ですね。

青山 あんなにキャメロン・ディアスが素敵な映画はない。

伊藤 マイケル・マンは、『ALI　アリ』を入れています。

青山 マイケル・マンには正直あまり乗れないんですけど、何度も観ているうちに、この人もいいのかなと思いはじめたんですよ。『ALI』は語り口が陰惨でしょ。もっといろいろ盛り上げるところもあるだろうに、なんでこんな陰惨な話にしていくんだろうって、最初は全然乗れなかった。でも観直しているうちに、すごいことしてるんだなと思ったんですよ。本気で六〇年代以降の黒人史をやろうとしていることに気づいて、これは評価してあげないとダメだと思った。

伊藤 僕は『ブラックハット』です。素晴らしくないですか。

青山 あれはよかった。重たい映画だけど、素晴らしかったな。

伊藤 ラストの祭りのシーンがいいですよね。マイケル・マンの次がトニー・スコットで、『エネミー・オブ・アメリカ』。これは重なっています。でも蓮實さんは、トニー・スコットでこれは選ばないんじゃないかな。

青山 あの映画は、『カンバセーション…盗聴』との関係性を気づかせる、目配せ的なよさがありますよね。ジーン・ハックマンでなければ、もしかしたら違う映画になっていたかもしれないし、好きにならなかった気もします。ジーン・ハックマンそのものが好きというよりは、ジーン・ハックマンとの関係が好きだという感じです。

伊藤 コッポラは『カンバセーション…盗聴』と『地獄の黙示録』ですね。僕はマット・デイモン主演の『レインメーカー』です。リストの最後の五〇本は、ジェームズ・フォーリーの『NYPD15分署』とか、すごい題名が次々とあがっていますね。

青山 一本ぐらいチョウ・ユンファがあってもいいんじゃないか。そんな思いもあって入れたんですけど、今アクションを撮らせたら、ジェームズ・フォーリーが一番上手い。正直、そう考えているところがあるんです。最近は『フィフティ・シェイズ・ダーカー』とか、お色気ものを撮っているみたいですが……。二九三番目に挙げた『ビヨンドtheシー』、これはご覧になってます?

伊藤 残念ながら、観ていません。

青山 ぼくも劇場では観てないんです。最近DVDで観ました。監督・脚本・主演の三役をケヴィン・スペイシーが務める。この人、こんなにすごいことができたのかって、感心しました。ボビー・ダーリンの伝記映画で、ミュージカルです。ラストの踊りが、とにかくすごい。本当に特撮なしでやっているのかって思いますよ。これに較べると、イーストウッドの『ジャージー・ボーイズ』の最後の踊りのシーンは、全然よくない。二〇〇〇年代以降だと、伊藤さんは、たとえばハーモニー・コリンは『スプリング・ブレイカーズ』を入れてらっしゃいますよね。僕も好きなんですけど、ハーモニー・コリンっていうと、未だに『ガンモ』の衝撃が抜けられない。ただ『ガンモ』は入れられませんでした。

伊藤 変な監督ですよね。『スプリング・ブレイカーズ』は、いやらしい映画だから好きなのかな(笑)。同じ理由で、アレクサンドル・アジャの『ピラニア3D』も入れました。ビキニの女性がたくさん出てくるので、気分が落ち込んでいるとき、よくかけておくんです(笑)。

青山 落ち込んでいるときに観る映画が『スプリング・ブレイカーズ』と『ピラニア3D』、それはいいなあ(笑)。逆に、落ち込んでいるときには観る気がしないガス・ヴァン・サント、これを二本挙げていますね。

伊藤 『GERRY ジェリー』と『エレファント』という前衛的な二本になってしまい、ちょっと誤解を与えそうです。

青山 でも実は、この人の映画は同じテイストですよね。そんなこと言うと失礼だけど、前衛風のものも、普通の物語も、結構一緒な気がする。気になっていることがあって、ガス・ヴァン・サントの撮影をずっと務めていたキャメラマンが、二〇一二年に亡くなってしまったんですよね。ソフィア・コッポラの『ブリングリング』も、撮影はハリス・サヴィデスです。あれが遺作だったと思います。そう言えば、ソフィアのこの大傑作も入れられなかった。

伊藤 『ブリングリング』は素晴らしいですよね。でも、まわりの賛同を得られないんですよ。

青山 彼の画がガス・ヴァン・サントの映画を決定付けていたと思います。ハリス・サヴィデスが亡くなって、これからどうなるのか、ちょっと心配です。今の映画学校の学生たちもみんな知っていて、ハリス・サヴィデスが亡くなったことを、とても残念がってますね。

伊藤 ガス・ヴァン・サントでは、青山さんは『カウガール・ブルース』を挙げていらっしゃいますね。僕は『グッド・ウィル・ハンティング／旅立ち』も大好きなんです。これは数学青年の話で、実は僕は映画じゃなくて数学だったらもっと成功していたんじゃないかとよく思うので、号泣してしまうんです。話の設定だけで泣くから冷静に判断できなくて、入れられませんでした。

青山 突然話は変わりますが、今リストを見直していて発見したんですけど、ロバート・クレイマーの『ウォーク・ザ・ウォーク』を挙げてらっしゃいますよね。僕も入れようと思ったんです。実際には『ドクス・キングダム』を挙げてるんですが、『ウォーク・ザ・ウォーク』は、本当にすごい映画です。

伊藤 『ルート1』と『ウォーク・ザ・ウォーク』を挙げたんですが、『ウォーク・ザ・ウォーク』はびっくりしますよね。パリで観て、こんな映画があるのかと驚きました。

青山 彼の映画の中では一番すごいんじゃないか。もちろん『ルート1』や『ドクス・キングダム』も好きですが、『ウォーク・ザ・ウォーク』は別格です。

伊藤 こんなショットがあるのかと思うほどすごかった。アルノー・デ・パリエールの『アデュー』というフランス映画が、『ウォーク・ザ・ウォーク』にちょっと似ているんです。映像の感じが。『ウォーク・ザ・ウォーク』が好きなら、これも好きになると思います。パスカル・フェランの『レディ・チャタレー』の撮影を務めたジュリアン・ハーシュが、見事なショットを撮っています。最近のフランスの監督だと、セルジュ・ボゾンも好きなんですよ。『モッズ』が特に素晴らしくて、リストに入れました。『フランス』という映画もよくて、女の人が男装して戦場を渡っていくんです。ホークスの『僕は戦争花嫁』の逆ですね。

青山 その世代だと、ベルトラン・ボネロやセルジュ・ボゾンの名前は知っていますが、実際に作品は観ていないですね。

伊藤 ボネロは『ティレジア』を入れました。ブローニュの森に、外見は女性の綺麗な男娼がいて、主人公の男がこの男娼を監禁するんです。暗黒のような映画でした。ところで、ドキュメンタリーはいかがですか。僕は、海外ではワイズマンの『DV—ドメスティック・バイオレンス』を挙げました。青山さんは、ワイズマンを入れていませんね。

青山 ドキュメンタリーが入ってこなかったですね。『三里塚第二砦の人々』を入れていますが、小川プロの作品は、フィクションとして観ているところがあります。ワイズマンにしても、フィクションとしてしか観ることができない。

伊藤 僕もドキュメンタリーだからと言って、観方を変えることはまったくありません。『DV』のラストシークエンスは、こんなものは観たことがないというくらいよかった。青山さんは、土本典昭のドキュメンタリーも挙げておられませんね。

青山 土本さんの作品には、ドキュメンタリーならではの何かを感じています。小川プロの作品みたいに、フィクションとして受け止めきれないところがあります。

伊藤 『第二砦の人々』なんて、アクション映画ですからね。

青山 壮大な戦争映画ですね。

伊藤 小川紳介は、悩みに悩んで、『どっこい！人間節―寿・自由労働者の街―』を入れました。あれは衝撃的だった。他に漏れている監督としては、ジョニー・トーがいます。

青山 ジョニー・トーとも縁が薄いんですよ。気がついたら上映が終わっていたとか、知り合いから、「観にいったらあまり面白くなかった」「本当に面白いのはこっちだよ」とか言われたり、そういうケースが多いんです

伊藤 僕は『ザ・ミッション　非情の掟』と『ドラッグ・ウォー　毒戦』を入れました。『ザ・ミッション』を、サンジェルマン・デ・プレの映画館で観たときの衝撃は忘れられません。香港映画では、僕はツイ・ハークが大好きなんです。『ブレード／刀』と『ドリフト』を挙げましたが、この二本は絶対にすごいですよ。

青山 僕は香港映画に、もうひとつ乗り切れていない時期があって、それがツイ・ハークの全盛期に重なっているせいで、あまり観ていないんだと思います。ほとんどアメリカ映画しか観なくなった時期がありましたから。

伊藤 青山さんのリストは明らかにアメリカ映画好みで、しかも男性的ですね。でも僕は、香港映画も大好きなんですよ。キン・フーの『大酔侠』も入れましたし、とにかくツイ・ハークの『ブレード／刀』と『ドリフト』が大好きなんです。『ドリフト』をパリのレアールで観たときのことを、今でもよく覚えています。あまりにアクションがきついので、上映中、フランス人が耐えられなくて、次々と席を立っていきました。特に、女性客は無理だったようです。香港の団地の階段を、男がロープを使ってぐるぐる降りていくんですよ。ロープの反対の端には別の男の足が結ばれていて、この男は階段を転げ落ちていくんです。すごいワイヤーアクションの連続でした。

青山 そういうのは、３Ｄ化してくれないかな。観た人はみんな発狂する(笑)。ゼメキスの『ザ・ウォーク』という綱渡りの映画がありましたよね。僕はＤＶＤでしか観られな

かったんですが、劇場の3Dで観た奴が、気が狂うと言っていました。

伊藤 高所恐怖症なので、僕はかなりこたえるんです。『超高層プロフェッショナル』なんかも、きつかった。高い場所が苦手な人の感覚が、わかって撮っていますよね。

青山 『三里塚　岩山に鉄塔が出来た』だって、観ていてちょっと耐えられないところがありますね。田村正毅さんは命綱一本で撮影している。「普通の人はそんなことできない」って、田村さんには何度も言いました。

伊藤 絶対に僕はカメラマンになれないな。では、台湾映画はいかがですか。エドワード・ヤンの『牯嶺街少年殺人事件』は当然重なるとして、僕はもう一本、『恐怖分子』も入れました。ホウ・シャオシェンは三本、『恋恋風塵』『戯夢人生』『ミレニアム・マンボ』を挙げました。これは重なっていませんね。一本くらい重なるかなと思ったんですが。

青山 僕は『フラワー・オブ・シャンハイ』を入れたんですよね。この辺りは、なんとなく一本ずつにしちゃったんだな。ホウ・シャオシェン、エドワード・ヤン、チェン・カイコー、ウォン・カーウァイ。

伊藤 チェン・カイコーの『大閲兵』が渋いですね。

青山 倒れそうになるぐらい緊張しながら観た記憶があります。中国軍の訓練の映画で、灼熱の下、少年兵が、ずっと直立不動で立っている。クローズアップと超ロングで構成されていて、あれを観てると、こっちが倒れそうになる(笑)。

伊藤 僕はもうちょっと優しい『子供たちの王様』を選びました。青山さんはジャ・ジャンクーを入れていらっしゃいませんね。

青山 ダメなんですよ、僕は。「ジャ・ジャンクーがわからない」と言うと、必ず「どうして?」って聞き返されるんですが、どうしても合わない。

伊藤 僕は『青の稲妻』を挙げました。女がバスから出ようとして、男が何度も突き返したりするのがたまりません。とても肌が合うんです。

青山 なんだか乗れないんですよね。本人とは何度も会ってるんですよ。でも噛み合わない。

伊藤 ウォン・カーウァイの方がいいですか。

青山 いや、ウォン・カーウァイがいいというよりも、『花様年華』を入れているのは、カンヌのプレミアで観て、あのときの感動が大きかったからです。

伊藤 僕もパリで観たんですが、大絶賛の嵐でした。

青山 シラケるぐらいの大絶賛だった。カンヌで観たとき、上映直前の夕方、ウォン・カーウァイが、会場のそばの芝生の上で寝ているんです。ついさっきまで、いろんな人が行き交ったり座っていたりしていたのに、一時間ぐらいして、ホテルの窓から下を見ると、芝生のど真ん中に置いてある白い椅子に座って寝ていた。疲れてるんだと思って気を遣って、みんなその場からいなくなってしまったんでしょう。それから三時間後ぐらいに上映があって、見終わったあとに、主演のマギー・チャンがもの凄い形相で、ウォン・カーウァイを睨みつけていたのを覚えています。要するに、ラブシーンを全部切ってしまったらしいんですね。彼女も相当頑張って演じたはずなんだけど、監督が全部切ってしまった。

伊藤 僕は、ウォン・カーウァイは入れられませんでした。一番好きなのは、第一作『いますぐ抱きしめたい』です。彼がまだブレイクする前に観て、なかなかしっかりしているなと思ったんです。でもそのあと、ちょっと変な方向に進みました。

青山 僕も他の映画は乗り切れていない。『花様年華』だけは特別です。

伊藤 韓国映画は、キム・ギヨンの『下女』とホン・サンスの『浜辺の女』の二本だけですね。

青山 『浜辺の女』は初め観たとき、ビックリしました。ただそれ以降、どれを観ても同じかな(笑)。

伊藤 僕は『カンウォンドの恋』にやられました。それともう一本、『次の朝は他人』を挙げました。すべて同じなのにすべて違うというのが、もうホン・サンスの世界です。

青山 『次の朝は他人』はよかったですね。ホン・サンスにしては、珍しくシナリオがちゃんとしていた(笑)。

伊藤 イ・チャンホの『旅人は休まない』も入れたんですが、これは誰も何も言ってくれないんですね。

青山 僕も観てはいるんですが、忘れている。

伊藤 イ・チャンホの他の映画とはちょっと違うんですよね。前衛的で。

青山 中国映画では、ロウ・イエがいいと思いますね。ジャ・ジャンクーよりもロウ・イエを選びたいという気持ちがある。

伊藤　『スプリング・フィーバー』が重なっていて、嬉しかったです。この間の『ブラインド・マッサージ』もよかったですね。初期の『危情少女　嵐嵐(ランラン)』も好きで、ショットや編集がシネフィルっぽい映画ですけど、『スプリング・フィーバー』辺りでスタイルが変わるのが興味深いですね。あと、『ふたりの人魚』も素晴らしい。

青山　ロウ・イエの映画を観ていると、本当に同世代の監督だっていう気がするんですね。一番そのことを感じる、世界の監督のひとりです。ホン・サンスは戦略家だと感じるぐらいなんですが、ロウ・イエは、もうちょい時代観を共有できているように思います。

伊藤　アメリカ映画に戻って、ジョー・ダンテはいかがですか。僕は『インナースペース』を入れたんですが、どちらかと言うと、青山さんはジョナサン・デミ派なのでしょうか。

青山　ジョナデミ派なんですよ(笑)。というよりも、「シネフィルっぽい映画」という話を今されましたが、ジョー・ダンテ的なシネフィルが自分の中にないんですね。子ども時代から、シアターでの楽しみみたいなものを謳歌していない。だから、乗れないというよりは、わからないんです。

伊藤　僕は『インナースペース』や『グレムリン』シリーズが好きなんですよ。ジョナサン・デミなら、初期の『女刑務所・白昼の暴動』や『怒りの山河』がいいですね。

青山　『怒りの山河』を入れなかったのには、明確な理由があります。『Helpless』の原型と言える映画なので、入れるのもなんだなと思ったんですね。ジョナサン・デミに関しては、『羊たちの沈黙』からはじまって、『レイチェルの結婚』に至るまでの何本かは、僕が映画を作る上で、もっとも影響を受けたと思います。特に音響設計に関してはそうですね。この前も『キネ旬』で篠崎誠と喋ったんですけど、娯楽映画では、音響設計の面でもっとも先鋭的に感じられる。相当高度なことをやっていると思います。

伊藤　音響設計について教えてください。

青山　特に『レイチェルの結婚』はすごい。気が遠くなるような量の情報が入っているにも拘わらず、すべてをちゃんと整理整頓して編集している。アン・ハサウェイが、姉の結婚式にいくところからはじまりますよね。姉の家に着くと、そこからずっと、家の外と内のどこかで、ミュージシャンが演奏している。その音がぶつ切れにならずに流れているわけです。演奏をやめるように言うと、ぴたりと音が止まる。これってどうなってんのって思いますね。

伊藤 そこまでは気づきませんでした。そういう話を聞くと、確かにジョー・ダンテとはちょっと違いますね。それから、二九〇番台でジェームズ・グレイを挙げられていますが、『リトル・オデッサ』なんですね。僕は『裏切り者』と『アンダーカヴァー』を入れました。

青山 『リトル・オデッサ』にやられて、ジェームズ・グレイも、同世代だなという気持ちがした監督のひとりです。ただ、『リトル・オデッサ』以降は、技巧が目立っちゃってる感じがしますね。上手いというよりも、技巧派なんです。もうちょい真っ当なものを観たいんだけど、変に技巧が目立ってしまっている。でも『リトル・オデッサ』だけは真っ当なんですよ。

伊藤 今の説明でよくわかりました。でもジェームズ・グレイは、僕の好きなところを次々と突いてくるんですよ。『裏切り者』の冒頭で、停電になりますよね。僕は映画の停電がたまらなく好きで、それでアントニオーニの『夜』も入れました。

青山 『アンダーカヴァー』も、最終的に乗り切れませんでした。最後、ホアキン・フェニックスが草むらに入っていくシーンがありますよね。「頑張れ」と思いながら僕は観ていたんです(笑)。でも結局俯瞰に入ってしまう。その辺がどうしても乗り切れない。その意味では、変に細かいところばかりに拘っている。

伊藤 でも、雨の中の自動車の銃撃はいいですよ。それからリストを少し遡ると、ウィリアム・ピーター・ブラッティの『エクソシスト3』を挙げられています。僕は観ていないんですが、これはどういう感じですか。

青山 ブラッティは、二本映画を撮っていて、もう一本が『トゥインクル・トゥインクル・キラー・カーン』です。『エクソシスト3』は、主演がジョージ・C・スコットなので、そりゃあもうっていうぐらいのもんで(笑)、衝撃受けました。心から敬服している映画です。

伊藤 是非観てみます。二六八番に、ジョン・フランケンハイマーの『殺し屋ハリー／華麗なる挑戦』を挙げていますね。

青山 これも大好きなんですが、ちゃんと覚えていない映画の一本です。砂時計のように、記憶からどんどん零れ落ちていっている。良かったなと思っているのに忘れちゃっているのが、悔しくてしょうがない。最初は『フレンチ・コネクション2』を入れていたと思います。考え直して、『殺し屋ハリー』にした。でも、よく考えたらあまり覚えていない(笑)。

伊藤 『プロフェシー　恐怖の予言』が妙に印象に残っています。まあ、たいしたことないかな。

青山 僕は、六〇年代のお固いものより、七〇年代のダラダラした感じのフランケンハイマーの方が好きなんです。その後は乗れなくなってしまった。後半に挙げたものの中で、これは絶対に言っておかないといけないと思うのは、ペドロ・コスタの『ホース・マネー』です。ペドロは、これからもしっかり応援していきたい。

伊藤 僕も『ホース・マネー』は入れました。本当にすごい映画だった。

青山 ムチャクチャよかったですよね。こんなことを思いつく人だったのかっていうぐらい感心しました。

伊藤 ペドロ・コスタの少しあとに、パオロ・ベンヴェヌーティの『魔女ゴスタンザ』を挙げられています。

青山 ロカルノ映画祭で『ヴァンダの部屋』と一緒に観たんです。僕が審査員のひとりで、この二本を押した。でも、他の誰も押しませんでした。『魔女ゴスタンザ』は、中世の魔女狩りの話で、途中、階段を昇って来て整列する甲冑の集団が登場する。僕は甲冑フェチなんですよ(笑)。あのカチャカチャという鳥肌が立つ寸前ぐらいの甲冑の音にたまらなく酔いしれる。これと、エルマンノ・オルミの『ジョヴァンニ』というメディチ家の若い武将を主人公にした映画があって、あれも甲冑映画なんです。甲冑を被った人たちがカチャカチャと音を立てながら動くだけで、ゾクゾクしてくる。だからオーソン・ウェルズも『フォルスタッフ』を入れているんです。それでいえば最強の甲冑映画は『湖のランスロ』のはずなんですけどね、ロバを選んじゃった(笑)。

伊藤 ベンヴェヌーティは、『プッチーニの愛人』より『魔女ゴスタンザ』の方がいいですね。

青山 ガウンみたいな服を着た男が、カンテラを持って階段をあがるシーンもあって、ああいうのにメチャクチャ弱い。審査のときに「最高、最高!」って言ってたら、「何が最高なんだよ」ってアメリカ人に怒られました(笑)。僕は僕で、「お前はロジャー・コーマンの国の人間なのに、なんでこれがわからないんだ」って、そんな口喧嘩をしてましたね。

伊藤 でも最初、女性を全裸にして延々と問い詰める。あれは引くだろうなあと思いました。

青山 ドン引きでしょうね(笑)。ただの拷問ですから。それと、これは観てないんですが、ダルデンヌ兄弟の『あなたを想う』を挙げていますね。

伊藤 九〇年代始めの作品で、『イゴールの約束』以降のリアリズム路線とはちょっと違うんですよ。ファビエンヌ・バーブ主演で、抒情的なんです。果物を投げて、相手がそれを受け取るところが、大好きなんです。でも、青山さんはダルデンヌ兄弟を挙げてくると思ったんですが、一本もありませんね。

青山 好きではあるんですが、あの社会性の強さに、どこか引いている部分があります。

伊藤 そういう社会性が前面に出てくると、僕も引きます。言ってみれば、ケン・ローチみたいですね。

青山 ダルデンヌ兄弟には、まさに同じにおいをかぎ取っています。

伊藤 でも『ケス』はいいですよ。『ケス』は入れました。社会問題を脇に置いて観れば、人の顔の眼差しや微笑みがすごくいいから、やっぱりケン・ローチは挙げますね。

青山 アレクセイ・ゲルマンはいかがですか。僕は、『フルスタリョフ、車を!』を入れた。

伊藤 僕も『フルスタリョフ、車を!』と、もう一本『道中の点検』を入れました。『道中の点検』は僕の心の映画です。ラストの機関銃の活劇がメチャクチャいいですよね。

青山 ぶっ飛びますよ。あれはすごい。それと前半の井戸のところ、あのふたつのシーンは強烈です。

伊藤 『七番目の道づれ』もいいですね。

青山 ところが『フルスタリョフ、車を!』からは、全編地獄になっていく(笑)。僕は『わが友イワン・ラプシン』も好きなんです。あの街並みが、自分の子ども時代に住んでいた家の近くみたいな雰囲気があって、電車の走り方とか、メチャメチャ愛おしく思えるんですよ。

伊藤 レンフィルムだと、カネフスキーはどうですか。僕は『動くな、死ね、甦れ!』と『ひとりで生きる』を挙げました。

青山 僕は『ひとりで生きる』でしょうか。『ぼくら、20世紀の子供たち』や『動くな、死ね、甦れ!』よりも好きです。でも、取り上げてませんね。この辺りを選んでいるとき、何を考えていたんだろう……。そうか、セミョーン・アラノヴィッチの『トルペド航空隊』を入れたんだ。これは僕の特撮好き、厳密に言うと、下手くそな特撮好きからくることです。バレバレな特撮が好きなんですよ(笑)。一番好きなのは『リスボン特急』ですね。ヘリコプターが列車の上に降りる。あそこが好きなんです。『トルペド航空隊』も、燃える飛行機のカット、あれが実にいい。

伊藤 だから、ラングの『スピオーネ』を挙げたんですね。

青山 モロそうですね。ミニチュア好きと言ってもいいのかもしれない。だから、ウェス・アンダーソンにしても、伊藤さんは『ムーンライズ・キングダム』を入れてらっしゃるけど、僕は『ダージリン急行』なんですよ。『ダージリン急行』は、堪え難いぐらい好きな一本ですね。

伊藤 『天才マックスの世界』もいいですよね。

青山 あれもミニチュアの世界で、僕の琴線に触れる。そういうこともあって、ティム・バートンは『ビートルジュース』を入れている。

伊藤 僕は『シザーハンズ』です。

青山 『ビートルジュース』も、ミニチュアの世界からはじまる。最初は空撮なんですが、どこかでジオラマにすり替わっている。それがわからない。最後は、ウィノナ・ライダーが空中に浮かんで踊って終わる。あれからティム・バートンの付き合いは長いですけど、ずっと好きですね。

伊藤 あのジオラマは『ビートルジュース』でしたか。記憶の中でずっと迷子になっていたんですよ。話は変わりますが、カルメロ・ベーネを入れていますね。

青山 入れるかどうか迷ったんですが、『トルコ人たちのマドンナ』は、大学時代に観て、もっとも衝撃を受けた一本です。イタリア文化会館で一回だけ上映したんですよ。当時、毎週何曜日かに上映会があって、一ヶ月間にわたってひとりの作家を特集で取り上げる。マルコ・フェレーリやベロッキオもやっていたと思います。その時にベーネの作品も何本か観て、『トルコ人たちのマドンナ』が一番すごかった。

伊藤 変な映画ですよね。ここまで前衛的だと、僕は引いちゃうんです。

青山 ベーネの前に僕が挙げた『トラス・オス・モンテス』(アントニオ・レイス&マルガリーダ・コルデイロ)はどうですか。

伊藤 こういう方向性なら、大好きです。

青山 その上に、同じキャメラマンの『メーヌ・オセアン』(ジャック・ロジエ)を入れている。

伊藤 アカシオ・デ・アルメイダですね。ロジエは、『アデュー・フリピーヌ』と『オルエットの方へ』を入れました。『メーヌ・オセアン』にも、時間をまったく省略しないシーンがありますね。あれはよかった。

青山 『メーヌ・オセアン』は、黒人の女の子にちょっと惚れたところがあります。もちろん『オルエットの方へ』の方が、幸福と言えば幸福です。

伊藤 あとはマカロニ・ウエスタンが二本入っていますね。セルジオ・レオーネの『夕陽のギャングたち』とダミアーノ・ダミアーニの『群盗荒野を裂く』。

青山 『群盗荒野を裂く』は、僕とルー・カステルの付き合いの原点なんです。

伊藤 ルー・カステルとは、パリで話したことあります。シネマテークで突然、「青山真治を知ってるか?」と話しかけられました(笑)。

青山 僕がルーに、「『群盗荒野を裂く』が大好きなんです」と話しかけたところから、彼との付き合いがはじまった。

伊藤 マカロニ・ウエスタンでは、ダミアーノ・ダミアーニよりセルジオ・コルブッチの方が、僕は好きなんですよ。『殺しが静かにやって来る』や『J&S/さすらいの逃亡者』。あと、セルジオ・ソリーマも大好きで、『血斗のジャンゴ』と『復讐のガンマン』が素晴らしかった。

青山 イタリア映画では、カルロ・リッツァーニの『ホテル』も忘れがたい。別の映画を観るために名画座に入って、たまたま同時上映が『ホテル』だった。これは面白いと思った。

伊藤 あの映画、いいですよね。セルジオつながりだと、セルジオ・マルチーノも好きなんです。『イタリアン・コネクション』や『ワード夫人の奇妙な悪癖』、『影なき淫獣』などですね。六〇年代後半から七〇年代の、この辺りの変な映画が好きなんですね。

青山 ジェス・フランコが入っていますからね(笑)。

伊藤　スペインの巨匠！　『吸血処女イレーナ　鮮血のエクスタシー』、これは大傑作ですよ(笑)。いろんなバージョンがあるんですが、シネマテーク・フランセーズで、ハードコア・バージョンを観ました。吸血鬼一族の末裔の話です。リナ・ロメイが女吸血鬼なんですが、噛む場所が首筋じゃなくて男性器なんです。でもそこを噛んじゃうと、子孫を残せない(笑)。悲しい話です。

青山　多分それ、中原昌也と阿部和重と三人でやっていた鼎談で出てきたんじゃないかな。ジェス・フランコ特集の回があって、そのときに、中原からまとめてDVDを借りて観ました。でも、あまりにもまとめて観たせいで、ほぼ覚えていない。

伊藤　男性が性的絶頂に達する前に噛まれて死んでしまうんですが、これじゃあまずいと思ったのか、絶頂に達するシーンをひとつ無理矢理作っている。そこでフランス人の観客は、みんな拍手していました(笑)。

青山　ジェス・フランコの話になったので、ちょっとピンク映画の話をしたいんですが、伊藤さんは結構ご覧になってますよね。僕は、瀬々敬久さん以外はあまり観ていないんです。だから詳しいことは言えないんですけど、堀禎一君のベッドシーンって上手いんですか。変な質問ですみません(笑)。

伊藤　どう答えればいいのかな……。処女作の『SEX配達人　おんな届けます』から、当時の他のピンク映画と比べると、ベッドシーンの撮り方が、明らかに違うとは思いました。男の肌と女の肌のバランスが違っていた。

青山　最新作『夏の娘たち』のカラミのシーンは、引き画ではなく、寄りでしたよね。

伊藤　引き画のときもあって、最初の頃は、もうちょっと長回しで、引いて撮っていました。でも、長回しが段々嫌になってきたんじゃないか。どんどん細かく刻んで撮るようになって、それでアップの画も多くなってきたんだと思います。

青山　そのアップの入れ方がすごく上手いんですよね。これはいいと思いました。ドラマから浮くことがない。僕も日活ロマンポルノは好きですし、今回、鈴木則文さんの『エロ将軍と二十一人の愛妾』と『不良姉御伝　猪の鹿お蝶』も挙げています。ただ、ピンク映画って、話が冗長になるものが多いと思うんですね。

伊藤 物語と描写の関係だと、ベッドシーンになるたびに、語りが中断されるんですよね。これはジャンルの要請であって、ある程度仕方のないところかもしれません。

青山 個人的見解では、神代辰巳だけは、セックス描写すらも物語の中に組み込んでいくすごさがあった。そう思っているんです。堀君はそれに近い。

伊藤 日活ロマンポルノでは、僕も神代辰巳が一番好きです。これはロマンポルノではありませんが、青山さんが『もどり川』を入れてくださって、本当に嬉しかった。『もどり川』を挙げるかどうか、僕も最後まで悩みました。障子越しに男女が抱き合い、二階の窓越しに女が蜜柑を買うんです。

青山 ある特集上映で、神代さんの『壇ノ浦夜枕合戦記』を観てびっくりしたことがあるんです。全体が六十数分なのに、後半二十分ぐらいは、延々とセックスシーンがつづく。でもまったく飽きさせない。ちゃんとお話になっているわけです。健礼門院が段々女として開かれていく姿を、ずっと見せていく。これはすごいと思いました。今回入れなかったのは、この並びからすると、どうしても『濡れた欲情　特出し21人』だなと思ったからです(笑)。深作欣二『県警対組織暴力』からはじまる二四〇番台の、このヤサグレた感じの流れでは、『特出し21人』の方向、群像劇の方にいっちゃいました(笑)。

伊藤 神代辰巳では、僕は普通に『四畳半襖の裏張り』と『赫い髪の女』を入れました。

青山 ド傑作ですからね。

伊藤 『特出し21人』を挙げられるとは思いませんでした。それと武田一成の『青い獣　ひそかな愉しみ』を入れていらして、僕は、これは観てないんです。

青山 高校生が猛り狂うような映画ですね。メチャメチャ陰気で、だけど二枚目の高校生が猛り狂って、家族を惨殺する話だったかな。監禁ものです。マイホームで、親兄弟を監禁する。ディテールまでは覚えていませんが、異様に血しぶきが飛び散る映画だった記憶だけはあります。とても陰惨な映画です。脚本は田中陽造だったと思います。

伊藤 それは観たいなあ。武田一成だと、普通は『おんなの細

道　濡れた海峡』か『闇に抱かれて』、あるいは『ネオン警察　ジャックの刺青』が挙げられますよね。でもまだまだいろいろあるんですね。

青山 武田さんは、他のもいいですよね。しっとりしている映画が多い。ただし、一本だけ凶暴な映画があって、それが『青い獣』です。すごいですよ、これは。

伊藤 その筋では有名な作品なんですか。

青山 いや、多分そんなには評価されていないと思います。

伊藤 「ヤサグレ感」のある二四〇番台には、中島貞夫『安藤組外伝　人斬り舎弟』も入っています。これも、すごい映画ですよね。

青山 何に感動したかと言うと、菅原文太さんが根性焼きをする。ものすごく痛い感じが伝わってくるんですよ。結構な長回しのシーンで、グワッとタバコの火を手に押しつける。本当にやってんじゃないかって思えるほど迫力があった。まあ、本当にやってるわきゃないと思うんですけどね(笑)。

伊藤 話を聞いていると、いろいろ勉強になります。

青山 ディテールでびっくりしたところしか覚えてないんですよ。僕のリストは、そういうところで決めているのがほとんどですね。

伊藤 二四〇番台の少し前ですが、トビー・フーパーの『スポンティニアス・コンバッション／人体自然発火』を入れてくださったのも、嬉しかった。僕も迷ったんです。フーパーでは、青山さんはもう一本『悪魔のいけにえ』を挙げられています。僕は悩んだ末、『マングラー』を入れました。やっぱり、洗濯用プレス機が人を襲うという筋立てが最高なんですね。

青山 『マングラー』は間もなくＤＶＤ化されますね。

伊藤 巨大な洗濯用プレス機のホラーって、意味がよく分からないけど、完璧な構図で殺戮を描いてるんですよね。本当に襲いかかるショットまであるし。それから、僕は『スポンティニアス・コンバッション』みたいな人間が燃える映画が大好きなんです(笑)。これを入れてくれて、本当にいいなと思いました。ツイ・ハークの『王朝の陰謀　判事ディーと人体発火怪奇事件』も、燃え上がってました。

青山 フーパーは大体どれもそうなんですが、スピリットの映画ですよね。根性、怨念の映画ですから(笑)。『スポ・コン』

は最高ですよ。なぜかこれは、DVDが廃盤になってますね。その少し前に挙げている『ラスト・ショー2』。僕は決してボグダノヴィッチは好きじゃないんですけど、あれだけは闇雲に好きなんです。なんでこんなにダメ人間ばかりが出てくる映画が好きなのか、よくわからない(笑)。

伊藤 普通挙げるのであれば、『殺人者はライフルを持っている!』でしょうね。

青山 それこそ普通ならば、『ラスト・ショー』でしょう。

伊藤 そうでした。僕はシビル・シェパードが好きだから、それだけで観ていられます。

青山 『2』ではシビル・シェパードも、完全に普通のおばさんになって出てくるんですよね。因みに、これもDVD化されてないんじゃないかな。その下に挙げたフィリップ・カウフマンの『ワンダラーズ』は、このあいだやっとブルーレイになりました。

伊藤 カウフマンで挙げるとすれば、僕は『ミネソタ大強盗団』かな。『SF/ボディ・スナッチャー』もありましたね。

青山 黒沢さんの新作『散歩する侵略者』は、『ボディ・スナッチャー』なんじゃないのかなという予感はしています。予告編を観ていると、そんな気がするんですよ。

伊藤 青山さんは、新作のご予定は?

青山 当面ないですね。話だけはポツポツあるんですが、大学で教えているあいだは、ずっと断っていたんです。そろそろ動きはじめるかなとは思っています。

伊藤 一ファンとしても、撮っていただきたいです。今回のリストを見ていると、アメリカのアクション映画っぽい作品を撮って欲しいなと思いました。僕は『我が胸に凶器あり』とか、ああいうタイプの作品が大好きなんです。

青山 『エンバーミング』とか。

伊藤 『EM/エンバーミング』は、鈴木清順監督が出演されていましたよね。『我が胸に凶器あり』は、鈴木清順っぽいなと思いました。

青山 大和屋竺さんの家にお邪魔していた時期があって、今回のリストにも、大和屋さんの『毛の生えた拳銃』を入れていますが、『我が胸に凶器あり』は、大和屋さんへのオマージュみたいなかたちで撮ったところが大きいんです。

伊藤 『教科書にないッ!』とか、ああいうタイプの作品も撮っていただきたいですね。

青山 よく言われるのは、「青山さんは、ジャンル系ね」って(笑)。自分でも得意だと思ってるんだけど、あまり誰もやらせてくれない。

伊藤 リストに戻ると、僕は観ていないんですが、ジェームズ・トバックの『マッド・フィンガーズ』が入っています。主演はハーヴェイ・カイテルですよね。

青山 テレビでしか観たことがないんですが、忘れられない傑作です。異様な映画ですよ。何がすごいって、主人公は、変な借金取り立て屋で、いつもラジカセを持ち歩いて、非常に暴力的。でも、本職はピアニストなんですね。彼がコンクールに出ると、途中まではうまく弾けるんだけど、突然弾けなくなるトラウマを持っている。面白い映画ですよ。

伊藤 その次の二〇八番が、マイケル・リッチーの『ブラック・エース』。

青山 これは、アメリカ映画史上もっとも極悪な映画だと、僕は思います。

伊藤 リー・マーヴィンとジーン・ハックマンですね。こういう映画がサッと挙げられているのが、すごいですよね。勉強になります。

青山 『マッド・フィンガーズ』はまだですけど、『ブラック・エース』はようやくDVDになりました。

伊藤 こういう映画を、同時代的にご覧になってきたわけですね。

青山 基本的には、テレビ東京の昼枠か深夜枠ですね。

伊藤 僕も十代の頃は、映画館にいくお金もないから、テレビ東京の昼枠と、それから民放の深夜枠の中で一番面白そうなものを選んで、毎日録画して、一日二本ずつ観ていました。

青山 『生き残るヤツ』(アイヴァン・パッサー)も、テレビで観たんじゃないかな。

伊藤 アイヴァン・パッサーの『カッターズ・ウェイ』も、いいですねえ。

青山 『カッターズ・ウェイ』は、いい映画だった。両方捨てられないから、アイヴァン・パッサーだけで、僕は二本入れている。そうか、その上のスコリモフスキは、『早春』『キング、クイーン、そしてジャック』『ライトシップ』と、三本も入れているのか。

伊藤 僕は、どういうわけか『バリエラ』一本のみです。

青山 『キング、クイーン、そしてジャック』は、ご覧になられました?

伊藤 シネマテーク・フランセーズのスコリモフスキ全作上映で、すべて観ました。

青山 僕は、トリノでレトロスペクティブをやったとき、全部観たんです。そのときに聞いた話ですが、イギリスにひとつだけプリントが残っていて、借りるのにものすごい交渉が必要だったたと、担当者が言っていました。だから、今後この映画は、ほぼ観られなくなると。

伊藤 シネマテークのいいところは、ヨーロッパの映画祭のレトロスペクティブで上映されたプリントを、そのまま持ってきてやってくれるところですね。それで観られたんでしょう。

青山 ゴダールの『勝手に逃げろ/人生』の原型が、あの映画にあることに気づかれました? 男が机を乗り越えて女に飛びかかるシーンがあったでしょ。

伊藤 そんなことに気づくのは、青山さんだけですよ。

青山 『勝手に逃げろ/人生』の元ネタはこれだって思いましたね。『キング、クイーン、そしてジャック』を観ている人は、なかなかいませんよね。

伊藤 『成功は最高の復讐』や『三十のドアの鍵』もよかった。

青山 いいですよねえ。ところが、本人に『キング、クイーン、そしてジャック』とか、『成功は最高の復讐』や『三十のドアの鍵』の話を聞くと、「そういうことを言う奴とは、口も利きたくない」とか言うんですよ。本当に嫌いみたいで、「思い出したくもない」とにべもない。あんなにいい映画なのに、意味がわからないですよね。向こうの人は、そういう傾向が顕著にありますね。ダニエル・シュミットに話を聞いたときも、そうでした。自分が思い出したくない映画があって、その作品に触れると、「それ以上言うな」と。『ヴィオランタ』のことですけど、「お前は、あの映画がどれだけ大変だったか知らないくせに、偉そうに言うな」とか怒り出すんです。繊細な人なんです。ルー・カステルに聞いたら、ヘリコプターで機材と人間を何回も往復して山の上まで運んだりで、予算がものすごくかかって、予算破綻しかけたみたいです。そういうこともあって、ダニエルは『ヴィオランタ』の話には一切乗ってこなかった(笑)。

伊藤 ニュー・ジャーマン・シネマで、ペーター・フライシュマンの『下部ババリアの人間狩り』を挙げていらっしゃいますね。

青山　今観るとどうなのかなと思いながらも、忘れがたい映画の一本ですね。牛の屠殺を1カットで見せる強烈な場面があります。

伊藤　ファスビンダーは『ローラ』なんですね。後期では『マリア・ブラウンの結婚』や『ベロニカ・フォスのあこがれ』のほうが有名ですが、あえてそれらより地味な『ローラ』を挙げられていますね。

青山　主演のバルバラ・スコヴァが好きなんですよ。最近彼女は、『ハンナ・アーレント』でアーレント役を演じていました。『ローラ』はスタンバーグの『嘆きの天使』が下敷きになっていますね。

伊藤　なるほど。そうですね。

青山　ええ、『嘆きの天使』を喜劇にしたかたちですね。

伊藤　ファスビンダーだと、僕は『13回の新月がある年に』が一番好きです。『右側に気をつけろ』にちょっと似ていますよね。

青山　あれはいいですね。あとは『デスペア』も素晴らしかった。ファスビンダーは、どの作品も好きです。特に、唯一喜劇を撮った『ローラ』はいいですね。

伊藤　ヴェンダースで『アメリカの友人』というのは、青山さんらしいと思いました。僕は『まわり道』を挙げました。ナスターシャ・キンスキーがナスターシャ・ナクシンスキって、本名でクレジットされてるんですよね。初めて観たのは、中学三年生か高校一年生の時です。八〇年代は、大井町の大井武蔵野館が大井ロマンとの二館体制で、そこで観ました。ヴェンダースの『さすらい』や、ゴダールの『ワン・プラス・ワン』や『ヒア&ゼア　こことよそ』を観たのも、同じ大井武蔵野館でした。

青山　その辺りは、おそらく同じときに観てますね。この前、大井武蔵野館の話になったんですよ。建物は鉄筋なんだけど、階段は木造だったんじゃないかと(笑)、そういう思い出話をしたんです。僕には、木造の記憶しかなくて、みしみし軋む階段を昇っていった記憶がある。伊藤さんは、名画座も含めて、東京の一番好きな小屋はどこですか。

伊藤　上映環境かラインナップかで違ってきますよね。僕は耳があまりよくないので、音響設備はよくわかりません。基本的に大きな小屋が好きで、歌舞伎町にあった新宿プラザ劇場が千席を超えていたでしょう。あそこでたくさん客が入っている中に座ると、それだけで幸せでした。

青山 あとは渋谷パンテオンでしょうか。ゴダールの『右側に気をつけろ』をあれだけ巨大なスクリーンで上映したのは、カンヌと東京国際映画祭だけでしょう(笑)。観にいって、本当に感動しました。蓮實先生のおやりになった日本語字幕が本当に美しくて。

伊藤 思い出に残っているのは、中学生の頃によく通っていた有楽シネマです。『気狂いピエロ』と『勝手にしやがれ』の二本立てを観ました。『彼女について私が知っている二、三の事柄』も、ブニュエルやアラン・レネの映画も、あそこでしたね。入口の階段にATG映画のスチール写真がたくさん飾ってあって。

青山 僕は、新宿ローヤルかな。今はバーニーズニューヨークになってしまった場所にあった。ラインナップがよかった。アメリカの七〇年代から八〇年代のアクションがいつもかかっていました。八〇年代まではあったと思います。

伊藤 一九八八年ぐらいまで、つまり中高生の頃は、野蛮に映画を観ていたので、結構偏りがあるんですよね。シネ・ヴィヴァン六本木の新作はとにかく観ました。三百人劇場の特集に通ったのもよく覚えています。あとは、大井町にいけば、何か面白い映画が観られるだろうと、そういう感じででした。

青山 大井町というと、僕は増村保造ですね。びっくりしたことがあって、テレビ局から借り出してきたトリミング版をやっていた。増村の中盤以降は大体シネスコですよね。それが全部スタンダードに両脇が切られていた(笑)。でも、面白かったんですよね。スタンダードサイズで観ながら、シネスコの画面を想像する。懐かしい時代の記憶です。

伊藤洋司選　映画ベスト三〇〇

映画タイトルは年代順（編集部）

■わが人生の個人的なベストは、リュミエール映画からグリフィスまでという最も高貴な映画のリストから始まる。

海水浴の後のシャワー
ルイ・リュミエール・一八九七

着替えは無理
ジョルジュ・メリエス・一九〇〇

おもしろい話
ジェームズ・ウィリアムソン・一九〇四

チーズトースト狂の夢
エドウィン・S・ポーター・一九〇六

隣の下宿人たち
エミール・コール・一九〇九

カメラマンの復讐
ヴワディスワフ・スタレーヴィチ・一九一二

されどわが愛は死なず
マリオ・カゼリーニ・一九一三

ポーリンの危難
ルイ・J・ガスニエ＆ドナルド・マッケンジイ・一九一四

アッスンタ・スピーナ
フランチェスカ・ベルティーニ＆グスタヴォ・セレーナ・一九一五

吸血ギャング団
ルイ・フイヤード・一九一五

王家の虎
ジョヴァンニ・パストローネ・一九一六

人生には人生を
エヴゲニー・バウエル・一九一六

サタンのラプソディ
ニノ・オクシリア・一九一七

譽の名手
ジョン・フォード・一九一七

さらば青春
アウグスト・ジェニーナ・一九一八

マリューテ
エドゥアルド・ベンチヴェンガ・一九一八

男性と女性
セシル・B・デミル・一九一九

散り行く花
デイヴィッド・W・グリフィス・一九一九

■画面と物語が激しい緊張関係を示す最も偉大な映画のリストが次に続く。

東への道
デイヴィッド・W・グリフィス・一九二〇

法の外
トッド・ブラウニング・一九二〇

キッド
チャールズ・チャップリン・一九二一

女郎蜘蛛
ジャック・フェデー・一九二一

吸血鬼ノスフェラトゥ
フリードリッヒ・ヴィルヘルム・ムルナウ・一九二二

極北のナヌーク
ロバート・フラハティ・一九二二

鉄路の白薔薇
アベル・ガンス・一九二三

まごころ
ジャン・エプスタン・一九二三
グリード
エリッヒ・フォン・シュトロハイム・一九二四
結婚哲学
エルンスト・ルビッチ・一九二四
ボリシェヴィキの国におけるウェスト氏の異常な冒険
レフ・クレショフ・一九二四
香も高きケンタッキー
ジョン・フォード・一九二五
ストライキ
セルゲイ・M・エイゼンシュテイン・一九二五
陽気な巴里っ子
エルンスト・ルビッチ・一九二六
ラ・ボエーム
キング・ヴィダー・一九二六
サンライズ
フリードリッヒ・ヴィルヘルム・ムルナウ・一九二七
忠次旅日記・御用篇
伊藤大輔・一九二七
帽子箱を持った少女
ボリス・バルネット・一九二七
風
ヴィクトル・シェーストレーム・一九二八

キートンの蒸気船
チャールズ・F・ライスナー・一九二八
港々に女あり
ハワード・ホークス・一九二八
カメラを持った男
ジガ・ヴェルトフ・一九二九
幸運の星
フランク・ボーゼイジ・一九二九
パンドラの箱
G・W・パプスト・一九二九

■一九三〇年代のリストには一九二〇年代とはまた異なる映画の理想形がある。

大地
アレクサンドル・ドヴジェンコ・一九三〇
都会の女
フリードリッヒ・ヴィルヘルム・ムルナウ・一九三〇
御誂次郎吉格子
伊藤大輔・一九三一
三文オペラ
G・W・パプスト・一九三一
吸血鬼
カール・テホ・ドライヤー・一九三二
素晴しき放浪者
ジャン・ルノワール・一九三二

新学期・操行ゼロ
ジャン・ヴィゴ・一九三三
巴里祭
ルネ・クレール・一九三三
バワリイ
ラオール・ウォルシュ・一九三三
フットライト・パレード
ロイド・ベーコン・一九三三
アタラント号
ジャン・ヴィゴ・一九三四
永遠のガビー
マックス・オフュルス・一九三四
恋のページェント
ジョゼフ・フォン・スタンバーグ・一九三四
丹下左膳餘話・百萬両の壷
山中貞雄・一九三五
トップ・ハット
マーク・サンドリッチ・一九三五
青い青い海
ボリス・バルネット・一九三六
祇園の姉妹
溝口健二・一九三六
ピクニック
ジャン・ルノワール・一九三六
踊らん哉
マーク・サンドリッチ・一九三七

人情紙風船
山中貞雄・一九三七
赤ちゃん教育
ハワード・ホークス・一九三八
鶴八鶴次郎
成瀬巳喜男・一九三八
我が家の楽園
フランク・キャプラ・一九三八
女たち
ジョージ・キューカー・一九三九
ゲームの規則
ジャン・ルノワール・一九三九
青春一座
バスビー・バークレー・一九三九

■一九四〇年代の悪魔のような作品群をどう考えればいいのか、いまだに整理できていない。

北西への道
キング・ヴィダー・一九四〇
街角
エルンスト・ルビッチ・一九四〇
悪魔の金
ウィリアム・ディターレ・一九四一
いちごブロンド
ラオール・ウォルシュ・一九四一
曳船
ジャン・グレミヨン・一九四一
レディ・イヴ
プレストン・スタージェス・一九四一
キャット・ピープル
ジャック・ターナー・一九四二
パームビーチ・ストーリー
プレストン・スタージェス・一九四二
歌行燈
成瀬巳喜男・一九四三
疑惑の影
アルフレッド・ヒッチコック・一九四三
死刑執行人もまた死す
フリッツ・ラング・一九四三
明日を知った男
ルネ・クレール・一九四四
飾窓の女
フリッツ・ラング・一九四四
偽れる装い
ジャック・ベッケル・一九四五
堕ちた天使
オットー・プレミンジャー・一九四五
無防備都市
ロベルト・ロッセリーニ・一九四五
奇妙な女
エドガー・G・ウルマー・一九四六
荒野の決闘
ジョン・フォード・一九四六
上海から来た女
オーソン・ウェルズ・一九四七
幽霊と未亡人
ジョゼフ・L・マンキーウィッツ・一九四七
悪の力
エイブラハム・ポロンスキー・一九四八
ジェニーの肖像
ウィリアム・ディターレ・一九四八
デデという娼婦
イヴ・アレグレ・一九四八
夜の人々
ニコラス・レイ・一九四八
白熱
ラオール・ウォルシュ・一九四九
晩春
小津安二郎・一九四九

■一九五〇年代はB級映画の時代だった。そして日本映画の巨匠たち。

オルフェ
ジャン・コクトー・一九五〇
拳銃魔
ジョゼフ・H・ルイス・一九五〇

エドワールとキャロリーヌ
ジャック・ベッケル・一九五一

美女と闘牛師
バッド・ベティカー・一九五一

西鶴一代女
溝口健二・一九五二

静かなる男
ジョン・フォード・一九五二

モンキー・ビジネス
ハワード・ホークス・一九五二

東京物語
小津安二郎・一九五三

バンド・ワゴン
ヴィンセント・ミネリ・一九五三

イタリア旅行
ロベルト・ロッセリーニ・一九五四

七人の侍
黒澤明・一九五四

近松物語
溝口健二・一九五四

浮雲
成瀬巳喜男・一九五五

キッスで殺せ
ロバート・アルドリッチ・一九五五

55年夫妻
グル・ダット・一九五五

暴力団
ジョゼフ・H・ルイス・一九五五

歴史は女で作られる
マックス・オフュルス・一九五五

女はそれを我慢できない
フランク・タシュリン・一九五六

恋多き女
ジャン・ルノワール・一九五六

殺し屋ネルソン
ドン・シーゲル・一九五七

最前線
アンソニー・マン・一九五七

断崖の河
アラン・ドワン・一九五七

黒い罠
オーソン・ウェルズ・一九五八

ぼくの伯父さん
ジャック・タチ・一九五八

めまい
アルフレッド・ヒッチコック・一九五八

私は黒人
ジャン・ルーシュ・一九五八

悲しみは空の彼方に
ダグラス・サーク・一九五九

紙の花
グル・ダット・一九五九

薄桜記
森一生・一九五九

リオ・ブラボー
ハワード・ホークス・一九五九

■一九六〇年代のゴダールを観て映画狂になったのは不幸なことなのか。

甘い生活
フェデリコ・フェリーニ・一九六〇

顔のない眼
ジョルジュ・フランジュ・一九六〇

勝手にしやがれ
ジャン゠リュック・ゴダール・一九六〇

血を吸うカメラ
マイケル・パウエル・一九六〇

鞄を持った女
ヴァレリオ・ズルリーニ・一九六一

小早川家の秋
小津安二郎・一九六一

夜
ミケランジェロ・アントニオーニ・一九六一

アデュー・フィリピーヌ
ジャック・ロジエ・一九六二

斬る
三隅研次・一九六二

世界の続きのために
ミシェル・ブロー&ピエール・ペロー・一九六三
8 ½
フェデリコ・フェリーニ・一九六三
奇跡の丘
ピエル・パオロ・パゾリーニ・一九六四
モデル連続殺人!
マリオ・バーヴァ・一九六四
乱れる
成瀬巳喜男・一九六四
気狂いピエロ
ジャン=リュック・ゴダール・一九六五
火の馬
セルゲイ・パラジャーノフ・一九六五
ファスター・プシィキャット!・キル!・キル!
ラス・メイヤー・一九六五
明治侠客伝　三代目襲名
加藤泰・一九六五
大酔侠
キン・フー・一九六六
チェルシー・ガールズ
アンディ・ウォーホル・一九六六
バリエラ
イエジー・スコリモフスキ・一九六六
彼女について私が知っている二、三の事柄
ジャン=リュック・ゴダール・一九六七
殺しの烙印
鈴木清順・一九六七
少女ムシェット
ロベール・ブレッソン・一九六七
ロシュフォールの恋人たち
ジャック・ドゥミ・一九六七
アンナ・マグダレーナ・バッハの日記
ジャン=マリー・ストローブ&ダニエル・ユイレ・一九六八
現像液
フィリップ・ガレル・一九六八
絞殺魔
リチャード・フライシャー・一九六八
アントニオ・ダス・モルテス
グラウベル・ローシャ・一九六九
ケス
ケン・ローチ・一九六九
ざくろの色
セルゲイ・パラジャーノフ・一九六九
やさしい女
ロベール・ブレッソン・一九六九

■ほとんどが後追いだが、観た本数では一九七〇年代の映画が一番多いのではないか。日活ロマンポルノへの格別の思い。

哀しみのトリスターナ
ルイス・ブニュエル・一九七〇
昭和残侠伝・死んで貰います
マキノ雅弘・一九七〇
恋のエチュード
フランソワ・トリュフォー・一九七一
断絶
モンテ・ヘルマン・一九七一
道中の点検
アレクセイ・ゲルマン・一九七一
水俣—患者さんとその世界—
土本典昭・一九七一
今宵かぎりは…
ダニエル・シュミット・一九七二
ラストタンゴ・イン・パリ
ベルナルド・ベルトルッチ・一九七二
リトアニアへの旅の追憶
ジョナス・メカス・一九七二
惑星ソラリス
アンドレイ・タルコフスキー・一九七二
オルエットの方へ
ジャック・ロジエ・一九七三
ママと娼婦
ジャン・ユスターシュ・一九七三
ミツバチのささやき
ビクトル・エリセ・一九七三

四畳半襖の裏張り
神代辰巳・一九七三
あんなに愛しあったのに
エットーレ・スコラ・一九七四
こわれゆく女
ジョン・カサヴェテス・一九七四
セリーヌとジュリーは舟でゆく
ジャック・リヴェット・一九七四
私、君、彼、彼女
シャンタル・アケルマン・一九七四
吸血処女イレーナ　鮮血のエクスタシー
ジェス・フランコ・一九七五
実録阿部定
田中登・一九七五
旅芸人の記録
テオ・アンゲロプロス・一九七五
どっこい！人間節―寿・自由労働者の街―
小川紳介・一九七五
まわり道
ヴィム・ヴェンダース・一九七五
イノセント
ルキノ・ヴィスコンティ・一九七六
殺人音楽家
ブノワ・ジャコー・一九七六
タクシー・ドライバー
マーティン・スコセッシ・一九七六

江戸川乱歩の陰獣
加藤泰・一九七七
たぶん悪魔が
ロベール・ブレッソン・一九七七
トラック
マルグリット・デュラス・一九七七
木靴の樹
エルマンノ・オルミ・一九七八
13回の新月のある年に
ライナー・ヴェルナー・ファスビンダー・一九七八
赫い髪の女
神代辰巳・一九七九
ザ・ブルード／怒りのメタファー
デヴィッド・クローネンバーグ・一九七九
ストーカー
アンドレイ・タルコフスキー・一九七九
天使のはらわた　赤い教室
曾根中生・一九七九
ブリキの太鼓
フォルカー・シュレンドルフ・一九七九

■一九八〇年代初めに映画を年に七〇〇本観るようになった。リストを眺めると、十代の甘酸っぱい記憶が甦る。

インフェルノ
ダリオ・アルジェント・一九八〇
虚空への跳躍
マルコ・ベロッキオ・一九八〇
最前線物語
サミュエル・フラー・一九八〇
天国の門
マイケル・チミノ・一九八〇
カリフォルニア・ドールズ
ロバート・アルドリッチ・一九八一
北の橋
ジャック・リヴェット・一九八一
ディーバ
ジャン＝ジャック・ベネックス・一九八一
怪異談　生きてゐる小平次
中川信夫・一九八二
ファニーとアレクサンデル
イングマール・ベルイマン・一九八二
影のないシステム
ルドルフ・トーメ・一九八三
カルメンという名の女
ジャン＝リュック・ゴダール・一九八三
ションベン・ライダー
相米慎二・一九八三
ノスタルジア
アンドレイ・タルコフスキー・一九八三

ラルジャン
ロベール・ブレッソン・一九八三
ラヴ・ストリームス
ジョン・カサヴェテス・一九八四
ラ・ピラート
ジャック・ドワイヨン・一九八四
フール・フォア・ラブ
ロバート・アルトマン・一九八五
ペイルライダー
クリント・イーストウッド・一九八五
恐怖分子
エドワード・ヤン・一九八六
緑の光線
エリック・ロメール・一九八六
汚れた血
レオス・カラックス・一九八六
恋恋風塵
ホウ・シャオシェン・一九八六
インナースペース
ジョー・ダンテ・一九八七
子供たちの王様
チェン・カイコー・一九八七
旅人は休まない
イ・チャンホ・一九八七
地獄堕ち
タル・ベーラ・一九八八

日陽はしづかに発酵し…
アレクサンドル・ソクーロフ・一九八八
動くな、死ね、甦れ！
ヴィターリー・カネフスキー・一九八九
狼　男たちの挽歌・最終章
ジョン・ウー・一九八九
ルート1
ロバート・クレイマー・一九八九

■一九九〇年代は前半を東京で、後半をパリで過ごしたので、一つのまとまった時代のようには感じられない。パリのオデオンやレアールの映画館の記憶が甦る。

クローズ・アップ
アッバス・キアロスタミ・一九九〇
3－4X10月
北野武・一九九〇
シザーハンズ
ティム・バートン・一九九〇
無気力症シンドローム
キラ・ムラートワ・一九九〇
ヴァン・ゴッホ
モーリス・ピアラ・一九九一
ギターはもう聞こえない
フィリップ・ガレル・一九九一

牯嶺街少年殺人事件
エドワード・ヤン・一九九一
あなたを想う
ジャン＝ピエール＆リュック・ダルデンヌ・一九九二
そして人生はつづく
アッバス・キアロスタミ・一九九二
楢の木
ルチアン・ピンティリエ・一九九二
ひとりで生きる
ヴィターリー・カネフスキー・一九九二
許されざる者
クリント・イーストウッド・一九九二
アブラハム渓谷
マノエル・ド・オリヴェイラ・一九九三
戯夢人生
ホウ・シャオシェン・一九九三
ソナチネ
北野武・一九九三
サタンタンゴ
タル・ベーラ・一九九四
マウス・オブ・マッドネス
ジョン・カーペンター・一九九四
愛に戸惑って
マリオ・マルトーネ・一九九五

閉ざされた谷
ジャン=クロード・ルソー・一九九五
ブレード/刀
ツイ・ハーク・一九九五
マングラー
トビー・フーパー・一九九五
ウォーク・ザ・ウォーク
ロバート・クレイマー・一九九六
堕ちてゆく女
カトリーヌ・ブレイヤ・一九九六
スタンダール・シンドローム
ダリオ・アルジェント・一九九六
CURE　キュア
黒沢清・一九九七
ファニーゲーム
ミヒャエル・ハネケ・一九九七
レインメーカー
フランシス・フォード・コッポラ・一九九七
エネミー・オブ・アメリカ
トニー・スコット・一九九八
カンウォンドの恋
ホン・サンス・一九九八
TOKYO　EYES
ジャン=ピエール・リモザン・一九九八
フルスタリョフ、車を!
アレクセイ・ゲルマン・一九九八

ゴースト・ドッグ
ジム・ジャームッシュ・一九九九
ザ・ミッション　非情の掟
ジョニー・トー・一九九九
白い花びら
アキ・カウリスマキ・一九九九
素敵な歌と舟はゆく
オタール・イオセリアーニ・一九九九

■二〇〇〇年代初めにパリから東京に帰ってきた。大学に職を得たが、映画を観る量が半減し、映画狂を名乗る資格を失った。堀禎一と城定秀夫の映画に生きる勇気を与えられた。

ヴェルクマイスター・ハーモニー
タル・ベーラ・二〇〇〇
裏切り者
ジェームズ・グレイ・二〇〇〇
ドリフト
ツイ・ハーク・二〇〇〇
EUREKA
青山真治・二〇〇〇
DV—ドメスティック・バイオレンス
フレデリック・ワイズマン・二〇〇一
マルホランド・ドライブ
デヴィッド・リンチ・二〇〇一

ミレニアム・マンボ
ホウ・シャオシェン・二〇〇一
青の稲妻
ジャ・ジャンクー・二〇〇二
GERRY　ジェリー
ガス・ヴァン・サント・二〇〇二
鉄西区
ワン・ビン・二〇〇二
ブリスフリー・ユアーズ
アピチャッポン・ウィーラセタクン・二〇〇二
モッズ
セルジュ・ボゾン・二〇〇二
S21　クメール・ルージュの虐殺者たち
リティー・パニュ・二〇〇三
エレファント
ガス・ヴァン・サント・二〇〇三
ティレジア
ベルトラン・ボネロ・二〇〇三
楽日
ツァイ・ミンリァン・二〇〇三
エレニの旅
テオ・アンゲロプロス・二〇〇四
クリーン
オリヴィエ・アサイヤス・二〇〇四
リンダリンダリンダ
山下敦弘・二〇〇五

LOFT ロフト
黒沢清・二〇〇五
世紀の光
アピチャッポン・ウィーラセタクン・二〇〇六
アンダーカヴァー
ジェームズ・グレイ・二〇〇七
シークレット・サンシャイン
イ・チャンドン・二〇〇七
息もできない
ヤン・イクチュン・二〇〇八
デコトラ★ギャル奈美
城定秀夫・二〇〇八
憐 Ren
堀禎一・二〇〇八
スプリング・フィーバー
ロウ・イエ・二〇〇九
ザ・ウォード 監禁病棟
ジョン・カーペンター・二〇一〇

ピラニア3D
アレクサンドル・アジャ・二〇一〇
次の朝は他人
ホン・サンス・二〇一一
NINIFUNI
真利子哲也・二〇一一
スプリング・ブレイカーズ
ハーモニー・コリン・二〇一二
ドラッグ・ウォー 毒戦
ジョニー・トー・二〇一二
ムーンライズ・キングダム
ウェス・アンダーソン・二〇一二
楽隊のうさぎ
鈴木卓爾・二〇一三
郊遊〈ピクニック〉
ツァイ・ミンリアン・二〇一三
やさしい人
ギョーム・ブラック・二〇一三

天竜区奥領家大沢 別所製茶工場
堀禎一・二〇一四
ホース・マネー
ペドロ・コスタ・二〇一四
キャロル
トッド・ヘインズ・二〇一五
ブラックハット
マイケル・マン・二〇一五
ラン・オールナイト
ジャウマ・コレット=セラ・二〇一五
ヴィレッジ・オン・ザ・ヴィレッジ
黒川幸則・二〇一六

青山真治選　映画ベスト三〇〇

順不同。

「映画ベスト三〇〇」の対談を読むうえでの便宜をはかって、「一〜一〇〇」「一〇一〜二〇〇」「二〇一〜三〇〇」の数字を付した。（編集部）

●一〜一〇〇番

駅馬車
ジョン・フォード・一九三九

長い灰色の線
ジョン・フォード・一九五五

太陽は光り輝く
ジョン・フォード・一九五三

吸血鬼ノスフェラトゥ
フリードリッヒ・ヴィルヘルム・ムルナウ・一九二二

サンライズ
フリードリッヒ・ヴィルヘルム・ムルナウ・一九二七

都会の女
フリードリッヒ・ヴィルヘルム・ムルナウ・一九三〇

ゲームの規則
ジャン・ルノワール・一九三二

素晴しき放浪者
ジャン・ルノワール・一九三九

十字路の夜
ジャン・ルノワール・一九三二

その夜の妻
小津安二郎・一九三〇

早春
小津安二郎・一九五六

秋日和
小津安二郎・一九六〇

スージーの真心
デイヴィッド・W・グリフィス・一九一九

嵐の孤児
デイヴィッド・W・グリフィス・一九二一

東への道
デイヴィッド・W・グリフィス・一九二〇

愚なる妻
エリッヒ・フォン・シュトロハイム・一九二二

クィーン・ケリー
エリッヒ・フォン・シュトロハイム・一九二九

グリード
エリッヒ・フォン・シュトロハイム・一九二四

浪華悲歌
溝口健二・一九三六

残菊物語
溝口健二・一九三九

雨月物語
溝口健二・一九五三

汚名
アルフレッド・ヒッチコック・一九四六

めまい
アルフレッド・ヒッチコック・一九五八

マーニー
アルフレッド・ヒッチコック・一九七二

コンドル
ハワード・ホークス・一九三九

赤ちゃん教育
ハワード・ホークス・一九三八

脱出
ハワード・ホークス・一九四四

港の女
ラオール・ウォルシュ・一九二八

いちごブロンド
ラオール・ウォルシュ・一九四一
鉄腕ジム
ラオール・ウォルシュ・一九四二
生きるべきか死ぬべきか
エルンスト・ルビッチ・一九四二
天使
エルンスト・ルビッチ・一九三七
天国は待ってくれる
エルンスト・ルビッチ・一九四三
群衆
キング・ヴィダー・一九二八
ステラ・ダラス
キング・ヴィダー・一九三七
摩天楼
キング・ヴィダー・一九四九
バルタザールどこへ行く
ロベール・ブレッソン・一九六六
少女ムシェット
ロベール・ブレッソン・一九六七
ラルジャン
ロベール・ブレッソン・一九八三
現金に手を出すな
ジャック・ベッケル・一九五四
肉体の冠
ジャック・ベッケル・一九五二

穴
ジャック・ベッケル・一九六〇
吸血鬼
カール・テホ・ドライヤー・一九三二
奇跡
カール・テホ・ドライヤー・一九五五
ゲアトルード
カール・テホ・ドライヤー・一九六四
スピオーネ
フリッツ・ラング・一九二八
M
フリッツ・ラング・一九三一
死刑執行人もまた死す
フリッツ・ラング・一九四三
夜ごとの夢
成瀬巳喜男・一九三三
流れる
成瀬巳喜男・一九五六
晩菊
成瀬巳喜男・一九五四
港の日本娘
清水宏・一九三三
風の中の子供
清水宏・一九三七
小原庄助さん
清水宏・一九四九

阿波の踊子
マキノ正博・一九四一
婦系図
マキノ正博・一九四二
次郎長三国志
マキノ雅弘・一九五二－五四
丹下左膳餘話・百萬両の壷
山中貞雄・一九三五
河内山宗俊
山中貞雄・一九三六
人情紙風船
山中貞雄・一九三七
たそがれ酒場
内田吐夢・一九五五
大菩薩峠
内田吐夢・一九五七
妖刀物語
花の吉原百人斬り
内田吐夢・一九六〇
快楽
マックス・オフュルス・一九五二
バンド・ワゴン
ヴィンセント・ミネリ・一九五三
裸足の伯爵夫人
ジョゼフ・L・マンキーウィッツ・一九五四

アニキ・ボボ
マノエル・ド・オリヴェイラ・一九四二

春の劇
マノエル・ド・オリヴェイラ・一九六三

メフィストの誘い
マノエル・ド・オリヴェイラ・一九九五

南の誘惑
デトレフ・ジールク・一九三七

天が許し給うすべて
ダグラス・サーク・一九五五

愛する時と死する時
ダグラス・サーク・一九五八

偉大なるアンバーソン家の人々
オーソン・ウェルズ・一九四二

ミスター・アーカディン
オーソン・ウェルズ・一九五五

オーソン・ウェルズのフォルスタッフ
オーソン・ウェルズ・一九六五

過去を逃れて
ジャック・ターナー・一九四七

キャット・ピープル
ジャック・ターナー・一九四二

パリ横断
クロード・オータン＝ララ・一九五六

曳船
ジャン・グレミヨン・一九四一

青ひげ
エドガー・G・ウルマー・一九四四

拳銃魔
ジョゼフ・H・ルイス・一九五〇

堕ちた天使
オットー・プレミンジャー・一九四五

黄金の腕
オットー・プレミンジャー・一九五五

エル
ルイス・ブニュエル・一九五三

哀しみのトリスターナ
ルイス・ブニュエル・一九七〇

新学期・操行ゼロ
ジャン・ヴィゴ・一九三三

アタラント号
ジャン・ヴィゴ・一九三四

ミス・メンド
フョードル・オツェプ／ボリス・バルネット・一九二六

青い青い海
ボリス・バルネット・一九三六

喝采
ルーベン・マムーリアン・一九二九

市街
ルーベン・マムーリアン・一九三一

今晩は愛して頂戴ナ
ルーベン・マムーリアン・一九三二

怪談呪いの霊魂
ロジャー・コーマン・一九六三

狩人の夜
チャールズ・ロートン・一九五五

ファット・シティ
ジョン・ヒューストン・一九七二

神の道化師、フランチェスコ
ロベルト・ロッセリーニ・一九五〇

イタリア旅行
ロベルト・ロッセリーニ・一九五四

アモーレ
ロベルト・ロッセリーニ・一九四八

顔のない眼
ジョルジュ・フランジュ・一九六〇

奥様は魔女
ルネ・クレール・一九四二

◎一〇一〜二〇〇番

召使
ジョセフ・ロージー・一九六三

銃殺
ジョセフ・ロージー・一九六四

風景の中の人物
ジョセフ・ロージー・一九七〇

危険な場所で
ニコラス・レイ・一九五一
ラスティ・メン
ニコラス・レイ・一九五二
大砂塵
ニコラス・レイ・一九五四
拾った女
サミュエル・フラー・一九五三
裸のキッス
サミュエル・フラー・一九六四
最前線物語
サミュエル・フラー・一九八〇
ララミーから来た男
アンソニー・マン・一九五五
最前線
アンソニー・マン・一九五七
殺しのダンディー
アンソニー・マン・一九六八
ボディ・アンド・ソウル
ロバート・ロッセン・一九四七
ハスラー
ロバート・ロッセン・一九六一
リリス
ロバート・ロッセン・一九六四
絞殺魔
リチャード・フライシャー・一九六八

センチュリアン
リチャード・フライシャー・一九七二
おかしなおかしな成金大作戦
リチャード・フライシャー・一九八七
七人の無頼漢
バッド・ベティカー・一九五六
決闘コマンチ砦
バッド・ベティカー・一九六〇
暗黒街の帝王レッグスダイアモンド
バッド・ベティカー・一九六〇
キッスで殺せ
ロバート・アルドリッチ・一九五五
ふるえて眠れ
ロバート・アルドリッチ・一九六四
カリフォルニア・ドールズ
ロバート・アルドリッチ・一九八一
殺し屋ネルソン
ドン・シーゲル・一九五七
白い肌の異常な夜
ドン・シーゲル・一九七一
アルカトラズからの脱出
ドン・シーゲル・一九七九
夕陽に向って走れ
エイブラハム・ポロンスキー・一九六九
馬泥棒のバラード
エイブラハム・ポロンスキー・一九七一

戦争のはらわた
サム・ペキンパー・一九七七
ビリー・ザ・キッド／21歳の生涯
サム・ペキンパー・一九七三
キラー・エリート
サム・ペキンパー・一九七五
バード★シット
ロバート・アルトマン・一九七〇
突撃！O・Cとスティッグス／お笑い黙示録
ロバート・アルトマン・一九八五
渇き
グル・ダット・一九五七
けだもの組合
ヴィクター・ヒアマン・一九三〇
我が輩はカモである
レオ・マッケリー・一九三三
レディ・イヴ
プレストン・スタージェス・一九四一
パームビーチ・ストーリー
プレストン・スタージェス・一九四二
サリヴァンの旅
プレストン・スタージェス・一九四一
奥様は芳紀十七才
フランク・タシュリン・一九五四

底抜け楽じゃないデス
フランク・タシュリン・一九五八
底抜けてんやわんや
ジェリー・ルイス・一九六〇
底抜け大学教授
ジェリー・ルイス・一九六三
ハズバンズ
ジョン・カサヴェテス・一九七〇
こわれゆく女
ジョン・カサヴェテス・一九七四
ラヴ・ストリームス
ジョン・カサヴェテス・一九八四
われら女性（第5話）
ルキノ・ヴィスコンティ・一九五三
熊座の淡き星影
ルキノ・ヴィスコンティ・一九六五
マンマ・ローマ
ピエル・パオロ・パゾリーニ・一九六二
甘い生活
フェデリコ・フェリーニ・一九六〇
情事
ミケランジェロ・アントニオーニ・一九六〇
にがい米
ジュゼッペ・デ・サンティス・一九四九
マドモアゼル
トニー・リチャードソン・一九六六

ドッグ・ソルジャー
カレル・ライス・一九七八
成功の甘き香り
アレクサンダー・マッケンドリック・一九五七
地球に落ちて来た男
ニコラス・ローグ・一九七六
ギャング
ジャン=ピエール・メルヴィル・一九六六
リスボン特急
ジャン=ピエール・メルヴィル・一九七二
下女
キム・ギヨン・一九六〇
風と女と旅鴉
加藤泰・一九五八
車夫遊侠伝喧嘩辰
加藤泰・一九六四
炎のごとく
加藤泰・一九八一
春婦伝
鈴木清順・一九六五
殺しの烙印
鈴木清順・一九六七
陽炎座
鈴木清順・一九八一
暖流
増村保造・一九五七

「女の小箱」より　夫が見た
増村保造・一九六四
赤い天使
増村保造・一九六六
座頭市物語
三隅研次・一九六二
女系家族
三隅研次・一九六三
桜の代紋
三隅研次・一九七三
生きてるうちが花なのよ死んだらそれまでよ党宣言
森崎東・一九八五
恋人たちの時刻
澤井信一郎・一九八七
カラビニエ
ジャン=リュック・ゴダール・一九六三
右側に気をつけろ
ジャン=リュック・ゴダール・一九八七
アワー・ミュージック
ジャン=リュック・ゴダール・二〇〇四
センチメンタル・アドベンチャー
クリント・イーストウッド・一九八二
許されざる者
クリント・イーストウッド・一九九二

チェンジリング
クリント・イーストウッド・二〇〇八
暗くなるまでこの恋を
フランソワ・トリュフォー・一九六九
隣の女
フランソワ・トリュフォー・一九八一
不実の女
クロード・シャブロル・一九六九
ヴィオレット・ノジエール
クロード・シャブロル・一九七八
モード家の一夜
エリック・ロメール・一九六九
三重スパイ
エリック・ロメール・二〇〇四
妥協せざる人々
ジャン＝マリー・ストローブ＆ダニエル・ユイレ・一九六五
ママと娼婦
ジャン・ユスターシュ・一九七三
自由、夜
フィリップ・ガレル・一九八四
ラ・ピラート
ジャック・ドワイヨン・一九八四
日本の夜と霧
大島渚・一九六〇

秋津温泉
吉田喜重・一九六二
にっぽんぱらだいす
前田陽一・一九六四
アレクサンダー大王
テオ・アンゲロプロス・一九八〇
時は止まった
エルマンノ・オルミ・一九五九
暗殺のオペラ
ベルナルド・ベルトルッチ・一九七〇
父の名において
マルコ・ベロッキオ・一九七一
夕陽のギャングたち
セルジオ・レオーネ・一九七一
群盗荒野を裂く
ダミアーノ・ダミアーニ・一九六七
イージー・ライダー
デニス・ホッパー・一九六九

●二〇一～三〇〇番

サンダーボルト
マイケル・チミノ・一九七四
天国の門
マイケル・チミノ・一九八〇
カンバセーション…盗聴
フランシス・フォード・コッポラ・一九七四
地獄の黙示録
フランシス・フォード・コッポラ・一九七九
断絶
モンテ・ヘルマン・一九七一
殺しの分け前／ポイントブランク
ジョン・ブアマン・一九六七
マッド・フィンガーズ
ジェームズ・トバック・一九七八
ブラック・エース
マイケル・リッチー・一九七二
ラ・パロマ
ダニエル・シュミット・一九七四
アメリカの友人
ヴィム・ヴェンダース・一九七七
エル・スール
ビクトル・エリセ・一九八三
下部ババリアの人間狩り
ペーター・フライシュマン・一九六九
ローラ
ライナー・ヴェルナー・ファスビンダー・一九八一
フラワーズ・オブ・シャンハイ
ホウ・シャオシェン・一九九八
牯嶺街少年殺人事件
エドワード・ヤン・一九九一
大閲兵
チェン・カイコー・一九八六

花様年華
ウォン・カーウァイ・二〇〇〇
火の馬
セルゲイ・パラジャーノフ・一九六五
フルスタリョフ、車を！
アレクセイ・ゲルマン・一九九八
日陽はしづかに発酵し…
アレクサンドル・ソクーロフ・一九八八
トルペド航空隊
セミョーン・アラノヴィッチ・一九八三
メーヌ・オセアン
ジャック・ロジエ・一九八六
トラス・オス・モンテス
アントニオ・レイス＆マルガリーダ・コルデイロ・一九七六
トルコ人たちのマドンナ
カルメロ・ベーネ・一九六八
アミスタッド
スティーヴン・スピルバーグ・一九九七
ミュンヘン
スティーヴン・スピルバーグ・二〇〇五
宇宙戦争
スティーヴン・スピルバーグ・二〇〇五
ラスト・ショー2
ピーター・ボグダノヴィッチ・一九九〇

ワンダラーズ
フィリップ・カウフマン・一九七九
クラッシュ
デヴィッド・クローネンバーグ・一九九六
ツイン・ピークス／ローラパーマー最期の7日間
デヴィッド・リンチ・一九九二
悪魔のいけにえ
トビー・フーパー・一九七四
スポンティニアス・コンバッション　人体自然発火
トビー・フーパー・一九九〇
ニクソン
オリヴァー・ストーン・一九九五
ゼイリブ
ジョン・カーペンター・一九八八
ビートルジュース
ティム・バートン・一九八八
バッド・ルーテナント／刑事とドラッグとキリスト
アベル・フェラーラ・一九九二
ダークマン
サム・ライミ・一九九〇
地獄
中川信夫・一九六〇

県警対組織暴力
深作欣二・一九七五
資金源強奪
深作欣二・一九七五
エロ将軍と二十一人の愛妾
鈴木則文・一九七二
不良姉御伝猪の鹿お蝶
鈴木則文・一九七三
安藤組外伝　人斬り舎弟
中島貞夫・一九七四
濡れた欲情　特出し21人
神代辰巳・一九七四
もどり川
神代辰巳・一九八三
青い獣　ひそかな愉しみ
武田一成・一九七八
毛の生えた拳銃
大和屋竺・一九六八
天使のはらわた　赤い教室
曾根中生・一九七九
三里塚　第二砦の人々
小川紳介・一九七一
にっぽん国古屋敷村
小川紳介・一九八二

ションベン・ライダー
相米慎二・一九八三
ドレミファ娘の血は騒ぐ
黒沢清・一九八五
CURE　キュア
黒沢清・一九九七
早春
イエジー・スコリモフスキ・一九七〇
キング、クイーン、そしてジャック
イエジー・スコリモフスキ・一九七二
ライトシップ
イエジー・スコリモフスキ・一九八五
生き残るヤツ
アイヴァン・パッサー・一九七一
カッターズ・ウェイ
アイヴァン・パッサー・一九八一
鉄路の男
アンジェイ・ムンク・一九五七
クローズ・アップ
アッバス・キアロスタミ・一九九〇
テナント
ロマン・ポランスキー・一九七六
ドクス・キングダム
ロバート・クレイマー・一九八八
愛しのタチアナ
アキ・カウリスマキ・一九九四

冷血
リチャード・ブルックス・一九六七
ヘルハウス
ジョン・ハフ・一九七三
ゾンゲリア
ゲイリー・A・シャーマン・一九八一
殺し屋ハリー／華麗なる挑戦
ジョン・フランケンハイマー・一九七四
ディーモン
ラリー・コーエン・一九七六
キング・オブ・マーヴィン・ガーデン
ボブ・ラフェルソン・一九七二
ランド・オブ・ザ・デッド
ジョージ・A・ロメロ・二〇〇五
スキャンダル・スパイ
ポール・バーテル・一九八四
サンダー・ブラスト／
地上最強の戦車
スティーヴ・カーヴァー・一九八八
ZOMBIO／死霊のしたたり
スチュアート・ゴードン・一九八五
今夜はトーク・ハード
アラン・モイル・一九九〇
アポロ13
ロン・ハワード・一九九五

カウガール・ブルース
ガス・ヴァン・サント・一九九三
エクソシスト3
ウィリアム・ピーター・ブラッティ・一九九〇
キャスト・アウェイ
ロバート・ゼメキス・二〇〇〇
デッドマン
ジム・ジャームッシュ・一九九五
冷たい水
オリヴィエ・アサイヤス・一九九四
ポーラX
レオス・カラックス・一九九九
ホース・マネー
ペドロ・コスタ・二〇一四
クリスマス・ストーリー
アルノー・デプレシャン・二〇〇八
魔女ゴスタンザ
パオロ・ベンヴェヌーティ・二〇〇〇
ALI　アリ
マイケル・マン・二〇〇一
エネミー・オブ・アメリカ
トニー・スコット・一九九八
羊たちの沈黙
ジョナサン・デミ・一九九一
レイチェルの結婚
ジョナサン・デミ・二〇〇八

NYPD15分署
ジェームズ・フォーリー・一九九九
ラブレス
キャスリン・ビグロー&モンティ・モンゴメリー・
一九八一
リトル・オデッサ
ジェームズ・グレイ・一九九四
ビヨンドtheシー
ケヴィン・スペイシー・二〇〇四

裏切りのサーカス
トーマス・アルフレッドソン・二〇一一
ナイト&デイ
ジェームズ・マンゴールド・二〇一〇
ダージリン急行
ウェス・アンダーソン・二〇〇七
ミッドナイト・スペシャル
ジェフ・ニコルズ・二〇一六

スプリング・フィーバー
ロウ・イエ・二〇〇九
浜辺の女
ホン・サンス・二〇〇六
スペクタクルの社会
ギー・ドゥボール・一九七四

あとがき

以上が、私の二冊目の単著です。一冊目が*Apollinaire et la lettre d'amour*という、パリの出版社から刊行したフランス文学の研究書なので、今回の本が日本語の書物として、学術研究書ではない一般向けの書物として、また映画に関する書物として初めてのものとなります。『週刊読書人』で私が連載している映画時評のうち二〇〇四年から二〇一六年までの分を中心に、この書評紙での他のいくつかの仕事をあわせて一冊としました。試写会で一回観ただけの記憶で書かねばならなかったものがほとんどなので、読み返すと不満が多いのですが、修正は最低限のものにとどめました。なまものとしての時評の味わいをなくさないためですので、ご理解いただけたら幸いです。これらは山根貞男さんの時評のような質の高く息の長い仕事とは比較の対象にもなりません。とはいえ、二〇〇四年一月に始めた映画時評が同一媒体で今現在も続いていることは、批評家の仕事として求められる最低のラインは超えられたことの証になるのではないでしょうか。私の側の事情によって休むことも一度もなく、このように連載を続けられているのは、ひとえに素晴らしい映画がいつも公開されているからに他なりません。そんな優れた作品を一人でも多くの人に映画館で観ていただきたいという思いだけで、時評を書き続けています。

ただひとつ残念なのは、この本を長年の友人の堀禎一監督に見せてあげられなかったことです。堀君とは東京大学文学部仏文科の同期ですが、お互い大学に合格する前からの付き合いでした。友人の作ったものだから褒めるということだけはしないようにしてきましたが、堀君の新作を観ることはいつも私にとってこの上ない喜びでした。もう堀君の新作を観ることができず、長いメールが来ることもないのかと思うと、とても寂しい。この本には収録しませんでしたが、堀君が倒れる直前に『週刊読書人』で対談することができたのが唯一の救いです。長年にわたって彼と交わし続けてきた映画に関する議論があのような形で実を結んで、最高の思い出になりました。本当はこれが第一歩となる筈でしたが。

何事も一人でやり遂げることはできないというのは、私がいつも思っていることです。ものを書くという孤独な作業でさえそれは変わりません。東京大学で論文指導をしてくださった田村毅先生、塩川徹也先生、中地義和先生、月村辰雄先生、そしてパリ第三大学で論文指導をしてくださったダニエル・デルブレイユ先生、クロード・デュボン先生に感謝します。先生方の緻密で根気強い指導なしに今の私は存在しません。今は亡きミシェル・デコーダン先生は私が留学した時にはすでに引退していましたが、毎月開かれる私的な研究会に私を呼んでくださり、また、博論審査の際も顔を見せて私を励ましてくれました。蓮實重彥先生は所属の学部が異なりましたがとても貴重な助言を多くいただき、また、『週刊読書人』で何度か対談をさせていただきました。塚本昌則先生と野崎歓先生は師というより偉大な先輩というべきかもしれませんが、お二人にも色々親切にしてくださりました。

第二部に参加していただいた映画監督の方々、青山真治監督、黒沢清監督、パスカル・フェラン監督、ギヨーム・ブラック監督、ペドロ・コスタ監督には、なんとお礼を言えばいいのか分かりません。特に、青山真治監督には第四部にも参加していただいて、時間をかけて映画のベスト三〇〇まで作っていただきました。

こうした監督たちとの対話や毎月の時評の執筆は、多くの映画会社の方々の協力なしにはありえませんでした。特に、池田雄二さんは留学中にロベール・ブレッソンの『白夜』などをシネマテーク・フランセーズで一緒に観て以来の盟友です。

大学院時代からの数多くの仲間たちとの友情も、私の執筆の支えになりました。「そろそろ時評を本にまとめるべきだ」と、最初に私に言って下さったのは菅谷憲興さんです。また、王寺賢太さん、福島勲さん、河本真理さん、三原智子さんからは、時評について厳しい叱咤の言葉や温かい激励の言葉をいただき、内容や表現の向上にとても役立ちました。

また、作品データの作成にあたり、遠山純生さん、土田環さん、山本均さん、久保宏樹さん、木田紀生さん、齋藤寛朗さんから貴重な助言と協力をいただきました。心から感謝します。

さらに、中央大学出版部が刊行している雑誌『中央評論』で私に協力していただいた執筆者の皆さんに、職場である中央大学の同僚たちに、中央大学及び非常勤先の学習院大学、共立女子大学で私の講義を受けた学生たちに、また私の両親に感謝します。

鈴木一誌さんには本書のデザインを担当していただき、この上なく丁寧な仕事をしていただきました。鈴木一誌デザイン事務所の下田麻亜也さんにも感謝いたします。本当にありがとうございます。

そして最後になりますが、読書人の明石健五さんに感謝します。明石さんがいなければ僕が時評の仕事をすることもなかったでしょう。本書の作品データと索引も、大変な時間と労力をかけて作成してくださりました。もし本書がまがりなりにも最低限の好意を持って受け入れられることがあるとすれば、その半分は明石さんの努力のおかげです。

二〇一七年九月

伊藤洋司

索引

❶時評においてメインで取り上げた作品タイトルに関しては、太文字で示し、原題を合わせて記す。❷日本公開時にタイトルが変更された作品などは、その正式タイトルから当該頁を引けるようにし、それ以外のタイトルからは「→」で正式タイトルへ誘導する。❸「ベスト三〇〇」のリストの項は、煩雑を避けるため割愛する。

人名による

あ

アイディニ、アレクサンドラ…27
アイディンガー、ラース…311
相場涼乃…225
蒼井優…113
青山真治…36, 37, 60, 61, 102, 103, 256, 257, 269, 344-353, 410, 426-471
赤塚敬子…418
アガンベン、ジョルジョ…275, 279
アケルマン、シャンタル…323
アサイヤス、オリヴィエ…27, 148, 149, 152, 153, 183, 197, 305, 310, 311, 331, 408
浅野忠信…60, 61, 103
芦澤明子…75, 129
アジャ、アレクサンドル…248, 453
アジャラ、ピラール・ロペス・デ…175, 315
アゼヴェド・ゴメス、リタ…16
アゼマ、サビーヌ…294, 295
安達祐実…75
アダムス、エイミー…245
アッサラット、アーティット…309
アデア、ギルバート…25
アティアス、モラン…147
アトン、ノーマン…91
穴原浩祐…225
アーノルド、アンドレア…287
アパイウォン、ナッタカーン…193
アパトー、ジャド…384
アフレック、ベン…14, 15
阿部嘉昭…407
阿部和重…464
アマルリック、マチュー…71, 183, 277
アミラナシヴィリ、アミラン…339
アモーレ、ナタリア…229
荒井晴彦…257
新井浩文…87
荒川邦彦…406
アラキ、グレッグ…117
新珠三千代…431
荒戸源次郎…166, 167
アラノヴィッチ、セミョーン…92, 462
アラボフ、ユーリー…73
アラリ、トム…261, 285
アランヨ、ダニエル…229
アリディ、ジョニー…169
アリフィン、シャムスル…273
有馬稲子…431
アルジェント、アーシア…63, 147
アルジェント、ダリオ…29, 66, 133, 146, 147, 204, 410
アルタシュ、ボラ…199
アルティン、ジョセフ…121
アルトマン、ロバート…443
アルドリッチ、ロバート…348, 430
アルメイダ、アカシオ・デ…463
アルメイダ、フィリッパ・ド…17
アルメニス、ヨルゴス…27
アルモドバル、ペドロ…27, 90
アレクサンデル、オリー…305
アレクサンドリディス、エレーヌ…105
アレグレ、イヴ…444
アレン、ナンシー…451
アーレント、ハンナ…279, 470
アロンゴ=デ・モンティス、カルロス…273
アン、ソヒョン…203
アン、ネサン…215
アンガー、ケネス…229
アンゲロプロス、テオ…26, 27, 43, 348, 358, 359, 368-379
アンダーソン、ウェス…242, 243, 276, 277, 450, 462
アンダーソン、ジェイス…29, 147
アンダーソン、ポール・トーマス…244, 245
アンタモーロ、ジュリオ…196
安藤サクラ…172, 173
アントニオーニ、ミケランジェロ…459
アンドリュース、デヴィッド…207

い

イ、ジュンギュ…12, 13

イ、ジョンジェ…203
イ、ソンギュン…157
イ、チャンドン…9, 164, 202, 207, 214, 215, 411
イ、チャンホ…457
イ、デヴィッド…215
イ、ヒョンドク…203
イ、ファン…165
李英載…418
イアムアラーム、ジャールチャイ…319
井浦新…263
イェ、ジウォン…9
イェドリン、スティーヴ…29
イェーマン、ロバート…243, 277
イェン、ドニー…15
イオセリアーニ、オタール…106, 107, 316, 338, 339
井川遥…129
生田斗真…167
井口奈己…29, 112, 113, 406, 411
池内義浩…37, 45
石井克人…23
石坂健治…412
石田えり…103
石橋蓮司…31
石原さとみ…167
イシャグプール、ユセフ…334, 335
イーストウッド、クリント…11, 47, 87, 144, 159, 216, 258, 363, 414, 452
泉鏡花…349
伊勢谷友介…167
板尾創路…47
板谷由夏…103
イッセー尾形…72, 73
イップ、ティンシン…89, 135
イテアニュ、シモン…125
伊藤彰彦…420
伊藤大輔…115, 421, 444, 445
稲垣浩…407
井之脇海…129
イバラ、ミルタ…229
今井孝博…257
イム、サンス…202, 203
イムバッハ、トーマス…258, 259
入江悠…220, 221
イリン、ヴラディミール…297

う

ウー、ウェイ…181
ウー、ジョン…14, 15, 41, 99
ウー、チアン…275
ヴァレ、ジャン＝マルク…157
ヴァレラ、ヴィタリナ…329
ヴァン・サント、ガス…10, 11, 62, 63, 98, 99, 118, 119, 144, 145, 271, 280, 406, 410, 453
ヴァンダン、ロマン…237
ヴァン・デン・ブルール、エリック…69
ヴィアゼムスキー、アンヌ…423, 440
ヴィシネフスカヤ、ガリーナ…92, 93
ヴィスコンティ、ルキノ…434
ヴィダー、キング…439, 440
ヴィードフ、アレックス…131
ヴィラヴェルデ、テレーザ…255
ウィーラセタクン、アピチャッポン…57, 71, 87, 192, 193, 205, 318, 319, 322, 323
ウィリアムソン、ジェームズ…339
ウィリス、ブルース…243
ウィルム、アンドレ…222, 223
ウェイン、ジョン…135
ウェバー、ジェイク…19
ウェブコウスキ、ミコライ…331
ウェルズ、オーソン…329, 421, 449, 460
ヴェルド、パトリック…161
ヴェルレーヌ、ポール…284
ヴェンガルテン、イザベル…233
ヴェンダース、ヴィム…40, 441, 470
ヴェントゥーラ…328, 329, 395
ウォルシュ、ラオール…339, 438, 439
ウォールバーグ、マーク…130, 131
ヴォルフ＝メッテルニヒ伯爵…336
ウォン、アンソニー…135, 169
ウォン、カーウァイ…456, 457
ウォン、ティンラム…89
ウカイ、アウバン…141
碓井将大…195
内田伸輝…200, 201, 209
ウッツェラート、ベンヤミン…337
ウッド、オリヴァー…39
ヴュイエルモーズ、ミシェル…295
浦沢義雄…43, 167
ウリエル、ギャスパー…313
ウルマー、エドガー・G…448

え

エイク、ヤン・ファン…292
エイゼンシッツ、ベルナール…20, 21
エイブラハム、F・マーレイ…277
エウリピデス…26
江口のりこ…179
エスパー、マイケル…283
エスム、クロティルド…83
エッカート、アーロン…15
榎並重行…412
榎本加奈子…29
エプスタン、ジャン…334
柄本明…37
エリセ、ビクトル…11, 198

エルカイム、ジェレミー…157
エルバス、アルベール…189
エルビエ、ロラン…295
エレラ、クリステラ…229
エングレルト、ミハウ…303
エンフィールド、サイ…417

お

オー、キンイー…41, 53, 191
オウティネン、カティ…223
大石三知子…263
大河内傳次郎…114, 115
大島葉子…179
大津幸四郎…65, 286, 287, 416
大塚亮…173
大寺眞輔…407
大野裕之…410
大森立嗣…172, 173
岡田斗司夫…418
岡田秀則…422, 423
岡田茉莉子…61, 431, 434
岡本玲…123
小川紳介…286, 455
オクシリア、ニノ…434, 435
奥野瑛太…221
奥野匡…231
小澤征爾…93
オジエ、ビュル…117
忍成修吾…179
オズビチェル、バリス…199
オゼン、トゥリン…199
オゾン、フランソワ…184, 185
オダギリジョー…43, 69, 103
小津安二郎…21, 103, 339, 340, 357, 371, 403, 421, 430
オツェプ、フョードル…436
オッペンハイマー、ジョシュア…272
尾上史高…109, 123
オノレ、クリストフ…145
オーバック、ヤーロン…205
オフュルス、マックス…48, 447
オリヴェイラ、マノエル・ド…16, 17, 155, 165, 223, 268, 269, 314, 315
オルミ、エルマンノ…78, 79, 150, 151, 460
オルミ、ファビオ…79, 151
オン、アンディ…191

か

甲斐麻美…109
カイテル、ハーヴェイ…303, 377, 468
カーヴァー、スティーヴ…451
カヴァリエ、アラン…231, 333
ガーウィグ、グレタ…283
カヴィルシーヌ、アレクシ…335
カヴェル、スタンリー…286
カウフマン、フィリップ…467
カウリスマキ、アキ…222, 223
ガオ、ユンシャン…267
香川京子…437
香川照之…129
カサヴェテス、ジョン…37, 158
香椎由宇…45
柏原収史…57
樫原辰郎…423
カスタ、レティシア…24
カスティロ、カルメン…149
カステル、ルー…463
カストロ、ヴィヴェイロス・デ…322
ガスマン、ヴィットリオ…443
加瀬亮…31, 231, 289
ガゼリーニ、マリオ…433
片岡千恵蔵…115
ガタリ、フェリックス…270, 279
カッセル、ヴァンサン…121
カッセル、セシル…139
カーティス、ウォルト…98, 99
加藤泰…445, 446
加藤幹郎…406, 415
加藤めぐみ…201
香取直孝…64
カトリーヌ、フィリップ…227
カネフスキー、ヴィターリー…461
カヒーゼ、ジャンスグ…21
カーフェイ、レオン…89
カプランオール、セミフ…198, 199
カペ、イヴ…247
カーペンター、ジョン…10, 68, 91, 204, 205, 209, 345, 357
ガマー、メイミー…205
上島春彦…408
カムイェン、セット…135
カラヴァカ、エリック…99
カラックス、レオス…183, 246, 247, 273, 295
カラリ、マームード…79
カラミー、ロール…261, 382
カリエール、ジャン=クロード…189
カリーナ、アンナ…332, 414
ガルシア、ディエゴ…323
カルツィヴァーゼ、マリーナ…21
カルティエ、キャロリーヌ…161
カルディナーレ、クラウディア…269
カルネ、マルセル…222
カルマリータ、スヴェトラーナ…297
ガレル、フィリップ…75, 82, 83, 169
ガレル、モーリス…82, 83
ガレル、ルイ…25, 83, 313
川越美和…87
川崎航星…263

川島雄三…447
カーン、セドリック…159
カンテ、ローラン…131, 170, 171, 183, 228, 229
カンデラキ、ゲラ…21
カント、イマニュエル…422, 423
カンピヨ、ロバン…171

き

キ、ジュボン…157
キアロスタミ、アッバス…78, 79, 188, 189, 198, 230, 231
木口亜矢…109
岸松雄…421
岸部一徳…257
ギタイ、アモス…69
北井一夫…287
北野圭介…413
北野武…57, 61, 298, 299
北村昭博…221
吉川友…177
ギッシュ、リリアン…431
キッドマン、ニコール…301
キートン、バスター…40
キニー、テリー…281
木下千花…406, 422, 423
木下美咲…257
キベルラン、サンドリーヌ…295
キム、ウィソン…289
キム、ギヨン…457
キム、コッピ…165
キム、サンギョン…9
キム、サンジュン…235
キム、テウ…51
キム、テウク…35
キム、テヨン…8
キム、ヒョング…51, 235
キム、ヒョンソク…215
キム、ヒラ…215
キム、フングァン…157
キム、ボギョン…234, 235
キム、ヨンホ…157
木村威夫…406
木村祐一…87
喜安浩平…327
キャステーヌ＝テイラー、ルーシャン…306
キャリー、ジェフリー…71
キャロル、パトリック…133
キャロル、マルティーヌ…48
キャンベル、ジョン…99
キューカー、ジョージ…138
キューブリック、スタンリー…390
ギーラッシュ、アダム…29, 147
キルケゴール、セーレン…280
キルザマー、フィリップ…271
ギルロイ、トニー…39
ギロディ、アラン…175, 257
キン、フー…25, 455
キング、ヘンリー…440
キンスキー、ナスターシャ…470
キンボール、ジェフリー・L…15

く

クー、エリック…95
クー、ルイス…89, 267
クアク、ジェヨン…8, 12, 13, 34, 35
グイ、ルンメイ…241
草野なつか…295
クストリッツァ、エミール…228, 229
久保田幸雄…416
神代辰巳…63, 173, 370, 419, 465
クーヤティ、ダグ…99
クラシンスキー、ジョン…281
クラスナホルカイ、ラースロー…159, 217
倉田剛…419
グラント、ケイリー…438
栗原朗…65
栗原堅一…179
クリフ、ジョナサン…133
グリフィス、D・W…323, 348, 427, 431
クリメンコ、ユーリー…297
グリュヌボーム、ジュリー…339
グリーン、ウジェーヌ…119
グリーン、エヴァ…25
グリーングラス、ポール…38
グリーンバーグ、クレメント…286
グレイ、ジェームズ…130, 131, 161, 384, 459
クレイマー、ロバート…254, 255, 418, 454
クレイヤンクール、ステファニー…139
クレプス、シャロン…255
クレマン、オーロール…95
グレンジャー、ファーリー…442
黒川幸則…332, 333, 415
黒木メイサ…57
黒澤明…115, 140, 269
黒沢清…68, 74, 75, 93, 128, 129, 216, 334, 335, 353, 354-363, 368-379, 408, 409, 410, 411, 412, 414, 416, 448
クロック、ジャン＝ルイ…105
クロッセン、サビーヌ…157
クローネンバーグ、デヴィッド…67, 120, 121, 185

クロフォード、ジョーン…441
クロボット、ミロスラヴ…159
クロワジ、ダニエル…161
クロンプトン、ベン…301

け

ケアウブアディー、サックダー…193
ゲガン、フランソワーズ…161
ケシシュ、アブデラティフ…27, 131, 391
ケシッシュ、アブデラティフ
→ケシシュ、アブデラティフ
ゲッツィ、エンリコ…339
ケネディ、アーサー…448
ケリガン、ロッジ…233
ゲリン、ホセ・ルイス…174, 175, 229, 340, 341
ゲルスター、ヤン・オーレ…270, 271
ゲルチャコフ、エフゲニー…297
ゲルマン、アレクセイ…296, 297, 461
ケレメン、フレッド…159, 217
ケンプター、フリーデリッケ…271

こ

コイケン、ヨハン・ファン・デル…254
小泉今日子…46, 47, 128, 129
小泉英政…287
河野眞吾…406
小梅…263
高良健吾…173
コーエン、ラリー…451
コクサル、オルチュン…199
越路吹雪…445
ゴーシュ、リチュパルノ…109, 121
コスタ、ペドロ…16, 328, 329, 353, 379, 395-403, 460
ゴダール、ジャン＝リュック…24, 73, 128, 208, 332, 333, 348, 363, 367, 410, 411, 414, 417, 423, 433, 469, 470, 471
コータルス・アルテ、ジョアンナ…337
牛腸茂雄…65
コックス、ブライアン…39
コッタ、カルロト…253
コッポラ、ソフィア…453
コッポラ、フランシス・フォード…189, 452
コッポラ、ロマン…243
ゴーティエ、エリック…71, 127, 149, 153, 183
コト、ヘルマン…273
小林香織…225
コバーン、カート…62
駒木根隆介…221
小松菜奈…326, 327
コーマン、ロジャー…40, 461
コムストン、マーティン…79
ゴメス、セレーナ…249
ゴメス、ミゲル…252, 253
小柳友…129
コリン、ハーモニー…235, 248, 249, 258, 453
コリン、レイチェル…249
コルデイロ、マルガリーダ…463
ゴルブコフ、ミハイル…93
コルブッチ、セルジオ…463
コルモシュ、ミハーイ…217
コンゴ、アンワル、…272, 273
コンシニ、アンヌ…183
近藤昭二…31
近藤正臣…299

さ

サイサイマー、タナパット…193
サイード、エドワード・W…64, 65
斉藤幸一…179
斉藤めぐみ…221
齊藤夢愛…123
サヴィデス、ハリス…11, 63, 145, 453
佐伯美波…333
坂田梨香子…177
佐久間栄一…109
佐々木敦…423
佐々木靖之…327
サージェント、アルヴィン…23
サシツキー、ピーター…121
佐相勉…419
サックス、アイラ…311
佐藤久美子…87
佐藤博行…201
佐藤真…64, 65
佐藤有記…179
佐野史郎…73
サーマン、ユマ…14, 15
サムナー、ミッキー…283
サルミネン、ティモ…223
澤井信一郎…409
サワッディクン、ナンタラット…319
サンサ、マヤ…67
サンシオ、アンジェリカ…171
サンドグレン、リヌス…281
サントス、アントニオ…329
三ノ宮静枝…287

し

シェ、ハイモン…309
ジェイコブス、アザゼル…313
ジェイラン、ヌリ・ビルゲ…25, 127

シエド、アミナ…151
ジェニーナ、アウグスト…435
シェパード、サム…207, 443
シェパード、シビル…467
シェフェール、ジャン・ルイ…417
ジェームズ、アダム…147
ジェルジン、イゴール…93
塩田明彦…363
シオル、カロリーヌ…295
シーゲル、ドン…429
シサコ、アブデラマン…173
寺十吾…263
品川徹…299
シナノス、アンドレアス…27
シニク、イブラヒム…273
篠崎誠…176, 177, 363, 458
篠原友希子…257
柴田千紘…333
島寛征…287
嶋田久作…345
シマン、ミシェル…416
清水宏…421, 444
シムノン、ジョルジュ…158
シメル、ウィリアム…189
シモネッティ、シモーナ…147
シモンイス、レオナルド…329
ジャ、ジャンクー…48, 49, 100, 101, 131, 142, 143, 225, 274, 275, 324, 325, 375, 379, 456, 457
シャヴィロ、スティーヴン…422
ジャケ、ジャサント…107
ジャコー、ブノワ…236, 237, 245, 247
シャヒーン、ユーセフ…27
シャプコット、ジョー…293
シャブロル、クロード…77, 83, 94, 95, 105, 151, 421
シャーマン、ゲイリー…450
ジャームッシュ、ジム…27, 68, 70, 154, 155, 408
ジャン、ジャーチー…181
ジャンケッティ、ジャンナ…189
シャンプティエ、カロリーヌ…96, 97, 247
シュー、ツェンツー…209
シュー、マギー…41
シュー、ユン…309
シュットラー、カタリーナ…271
シュトッツ、パトリツィア…259
シュトロハイム、エリッヒ・フォン…329, 431
ジュネット、ジェラール…276
シュミット、ダニエル…348, 469
シュレーダース、アンドレアス…271
シューロ、テルモ…253
シュン、ジョウ…241
城定秀夫…269, 335
ジョーガリス、ディーン…15
ジョコンド夫人…188
ジョジャール、ジャック…336
ショスタコーヴィチ、ドミートリイ…92
ジョスト、ジョン…219
ジョフィ、ローワン…300, 301
ショロデンコ、マルク…83
ジョーンズ、タイ…133
シーラー、ベンジャミン…281
白鳥あかね…419
ジラルド、イポリット…105, 125, 295
シリング、トム…271
シルヴェイラ、レオノール…17, 269, 315
ジレ、アンディ…139
シン、クリスティーヌ…272
ジン、ジュエ…49
シン、スウォン…325
ジン、ニェンソン…209
新海誠…35

す

スー、チー…81, 309
スウィントン、ティルダ…159
スガール、ジェレミー…55
スカルノ…272
菅原文太…466
杉田かおる…37
スクリー、ラース…273
スコヴァ、バルバラ…470
スコット、ジョージ・C…459
スコット、トニー…452
スコブ、エディット…149, 247
スコリモフスキ、イエジー…209, 330, 331, 468, 469
ズージェン、ドン…325
鈴木昭彦…113
鈴木杏…47
鈴木かすみ…123, 177
鈴木砂羽…75, 263
鈴木清順…13, 42, 43, 167, 446, 467
鈴木卓爾…262, 263, 333
鈴木則文…413, 414, 464
鈴木一誌…409, 416
鈴木棟也…167
菅田将暉…257, 326, 327
スタイガー、ロッド…451
スタンウィック、バーバラ…440
スタンバーグ、ジョセフ・フォン…280, 470
スチュワート、クリステン…311
ステヴナン、ジャン＝フランソワ…155
ストリーター、ティム…99
ストローブ＝ユイレ…139, 344, 348

ストロング、マーク…301
ストーン、バーバラ…255
スナイダー、クロエ…69
スナイダー、ザック…18, 19
スハルト…272
スピアーズ、ブリトニー…249
スピルバーグ、スティーブン…363, 414
スミス、ブルック…207
スミット＝マクフィー、コディ…303
スメット、ローラ…95
スレイマン、エリア…228, 229
諏訪敦彦…89, 96, 97
スワンソン、グロリア…438
スン、ホンレイ…267

せ

関根史織…45
ゼゲン、マイケル…283
瀬々敬久…178, 179, 464
セドゥ、レア…237, 313
セネット、マック…420
ゼム、ロシュディ…307
ゼメキス、ロバート…455
セラ、アルベルト…285, 299
セラ、エドゥアルド…95

そ

ソ、ヨンファ…289
ソウ…203
ソヴェラウ、ラウラ…253
相米慎二…359, 369, 370, 371, 376
ソクーロフ、アレクサンドル…72, 73, 92, 93, 131, 336, 337
曽根中生…419
ソポクレス…26
ソリーマ、セルジオ…463
ソリメノ、クリスチャン…147
ソルジェニーツィン、アレクサンドル…92
ソン、イエジン…13
ソン、ウェンチョン…279
ソン、ソンミ…235
ソン、ヒョナ…51

た

代島治彦…286, 287
タヴァレス、ベンヴィンド…329
ダ・ヴィンチ、レオナルド…188, 292
高木公介…201
高倉健…114, 115
高梨臨…231
高橋洋…31
高橋龍輝…195
高良弥夢…225
滝川英治…109
田口トモロヲ…57
ダグラス、ジョン…254, 255
武田一成…465, 466
竹村康和…115
竹森菜々瀬…225
ダゲール、ルイ…334
多胡由章…109
太宰治…166
只石博紀…333
立花珠樹…421
ダッセル、ディエゴ…229
ターナー、ジャック…449, 450
ターナー、ジョゼフ・マロード・ウィリアム…292
田中幸子…129
田中淳一郎…333
田中裕子…257
田中陽造…465
谷内里早…195
タビオ、フアン・カルロス…228
ダフ、アンヌ＝マリー…301
玉山鉄二…57
ダミアーニ、ダミアーノ…463
田村千穂…421
たむらまさき(田村正毅)…37, 61, 103, 410, 456
タランティーノ、クエンティン…409, 414
タリエラシュヴィリ、ニコ…21
ダーリン、ボビー…452
ダル、ベアトリス…153
タル、ベーラ…10, 158, 159, 216, 217, 370, 371, 379
ダルッサン、ジャン＝ピエール…223
ダルデンヌ、ジャン＝ピエール＆リュック…54, 55, 140, 141, 218, 219, 461
タン、チュオ…181
ダーン、ローラ…245
ダンスト、キルステン…23
ダンテ、ジョー…17, 458, 459

ち

チ、ユンジョン…251
チェ、ヨンテク…9
チェスコン、ミケーラ…197
チェゼッリ、ダニエーラ…197
チェーホフ、アントン…397
チェン、カイコー…100, 209, 456
チェン、クン…241
チェン、サミー…53
チェン、ジェンビン…143
チェン、シーチェン…181
チェン、シャンチー…77, 91, 279

チェン、ジョアン…143
チェン、タイシエン…49
チェン、チュウキョン…41, 53, 135, 169, 191, 267
竹馬靖具…211
チプリ、ダニエーレ…197
チヘイゼ、ゴギ…21
チミノ、マイケル…418
チャウ、シンチー…37
チャオ、タオ…49, 101, 143, 275, 325
チャップリン、チャールズ…197, 410
チャペル、メリー…255
チャールズ、ジョシュ…307
チャン、イー…325
チャン、ジャーイー…275
チャン、シルヴィア…325
チャン、チェ…256
チャン、チェン…81, 309
チャン、チョンウェイ…49
チャン、ツィイー…43
チャン、ヒョク…35
チャン、マギー…152, 153, 457
チャン、ワイバン…267
チャンケッティ、ファビオ…25
チャンドラー、カイル…321
チュ、サンミ…9
チュー、ティエンウェン…81, 309
チュトゥコ、アレクサンドル…297
チョ、インソン…13
チョ、スンウ…13
チョイ、スンファイ…241
チョウ、ユンファ…452
チョウ、リン…101
長宗我部陽子…333
チョムスキー、ノーム…65
チョン、アーチョン…309
チョン、ウォレス…267
チョン、ジウ…9
チョン、シウファイ…89
チョン、ジェウン…23
チョン、ジェンウー…209
チョン、ジヒョン…34, 35
チョン、ドヨン…202, 203
チョン、ニック…89, 135
チョン、ハンチョル…35
チョン、マンシク…165
チョン、ユミ…251
チョン、ロイ…135
チルダーズ、アンバー…245
チン、ハオ…181
鎮西尚一…332, 415

つ

ツァイ、ミンリァン…25, 74, 76, 77, 90, 91, 251, 278, 279, 408
ツァイ、ヨンミン…143
ツイ、ハーク…40, 55, 240, 241, 256, 455, 466
ツォン、ジエン…181
月永雄太…211
つげ義春…17
蔦井孝洋…87
土田環…418
土本典昭…31, 95, 286, 412, 416, 454, 455
筒井武文…23
椿たか…287
妻夫木聡…309
ツリーロ、ユーリー…297
寉岡萌希…179
鶴見辰吾…37

て

ディアオ、イーナン…301
ディアス、イジー…133
ディアス、キャメロン…451
デイヴィー、ジョン…227, 293
デイヴィス、ベン…301
ティエン、チュアンチュアン…17
ディターレ、ウィリアム…434
ティッツィアーノ、ヴェチェッリオ…293
ディック、フィリップ・K…14
ディ・マテオ、エゴン…219
ティーミ、フィリッポ…197
デイモン、マット…38, 39, 280, 281, 452
テイラー、ジョーダン…11
ティワーリー、アーナンド…207
デヴァニー、ロブ…133
デウィット、ローズマリー…281
デエー、ジョゼ…313
デガン、ラズ…151
デスカス、アレックス…155
テステュー、シルヴィー…169
デッレ・ピアーネ、カルロ…79
デニス、ジェームズ…153
デ・パルマ、ブライアン…132, 133
デビエ、ブノワ…249
デフォー、ウィレム…277
デプレシャン、アルノー…36, 70, 71, 103, 104, 129, 131, 182, 183
デミ、ジョナサン…458
デュヴァル、ロバート…27, 131
デュヴィヴィエ、ジュリアン…222
デュソリエ、アンドレ…295
デュモン、ブリュノ…321
デューレン、エリック…11
寺島しのぶ…167
デリダ、ジャック…306
デルジ、ヤーノシュ…159, 217

デル・トロ、ベニチオ…228
デルボネル、ブリュノ…337
デロール・ムンス、ローサ…341
でんでん…231

と

トー、ジョニー…12, 13, 40, 41, 52, 53, 61, 71, 88, 89, 130, 131, 134, 135, 153, 168, 169, 190, 191, 266, 267, 346, 407, 409, 455
トー、フンモ…89
ドイル、クリス…29
ドイル、クリストファー…119, 155
ドゥヴォス、エマニュエル…71
ドゥクフレ、フィリップ…227
ドゥ・サンティス、シルヴァーナ…79
ドゥーシェ、ジャン…107
ドゥニ、クレール…195
ドゥパルドン、レイモン…25
ドゥ・フランス、セシル…219
ドゥムースティエ、アナイス…307
ドゥルーズ、ジル…48, 50, 73, 270, 279, 280, 281, 286, 294, 306, 308, 319, 329, 331, 340, 408, 411, 432
遠山純生…418
徳井優…263
徳田秋聲…345, 349, 446
ドストエフスキー、フョードル…232
ドーソン、ロバート…73
戸田義久…263
トディエール、フィリップ…21
トデスキーニ、ブリュノ…97
ドナーニー、ユストゥス・フォン…271
ドヌーヴ、カトリーヌ…17, 71, 182, 183
トバック、ジェームズ…468
ドパルデュー、ギヨーム…116, 117
ド・バンコレ、イザック…155
ドブロシ、アルタ…141
ドーマー、リチャード…331
富田克也…220, 221, 415
豊川悦司…75
豊田四郎…407
豊田利晃…46, 47, 128
とよた真帆…348
ドライヴァー、アダム…283
ドライヤー、カール…280, 370, 443
トラペロ、パブロ…228
トーラン、ジル…237
トリュフォー、フランソワ…25, 99, 354, 417, 419, 420
ドレ、トマ…219
トレイシー、スペンサー…440
トレパ、リカルド…269, 315
トロジャーノ、フィリッポ…79
ドワイヨン、ジャック…79, 97, 129, 131, 253, 281
ドン、チェンユー…279
トンプソン、クリスティン…410

な

ナイシュタット、ベンハミン…339
ナイト、スティーヴン…121
内藤瑛亮…224, 225, 249
中泉英雄…57
中尾彬…299
中川信夫…407
永作博美…112, 113
永澤俊矢…221
中島貞夫…406, 446, 466
中谷美紀…75, 377
中野太…195
中原中也…166, 167
中原昌也…407, 412, 414, 417, 464
中村鴈次郎…430, 431
中村メイコ…31
中山麻聖…109, 123
ナジー、フィリス…321
ナスラッラー、ユスリー…115
ナタンソン、アガット…189
ナットキン、クロディーヌ…261
ナットジェンズ、ジャイルズ…305
菜葉菜…179
鍋島淳裕…179
ナポレオン一世…336
成瀬巳喜男…71, 349, 403, 407, 412, 421, 444
成海璃子…89

に

ニー、ターホン…309
西島秀俊…75
ニーチェ、フリードリヒ…216, 217, 310

ね

ネヴァンス、ゲイブ…119
ネメス、ヴィンセント…337

の

ノ、ギョンテ…227
ノエ、ギャスパー…228, 229
野崎歓…407, 419, 420, 421
ノートン、エドワード…243
ノーブル、ジェレミー…73
ノルティ、ニック…153
ノロ、ジャック…25, 76, 135

は

バイガジン、エミール…263
ハイデガー、マルティン…270, 306
パイーニ、ドミニク…422, 423
ハウク、カタリーナ…271
バカ＝アセイ、ホアキン…131
萩生田宏治…88, 409
パク、ウネ…157
パク、チヨン…203
パク、チョンスン…165
パク、ホンニョル…251, 289
パク、ミョンシン…215
バーグマン、イングリッド…340, 434, 438
ハサウェイ、アン…458
バザン、アンドレ…286, 393, 420, 421
ハジェンズ、ヴァネッサ…249
橋本彩子…123, 195
ハーシュ、エミール…127, 145
ハーシュ、ジュリアン…104, 105, 307, 366, 367, 454
バス、フィリップ…21
ハース、ルーカス…63
パスカル、ブレーズ…280
パストローネ、ジョヴァンニ…434
蓮實重彥…369, 407, 411, 412, 414, 416, 417, 419, 427, 432, 433, 434, 441, 452, 471
長谷川和彦…369
長谷川朝晴…179
パゾリーニ、ピエロ・パウロ…434
バターワース、シェズ…207
バターワース、ジョン＝ヘンリー…207
パチーノ、アル…273
葉月螢…89
ハックマン、ジーン…452, 468
パッサー、アイヴァン…468
ハッチャーソン、ジョシュ…229
バーテル、ポール…451
ハーデン、マーシャ・ゲイ…127
ハード、アンバー…205
ハート、ウィリアム…127
バートン、ティム…19, 55, 462
パナベイカー、ダニエル…205
花村也寸志…179
花柳章太郎…437
パニュ、リティ…267
ハネケ、ミヒャエル…70
馬場徹…109, 123
ハフ、ジョン…450
バーブ、ファビエンヌ…54, 461
ハプコ、パウリナ…331
浜田毅…31, 167
ハーミット、ザ…53
ハム、ジョン…303
バームバック、ノア…282, 283
原節子…421
パラヴェル、ヴェレナ…306
バラティエ、ディアーヌ…139
パリエール、アルノー・デ…366, 454
バリバール、ジャンヌ…116, 117, 153
バルザック、オノレ・ド…116
バルネット、ボリス…436
ハルペリン、ヴィクター…18
バレンボイム、ダニエル…65
パワー、タイロン…427
ハワード、ランス…29
ハン、サンミン…100, 101
バンサーリー、サンジャイ・リーラー…53
ハンズ、マリナ…105, 367
ハンター、ティム…36

ひ

ビー、ガン…337
ピアラ、モーリス…261, 386
ビガッツィ、ルカ…189
ヒカルド、マリアナ…253
樋口泰人…409
ピコリ、ミシェル…106, 107, 117
ビジー、ゲイリー…451
肘井美佳…31
ヒッチコック、アルフレッド…10, 53, 74, 75, 138, 139, 159, 203, 258, 328, 354, 357, 376, 389, 403, 421, 437, 438
ピット、マイケル…25, 63
ビデガン、トマ…313
ビノシュ、ジュリエット…124, 125, 149, 189, 311
ヒューム、デイヴィッド…273
ビュルドー、エマニュエル…80
ビューレル、ドミニク…295
広田雅裕…47
ピント、ラファエル…341

ふ

フー、ジェニー…53
ファインズ、レイフ…277
ファサーノ、ウォルター…147
ファサーノ、フレデリック…147
ファース、コリン…301
ファスビンダー、ライナー・ヴェルナー…470
ファン、スジョン…157
フィゲロア、マイク…133
フィトゥッシ、ジャン＝シャルル…63
フィヤード、ルイ…18, 40, 138
フィリエール、エレーヌ…105

フィンクリー、キャリー…11
フェチット、ステピン…428
フェニックス、ホアキン…130, 131, 245, 384, 459
フェラン、パスカル…104, 105, 297, 306, 307, 364-367, 454
フェルメール、ヨハネス…96, 199, 292
フェレーリ、マルコ…462
フォード、ジョン…297, 340, 348, 420, 427, 428
フォーリー、ジェームズ…452
フォルゲッタ、エマヌエラ…341
フォルマン、アリ…257, 302, 303
フォレ、ギヨーム・デ…233
深作欣二…420, 446, 465
深田晃司…261
深沢正樹…37
プーカノック、ソーポン…319
フーコー、ミシェル…411
藤純子…114, 115
藤竜也…299
藤澤順一…47, 57
藤田陽子…29
ブトゥフ、ナタリー…97
舩橋淳…68, 69, 416
ブニュエル、ルイス…418, 471
フーパー、トビー…28, 29, 356, 357, 375, 466
フラー、サミュエル…87, 139, 205
ブライエ、ナターシャ…175
フライシャー、リチャード…205, 357
フライシュマン、ペーター…469
ブラウニング、エミリー…305
ブラック、ギヨーム…260, 261, 284, 285, 380-394
ブラック、ダスティン・ランス…145
ブラッシュ、ジェラール…21
ブラッティ、ウィリアム・ピーター…459
プラトン…422
フラニツキー、アーグネシュ…158, 159, 216
フランケンハイマー、ジョン…459, 460
フランコ、ジェス…463, 464
フランコ、ジェームズ…23, 145, 249
ブーランジェ、ピエール…305
ブランシェ、セヴラン…107
ブランシェット、ケイト…321
フランソワ、デボラ…55
ブランド、マーロン…273
ブリソー、ジャン=クロード…101
ブリュ、デイジー…227
ブリュール、ダニエル…229
プルサニディス、ニコス…27
フルタード、チト…329
ブルデュー、エマニュエル…183
ブルーニ・テデスキ、ヴァレリア…79, 97
ブルネーズ、ニコル…417
プレイス、ジョアンナ…97
ブレオー、ギヨーム…307
プレジャコ、アントナン…257
ブレッソン、ロベール…96, 232, 233, 261, 269, 280, 440
プレミンジャー、オットー…448
ブロケ、ジョナ…285
フロスト、アレックス…11
ブロディ、エイドリアン…277
フロドン、ジャン=ミシェル…27
ブローリン、ジョシュ…145

へ

ペ、ドゥナ…45
ベイシンガー、キム…443
ヘイドン、スターリング…441
ペイリー、グレイス…255
ペイレ、アルチュール…185
ヘインズ、トッド…320, 321
ベガン、シリル…314
ペキンパー、サム…347, 348
ベケット、サミュエル…397
ヘーゲル、G・W・フリードリッヒ…423
ベゴドー、フランソワ…171
ベシクチオール、エルダル…199
ベッケル、ジャック…440, 441
ベティス、アンジェラ…29
ベーネ、カルメロ…462, 463
ベネックス、ジャン=ジャック…183
ベネット、ジョーン…444, 448
ベラスケス、ディエゴ…292
ベルガラ、アラン…417
ベリー、ジョン…417
ヘルゲランド、ブライアン…39
ベルコ、エマニュエル…103
ベルタ、レナート…269
ベルティーニ、フランチェスカ…433, 435
ベルトゥチェリ、ジュリー…25
ベルトルッチ、ベルナルド…24, 83
ベルナール、パトリック・マリオ…65
ヘルリッカ、ロベルト…67
ベルリング、シャルル…149
ペレダ、ニコラス…327
ベロッキオ、マルコ…55, 66, 67, 97, 179, 196, 197, 409, 450, 462
ペン、ショーン…126, 127, 145, 207
ベンヴェヌーティ、パオロ…460
ベンジャミン、リアン…293
ベンソン、アシュレイ…249
ベンダンディ、ルーナ…151

ベンチヴェンガ、エドゥワルド…435
ペンデレツキ、クシシュトフ…93

ほ

ホアン、イー…267
ホウ、シャオシェン…21, 73, 80, 81, 124, 125, 308, 309, 375, 456
ボーヴォワ、グザヴィエ…113, 237
ボーク、エリカ…159, 217
ホークス、ハワード…131, 438, 441
ボグダノヴィッチ、ピーター…467
ポーサス、フイ…253
ボジャノフ、コンスタンチン…293
ボスク、ティエリー…71
ホーゼマン、マルク…271
ボゾン、セルジュ…57, 131, 138, 408, 454
ポダリデス、ブリュノ…25
ホック、ダニー…131
ホッブス、トマス…306
ポテンテ、フランカ…39
ボードウェル、デイヴィッド…410
ボニゼール、パスカル…117
ボネロ、ベルトラン…61, 185, 312, 313, 454
ポープ、ビル…23
ボブ、リトル…222, 223
ホフマン、フィリップ・シーモア…245
ホフマン、マイケル…259
ボーボ、ロジェ…71, 105
ポーリー、サラ…19
堀潤之…406
堀禎一…13, 40, 89, 108, 109, 122, 123, 194, 195, 209, 279, 289, 307, 341, 409, 411, 415, 432, 446, 464
ボルグマン、モニカ…171
ポールソン、サラ…321
ボレッリ、リタ…433, 434
ホルブルック、ハル…281
ホン、サンス…8, 9, 12, 24, 50, 51, 81, 91, 129, 131, 156, 157, 164, 234, 235, 237, 250, 251, 273, 275, 288, 289, 329, 406, 407, 457
ポン、フェイ…279
ボーン、ボリス…157
本調有香…113
ポンパット、ジェーンジラー
→ポンパット・ワイドナー、ジェンジラー
ポンパット・ワイドナー、ジェンジラー…193, 319, 323

ま

マー、リーチェン…101
マイスラーゼ、アベサロム…21
マーヴィン、リー…468
前川桃子…201
前田愛…57
前田亜季…45, 195
前田米造…43
前野健太…220
牧野省三…115
マキノ雅広(正博)(雅弘)…114, 115, 421, 445
マクドーマンド、フランシス…243, 281
マグワイア、トビー…23
マケーニュ、ヴァンサン…261, 285, 381, 382, 384, 387, 392, 393
マサール、ジェローム…233
マジメル、ブノワ…95
マシュエル、エマニュエル…17
増村保造…348, 446, 471
ますもとたくや…195
松江哲明…220
マッカンドレス、クリストファー…126
マッキニー、ローレン…119
マックィーン、スティーヴ…217
マッケイブ、コリン…410
マッケラー、ドン…153
マッコネル、イライアス…11
松田翔太…173
松村浩行…200
松山ケンイチ…89, 112, 113
マドゥルガ、テレサ…253
マードック、スチュアート…304, 305
マニックス、マックス…129
マニャーニ、アンナ…434
マネ、エドゥワール…411
真野恵里菜…176, 177
マヤンス、メリュジーヌ…185
マーラ、ルーニー…321
マライメア・Jr.、ミハイ…245
マラルメ、ステファヌ…247
マリ、パスクァーレ…67
マリー、ハンナ…305
真利子哲也…210, 211, 220, 326, 327, 415
マリンヌ、モルガン…141
マルコアン、アラン…55, 141, 219
マルコヴィッチ、ジョン…17
マルゴラン、フランソワ…125
マルチーノ、セルジオ…463
マルトーネ、マリオ…66, 303
マレイ、エティエンヌ＝ジュール…247
マーレイ、ビル…243
マレンボ＝エメネ、アガム…171
マローン、ジェナ…127
マン、マイケル…451, 452
マンゴールド、ジェームズ…451
万田邦敏…413

み

三浦哲哉…416, 417, 422
三浦俊彦…311
三浦友和…87
三栗屋博…177
ミケランジェロ、ブオナローティ…292
ミゲル、ブロンダン…223
ミシェル、フランソワ…21
水澤紳吾…221
三隅研次…445, 446
溝口健二…370, 371, 399, 419, 421, 422, 437
御園生涼子…416, 417
光石研…257
ミッチャム、ロバート…449
水戸光子…114, 115
ミナ、ミナ・E…121
ミノーグ、カイリー…247
三村和弘…221
三宅隆太…177
宮崎あおい…61, 103
宮崎駿…418, 421
宮崎将…211, 263
宮下和雅子…45
宮田亜紀…225
ミューラー＝スタール、アーミン…121
ミラー、ジェイク…119
ミロン、ピエール…171
ミン、ギュドン…8

む

ムーア、アドリアン…189
向井康介…45, 87
ムックディプローム、サヨムプー…193, 319
ムッソリーニ、ベニート…196, 197
ムニエ、コラン…161
村上淳…179
村上虹郎…327
ムルナウ、F・W…397, 403, 427, 428
ムレ、リュック…23, 193
ムーレ、リュック→ムレ、リュック
室生犀星…349
ムン、ソリ…202, 289

め

メイ、ディ…81
メイ、ファン…81
メイ、フォン…181
女池充…61
メイソン、ジェームズ…448
メイトランド、ガリー…79
メカス、ジョナス…416
メッゾジョルノ、ジョヴァンナ…197
メッファルドフスキ、ヴォイチェフ…331
メデム、フリオ…228
メニケリ、ピナ…434, 435
メネズ、ベルナール…161, 285
メラー、フェーリスク…413
メンゲス、クリス…79
メンデス、エヴァ…131, 247
メンドーサ、ブリランテ…141, 201

も

毛沢東…208
モショヴィッチ、キリール…93
モーテンセン、ヴィゴ…121
モノワイエ、ジャン＝モーリス…233
桃井かおり…73
ももいろクローバー…210, 211, 220
森赫子…437
森雅之…71
森崎東…30, 31, 406
森下悠里…109
森田涼花…195
モレイラ、アナ…253
モレッツ、クロエ・グレース…311
モレッティ、ナンニ…18, 93
モロ、アルド…66
モロー、ジャンヌ…269
モンジュ、レイ…99
モンセン、テイラー…119
モンテイロ、ジョアン・セーザル…47
モンテギュ、アリックス・ド…21
モンロー、マリリン…421

や

ヤウ、ナイホイ…41, 89, 267
柳楽優弥…326, 327
薬師丸ひろ子…37, 43
役所広司…37
ヤコビーニ、マリア…435
ヤコポ・ディ・チオーネ…293
矢澤利弘…410
柳川眞一…115
柳川秀夫…287
柳島克己…231, 299
柳町光男…56, 57, 87
柳下毅一郎…120
山形育弘…333
山崎ハコ…179
山下耕作…445
山下敦弘…17, 35, 44, 45, 86, 87, 406, 407
山田五十鈴…437
山田宏一…407, 414, 417, 419, 434

山田真歩…263
大和屋竺…467
山中貞雄…20, 21, 312, 421
山中崇…87, 211
山根貞男…407, 411, 417, 423
山本富士子…115
ヤム、サイモン…41, 89, 135, 169
ヤルモルニク、レオニード…297
ヤン、イクチュン…164, 165, 415
ヤン、エドワード…375, 376, 456
ヤン、クイメイ…77, 279
ヤン、ハオユー…209
ヤンチョー、ミクローシュ…370, 371

ゆ

ユー、シー…267
ユ、ジテ…51
ユ、ジュンサン…235, 251
ユー、リクウァイ…49, 101, 143, 275, 325
由紀さおり…42
ユスターシュ、ジャン…50
ユペール、イザベル…250, 251
ユン、ジョンヒ…215
ユン、スンフン…165
ユン、チョンホ…165
ユン、ヨジョン…203, 251
ユング、マチアス…339

よ

余貴美子…31
吉川ひなの…57
吉川正文…415
吉田健一…288
吉田広明…411, 416
吉本光宏…410
淀川長治…434
四方田犬彦…414, 418

ら

ライダー、ウィノナ…462
ライト、ロビン…303
ライヒャルト、ケリー…191
ライプニッツ、ゴットフリート…422
ライミ、サム…22
ラウ、アンディ…53
ラウ、チンワン…191
ラヴァーティ、ポール…79
ラヴァン、ドニ…246, 247
ラヴィーナ、リリ…21, 107
ラジェーシュクマル、カウシカン…293
ラズ、カヴィ…69
ラスムッセン、ショーン…205
ラスムッセン、マイケル…205
ラックマン、エドワード…321
ラヒム、タハール…335
ラフィット、グザヴィエ…175
ラブルダン、オリヴィエ…71
ラブロッセ、サラ＝ジャンヌ…121
ラポワリー、ジャンヌ…185
ラマール、ヘディ…448
ラミー、アレクサンドラ…185
ラム、カートン…89, 169, 191, 267
ラム、シュー…41, 89, 135, 169, 267
ラム、ダンテ…15
ラモリス、アルベール…124
ラリユー、アルノー ＆ ジャン＝マリー…183
ラング、フリッツ…36, 442, 443, 444, 449, 462
ランクザン、ルイ＝ド・ドゥ…97, 337
ラングマン、アルレット…83
ランスラン、サビーヌ…315
ランドー、ジュリエット…29
ランフレーディ、アンドレア…151
ランベール、ドゥニ…107

り

リー、カンション…77, 91, 279
リー、ジェット…241
リー、シャンニエン…209
リー、チュウビン…101
リー、ピンビン…81, 125, 309
リー、モン…275
リー、ユーチュン…241
リー、レイモンド…241
リー、レイン・キャシー…119
リウ、ダン…119
リヴェット、ジャック…25, 109, 116, 117, 177, 268
リエン、レンジュン…209
リゴ、ソレーヌ…285, 387
リッチー、マイケル…468
リッツァーニ、カルロ…463
リナルディ、サンドリーヌ…241
リーマン、ダグ…38, 203, 206, 207
リモザン、ジャン＝ピエール…104, 131, 366
リャオ、シュウチェン…81
リャオ、ペンロン…77, 91, 279
リャン、チントン…325
リュイ、リービン…143
リュカ、ジュリアン…261, 381
リュファス…339
リュプチャンスキー、ウィリアム…21, 83, 107, 116, 117
リュミエール兄弟…132, 216, 297, 433
リルケ、ライナー・マリア…306

リン、ケリー…191
リンチ、デヴィッド…10, 38

る

ルー、イーチン…77, 279
ルー、ジョン…209
ルアン、ウィリアム…79
ルアンラム、ジャリンパッタラー…323
ルイス、ジェリー…332
ルイス、ジョセフ・H…442, 448, 449
ルイス、ラウール…123
ルウ、イエ…209
ルヴォヴスキ、ノエミ…25, 131, 237, 243
ルヴォフスキー、ノエミ
→ルヴォヴスキ、ノエミ
ルオ、ランシャン…275
ルーシュ、ジャン…228, 229
ルシヨン、ジャン=ポール…183
ルソー、コンスタンス…261, 335
ル・ソー、ヨリック…311
ルドワイヤン、ヴィルジニー…237
ルナ、ディエゴ…145
ルノワール、ジャン…139, 427, 428, 429, 434, 440, 450
ルビッチ、エルンスト…435
ルピノ、アイダ…442
ルーペ、カーチャ…21
ル・ベスコ、イジルド…315
ルルー、アデライード…261

れ

レイ、ニコラス…418, 441, 442
レイシー、ジェイク…321
レイス、アントニオ…463
レイムス、ヴィング…19
レヴァル、アレックス(アラン・レネ)…295
レヴィ、サム…283
レオーネ、セルジオ…37, 463
レオネッティ、マシュー・F…19
レゴ、アラン…161
レシア、ピエール…95
レジオ、ジョゼ…314
レニエ、イザベル…118
レニエ、ジェレミー…55, 141, 149, 219, 313
レネ、アラン…125, 277, 294, 295, 471
レン、リッチー…135
レンブラント・ファン・レイン…292

ろ

ロウ、イエ…23, 180, 181, 209, 283, 415, 457, 458
ローゲン、セス…384
ロ・カーショ、ルイジ…67
ロージー、ジョセフ…442
ロジエ、ジャック…160, 161, 216, 248, 261, 383, 384, 386, 463
ロストロポーヴィチ、ムスティラフ…92, 93
ローチ、ケン…24, 55, 78, 79, 461
ロッシ・スチュアート、キム…107
ロッセリーニ、ロベルト…82, 151, 188, 268, 340, 421, 433
ロドリゲス、マルコ…29
ロビンソン、ジョン…11
ロペス、セルジ…185
ロム、ピエール…233
ローム、ブレント…29
ロームノーイ、バンロップ…323
ロメイ、リナ…464
ロメール、エリック…24, 74, 129, 131, 138, 139, 421
ロメロ、ジョージ・A…18
ロモー、エリーズ…247
ローラ=リー…205
ローラン、クリスティーヌ…117
ローランズ、ジーナ…37
ロレンス、D・H…104, 364
ロンジョーネ、ファブリツィオ…141, 219
ロンズデール、マイケル…269

わ

ワイ、カーファイ…12, 13, 41, 52, 169, 190, 191, 267, 346
ワイズマン、フレデリック…209, 226, 227, 292, 293, 416, 454
ワイルダー、ビリー…138
若尾文子…421
渡邉寿岳…333
ワッツ、ナオミ…120, 121, 207
ワトソン、S・J…301
ワトソン、エドワード…293
ワン、チャオ…43, 181, 215
ワン、バオチャン…275
ワン、ビン…208, 209, 211
ワン、ホンウェイ…101
ワン、ユー…143

ん

ン、カール…53
ン、フランシス…135

映画題名による

あ

愛、アムール…245
アイ・アム・レジェンド…113
アイガー北壁…169
愛して飲んで歌って
Aimer, boire et chanter…294, 295
アイズ　ワイド　シャット…390
愛について、東京…56
愛の神、エロス…43
愛の残像…169, 227
愛の勝利を　ムッソリーニを愛した女
Vincere…179, 196, 197
アイランド…49
アヴェ…293
アウトサイダー…158
アウトレイジ…175
アウトレイジ　ビヨンド…231
青い青い海…436
青い獣　ひそかな愉しみ…465, 466
青い血…435
蒼き狼　地果て海尽きるまで…93
青空娘…446
青の稲妻…100, 456, 479
青ひげ…448
青髭…167
赤い天使…446
赤い風船…124
赤信号…159
赤ちゃん教育…438
暁の偵察…438
阿賀に生きる…64
阿賀の記憶…47
秋日和…430, 431
アキレスと亀…133
アクシデント…209
アクト・オブ・キリング
The Act of Killing…272, 273
アクトレス
→アクトレス　女たちの舞台
アクトレス　女たちの舞台
Clouds of Sils Maria…305, 310, 311
悪人…181
悪の教典…237
悪の華…77
悪魔のいけにえ…28, 357, 466
悪魔の起源　ジン…273
悪魔を見た…193
アザーズ…10
アジアの純真…209
アストレとセラドンの恋
→我が至上の愛　アストレとセラドン
明日はない…447
明日へのチケット
Tickets…78, 79
アッシャー家の末裔…334
アッスンタ・スピーナ…433
アーティスト…219
アデュー…454
アデュー・フィリピーヌ…160, 161, 463
アデル、ブルーは熱い色…391
穴…441
アナタの子供…253
あなたはまだ何も見ていない…277, 294, 295
あなたを想う…54, 140, 461
アニエスの浜辺…159
あの娘、早くババアになればいいのに…275
アバター…165
アバンチュールはパリで
Night and Day/Bam gua nat…129, 156, 157, 234
アビエイター…43
ア・フォンド・キス…24
アフリカの光…173
甘い人生…43
甘き人生…450
アマリアの別荘…247
アムステルダム・グローバル・ヴィレッジ…254
アメリカの友人…470
アメリカン・ゴシック…450, 451
アメリカン・スナイパー…297
アメリカン・スプレンダー…23
アメリカン・ハッスル…271
あらくれ…349
嵐が丘…287
嵐の孤児…431
ALI　アリ…451, 452
ありがとう…81
アリス・イン・ワンダーランド…171
ある朝スウプは…49
ある過去の行方…275
アルゴ…235
ある子供
L'Enfant…53, 54, 55, 140
ある秘密…223
アレキサンダー…39
アレキサンドリア　ニューヨーク…27
アレクサンドラ…131
阿波の踊子…445
暗黒街の女…442
暗黒街の弾痕…151, 442, 449
暗黒の鉄格子…429

暗殺のタンゴ…27
アンジェリカ→アンジェリカの微笑み
アンジェリカの微笑み
O Estranho Caso de Angélica…223, 314, 315
アンストッパブル…191
アンダーカヴァー
We Own the Night…130, 131, 459
アンダー・ザ・スキン…287
アンチクライスト…191
安藤組外伝　人斬り舎弟…466
アンナと過ごした４日間…159
安陽の赤ちゃん…43

い

言い出しかねて…89
家路…16
イエスタデイ、ワンスモア
龍鳳門…52, 53
ＥＭ　エンバーミング…36, 467
硫黄島からの手紙…87, 216
イカとクジラ…87
怒りの山河…458
怒りの日…443
生きてるうちが花なのよ死んだらそれまでよ党宣言…30
生き残るヤツ…468
息もできない
Breathless/Ddongpari…164, 165, 415
生きるべきか死ぬべきか…435
イゴールの約束…54, 140, 461
イザベル・アジャーニの惑い…17
石の微笑
La Demoiselle d'honneur…83, 94, 95
イースタン・プロミス
Eastern Promises…120, 121
イーダ…275
偉大なるアンバーソン家の人々…449
イタリア旅行…188, 268, 340, 341
イタリアン・コネクション…463
いちごブロンド…438, 439
いつか、きっと…19
一緒に…327
行ったり来たり…37
いっツー　THE MOVIE…281
イット・フォローズ…315
偽れる装い…441
愛おしき隣人…117
愛しのジェニファー…91
犬と歩けば　チロリとタムラ…19
犬猫…29, 112, 406
イノセンス…15
生命―希望の贈り物…39
いますぐ抱きしめたい…457
今は正しくあの時は間違い…329
妹がぼくを支配する。…319
妹の夏…277
イレブン・ミニッツ
11 minut…330, 331
イロイロ…293
イングロリアス・バスターズ…161
インセプション…177
インディアン渓谷…449
インディ・ジョーンズ／クリスタル・スカルの王国…125
イントゥ・ザ・ストーム…283
イントゥ・ザ・ワイルド
Into the Wild…126, 127
インナースペース…17, 458
イン・パブリック…29
インヒアレント・ヴァイス…301
インビクタス／負けざる者たち…167
インビジブル・ウェーブ…95
インフェルノ…146
インプリント　ぼっけえ、きょうてえ…71
インベージョン…107
インポッシブル…253
イン・マイ・スキン…9
インランド・エンパイア…101

う

Virginia／ヴァージニア…231
ヴァンダの部屋…9, 16, 353, 460
ヴァンパイア　最期の聖戦…68
ヴィオラソナタ・ショスタコヴィッチ…92
ヴィオランタ…469
ヴィザージュ…251
ウィーピング・メドウ→エレニの旅
ヴィレッジ・オン・ザ・ヴィレッジ…332, 333
ウェス・クレイヴン'sカースド…67
ヴェルクマイスター・ハーモニー…158
ウォーク・ザ・ウォーク…255, 454
ウォーク・ザ・ライン　君につづく道…67
ウォーリー…139
ウォールフラワー…263
浮雲…71, 444
雨月物語…437
動くな、死ね、甦れ！…461, 462
ウザク…25
嘘つきみーくんと壊れたまーちゃん…191
歌行燈…444
歌うつぐみがおりました
Iko shashvi mgaloveli…20, 21

宇宙戦争…47
美しい夜、残酷な朝…45
美しき野獣…439
うつせみ…67
うつろいの季節…127
裏切り者…130, 459
裏窓…159, 258, 259, 389
売られし花嫁…447
ウルトラミラクルラブストーリー…151
浮気な家族…21, 202
運動…339

え

エアベンダー…177
永遠のガビー…447
永遠の僕たち…215
映画館の恋…91, 157
映画　聲の形…337
映画史…73, 208
映画は生きものの記録である　土本典昭の仕事…95
映画物語→映画館の恋
エヴァグレイズを渡る風…442
エヴァの告白…271
駅馬車…427, 428, 430
エグザイル／絆
放・逐…134, 135
エクソシスト3…459
エージェント・マロリー…235
SR　サイタマノラッパー　ロードサイドの逃亡者…220, 221
SF／ボディ・スナッチャー…467
S21　クメール・ルージュの虐殺者たち…29
エッジ…255
エッセンシャル・キリング…203, 209
悦楽交差点…335
EDEN　エデン…307
エデンより彼方に…10
エドワード・サイード　OUT OF PLACE…64, 65
エドワールとキャロリーヌ…441
NYPD15分署…452
エネミー・オブ・アメリカ…452
M…444
Mの物語…25
エム・バタフライ…120
選ばれた瞬間…43
エリ・エリ・レマ・サバクタニ…58, 60, 61
エリックを探して…191
エレクション
黒社會…52, 88, 89, 134, 409
エレクション2…130, 134
エレニの帰郷…269
エレニの旅
Trilogia:To livadi pou dakryzei…26, 27, 43, 368, 377
エレファント
Elephant…10, 11, 62, 63, 144, 406, 453
エロ将軍と二十一人の愛妾…464

お

オアシス…9
お熱いのがお好き…138
御誂次郎吉格子…445
王家の虎…434
黄金の腕…448
黄金の馬車…434
黄金を抱いて跳べ…237
牡牛座　レーニンの肖像…117
王朝の陰謀　判事ディーと人体発火怪奇事件…225, 466
大いなる沈黙へ…277
狼　男たちの挽歌・最終章…14
狼たちの絆…14
オーストラリア…145
オーソン・ウェルズのフェイク…329
オーソン・ウェルズのフォルスタッフ…449, 460
岡山の娘…139
おじさん天国…87
鴛鴦歌合戦…115
オー！スジョン
→秘花〜スジョンの愛〜
オズ　はじまりの戦い…247
堕ちた天使…448
おっぱいバレー…149
オデット…235
踊らなくては！…131
オトン…344
同じ星の下、それぞれの夜…241
お兄ちゃんに近づくな、ブスども！…223, 225
おばあちゃん女の子…211
オーバードライヴ…23
オーバー・フェンス…337
小原庄助さん…444
お引越し…376
オペラ座／血の喝采…146
オペラ座の怪人…39
オペレッタ狸御殿…42, 43
汚名…437, 438
思い出のマーニー…285
オルエットの方へ
Du côté d'Orouët…160, 161, 216, 383, 384, 463
オールド・ジョイ…191
俺たちの明日…119

愚なる妻…329, 432
終わりゆく一日
Day is Done…258, 259
追われる男…442
婦系図…445
女刑務所・白昼の暴動…458
女っ気なし
Un monde sans femmes…260, 261, 285, 380-386, 389
おんなの河童…207
「女の小箱」より　夫が見た…446
おんなの細道　濡れた海峡…465, 466
女は男の未来だ
Woman is the Future of Man/ Yeojaneun namjaui miraeda…24, 50, 51, 156, 234, 406, 407
女は男の未来である
→女は男の未来だ
女は二度生まれる…447
オンリー・ラヴァーズ・レフト・アライヴ…261

か

海外特派員…139
怪談…103
怪談新耳袋　怪奇…176, 177
海道一の暴れん坊…445
カイマン…93
快楽…447
凱里ブルース…337
回路…355, 357
カウガール・ブルース…453
かえるのうた…63
香も高きケンタッキー…297, 420, 427, 436
案山子たちの地…227
隠された記憶…70
楽隊のうさぎ…262, 263
革命前夜…83
影なき淫獣…463
崖の上のポニョ…127
影の列車…229
かげろう…11
過去を逃れて…449
飾窓の女…444
カーズ…75
風立ちぬ…255, 418
風の中の子供…444
家族の灯り
Gebo et l'ombre…268, 269
カッターズ・ウェイ…468
勝手にしやがれ…471
勝手に逃げろ／人生…469
かつて、ノルマンディーで…113
活動役者…440
ガーディアンズ・オブ・ギャラクシー…285
悲しき玩具…309
彼女について私が知っている二、三の事柄…471
カフェ・ド・フロール…299
下部ババリアの人間狩り…469
壁の間で
→パリ20区、僕たちのクラス
家宝…16
カポーティ…79
神々と男たち…195
神々のたそがれ
Trudno byt bogom…296, 297
神様のパズル…125
カミュなんて知らない…55, 56, 57
カミーユ、ふたたび…243
カムイ外伝…157
花様年華…456, 457
狩人…26, 372, 376
カリスマ…357
カル…8
ガールズ＆パンツァー　劇場版…319
カルメンという名の女…128
カルロス…197
河…77
カンウォンドの恋…8, 156, 157, 164, 457
江原道の力→カンウォンドの恋
韓国に嫁いだ女…329
感情…25
感染列島…141
神田川淫乱戦争…361, 362
監督失格…219
監督・ばんざい！…99
カンナさん大成功です！…113
カンバセーション…盗聴…452
カンフーハッスル…37
ガンモ…453
管理人の娘たち…450

き

黄色い部屋の謎…25
記憶すべきマリー…83
祇園の姉妹…437
帰郷…47
木靴の樹…78, 150
喜劇・女は男のふるさとヨ…30, 31
危険な場所で…441, 442
岸辺の旅…307
汽車は再び故郷へ…219
危情少女　嵐嵐…23, 458
キス＆キル…189
奇跡…443

気狂いピエロ…471
キッスで殺せ…430
キッド…197
木と市長と文化会館…138
気まぐれな唇
Turning Gate/Saenghwalui balgyeon
…8, 9, 12, 50, 156, 234, 406
気ままに生きて…107
君の名は。…335
奇妙な女…448
奇妙な幻影…448
戯夢人生…456
虐殺(モニカ・ボルグマン他)…171
虐殺(ブリランテ・メンドーサ)…201
キャット・ピープル…449, 450
彼奴は顔役だ!…339
キャロル
Carol…320, 321
CURE　キュア…74, 355, 356
吸血鬼…443
吸血鬼ノスフェラトゥ…428
吸血処女イレーナ　鮮血のエクスタシー…464
救済…249
今日限りの命…438
教科書にないッ!…467
狂気の地…193
今日、恋をはじめます…243
侠骨一代…114, 115
教授とわたし、そして映画…234
きょうのできごと　a day on the planet…15
恐怖…177
恐怖のまわり道…448
恐怖分子…456
去年マリエンバートで…294
霧の中の風景…376
霧の波止場…222
義理の娘が眩しすぎて。…321
キル・ビル　Vol.2…17
疑惑の影…437, 438
キーン…233
キング・オブ・エスケープ…175
キング、クイーン、そしてジャック…468, 469
キング・コング…61
キングス＆クイーン
Rois et reine…70, 71, 103, 409
禁じられた歌声…319

く

クィーン・ケリー…432
クインテット…443
空中庭園…46, 47, 128, 129
苦役列車…229
ククーシュカ　ラップランドの妖精…69
草叢
→不倫団地　かなしいイロやねん
グッド・ウィル・ハンティング／旅立ち…453
グッドモーニング、ナイト
→夜よ、こんにちは
グッバイ・ファーストラブ…249
クーデター…311
雲の上…221
雲のむこう、約束の場所…35
クラッシュ…65
グランド・ブダペスト・ホテル
The Grand Budapest Hotel…276, 277
グランド・マスター…253
グラン・トリノ…147
くりいむレモン…35, 86
クリスタス…196, 197
クリストファー・コロンブス／謎…155
クリスマス・ストーリー
Un conte de Noël…129, 182, 183
クリスマスの物語
→クリスマス・ストーリー
クリード…321
グリード…431
クリーピー　偽りの隣人…331, 335
クリーン
Clean…27, 152, 153, 183, 310, 408
グリーン・ゾーン…173
牯嶺街少年殺人事件…375, 456
ぐるりのこと。…125
クレイジー…157
クレイジーホース・パリ　夜の宝石たち
Crazy Horse…226, 227, 292
クレーヴの奥方…344
グレースと公爵…74
紅の踊…439
グレムリン…458
黒い眼のオペラ
黒眼圏…90, 91
黒い罠…449
黒社会→エレクション
クローズ・アップ…189
クローズZERO…109
クローズZERO II…147
クロッシング…185
黒の報酬…442
クローバー…289
クローバーフィールド／HAKAISHA…121
クロユリ団地…251
群衆…439
群盗荒野を裂く…463

け

ゲアトルード…443
ケイコ先生の優雅な生活…245
刑事ベラミー…221
劇場版　神聖かまってちゃん　ロックンロールは鳴り止まないっ…220
激戦…289
下女…457
ケス…79, 461
結婚演出家…97, 409
結婚哲学…435, 436
結婚の夜…440
血斗のジャンゴ…463
毛の生えた拳銃…467
煙にまかれて…241
ゲームの規則…428, 429, 430
県警対組織暴力…465
拳銃魔…151, 442, 448, 449
現像液…83
ケンタとジュンとカヨちゃんの国…167, 172, 173
現金に手を出すな…441
権力の陶酔…105

こ

恋多き女…429
恋するマドリ…103
恋の渦…259
恋人たち…313
恋人たちの失われた革命　Les Amants réguliers…75, 82, 83
高級車…181
絞殺魔…205
工場の出口…216
更生…439
高速ばぁば…255
強奪のトライアングル…229
こうのとり、たちずさんで…376
荒野の決闘…427
5月の後…331
黒衣の刺客　刺客聶隠娘…308, 309
黒衣の花嫁…440
虚空への跳躍…66, 450
告白…72
コケティッシュな女…433
ここに幸あり　Jardins en automne…106, 107
心《こころ》…125
精神の声…72
ゴシカ…15
GODZILLA　ゴジラ…281
ゴースト・オブ・マーズ…10, 345
ゴースト・ドッグ…154
コズモポリス…247
呉清源　極みの棋譜…109
五線譜のラブレター　DE-LOVELY…35
ゴダール・ソシアリスム…185
コックリさん…43
ゴッド・ヘルプ・ザ・ガール　God Help the Girl…304, 305
コップ・カー…323
コッポラの胡蝶の夢…133
孤独な天使たち…249
孤独な場所で…442
言の葉の庭…253
言葉とユートピア…16
子供たちの王様…209, 456
子猫をお願い…23
この自由な世界で…127
この世界の片隅に…341
この世の外へ　クラブ進駐軍…13
小早川家の秋…339, 430
コーヒー&シガレッツ…27
珈琲時光…21
コーヒーをめぐる冒険　Oh Boy…270, 271
コマンダンテ…97
今宵、フィッツジェラルド劇場で…93
コラテラル…31
コール…11
コルドリエ広場…216
これは映画ではない…233
殺しが静かにやって来る…463
殺しのはらわた…139
殺しの烙印…42
殺し屋ネルソン…429
殺し屋ハリー／華麗なる挑戦…459, 460
コロッサル・ユース…123
コロンブス　永遠の海…171
ゴーン・ガール…289
コングレス→コングレス未来学会議
コングレス未来学会議　The Congress…257, 302, 303
コンドル…438
コンナオトナノオンナノコ…109
婚約者…78, 150

さ

西鶴一代女…437
サイコ…10
最高殊勲夫人…446
再生の港…439
最前線物語…87
ザ・インタープリター…45
ザ・ウォーク…455
ザ・ウォード　監禁病棟

The Ward…**204, 205, 209**
サウダーヂ…**209, 220, 221, 415**
魚と寝る女…**8**
櫻の園…**135**
叫…**93**
THE COCKPIT…**301**
THE JUON／呪怨…**39**
ザ・シューター　極大射程…**99**
サスペリア…**146**
サスペリア・テルザ　最後の魔女
La terza madre…133, 146, 147
サスペリアPART2…**146**
さすらい…**441, 470**
誘う女…**144**
サタンタンゴ…**158**
サタンのラプソディ…**434**
サーチャーズ2・0…**141**
撮影者…**231**
殺人音楽家…**237**
殺人者はライフルを持っている!…
467
殺人の追憶…**13**
サッドヴァケイション…102, 103
座頭市　THE LAST…**173**
ザ・トライブ…**301**
ザ・ファイター…**197**
サブウェイ123　激突…**157**
サボタージュ…**289**
サマーウォーズ…**155**
ザ・マスター
The Master…244, 245
彷徨える河…**335**
漂白ひ人…**439**
サマリア…**41**
ザ・ミッション　非情の掟…**13, 40, 41,**
134, 455
SOMEWHERE…**197**
さらば、愛の言葉よ…**293**
さらば愛しき大地…**87**
さらば青春…**435**
さらば、龍門客桟→楽日
ザ・リッパー…**209**
ザ・リング2…**47**
されどわが愛は死なず…**433, 434**
サロゲート…**167**
山河ノスタルジア
山河故人…324, 325
残菊物語…**437**
サンクチュアリ…**89**
懺悔　松岡真知子の秘密…**177**
サンシャイン2057…**95**
三重スパイ…**24**
三十のドアの鍵…**469**
サンセット大通り…**432**
3―4X10月…**57**
サンタフェ街…**149**
サンダー・ブラスト／地上最強の戦
車…**451**
3人のアンヌ
In Another Country/Da-reun
na-ra-e-seo…237, 250, 251
三人の女…**443**
三人の結婚…**281**
散歩する侵略者…**467**
サンライズ…**428**
三里塚　岩山に鉄塔が出来た…
456
三里塚に生きる…286, 287
サンローラン
Saint Laurent…312, 313

し

詩→ポエトリー　アグネスの詩
幸せになるためのイタリア語講座…
11
J&S／さすらいの逃亡者…**463**
J・エドガー…**217**
ジェイソン・ボーン…**339**
SHADY GROVE…**346, 351**
GERRY　ジェリー…**10, 39, 62,**
63, 144, 406, 410, 453
ジェリー→GERRY　ジェリー
ジェリーフィッシュ…**117**
シギ…**229**
シークレット・サンシャイン…**125, 164,**
202, 215, 411
シークレット・シネマ…**451**
死刑執行人もまた死す…**443**
地獄堕ち…**158**
地獄の警備員…**74, 357**
地獄の逃避行…**127, 151**
地獄の黙示録…**452**
シザーハンズ…**462**
死者との小さな取引…**104**
静かなる男…**340, 427**
シスターズ…**115**
四川のうた
二十四城記…142, 143
したがるかあさん…**135**
七月一四日の娘…**257**
シテール島への船出…**376**
市民ケーン…**430**
灼熱…**341**
灼熱の肌…**223**
ジャージー・ボーイズ…**285, 452**
シャッターアイランド…**171**
シャーリー・テンプル・ジャポン・パート
II…**53**
ジャーロ…**181**
ジャンゴ　繋がれざる者…**245**
上海から来た女…**449**

ジャン・ブリカールの道程…139
自由が丘で
Hill of Freedom/Ja-yu-eui con-deok…288, 289
銃殺…443
13回の新月がある年に…470
13日の金曜日…357
就職…78, 150
十字路の夜…428, 429
秋聲旅日記…344-353
柔道龍虎房…71, 134
17歳…271
収容病棟…279
14歳…97
10話…79
呪怨　パンデミック…103
主はわたしに素晴らしきことをした…299
シュリ…8
ジョヴァンニ…31, 460
少女たちの遺言…8
少女ムシェット…232, 440
商船テナシチー…222
少年と自転車
Le Gamin au vélo…218, 219
勝利を
→愛の勝利を　ムッソリーニを愛した女
少林サッカー…37
少林少女…121
昭和残侠伝・死んで貰います…115, 445
ジョギング渡り鳥…325
蜀山奇傳　天空の剣…240
女校怪談…8
ショック集団…139, 205
白雪姫…47
シリアスマン…185
「私立探偵濱マイク」シリーズ…352
死霊館　エンフィールド事件…333
シルビアのいる街で
Dans la ville de Sylvia…174, 175
白い花びら…348
白いリボン…189
『次郎長三国志』シリーズ…445
仁義の墓場…446
深呼吸の必要…21
人生は怖くない…25
シンデレラマン…53
神童…88, 409
人民の戦争…254

す

西瓜
天邊一朵雲…76, 77
酔画仙…35
スイミング・プール…19
SWEET SIXTEEN…79
スウィーニー・トッド　フリート街の悪魔の理髪師…115
スカーフェイス…249
好きだ、…63
スキヤキ・ウエスタン　ジャンゴ…105
スキャンダル・スパイ…451
救い、守りたまえ→ボヴァリー夫人
スクリーム4…209
スクール・オブ・ロック…19
スコーピオ・ライジング…229
スージーの真心…431
スターティング・ポイント…254, 255
スタンダールシンドローム…146
雀…153
スティーヴィ…29
素敵な歌と舟はゆく
Adieu, plancher des vaches!…20, 21
ステラ・ダラス…439, 440
ストレンジャー・ザン・パラダイス…155
ストロンボリ　神の土地…434
スネーク・フライト…83
スパイダーマン…10, 22
スパイダーマン3…97
スパイダーマン2
Spider-Man 2…22, 23
スパニッシュ・アパートメント…15
素晴しき放浪者…428, 429, 430
スピオーネ…443, 444, 462
スピーキング・ダイレクトリー…219
スプリング・フィーバー
春風沉醉的夜晚…180, 181, 209, 415, 458
スプリング・ブレイカーズ
Spring Breakers…235, 248, 249, 258, 453
スペースバンパイア…28
スペル…161
スポンティニアス・コンバッション
→スポンティニアス・コンバッション／人体自然発火
スポンティニアス・コンバッション／人体自然発火…357, 466
スリザー…113
スリープレス…29

せ

ゼア・ウィル・ビー・ブラッド…121
世紀の光
Sang sattawat…87, 318, 319
成功は最高の復讐…469
精神…153
制服…301

セインツ　約束の果て…273
世界…48, 49, 100, 101
せかいのおわり…45
世界の終り…91
世界の現状…211
世界の最後の日々…183
世界のようにもろく…16
SEX配達人　おんな届けます…
13, 464
接吻…119
Seventh Code…269
セブンソード…55
セブン・デイズ・イン・ハバナ
7 dias en La Habana…228, 229
セリーヌとジュリーは舟でゆく…109
SELF AND OTHERS…65
セルラー…39
ゼロ・グラビティ…267
007／カジノ・ロワイヤル…87
戦火の馬…221
戦場でワルツを…165
全職殺手→フルタイムキラー
先生を流産させる会…224, 225
戦争について…185
戦争のない20日間…296
セントルイス・ブルース…439

そ

送還日記…67
草原の実験…307
早春(小津安二郎)…430
早春(イエジー・スコリモフスキ)…468
ソウ3…83
遭難者
Le Naufragé…260, 261, 285, 380-
386, 389, 393
蒼白者…251
続丹下左膳…114, 115
そして人生はつづく…79
ソー・ダーク・ザ・ナイト…449
ゾディアック…99
ソドムの市…31
その日…123
その夜の妻…430
ソフトボーイ…173
ソラニン…173
それでも生きる子供たちへ…99
それでも恋するバルセロナ…151
それでもボクはやってない…89
ゾンゲリア…450, 451
ゾンビ…18, 19
ゾンビ・ガール…311
ゾンビの帰郷…91

た

ダイアリー・オブ・ザ・デッド…135
第一ページの怪物を叩け…66
大閲兵…456
大拳銃…221
大砂塵…441
第三の翼…368, 378
第十法廷…25
大酔侠…455
大地の子守歌…446
第二砦の人々…454, 455
太陽
Solntse…72, 73
太陽の門…115
太陽は光り輝く…427, 428
太陽を盗んだ男…369
大雷雨…439
ダーウィンの悪夢…79
ダウン・イン・ザ・バレー…61
高みにのぼる猫…37
抱きしめたい…271
ダーク・イズ・ザ・ナイト…436
ダーク・シャドウ…225
ダークマン…22
TAKESHIS'…57
ダゲレオタイプの女
Le Secret de la chambre noire…334,
335, 448
ダージリン急行…462
たそがれ…117
爛…446, 447
奪還者…305
脱出…438
Touch the Sound…69
奪命金…243
ダーティー・コップ…335
ダーティ・メリー　クレイジー・ラリー
…450
タナトス…207
ダニエル・シュミット―思考する猫…
283
ターネーション…51
旅芸人の記録…26, 369, 376
旅するパオジャンフー…56
旅のエレジー…92
旅人は休まない…457
ダブル失神…89, 122
たぶん悪魔が…232, 440
卵…203
魂を救え！…36
魂萌え！…91
たまもの…35
ターミナル…35
ターミネーター3…10
ターミネーター4…151

誰でもかまわない…129
誰の娘でもないヘウォン…275
誰も知らない…29
丹下左膳　百万両の壺…23
丹下左膳餘話・百萬兩の壺…20, 21
ダンシング・チャップリン…197
箪笥…23
ダンス・オブ・ザ・デッド…91
ダンスホール…65
男性・女性…333
男性と女性…431
断絶…127
男装…138
団地…329
壇ノ浦夜枕合戦記…465
暖流…446
ターンレフト　ターンライト…31, 41, 52

ち

小さな愛の日…417
小さな山のまわりで…177
チェ　28歳の革命…141
チェンジリング…144, 486
近松物語…437
地球で最後のふたり…15
チーズとうじ虫…73
父親たちの星条旗…81
父の名において…450
血と骨…31
ちはやふる…327
チャップリンの独裁者…197
茶の味…23
チャーリーとチョコレート工場…53
中国決死行…429
忠治旅日記・御用篇…445
長江哀歌
　三峡好人…100, 101
超高層プロフェッショナル…451, 456
長江にいきる　秉愛の物語…145
重来…215
チョーカー・バリ…109
散り行く花…323, 431
チンピラ…351

つ

追憶の森…327
ツィゴイネルワイゼン…167
ツイステッド…29
ツインズ・エフェクト…15
次の朝は他人
　The Day He Arrives/Book chon bang hyang…234, 235, 457
月の砂漠…346, 351, 352, 441
月の寵児たち
　Les Favoris de la lune…20, 21
つぐない…281
粒とボラ…131
妻の愛人に会う…121
罪の手ざわり
　天注定…274, 275
冷たい雨に撃て、約束の銃弾を
　復仇…168, 169
冷たい血…346
冷たい熱帯魚…193
鶴八鶴次郎…444
ツールボックス・マーダー
　Toolbox Murders…28, 29, 356

て

ディアーディアー…313
ディア・ドクター…153
DV—ドメスティック・バイオレンス…454
ディオニュソス…229
デイジー…71
ディストラクション・ベイビーズ…326, 327
ディナーの後に…8, 202
ディーバ…183
ディパーテッド…91
ディボース・ショウ…17
ティム・バートンのコープスブライド…55
ディーモン…451
ティレジア…61, 454
デーヴダース…53
テキサスＳＷＡＴ…451
テキサス・チェーンソー…15
適切な距離…231
デコトラ・ギャル奈美　感動！夜露死苦編…227
デコトラ・ギャル麻里…225
デジャヴ…93
デス・プルーフ in グラインドハウス…409
デスペア…470
デス・レース２０００年…451
デッドマン…68
鉄腕ジム…438, 439
デデという娼婦…444
テトロ→テトロ　過去を殺した男
テトロ　過去を殺した男…189, 217
DEMONLOVER…41
２／デュオ…96
テラートレイン…149
テリー…313
天国…333
天国は待ってくれる…435

天オマックスの世界…243, 450, 462
天使…435
天使の顔…448
天使の眼、野獣の街…141
天使の分け前…249
天上の剣…13
テンション…417
天然コケッコー…101
10ミニッツ・オールダー　人生のメビ
ウス…11
天竜区奥領家大沢　夏…289
天竜区奥領家大沢　冬…307
天竜区奥領家大沢　別所製茶工場
…279

と

トイ・ストーリー　3…179
トゥインクル・トゥインクル・キラー・
カーン…459
東京公園…201
トウキョウソナタ…128, 129
東京暮色…431
東京物語…430
道中の点検…296, 297, 461
トゥー・ラバーズ…161, 384
トゥルー・グリット…195
都会の女…428
時は来た…175
時は止まった…150
TOKYO!…133
トーキョードリフター…211, 220
時をかける少女(谷口正晃)…169
時をかける少女(細田守)…77
ドクス・キングダム…454
トーク・トゥ・ハー…90
トスカーナの贋作
Copie conforme…188, 189, 231
TOCHKA…161, 200
ドッグヴィル…13
突撃！O・Cとスティッグス／お笑
い黙示録…443
どっこい！人間節―寿・自由労働者
の街―…455
隣の女…25
トネール→やさしい人
ドミノ…55
共喰い…256, 257, 269
友だちのうちはどこ?…198
友へ　チング…8
ドラゴン・イン…241
ドラゴンゲート　空飛ぶ剣と幻の秘宝
龍門飛甲…240, 241
トラス・オス・モンテス…463
ドラッグ・ウォー　毒戦
毒戦…266, 267, 455
ドラッグストア・カウボーイ…98, 144
ドラフト・デイ…297
囚われ人…255
TRUNK…352
トランス…255
トランスフォーマー…103
鳥の歌…285
ドリフト…55, 455
ドリーマーズ
The Dreamers…24, 83
トルコ人たちのマドンナ…462
トルペド航空隊…462
トロピカル・マラディ…57, 193
永遠の語らい
Um Filme Falado…16, 17
ドーン・オブ・ザ・デッド
Dawn of the Dead…18, 19

な

ナイト・アンド・デイ(ホン・サンス)
→アバンチュールはパリで
ナイト＆デイ(ジェームズ・マンゴールド)…
183, 451
ナイト・オブ・ザ・リビング・デッド　ゾ
ンビの誕生…18
ナイルの娘…21
永い言い訳…339
長い灰色の線…427
流れる…444
嘆きの天使…470
嘆きの天使　ナースの泪…311
ナショナル・ギャラリー　英国の至宝
National Gallery…292, 293
懐しのアリゾナ…439
夏時間の庭
L'Heure d'été…148, 149
ナッシュビル…443
夏の娘たち
→夏の娘たち～ひめごと
夏の娘たち～ひめごと…341, 446,
464
七番目の道づれ…461
七夜待…135
何も変えてはならない…179
浪華悲歌…437
涙の母
→サスペリア・テルザ　最後の魔女
舐める女…335

に

にがい勝利…442, 443
肉体の悪魔…66
肉体の冠…441
ニシノユキヒコの恋と冒険…269

25時…11
28週後……117
二十四時間の情事…294
贋金つくり…245
２０４６…31
ニーチェの馬
A torinói ló…216, 217
Needing You…12, 13, 41
NINIFUNI…210, 211, 220, 415
2番目のキス…75
日本解放戦線　三里塚の夏…286
『日本侠客伝』シリーズ…445
ニューオーリンズ・トライアル…13
ニューヨーク　ジャンクヤード…305
ニワトリはハダシだ…30, 31, 406
ニンゲン合格…68, 69, 129, 216
人間失格…166, 167
人情紙風船…21

ぬ

濡れた欲情　特出し21人…419, 465

ね

ネオン警察　ジャックの刺青…466
熱波
Tabu…252, 253
眠れる美女…259

の

NO…281
NOISE…153
ノーカントリー…119
ノー・ホーム・ムービー…323
のらくら兵…450
呪われた森…451

は

ハウス・バイ・ザ・リバー…36
ハウスメイド
The Housemaid/Hanyo…202, 203
ハウルの動く城…31
博士と私の危険な関係…287
博奕打ち・総長賭博…445
白熱…438
薄氷の殺人…295
馬芸…216
ハケン家庭教師の事件手帖…279
パサジェ…99
裸のめざめ…167
裸の夜明け…448
裸足の季節…331
バタフライ・エフェクト…45
バタフライ・マーダーズ…240
八月のクリスマス…8
蜂蜜
Bal…198, 199
ハッカビーズ…51
バックステージ…103
×ゲーム…181
パッション…259
バッシング…73
パッチギ！…37
パッチギ！　LOVE & PEACE…95
バット・オンリー・ラヴ…327
バッドボーイズ2バッド…11
バットマン　ビギンズ…49
ハッピーアワー…323
ハッピーエンド…9
パーティ…269
果てなき路…217
バード★シット…443
ハドソン川の奇跡…337
バードピープル
Bird People…297, 306, 307
ハート・ロッカー…168, 169
花井さちこの華麗な生涯…57
花嫁の付き添いの少女→石の微笑
パニック・フライト…77
パニック・ルーム…10
バニー・レークは行方不明…448
朱花の月…205
パパ…435
母たちの村…73
母なる証明…155
母の微笑…66
ハハハ…234
パビリオン山椒魚…73
パーフェクト・カップル
→不完全なふたり
ハーフェズ　ペルシャの詩…113
ハプニング…127
パプリカ…87
パブリック・エネミーズ…165
パープル・バタフライ…57
バブルへGO‼　タイムマシンはドラム式
…91
バベル…97
バマコ…173
浜辺の女…81, 156, 234, 457
ハーモニー・レッスン…263
パラノイドパーク
Paranoid Park…118, 119, 410
バラの刺青…434
薔薇のスタビスキー…294
ハリウッド監督学入門…145
バリエラ…468
パリ・オペラ座のすべて…159, 226, 292
パリ、ジュテーム…93

パリ、ただよう花…261
パリところどころ…228
パリ20区、僕たちのクラス
Entre les murs…131, 170, 171
パリのなかで…145
巴里の恋愛協奏曲…37
パリ・ルーヴル美術館の秘密…9
パルス…115
バルタザールどこへ行く…440
春の惑い…17
パレルモ・シューティング…205
バワリイ…438, 439
バーン・アフター・リーディング…147
ハンガー…217
晩菊…444
バンコクナイツ…341
バンコック・デンジャラス…149
バンジージャンプする…41
晩春…430
パンドラの匣…155
ハンナ・アーレント…470

ひ

火…434
ヒアアフター…193
ヒア&ゼア　ここよそ…470
ビー・ウィズ・ミー…95
東…131
東への道…431
秘花～スジョンの愛～…8, 157
光のノスタルジア…309
光りの墓
Rak ti Khon Kaen…322, 323
ピクシーズ／ラウド・クァイエット・ラウド…91
ピクニック…429
郊遊〈ピクニック〉
郊遊…278, 279
ヒストリー・オブ・バイオレンス…67
ピストルオペラ…42
ビタースイート…61
ビッグ・アイズ…295
ビッグ・バッド・ママ…451
ビッグ・フィッシュ…19
ビッグ・リバー
Big River…68, 69
羊たちの沈黙…458
PTU…40, 41, 52
人妻…269
人のセックスを笑うな…112, 113
ひとりで生きる…462
ビートルジュース…462
ビバリーヒルズの階級闘争の諸場面…451
日陽はしづかに発酵し……72
日々ロック…293
『緋牡丹博徒』シリーズ…445
ヒメアノ～ル…329
百年恋歌
最好的時光…73, 80, 81
白夜
Quatre nuits d'un rêveur…232, 233
ヒューゴの不思議な発明…221
秒速５センチメートル…93
ビヨンド the シー…452
ピラニア３Ｄ…248, 453
ヒーローショー…175

ふ

5windows…237
ファインディング・ニモ…9
ファザー、サン…71, 72
ファニーゲームU.S.A.…139
ファンタスティックMr.FOX…195
ファントマ…18, 138
ファンハウス　惨劇の館…28
フィフティ・シェイズ・ダーカー…452
風雲児…448
風景の中の人物…443
フェア・ゲーム
Fair Game…203, 206, 207
フェイス／オフ…14
フォスター・チャイルド…141
フォックスキャッチャー…299
フォルスタッフ
→オーソン・ウェルズのフォルスタッフ
不完全なふたり
Un couple parfait…89, 96, 97
不気味なものの肌に触れる…273
復讐のガンマン…463
豚が井戸に落ちた日…8
二つ頭の牝猫…25, 76
二つに切断された娘…151
ふたつの時、ふたりの時間…77
ふ・た・ま・た…89
ふたりにクギづけ…35, 39
二人の恋人→トゥー・ラバーズ
ふたりの人魚…458
プッチーニの愛人…201, 460
プティ・カンカン…321
プードゥリアン…450
不愉快な話…50
ふゆの獣…200, 201, 209
冬の小鳥…179
フューリー…293
プライベート・パーツ…451
プライマー…51
ブラインド・マッサージ…458
ブラウン・バニー…9
ブラック・ウォーター…157

ブラック・エース…468
ブラック・シーザー…451
ブラック・スネーク・モーン…105
ブラック・スワン…199
ブラック・ダリア…81
ブラックハット…303, 452
ブラックブック…93
ブラックマスク2…240
フラッシュバックメモリーズ 3D…243
ブラッド・フィースト　血の祝祭日2
…17
ブラッド・ワーク…10, 11
プラネット・テラー inグラインドハウス
…105
フラワー・オブ・シャンハイ…456
フランケンウィニー…241
フランコフォニア　ルーヴルの記憶
Francofonia…336, 337
フランシス・ハ
Frances Ha…282, 283
フランス…131, 138, 454
フランドル…97
プリースト判事…428
ブリスフリー・ユアーズ…193
ブリッジ・オブ・スパイ…321
プリミティヴ…205
不良姉御伝　猪の鹿お蝶…464
ブリングリング…263, 453
不倫団地　かなしいイロやねん…41,
89
ブルー・ジーンズ…383, 384
フルスタリョフ、車を!…297, 461
フルタイム・キラー…13, 41, 52, 346
フール・フォア・ラブ…443
ブレイキング・ニュース…52, 61
Playback…241
ブレイブワン…107
ブレード／刀…55, 240, 455
プレハブの人々…158
フレンチ・コネクション2…460
ブロークン・アロー…14
ブロークン・フラワーズ…69, 70, 154,
408
フローズン・タイム…115
プロフェシー　恐怖の予言…460
プロミスト・ランド
Promised Land…271, 280, 281
ブロンド少女は過激に美しく…183
噴火山の女…434
ブンミおじさんの森
Loong Boonmee raleuk chat…192,
193

へ

平原の都市群…255
ペイチェック　消された記憶
Paycheck…14, 15
ヘイトフル・エイト…323
ヘヴンズストーリー…178, 179
ベジャール、バレエ、リュミエール…21
ペーパーボーイ…255
ペパーミント・キャンディー…8, 9
蛇皮の服を着た男…434
ヘルハウス…450
Helpless…102, 346, 347, 350, 351, 458
ベルリン特急…450
ベロニカ・フォスのあこがれ…470
へんげ…221

ほ

ボヴァリー夫人…72, 159
ボウイ&キーチ…127, 151, 443
帽子箱を持った少女…436
ホウ・シャオシェンのレッド・バルーン
Le Voyage du ballon rouge…124,
125
暴力団…448, 449
ボウリング・フォー・コロンバイン…10
ポエトリー　アグネスの詩
Poetry/Shi…207, 214, 215
ポー川のひかり
Centochiodi…150, 151
ボクシング・ジム…209, 226, 227, 292
北西への道…439, 440
ぼくのおじさん…339
僕の彼女はサイボーグ…123
僕の彼女を紹介します
Windstruck/Nae yeojachingureul
sogae habnida…34, 35
ぼくの小さな恋人たち…50
僕は君のために蝶になる…133
僕は戦争花嫁…131, 454
ぼくら、20世紀の子供たち…462
ぼくを葬る…69
ポケットの中の握り拳…66
星を追う子ども…199
ホース・マネー
Cavalo Dinheiro…328, 329, 395-
403, 460
ボーダーライン…325
ホテル…463
歩道の終わる所…448
ほとりの朔子…261
誉の名手…427, 431
ボリシェビキの国におけるウェスト氏
の異常な冒険…436
ホーリー・モーターズ
Holy Motors…246, 247, 273, 295
Hole…76, 77
ポルターガイスト…28

ボルベール〈帰郷〉…95
ホワイト・ゴッド…315
ホワイト・ゾンビ…18
ホワイト・マテリアル…195
ボーン・アイデンティティー…10, 38, 206
ボーン・アルティメイタム…109
香港国際警察　NEW POLICE STORY…41
ボーン・スプレマシー
The Bourne Supremacy…38, 39
ポン・デ・ザール…119

ま

迷子…75
マイノリティ・リポート…10
マイ・バック・ページ…199
マイ・ファニー・レディ…315
マイ・プライベート・アイダホ…98, 144
マイ・ブルーベリー・ナイツ…119
マイ・ボディガード…35
マイルストーンズ
Milestones…254, 255
マウス・オブ・マッドネス…91
マカオ…442
マシニスト…39
魔女ゴスタンザ…460
マーターズ…153
街角…435
街のあかり…101
松ヶ根乱射事件…86, 87
マッスルモンク…29, 41, 52
MUD　マッド…267
マッド・ガンズ…299
MAD探偵　7人の容疑者
神探…190, 191
マッド・フィンガーズ…468
マッドムービー…325
マップ・トゥ・ザ・スターズ…287
摩天楼…439
マトリックス…38
マーニー…75, 437, 438
マネーモンスター…331
真昼の不思議な物体…29
魔法少女を忘れない…194, 195, 209
魔法の鏡…165
マラノーチェ
Mala Noche…98, 99
マリア…92
マリア・ブラウンの結婚…470
マリー・アントワネットに別れをつげて
Les Adieux à la reine…236, 237
マリューテ…435
マルホランド・ドライブ…10, 38
マレ…315
まわり道…470
マングラー…28, 356, 466
マンマ・ローマ…434

み

右側に気をつけろ…470, 471
湖の見知らぬ男…257
湖のランスロ…460
ミスター・アーカディン…449
Mr.インクレディブル…37
ミスティック・リバー…11, 144
ミステリー…283
ミステリアス・スキン…117
ミス・メンド…436
ミス・ヨーロッパ…435
魅せられて…448
味園ユニバース…297
乱れる…444
ミッション：インポッシブル／ゴースト・プロトコル…215
M:i:Ⅲ…75
M:I-2…14
ミッション：インポッシブル／ローグ・ネイション…309
ミッシング・ピクチャー…267
三つの心…319
ミツバチのささやき…198
皆殺しの天使…101
皆さま、ごきげんよう
Chant d'hiver…338, 339
港の女…438, 439
港の日本娘…444
港々に女あり…438
水俣　患者さんとその世界…286
みなまた日記　甦える魂を訪ねて…31
ミネソタ大強盗団…467
ミューズ・アカデミー
La academia de las musas…340, 341
ミュンヘン…65
ミリオンダラー・ベイビー…47
ミルク（ガス・ヴァン・サント）
Milk…144, 145
ミルク（セミラ・カプランオール）…203
ミレニアム・マンボ…21, 456

む

麦の穂をゆらす風…79
無辜なる海…64
無言歌
夾辺溝…208, 209
無常素描…207
息子の部屋…18
息子のまなざし…9, 54

無謀な瞬間…448
無法の王者ジェシイ・ジェイムス…442
無用…225
ムーンライズ・キングダム Moonrise Kingdom…242, 243, 276, 277, 462

め

冥王星…325
明治侠客伝　三代目襲名…445, 446
名探偵ゴッド・アイ…267
召使…443
メゾン　ある娼館の記憶…227
メダリオン…21
メーヌ・オセアン…161, 383, 384, 463
めまい…437
メリンダとメリンダ…49

も

妄想少女オタク系…108, 109, 123, 409
もう一つの海…368, 378
殯の森…99
目撃…159, 258
もし、あなたなら～6つの視線…37
もしドラ…201
モダン・ライフ…175
モッズ…57, 131, 408, 454
もどり川…465
モネ・ゲーム…259
桃木屋旅館騒動記…283
もらとりあむタマ子…263
モレク神…73
モンキー・ビジネス…438
モンタナ　最後のカウボーイ…305

や

約束の地…69
やさしい嘘…25
やさしい女…440
やさしい人 Tonnerre…284, 285, 385-394
靖国　YASUKUNI…123
ヤッターマン…145
野蛮なやつら…247
藪睨みの世界…439
野望の果て…448
山形スクリーム…155
闇に抱かれて…466
闇の子供たち…133
ヤング・アダルト・ニューヨーク…333
ヤング・ヤクザ…131

ゆ

憂鬱な楽園…21
誘拐の掟…303
夕陽のギャングたち…463
USタイガー攻撃隊…429
ユゴ　大統領有故…109, 202
弓…79
ユメ十夜…89
EUREKA…102, 350, 351
ユリシーズの瞳…376, 377
ゆれる…77

よ

夜明けの境→愛の残像
陽気な巴里っ子…435, 436
夜ごとの夢…444
汚れた血…183, 282
四畳半襖の裏張り…465
4:44　地球最期の日…233
ヨシワラ…447
よりよき人生…243
夜…459
夜顔…113
夜の人々…151, 442
夜よ、こんにちは Buongiorno, notte…55, 66, 67
よろこびの渦巻…372
歓びの毒牙…146
40歳からの家族ケーカク…259
40歳の童貞男…384
4匹の蝿…146

ら

ライク・サムワン・イン・ラブ Like Someone in Love…230, 231
ライズ・オブ・シードラゴン…279
ライトシップ…468
ライフ・アクアティック…276
ライブテープ…220
ラヴィ・ド・ボエーム…222
楽日…25, 74, 76, 77, 408
ラジャ…79
羅生門…140
ラスティ・メン…441
ラスト・ショー…467
ラスト・ショー2…467
ラストデイズ Last Days…62, 63, 144
ラスト・ボート…158
ラズベリー・ライヒ…107
螺旋銀河…295
ラビット・ホラー3D…207
ラブアンドロイド…327

ラブ・イズ・ストレンジ…311
ラブストーリー
The Classic/Keulraesik…12, 13, 34
ラブソングができるまで…95
ラブバトル…295
ラブファイト…135
love machine…225
ラ・ボエーム…439
ラルジャン…232, 269, 440
ラン・オールナイト…303
ランジェ公爵夫人
Ne touchez pas la hache…109, 116,117
ランド・オブ・ザ・デッド…51
乱暴と待機…183

り

リアリズムの宿…17, 86, 406
リアル　完全なる首長竜の日…251, 335
リヴァイアサン…277, 306
リオ・ブラボー…438
リスボン特急…462
リダクテッド　真実の価値
Redacted…132, 133
Ricky　リッキー
Ricky…184, 185
リトル・オデッサ…459
リバース・エッジ…36
リピーテッド
Before I Go to Sleep…300, 301
リーピング…97
リミッツ・オブ・コントロール
The Limits of Control…154, 155
龍三と七人の子分たち…298, 299
理由なき反抗…442
猟奇的な彼女…8, 12, 34
霊―リョン―…51
リンガー！　替え玉★選手権…97
リンダリンダリンダ…44, 45, 86, 407
輪廻…63

る

ル・アーヴルの靴みがき
Le Havre…222, 223
ルーヴル美術館への訪問…37
ルート1…454
ルーニー・テューンズ：バック・イン・アクション…17
ルビイ…440

れ

レイクサイドマーダーケース…36, 37
レイチェルの結婚…147, 458
レインコート…121
レインメーカー…452
レオパルディ…303
歴史の授業…344
歴史は女で作られる…48, 447
レ・ザマン・レギュリエ
→恋人たちの失われた革命
レスキヴ…27
レター　僕を忘れないで…107
レッドクリフ…149
レディ・キラーズ…19
レディ・チャタレー
Lady Chatterley…104, 105, 364-366, 454
レバノン…189
レミーのおいしいレストラン…101
憐　Ren…122, 123, 194
恋恋風塵…308, 456

ろ

ローガン…451
6才のボクが、大人になるまで。…295
64―ロクヨン―…329
ロシアン・エレジー…72, 92
ロスト・イン・トランスレーション…15
ロスト・バケーション…333
ロストロポーヴィチ　人生の祭典
Elegiya zhizni. Rostoropovich. Vishnevskaya…92, 93
ロゼッタ…54, 55, 140, 218, 219
ロード・オブ・ウォー…61
ロード・オブ・ドッグタウン…61
ロープ…376
LOFT　ロフト…74, 75, 358-362, 377, 378, 408
ローマ法王の休日…229
ローラ…470
ローリング…301
ロルナの祈り
Le Silence de Lorna…140, 141
ロング・グッドバイ…443
倫敦から来た男
A londoni férfi…158, 159

わ

WiLd LIFe…351
若き警官…113
若き詩人…313
わが心のジミー・ディーン…443
若さは向こう見ず…307
我が至上の愛　アストレとセラドン
Les Amours d'Astrée et de Céladon

…129, 138, 139
わが友イワン・ラプシン…296, 461
我が胸に凶器あり…467
わが幼少時代のポルト…16, 113
ワサップ!…83
忘れえぬ想い…65
忘れじの面影…447
忘れてしまう前に…135
わたしたちの宣戦布告…233
私たちのソニ…273
私の少女…303
わたしのＳＥＸ白書　絶頂度…419
私の存在しない日々…63
私の名前はジュリア・ロス…449
私は猫ストーカー…153
わたしは目撃者…146
私は私を破壊する権利がある…167
ワード夫人の奇妙な悪癖…463
わらの犬…347
藁の楯…249
WARU…63
悪い教育…27
ワールドリー・デザイアーズ…71
われら女性…434
我らの音楽…24
ワンダフル・タウン…309
ワンダラーズ…467
ワン・プラス・ワン…470

伊藤洋司

…いとう・ようじ

1969年東京生まれ。筑波大学附属駒場中学校及び高等学校、東京大学文学部フランス語フランス文学専修課程を経て、同大学院人文社会系研究科博士課程単位取得退学。また、フランス高等師範学校研究生及びパリ第３大学（新ソルボンヌ大学）博士課程学生としてパリに留学し、パリ第３大学で博士号取得（アポリネール研究による）。現在、中央大学経済学部教授（映画、フランス文学）。著書（単著）に、Apollinaire et la lettre d'amour（Paris, Editions Connaissances et Savoirs）。共著に、『映画、眼差しと記憶』（中央大学人文科学研究所）、『映像表現の地平』（中央大学出版部）、『フランス文化事典』（丸善出版）など。子供の頃から映画が好きで映画館に通い詰めていたことから、『週刊読書人』で「映画時評」の連載を始めることになった。

初出：『週刊読書人』2004年1月～2017年9月（第2・4部にある日付は、掲載日を表す）

映画時評集成
2004—2016

発行日
2017年11月15日 第一刷
2018年 1月11日 第二刷

著者
伊藤洋司

発行者
黒木重昭

発行所
株式会社 読書人
〒162-0805
東京都新宿区矢来町109
電話＝03-3260-5791
FAX＝03-3260-5507
http://dokushojin.com/
email:info@dokushojin.co.jp

編集
明石健五

ブックデザイン
鈴木一誌＋下田麻亜也

印刷所
モリモト印刷株式会社

製本所
加藤製本株式会社

©2017 Yoji Ito

ISBN978-4-924671-31-7

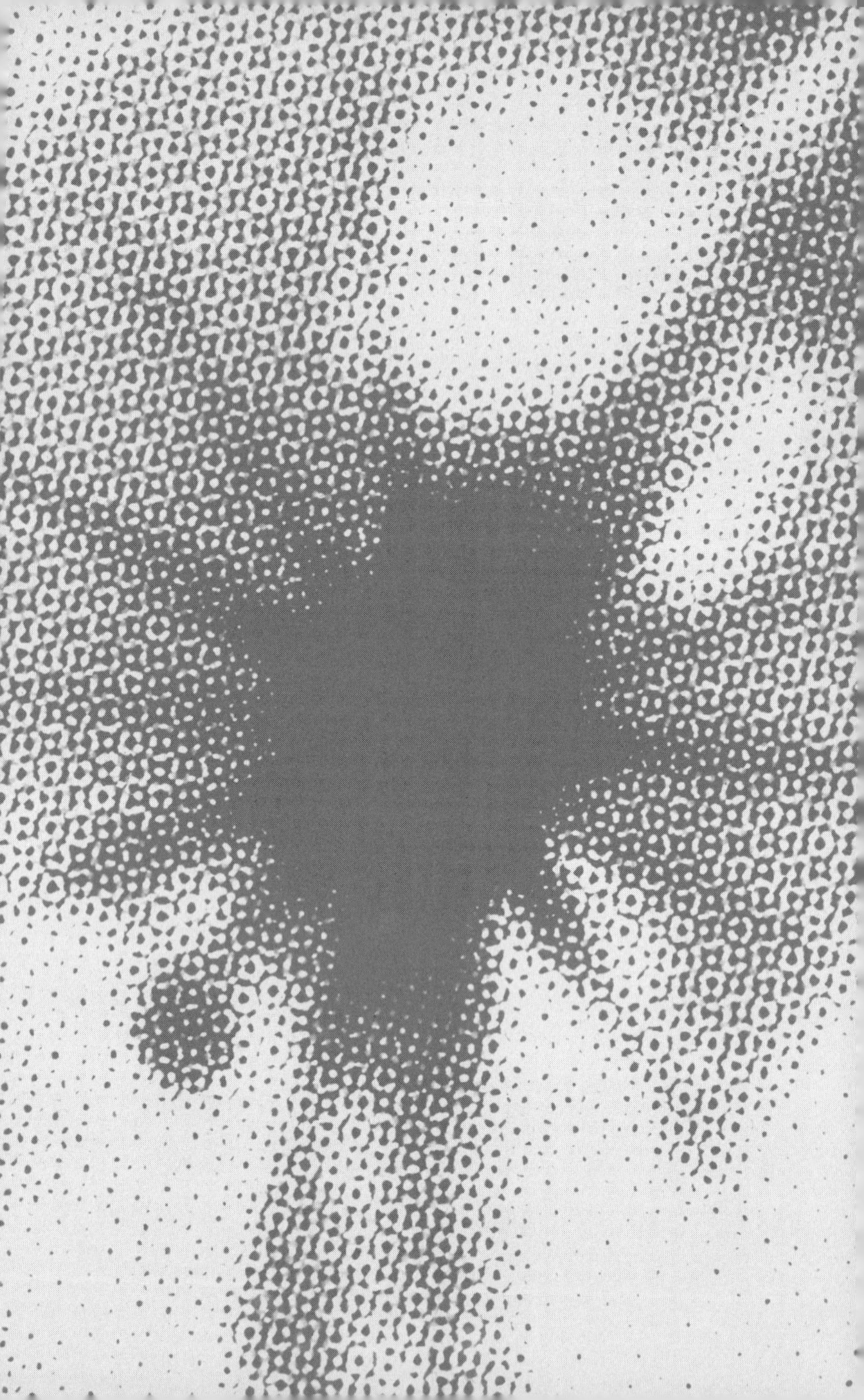